KB030631

첫걸음부터 나만의 앱 제작까지

GPT언어모델을 활용한 챗봇만들기

앱인벤터

한권으로 끝내기

앱인밴터 한 권으로 끝내기

1판 1쇄 발행일 _ 2023년 4월 11일

2판 1쇄 발행일 _ 2023년 5월 15일

지은이 _ 박지숙 · 김홍순

발행인 _ 정지숙

제작 _ (주)잇플 ITPLE

편집 _ (주)잇플 ITPLE 출판편집팀

펴낸곳 _ (주)잇플 ITPLE

주소 _ 서울특별시 동대문구 답십리로 264 성신빌딩 2층

전화 _ 0502-600-4925

팩스 _ 0502-600-4924

홈페이지 _ www.itpleinfo.com

e-mail _ itple@itpleinfo.com

카페 _ http://cafe.naver.com/arduinofun

ISBN _979-11-91198-30-0 13000

Copyright ⓒ 2023 박지숙·김홍순 Printed in Korea

- 이 책의 저작권은 저자에게 있습니다. 저작권자의 승인 없이 이 책의 모든 내용, 디자인, 편집 구성을 무단으로 복제하거나 다른 매체에 기록할 수 없습니다.
- 책값은 뒤표지에 있습니다. 잘못된 책은 구입하신 곳에서 교환해 드립니다.

교재학습자료 _ http://cafe.naver.com/arduinofun

머리말

일상에서 휴대 디바이스의 의존도는 매우 높습니다. SNS를 통해 사람들과 소통하기, 메일 주고받기, 음악 듣기, 날씨 검색하기, 길 찾기, 은행 업무 처리, 영화 보기, 쇼핑하기, 책 읽기, 그림 그리기, 사진찍기, 게임하기, 스케줄 관리하기, 문서 작성하기 등 수 많은 서비스를 이용하여 자신이 하고자 하는 일들에 활용하고 있습니다. 그리고 소프트웨어의 발전으로 이런 서비스들은 더욱 편리하고 유용하게 발전하고 있습니다. 이렇게 하나의 기기에서 여러 가지 응용소프트웨어를 활용하여 다양한 일을 처리할 수 있는 것은 소프트웨어 애플리케이션 즉, 앱이라고 부르는 것들 덕분입니다.

소프트웨어에 대한 이해와 활용은 이 시대를 살아가는 우리 모두에게 적용되는 기초 역량입니다. 사용자의 역할 뿐 아니라 자신의 문제, 사회의 문제를 해결할 수 있는 도구로 소프트웨어를 이용하고 활용할 수 있어야 합니다. 이것이 많은 SW & AI 교육이 활발히 이루어지는 이유입니다. 그중 하나인 앱 인벤터는 다른 블록코딩과 같은 교육 도구로서 역할 뿐만 아니라 자신의 아이디어를 통하여 실생활 문제를 해결할 수 있는 도구로서 매우 유용하다는 장점이 있습니다. 블록코딩과 피지컬 컴퓨팅의 장점을 모두 가지면서 접근성이나 활용이 매우 쉽다는 것이죠.

매일 함께 하는 다양한 기능의 앱을 직접 만들 수 있다는 것은 정말 놀랍고도 흥미로운 일입니다. 어렵게만 느껴지는 앱 개발이라는 전문 분야를 누구나 쉽게 접근하여 자신만의 아이디어를 직접 실현할 수 있게 만드는 앱 인벤터는 이제 피해갈 수 없는 즐거운 개발 도구이며 교육 도구입니다.

다양한 기능을 제공하는 나만의 새로운 서비스를 만들어보고 싶은 분들은 이 책으로 앱 인벤터의 기초적인 사용법을 이해할 수 있고, 앱 인벤터가 제공하는 인공지능 기술들을 접목하는 방법을 배울 수 있습니다.

독자들은 이 책을 통해 앱 개발 분야에 도전하여 성취감을 느끼게 될 것이며, 현재와 미래 사회의 일원으로서 과학과 기술의 원리를 이해하여 디지털 & AI 리터러시 함량에 도움을 얻을 수 있을 것입니다. 또한, 더 나은 세상을 만들어나가기 위한 사회적 가치를 공감하여 환경, 사회적 약자 보호, 인권, 실생활의 편리함, 업무 등 다양한 분야에서 활용할 수 있는 자신만의 앱을 만들어 그러한 가치들을 실천하는 데 도움이 될 수 있을 것입니다.

저자 박지숙, 김홍순

목차

APP INVENTOR

User

User

creative concept

Chapter 1
앱과 우리 생활

01 앱과 우리 생활

2007년 1월 8일, 애플의 스티브 잡스(Steve Jobs)는 세상을 변화시킬 새로운 기기를 소개합니다. 그 기기는 2000년대 최고의 혁신 제품으로 불리는 스마트폰 혹은 스마트 디바이스입니다. 또한, 스마트폰 내부에 설치되는 응용 소프트웨어(Application Software)를 소개하며, 메시지 송신, 사진 촬영, 인터넷 서핑, 음악 감상, 금융 업무 처리, 동영상 재생, 스케줄 관리, 게임 등 다양한 일들이 가능하다고 말했습니다.

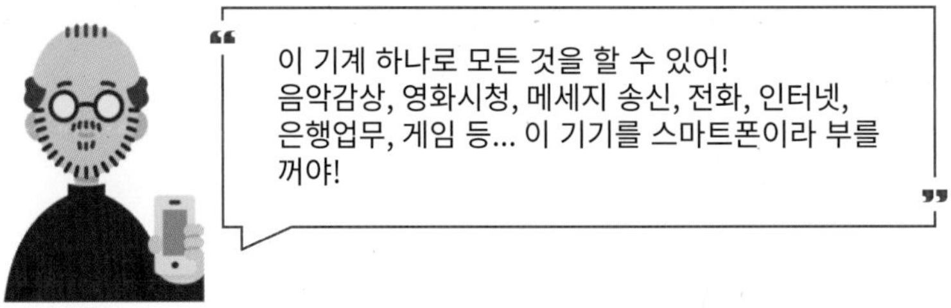
이 기계 하나로 모든 것을 할 수 있어!
음악감상, 영화시청, 메세지 송신, 전화, 인터넷,
은행업무, 게임 등... 이 기기를 스마트폰이라 부를
꺼야!

이전에는 하나의 기기가 하나의 소프트웨어로 작동되며 하나의 일을 했다면, 스마트 디바이스라는 기기 하나로 여러 가지 응용 소프트웨어를 활용하여 다양한 일을 처리할 수 있는 시대가 열리게 되었습니다. 그리고 그 스마트 디바이스에 사용되는 소프트웨어를 애플리케이션(앱으로 줄여서 부르기도 합니다)이라고 합니다.

▶거의 전화만을 위한 기기였다.

▶APP을 활용하여 다양한 일을 할 수 있다.

사실 응용 소프트웨어(Application Software)라는 스마트폰이 나올 당시 만들어진 단어는 아니었습니다. 응용 소프트웨어의 단어를 이해하기 위해서는 프로그램(Program)이 무엇인지 알아야 합니다. 프로그램이란 특정 문제를 해결하기 위해 특정한 명령어(소프트웨어 언어)로 설계된 알고리즘의 집합을 의미합니다. 조금 쉽게 설명하면 기계(컴퓨터 등)에 명령을 하기 위해 기계가 알아들을 수 있는 말로 작성해 놓은 글이라 생각하면 됩니다. 이런 프로그램을 일반적으로 시스템 프로그램(System program, 이하 OS)과 응용 프로그램(Application, 이하 App)으로 구분합니다.

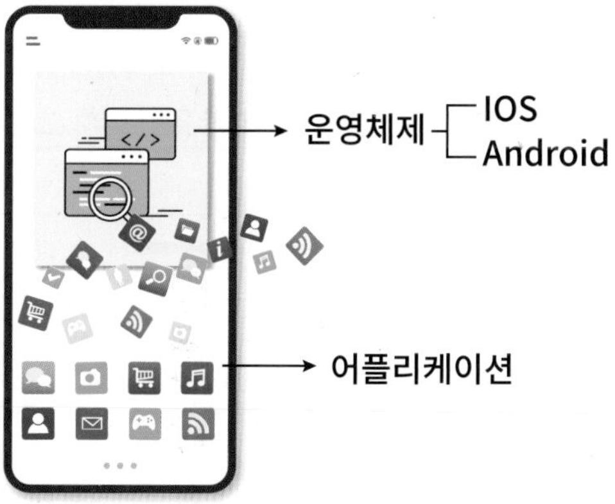

스마트폰에서의 시스템 프로그램은 안드로이드, IOS 등과 같은 운영 체제를 말합니다. 스마트폰이 등장하기 이전에도 응용 프로그램이라는 용어는 사용되었지만, 우리는 그것을 '프로그램'이라고 부르곤 했습니다. 현재 한국에서는 일반적으로 데스크톱 컴퓨터나 노트북에서 사용하는 응용 소프트웨어를 '프로그램'이라고 부르고, 스마트폰에서 사용하는 응용 프로그램을 '앱' 또는 '애플리케이션'이라고 부릅니다. 하지만 결국 시스템 소프트웨어를 제외한 모든 프로그램은 응용 소프트웨어로 간주됩니다.

많은 사람들이 데스크톱보다 스마트폰을 사용하면서, 우리는 프로그램이라는 단어보다는 애플리케이션이나 앱이라는 단어에 더 익숙해졌습니다. 이러한 변화는 사용자의 생활양식 변화와 함께 사회, 문화, 산업 전반에 걸쳐 큰 변화를 가져왔습니다. 이번에는 몇 가지 예시를 들어서 앱이 우리의 삶을 어떻게 변화시켰는지 살펴보도록 하겠습니다.

첫 번째, 디지털 카메라의 종말과 다양한 카메라 및 보정 애플리케이션

스마트폰의 가장 큰 특징 중 하나는 기존 카메라의 성능을 뛰어넘은 형태로 발전하고 있다는 것입니다. 예를 들어, 2007년 발매한 최초의 스마트폰 아이폰 1세대 후방 카메라는 200만 화소의 기능을 했었습니다. 그 다음 모델인 2010년에 출시한 아이폰 4의 후방 카메라 화소는 약 2.5배가 높은 500만 화소로 출시되었습니다. 이후, 2022년 기준 현재 가장 최신 스마트폰인 아이폰14 프로는 4800만 화소 카메라를 최초로 탑재하였습니다. 15년 후인 지금, 이전보다 24배 높은 화소수를 갖는 카메라를 탑재하게 되었습니다. 이러한 물리적인 기능의 변화는 당연히 스마트폰 소프트웨어인 애플리케이션의 발달로 이어졌습니다. 카메라 기능의 성장은 일반 소비자들이 스마트폰을 사용하여 다양한 촬영을 가능하게 하였으며, 개인이 촬영한 사진과 영상을 손쉽게 보정할 수 있는 애플리케이션이 필요하게 되었습니다. 앞서 간단히 설명한 상황의 변화로 인해 15년 동안 다양한 사진 및 영상 편집, 보정 애플리케이션이 출시되었으며, 현재 많은 사람들이 이용 중입니다.

최근에는 어떤 사진 및 영상 앱을 활용하는지 확인해 봅시다. Data.ai 사이트에 들어가면 전 세계 안드로이드 및 iOS 사용자들이 어떤 앱을 어느 기간에 활용했는지 그 통계를 볼 수 있습니다.

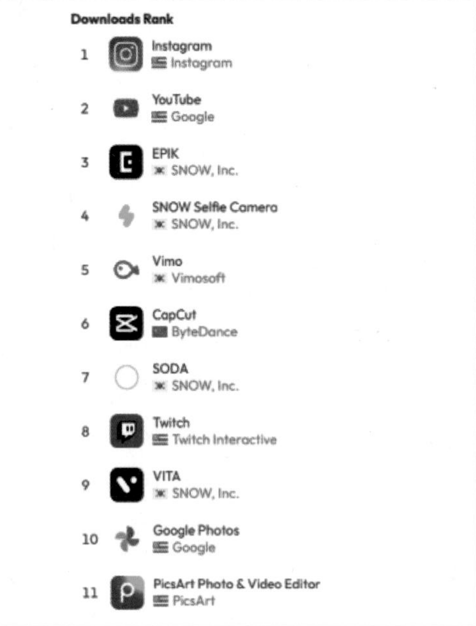

▶ 2022년 10월 IOS 사진 및 비디오 어플 다운로드 순위

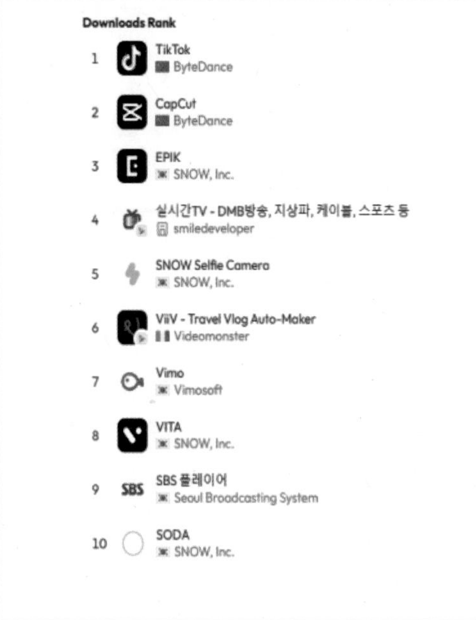

▶ 2022년 10월 첫째 주 안드로이드 사진 및 비디오 어플 다운로드 순위

2022년 10월 IOS 및 안드로이드 OS의 '사진 및 동영상'관련 어플의 다운로드 순위를 10위까지만 확인하면 위와 같습니다. 방송 관련 앱도 있고, SNS 관련 앱도 보이며, 사진 및 영상 편집 앱도 보입니다. 근래는 SNS 앱에서 카메라 촬영 및 보정 기능이 거의 포함되어 있어서 '사진 및 영상'관련 앱으로 볼 수 있습니다.

그렇다면 카메라를 사용하는 앱에서 가장 핵심 기술은 무엇일까요? 위 표의 어플 중 IOS 및 안드로이드 마켓에서 3위를 차지한 EPIK이라는 앱을 예로 보도록 하겠습니다. 'EPIK'은 무료 앱(부분 유료)으로, 사진에 필터, 효과, 보정, 메이크업 등의 기능을 사용할 수 있습니다. 인물, 색감 등을 꾸미는 앱으로 전문적인 편집 기능이 포함되어 있습니다. 당연히 인물을 꾸며야 하기 때문에 촬영 시 사람의 얼굴을 추적하는 기능이 포함되어 있습니다. 더 깊이 머리, 얼굴, 턱 등을 파악하는 코드가 설계되어 있으며 이를 바탕으로 다양한 효과 필터 기능을 입혀 더 아름다운 사진이 나올 수 있도록 도와줍니다. 우리는 느끼지 못하겠지만, 만약 얼굴을 추적하는 기능이 없다면 앱을 활용하는 데 불편함이 있을 뿐더러 원하는 대로 보정된 사진이 나오지 않을 것입니다.

또한, 틱톡(TikTok)이나 인스타그램(Instagram)과 같은 SNS(소셜 네트워크 서비스) 앱의 기본 촬영 기능에서도 얼굴을 인식하는 추적 기술이 포함되어 있습니다. 즉, 최근에는 카메라를 활용하는 다양한 앱에서 '얼굴 추적 및 인식' 기술을 기본적으로 사용하고 있습니다. 이러한 기술이 보편화되면서 일반인들도 '앱 인벤터'라는 플랫폼을 바탕으로 관련 기술을 실습할 수 있게 되었습니다. 이러한 내용을 글로만 설명하면 이해가 어려우므로, '얼굴 추적 및 인식' 기술 실습은 뒷 부분에서 더 자세히 확인해 보도록 합시다.

두 번째, 스마트폰을 활용한 스케줄 관리

스마트폰이 나오기 전에는 시중에서 판매되는 다양한 플래너를 연초에 구매하여 연, 월, 일 기준으로 작성하여 스케줄 관리를 했습니다. 하지만 스마트폰과 스케줄 관리 어플리케이션의 등장으로 플래너의 사용이 줄어들었습니다.(아직 종이와 펜을 좋아하는 분들도 있습니다.) 종이로 된 플래너를 사용하는 빈도는 줄었으며, 스마트폰의 앱을 활용하여 스케줄을 관리하는 모습으로 변했습니다. 나아가 스마트 워치와 같은 IoT제품은 알림을 바로 손목을 통해 전달해주기 때문에 스케줄을 확인하는 환경이 더 용이해졌습니다. 그렇다면 스마트폰으로 스케줄을 관리하는 방법에는 무엇이 있을까요?

첫 번째는 스케줄 관리 앱 사용입니다. 자신의 OS에 맞추어 사용 가능한 스케줄 관리 앱을 사용하여 일정과 할 일을 관리할 수 있습니다. 두 번째로 메모 앱을 사용하여 일정과 할 일을 기록할 수 있습니다. 메모 앱은 단순히 스케줄을 관리하는 것이 아닌 필요한 정보를 수집하고 기록하는 기능까지 포함되어 있습니다. 따라서 단순히 스케줄을 알려주고 기록하는 용도보다는 복잡합니다. 세 번째는 미리 알림 설정 기능을 이용하는 것입니다. 이 부분은 다른 앱을 내려받지 않고 스마트폰의 기본 기능에 있는 알림 기능을 활용하여 일정과 할 일에 대한 알림을 설정하는 방법입니다. 마지막으로 달력 기능을 사용하여 관리하는 방법이 있습니다. 기본 기능에 있는 달력 기능을 활용하여 일정을 정리하고 알림을 받을 수 있습니다. 아래는 앱 스토어(IOS)나 플레이 스토어(Android)에서 다운로드할 수 있는 스케줄 관리 앱입니다.

구글 캘린더 (Google Calendar)	네이버 캘린더 (Naver Calendar)	아사나(asana)

캘린더 관련 앱

Any.do 애니 두(Any.do)	todo mate 투두 메이트 (todo mate)	Microsoft To-Do 마이크로소프트 투 두 (Microsoft To Do)

Do-do-list 관련 앱

OneNote 원 노트(Onenote)	Evernote 에버노트 (Evernote)	Notion 노션(Notion)

메모 관련 앱

물론 메모 앱은 다른 앱의 기능보다 더 복잡하고 다양한 기능들이 포함되어 있습니다. 예를 들어, 최근 많이 사용하는 노션(Notion) 같은 경우는 노트 메모 기능(Note-taking), 업무 매니지먼트(Task Management), 프로젝트 매니지먼트(Project Management), 캘린더(Calendar), 템플릿 기능(Templates), 협업 및 통합 기능(Collaboration and Integration) 그리고 노션 AI 등의 다양한 기능을 제공합니다. 단순 메모를 넘어서 협업까지 가능하며, 개인 웹페이지 등을 제작할 수 있는 기능도 있습니다. 또한 인공지능이 관련 내용을 자동으로 생성하고 관리하는 기능도 포함되어 있습니다. 이러한 기술은 일반인이 사용하기만 하는 것이 아니라, 다양한 개발 도구를 활용하여 만들 수 있습니다. 이번에는 '앱 인벤터'를 활용하여 관련 기능을 이해하고, 기본적인 스케줄 관리 기능이 있는 앱을 만들어 보는 것이 목표입니다.

세 번째, 스마트폰 음성 인식 기능

스마트폰이 가지고 있는 강력한 기능 중 하나는 음성 인식 시스템입니다. 음성 인식 시스템은 사용자의 음성을 인식하여 그에 맞는 명령을 수행하는 시스템입니다. 이를 위해 스마트폰에는 음성을 인식할 수 있는 마이크 소자가 들어가 있으며, 이를 작동시키고 그 기능을 확장하기 위해 음성 인식 앱이나 관련 서비스가 내장되어 있습니다. 사용자는 음성 인식 기능으로 전화 걸기, 문자 보내기, 음악 재생, 음성 검색 등 다양한 작업을 수행할 수 있습니다. 또한, 각 안드로이드나 iOS에서 작동하는 인공지능과 머신러닝을 바탕으로 사용자의 음성을 분석하여 인식하는 데 활용되고 있습니다.

스마트폰 음성 인식 시스템은 두 가지 기술을 바탕으로 작동합니다. 그 중 하나는 음성 인식

(Speech Recognition)이며, 다른 하나는 음성 합성(Text-to-Speech) 기술입니다. 음성 인식 기술은 사용자의 음성을 인식하여 이를 텍스트로 변환하는 것을 말하며, 이를 위해서는 음성 인식 알고리즘이 필요합니다. 이 알고리즘은 음성 인식 모델을 훈련시켜 음성 데이터를 분석하고 판별하는 것입니다. 음성 합성 기술은 텍스트를 음성으로 변환하는 것을 말하며, 이를 위해서는 TTS(Text-to-Speech) 엔진이 필요합니다. TTS 엔진은 텍스트를 음성으로 변환하는데, 이를 위해 음성 합성 모델을 훈련시켜 텍스트를 음성으로 변환하는 것입니다. 스마트폰 음성 인식 시스템은 이러한 음성 인식과 음성 합성 기술을 사용하여 사용자 음성 명령을 인식하고 수행하게 됩니다. 이 또한 실습 파트에서 앱 인벤터를 활용하여 음성 인식 및 합성 기술에 대해 실습을 통해 직접 경험하고 이해해 보도록 합시다.

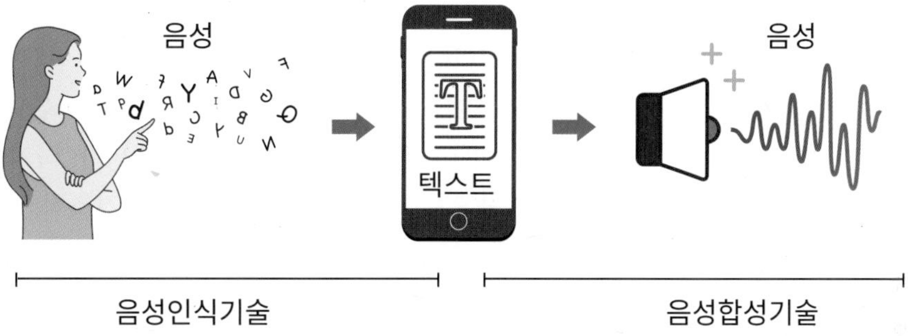

앱은 번역, 음악 재생, 음성 검색, 금융, SNS, 게임 관련 등 다양한 기능을 포함하고 있어 사용자의 삶에 많은 변화를 불러일으키고 있습니다. 예를 들어, 언어를 배우는 데 어려움을 겪는 사람들은 번역 앱을 사용하여 언어 장벽을 해결하고, 음악 앱을 통해 새로운 음악 창착하고 듣고 즐길 수 있습니다. 또한 금융 앱을 사용하여 간편하게 입출금을 처리하고, SNS 앱을 통해 온라인 관계를 유지 및 관리할 수 있습니다. 게임 앱을 즐기는 것 또한 많은 이들에게 큰 재미를 선사합니다.

앞으로는 더 많고 다양한 기술들이 접목되어 앱으로 출시될 것으로 예상됩니다. 예를 들어, 인공지능 기술을 활용한 더 정확한 정보를 전달하는 음성비서 앱이나, 증강현실 기술을 활용하여 삶에 도움을 줄 수있는 다양한 앱 등이 출시될 예정입니다.

2010년 초 중반에는 일반인이 어플리케이션 활용 및 제작을 하는 것이 쉽지 않았습니다. 하지만 현재는 누구나 모바일 앱 스토어(애플 스토어, 안드로이드 스토어)를 통해 검색, 다운로드, 사용이 가능하며, 누구든지 애플리케이션을 개발하고 스토어에 등록, 세계를 대상으로 판매할 수 있는 환경에 접근할 수 있습니다. 이러한 환경 변화는 앱 개발 시장을 크게 바꾸었습니다. 앱 개발은 특별한 교육을 받은 개발자만의 영역이었지만, 다양한 컴퓨터 언어가 발전하듯이 앱 개발 플랫폼 또한 발전하여 코딩을 잘 모르는 일반인도 앱을 개발할 수 있도록 도와주는 플랫폼이 보급되었습니다. 초보자를 위한 앱 개발 툴은 코드의 사용 없이도 다양한 종류로 제공되고 있습니다.

이러한 툴을 사용하면 누구나 자신만의 앱을 만들어 볼 수 있습니다. 이러한 변화는 앱 시장을 더욱 활성화시켰으며, 앞으로도 다양한 사람들이 참여하여 앱 개발 시장이 더욱 발전할 것으로 기대됩니다.코드 없이 쉽게 개발할 수 있는 대표적인 앱 개발 플랫폼을 아래와 같습니다.

MIT APP INVENTOR	Microsoft PowerApps	AppSheet
앱인벤터 (App inventor)	파워앱스 (MS Power Apps)	앱시트 (Google AppSheet)

그 중 가장 대표적인 앱 개발 툴이 MIT 미디어랩의 앱인벤터(App inventor)입니다. 마이크로소프트 파워 앱스라는 개발 툴은 30일 무료 평가판이 지나면 유료 구독을 해야합니다. 또한 구글 앱시트 같은 경우도 비용(스타터 5$, 코어 10$)을 내야 사용할 수 있습니다. 하지만 앱이벤터(App inventor)는 완전한 무료 앱개발 플랫폼으로 입문자가 사용하는 가장 기초적인 앱개발 툴이자, 블록 기반 인터페이스를 제공하여 코딩 없이 앱을 개발할 수 있도록 하는 장점이 있습니다. 그리고 가장 큰 장점은 무료이기에 누구나 사용할 수 있습니다. 따라서 앱개발 교육에서 사용하기에 가장 정합한 툴이라는 생각이 듭니다. 그렇다면 앱 인벤터가 무엇인지 한번 알아보도록 합시다.

02 앱인벤터(App inventor)란

MIT 앱 인벤터(App Inventor, 이하 앱인벤터)는 직관적이고 시각적인 프로그래밍 환경으로 설계된 앱 개발 도구입니다. 특별한 프로그래밍 언어(Java, C++, Python 등)를 사용하지 않고 안드로이드 기기용 앱을 만들 수 있습니다. 앱 인벤터는 드래그 앤 드롭 인터페이스와 블록 기반 프로그래밍을 사용하기 때문에 프로그래밍을 처음 접하는 사람들도 쉽게 앱 개발에 도전할 수 있습니다.

▶ 앱 인벤터의 기본 인터페이스 화면(블록과 드래그 앤 드롭)

앱 인벤터의 발전과 활용 방식에 대해 살펴보겠습니다. 앱 인벤터는 구글에서 2010년 12월 처음 개발되었으며, MIT 컴퓨터 과학 및 공학 교수인 할 아벨슨과 구글의 소프트웨어 개발자인 마크 프리드먼이 주도하여 개발되었습니다. 이 도구는 초기 개발 목적으로 '프로그래머가 아닌 사람들도 안드로이드 기기를 위한 모바일 앱을 만들 수 있도록 도와주는 것'이었습니다. 2011년, 구글은 앱 인벤터를 더 이상 적극적으로 지원하지 않을 것이라 발표했습니다. 적극적 지원을 하지 않을 뿐 다행하게도 앱 인벤터 이용자들이 문제 없이 사용할 수 있도록 서비스는 유지할 것이라고 발표했습니다.

할 알베슨(Hal Abelson)과 마크 프리드먼(Mark Friedman)의 프로필과 이외 MIT App inventor를 연구하는 팀원과 연구 분야, 역할, 가치관 등은 아래 링크에서 확인할 수 있습니다.
(https://appinventor.mit.edu/explore/our-team)

이후 2012년 3월에는 앱 인벤터 툴 개발 및 유지보수 프로젝트를 MIT에서 이어받아 관리하고 있습니다. 최근 몇 년 동안 앱 인벤터는 새로운 구성 요소와 통합, 새로운 튜토리얼 추가, 사용자 지원을 위한 온라인 커뮤니티 등 많은 업데이트가 이루어졌습니다. 더 나아가 교육 및 취미 활동에 널리 활용되며, 현재 학교와 대학에서 프로그래밍을 가르치는 데 사용되고 있습니다. 아래는 앱 인벤터의 특징을 요약한 표입니다.

기능(특징)	설명
드래그 앤 드롭 인터페이스	사용자는 버튼, 레이블 및 텍스트 상자와 같은 구성 요소를 인터페이스로 끌어다 놓아 앱에 추가할 수 있습니다.
블록 기반 프로그래밍	사용자는 코드를 작성하는 대신 블록을 함께 연결하여 앱에 기능을 추가할 수 있습니다.
기본 컴포넌트 제공 (블록 기능)	App Inventor에는 버튼, 레이블, 텍스트 상자 등 다양한 기본 제공 구성 요소가 포함되어 있어 다양한 앱을 만들 수 있습니다.
에뮬레이터로 테스트 가능 (안드로이드 OS)	사용자는 에뮬레이터에서 앱을 테스트하여 안드로이드 기기에서 어떻게 보이고 작동하는지 확인할 수 있습니다.
웹 기반 개발 툴	웹 기반이므로 사용자는 인터넷에 연결된 모든 컴퓨터에서 액세스할 수 있습니다.
오픈소스 개발 툴	사용자가 소스 코드에 액세스하고 수정할 수 있습니다.
다양한 앱 개발 가능	게임, 교육용 앱, 비즈니스 앱 등과 같은 다양한 앱을 만드는 데 사용할 수 있습니다.
처음 사용자를 위한 튜토리얼 제공	App Inventor에는 사용자가 소프트웨어를 사용하고 첫 번째 앱을 만드는 방법을 배울 수 있도록 도와주는 여러 가지 기본 제공 튜토리얼이 포함되어 있습니다.

위의 8가지 기능과 특징은 다양한 실습을 통해 익힐 수 있습니다. 그렇다면, 앱을 개발하기 위한 기초적인 단계는 무엇이며, 앱 인벤터에서 앱 개발을 위해 어떤 과정과 순서를 거쳐야 할까요?

03 앱 개발과정

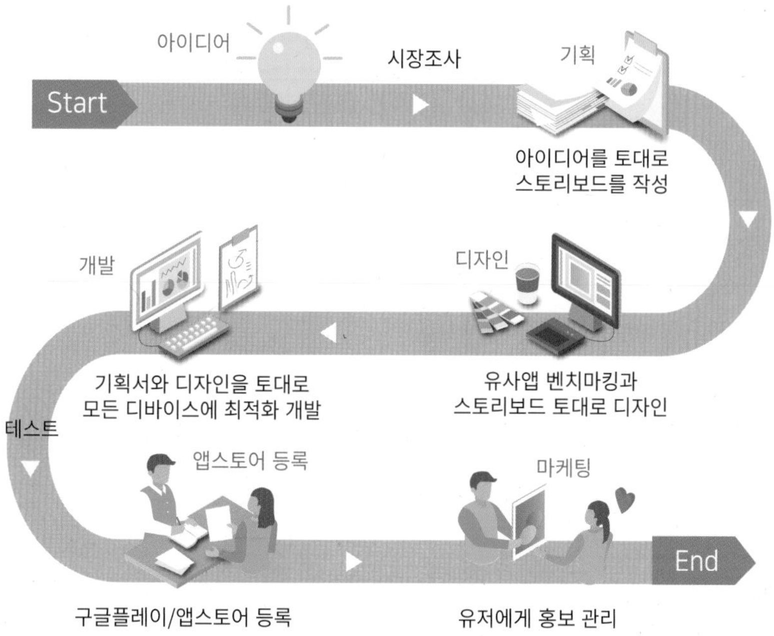

일반적인 어플리케이션 개발 단계는 구상, 기획, 개발, 테스트, 출시 및 배포 단계로 이루어집니다. 소프트웨어를 제작하는 프로젝트는 기존에 존재하지 않았던 새로운 것을 만드는 행위이기 때문에, 프로세스 없이 진행하면 그 진행 과정을 이해하기 어렵습니다. 따라서, 앱 제작도 일반적인 프로세스에 따라 진행하면 개발자가 원하는 대로, 소비자가 필요로 하는 앱 개발을 할 수 있습니다. 앱 인벤터의 실습을 하기 전에 일반적인 앱이 개발되는 그 과정을 한 번 알아보겠습니다.

1.앱구상(아이디어)	2.기획 및 디자인	3.개발	4.테스트	5.출시 및 배포
· 아이디어, 시나리오 정리 · 앱 기능 작성 및 설계	· 각 화면 흐름 작성 · 컴퓨터 언어 및 사용 모듈, 프레임 워크선정 · 지원 플랫폼 결정 (Android, Ios) · 앱 디자인 고려	· 개발 환경 세팅 · 실제 개발 진행	· 어플리케이션 테스트 및 피드백 수정	· 앱 출시 및 마케팅

[출처]https://devcompass.co.kr/%EC%95%B1-%EC%A0%9C%EC%9E%91/

위 표를 바탕으로 앱을 개발하는 단계에서 해야 할 일을 생각해 보겠습니다. 다른 단계와 달리 앱 구상 단계와 기획 및 디자인 단계에서 해야 할 일들이 많아 보입니다. 앱을 제작하는 아이디어와 앱이 실행되는 시나리오, 제작할 앱에 들어가야 할 기능을 작성한 다음 구체적으로 앱을 기획하고 디자인하는 단계를 거칩니다. 결국 실제 개발은 앱 구상, 기획 및 디자인 단계에서 작성한 내용을 바탕으로 앱 개발 도구를 활용하여 작업하게 됩니다.

우리는 앱 인벤터로 앱을 개발할 예정이기 때문에 두 번째 단계에서는 컴퓨터 언어나 프레임워크를 선택할 필요가 없습니다. 또한 앱 인벤터로 만들어진 앱은 안드로이드 OS에서 작동하기 때문에 지원 플랫폼을 결정할 필요가 없습니다. 또한, 앱 아키텍처 부분에서 우리가 제작하는 앱의 형태는 일반적인 앱인 '네이티브 앱'입니다. 따라서, 앱 인벤터로 앱을 제작할 때 고려해야 할 사항은 아이디어, 앱 시나리오, 기능 목록, 앱 화면 흐름 등입니다. 이와 관련된 워크 시트는 3장에서 정리하였으니 꼭 활용하시길 바랍니다.

위와 같은 개발 단계를 거쳐 하나의 앱이 완성됩니다. 위 단계에서 포함되지 않은 내용은 서버 관련 부분입니다. 해당 내용에 대한 설명을 삭제한 이유는 이 책이 앱 인벤터를 활용한 초보 개발자를 위한 내용을 담고 있기 때문입니다. 실제 앱 개발에서는 서버도 고려해야 합니다. 앱이 작동되기 위해서는 안정적인 서버가 필요하기 때문입니다. 이렇게 만들어진 앱은 3가지 작동 테스트를 거쳐 출시됩니다. 개발자 테스트, 디바이스 테스트, 사용자 테스트의 피드백을 받아 수정하고 또 수정하게 됩니다. 그렇게 해서 첫 번째 버전이 완성되면 심사 후 출시됩니다. 어떤 앱이든 여기서 끝나는 것은 결코 아닙니다. 실제 배포 후 발생되는 다양한 문제를 고치고 버전을 지속적으로 유지 및 보수 업데이트하게 됩니다.

04 인공지능과 앱

인공지능이 활용되는 사례 및 어플리케이션을 소개하기 이전에, 인공지능에 대한 정의에 대해 좀 더 자세히 살펴보도록 하겠습니다. 인공지능은 지난 수십 년 동안 많은 사람들에 의해 다양한 방식으로 정의되어 왔습니다. 예를 들어, 스탠포드 대학교의 존 맥카티(John McCarthy)는 '지능적인 기계, 지능적인 컴퓨터 프로그램 및 인공지능 프로그램을 만드는 것'으로 정의하였습니다. 이러한 정의는 매우 보편적이며, 많은 사람들이 인공지능을 이해하는 데 도움이 되고 있습니다. 또한, 컴퓨터 공학과 인공지능의 아버지로 불리는 앨런 튜링(Alan Turing)은 '인간처럼 행동하는 시스템'이라고 정의했습니다. 이러한 정의는 인공지능의 목적과 가능성을 이해하는 데 큰 도움이 됩니다. 그러나, 이러한 정의들은 모두 간결하고 축약된 형태입니다. 실제로 인공지능은 매우 복잡하며, 다양한 분야와 기술들이 복합적으로 작용하여 구현됩니다. 따라서, 인공지능의 정의를 이해하고 활용하기 위해서는 좀 더 깊이있는 이해가 필요합니다. 인공지능을 이해하는 접근 방법은 '인간적'인 방법과 '이상적'인 방법으로 구분됩니다.

인간적 접근 방법	이상적 접근 방법
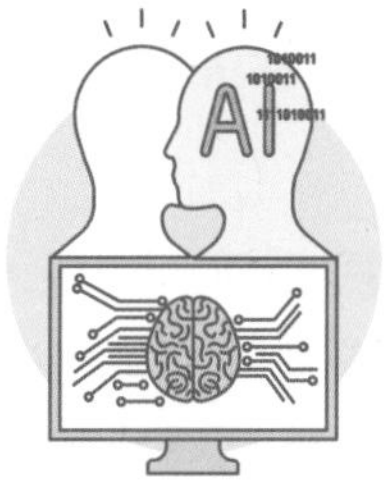 	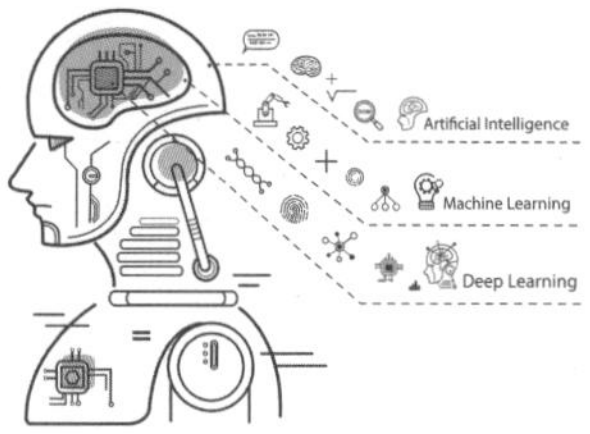
인간처럼 생각하고 행동하는 시스템	합리적으로 생각하고 행동하는 시스템

[출처]https://devcompass.co.kr/%EC%95%B1-%EC%A0%9C%EC%9E%91/

인공지능(artificial intelligence)은 크게 약 인공지능(Weak AI)과 강 인공지능(Strong AI)으로 구분할 수 있습니다. 현재 대부분의 인공지능은 약 인공지능에 속합니다. 약 인공지능은 특정 목적이나 작업에 대한 기술적인 능력을 가진 인공지능을 말합니다. 음성 인식, 자연어 처리, 검색 엔진 등이 대표적인 예입니다. 또한, 알파고나 테슬라의 자율 주행 시스템에 사용되는 인공지능도 현재까지는 약 인공지능의 범주에 속합니다. 앞으로 어떻게 변하고 발전할지는 모르겠습니다.

그러나, 강 인공지능(Strong AI)은 인간과 같은 지성을 가진 인공지능을 말합니다. 이러한 인공지능은 자연어 처리, 이해, 추론, 학습, 의사 결정 등을 수행할 뿐 아니라, 의식이 있어 인간과 비슷한 방식으로 감정, 상황에 대한 이해, 자율적인 행동 등을 수행할 수 있습니다. 즉, 인간과 똑같은 능력을 가진 인공지능을 말합니다. 강 인공지능은 약 인공지능과 달리 인간의 능력을 모방하여 다양한 지식적 작업을 수행할 수 있다고 합니다. 이러한 강인공지능이 실현될 때 인간과 기계의 차이는 더욱 모호해질 것입니다.

이러한 인공지능의 발전은 어떤 영향을 미칠까요? 인공지능 기술의 발전으로 인해, 우리는 더욱 편리한 생활을 누릴 수 있을 것입니다. 예를 들어, 가정 내 로봇이 집안 청소를 수행하거나, 자율주행 자동차가 우리를 목적지까지 안전하게 이동시켜 줄 수 있습니다. 또한, 의료 분야에서는 인공지능을 이용해 질병 진단과 치료를 더욱 정확하고 효과적으로 할 수 있을 것입니다. 이처럼 인공지능의 발전은 우리의 삶을 더욱 쉽고 편리하게 만들어줄 것입니다.

강인공지능이 할 수 있는 8가지 생각 및 행동들	
① 지식을 일반화하고 다양한 상황에 적용할 수 있습니다. ② 습득한 지식과 경험을 활용하여 미래를 계획할 수 있습니다. ③ 상황에 따라 적응하고 변화할 수 있습니다. ④ 추리력을 바탕으로 추론이 가능합니다.	⑤ 다양한 퍼즐을 풀어낼 수 있습니다. ⑥ 자신이 알고 있는 지식을 바탕으로 상식을 발휘할 수 있습니다. ⑦ 자의식이 있습니다. ⑧ 감정이 있고 그것을 분별할 수 있습니다.

[출처]https://www.linkedin.com/pulse/what-strong-general-ai-here-9-practical-examples-bernard-marr

강인공지능이 할 수 있는 8가지 생각 및 행동들을 읽어보면, 현재 이러한 인공지능과 관련한 것들을 영화에서나 볼 수 있는 듯합니다. 마치 스페이스 오딧세이 영화에서 나온 인공지능 할(HAL)이나, 아이언맨 영화에서 나오는 자비스(JAVIS)와 같다는 생각이 듭니다. 언젠가는 강인공지능을 사용하는 우리의 모습을 볼 수 있을지도 모르겠습니다.

약인공지능과 강인공지능과는 상관없이, 인공지능이 학습하는 방법을 머신러닝(Machine Learning)이라고 합니다. 머신러닝은 프로그램이 데이터를 분석하여 스스로 학습하는 기술입니다. 즉, 머신러닝은 데이터를 분석하여 규칙을 찾아내고, 그 규칙을 기반으로 새로운 데이터를 예측하거나 분류하는 기술입니다. 머신러닝에서는 알고리즘을 사용하여 데이터에서 패턴을 찾아내고, 이 패턴을 기반으로 미래의 데이터를 예측하거나 분류하는 모델을 만듭니다. 이러한 머신러닝은 지도학습, 비지도학습, 강화학습이라는 3가지 학습 방법으로 크게 구분됩니다. 인공지능의 학습 방법을 간단하게 체험해볼 수 있는 가장 좋은 사이트는 '클릭이'입니다. 해당 사이트에서는 다양한 지도 및 비지도 학습에 대한 체험을 할 수 있습니다.

웹 플랫폼 인공지능 실습 사이트

클릭이(https://oneclickai.co.kr/home)

인공지능을 학습하는 방법 중 첫 번째 종류인 지도학습은 이미 만들어진 학습 데이터(라벨, Label)를 함께 제공하여 기계에게 학습을 시키는 방법입니다. 그리고 만들어진 모델이 실제로 정답을 잘 맞췄는지 아닌지를 확인하여 오차가 줄어드는 방향으로 모델을 수정하는 일을 반복합니다. 이렇게 수정된 결과는 미래를 예측하는 데 사용됩니다. 지도학습에는 분류(Classification)와 회귀(Regression) 분야가 있습니다. 분류는 미래의 결과가 여러 개의 클래스 중 하나에 속하는지를 예측하는 것을 말하고, 회귀는 미래의 결과가 연속적인 값을 가지는 것을 예측하는 것을 말합니다. 지도학습 중 분류에 대해 예를 들어 설명해 보겠습니다. 아래 사진은 사과, 바나나, 레몬으로 사진이 분류되어 있습니다. 더 많은 학습 데이터(과일 종류)를 만들어서 학습시킬 수도 있습니다. 이처럼 사과는 사과 사진, 바나나는 바나나 사진 등과 같이 학습 데이터를 주고 '사과', '바나나', '레몬'이라고 알려주고 있습니다. 오른쪽 아래의 '학습하기'를 누르면 모델이 생성되고, 학습 데이터를 바탕으로 어떤 과일인지 예측하는 결과가 나오게 됩니다.

지도학습 '분류' 예시

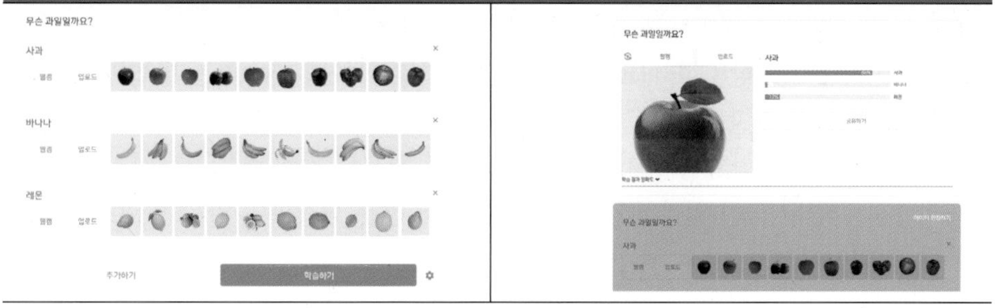

[출처]클릭이(https://oneclickai.co.kr/home)

인공지능의 학습 방법 중 두 번째 종류인 비지도학습(Unsupervised Learning)은 정답이 붙어 있지 않은 훈련 데이터 혹은 레이블을 이용하여 학습하는 것을 말합니다. 정답이 담긴 데이터(라벨)을 따로 주지 않고 인공지능 알고리즘이 알아서 어떤 패턴이나 구조를 자동으로 찾아내는 학습 방법입니다.

비지도 학습은 군집(Clustering)과 차원 축소(Dimension Reduction), 그리고 연관 규칙 학습(Association Rule Learning) 등의 분야로 나눌 수 있습니다. 군집은 같은 특징을 가진 데이터들을 같은 그룹으로 묶는 것을 말하고, 차원 축소는 데이터의 차원을 줄이면서 각 데이터의 특징을 유지하는 것을 말합니다. 연관 규칙 학습은 과거의 데이터를 분석하여, 다양한 아이템이 함께 구매되는 패턴을 찾아내는 것을 말합니다. 아래 사진은 비지도 학습 중 군집과 관련된 내용입니다. 왼쪽 사진은 네티즌마다 어떤 영화에 대해 평점을 준 데이터 모음입니다. 이 데이터에는 정답이 없습니다. 단지 네티즌마다 각각 다르게 영화 평점과 관련된 점수만 주어졌을 뿐입니다. 학습을 하게 되면 오른쪽 사진과 같이 인공지능 알고리즘이 스스로 연관되어 있는 데이터를 생성합니다.

비지도학습 '군집' 예시

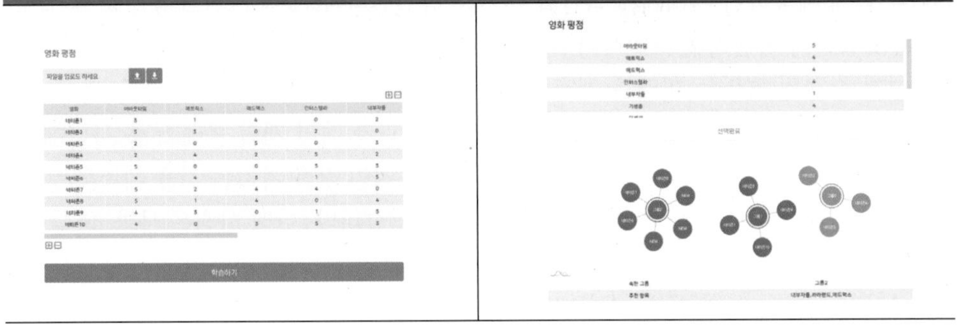

[출처]CLICK E 사이트 [출처]클릭이(https://oneclickai.co.kr/home)

인공지능 학습 방법 중 가장 강력한 형태로 강화학습(Reinforcement Learning)이 있습니다. 에이전트(Agent)가 주어진 환경(Environment)에 따라 최적의 선택을 할 수 있도록 지속적으로 보상(Reward)을 받아 누적보상(Cumulative reward)값을 최대화하여 학습하는 방법입니다. 예를 들어 자율주행 자동차를 학습할 때, 사고 없이 1m를 이동했다면 1점의 보상값을 주고, 지속적으로 학습한 후 누적 보상값이 최고점인 자율주행 자동차를 최고의 강화학습 모델이라고 말합니다. 이는 강화학습과 관련된 극히 일부분의 예시 입니다. 더 많은 현장에 다양한 형태로 강화학습 모델이 활용될 수 있습니다.

이렇게 소개되고 설명될 수 있는 다양한 인공지능은 머신러닝의 발달로 스마트폰 응용소프트웨어인 앱에도 도입되고 있습니다. 현재 도입되어 많은 사람들이 사용하는 인공지능 관련 앱은 다음과 같습니다.

2023년 최고의 AI 앱 Top 6

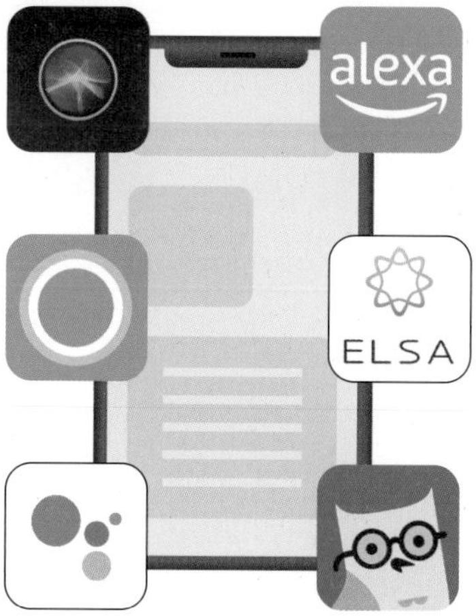

시리(Siri)
애플의 음성 쿼스트 및 자연어 사용자 인터페이스 사용하여 작동.

알렉사(Alexa)
아마존의 AI가상비서 음성쿼리, 자연어처리등 의 기능으로 상호작용이 가능함.

코타나(Cotona)
마이크로소프트 AI가상 비서 윈도우뿐만 아니라 모바일에서 작동.

ELSA Speake
AI기반 앱 인공지능 기능과 대화하며 말하고 배우기를 할 수 있으며, 인공지능이 즉각적 피드백을 해줌.

구글 어시스턴스
구글의 AI가상비서 안드로이드 OS에서 작동하며 다양한 기기를 컨트롤 가능함.

소크라테스(Socratic)
수학 및 기타 숙제를 도와주는 AI기반 앱 구글이 최근 앱을 인수함.

[내용출처]https://www.devteam.space/blog/10-best-ai-apps/

이 밖에도 다양한 인공지능 기반 앱이 개발되고 보급되고 있습니다. 순위에는 없었지만 카메라 인식 기능을 활용하여 사진 및 동영상을 다른 이미지로 렌더링해주는 인공지능 앱도 많이 생산되고 있습니다. 또한, 앱은 아니지만 인공지능 웹 툴로 달리(DALLE-2), 미드져니(Midjourney), 엔비디아 구겐(NVIDIA Gaugan) 등과 같은 텍스트 투 이미지(Text-to-Image) 인공지능 툴도 활용되고 있습니다. 앞으로 다양한 분야에서 다양한 기능을 갖춘 인공지능 관련 앱이 생산되어 우리의 삶에 도움을 줄 예정입니다. 이제는 앱 인벤터 개발 툴을 활용하여 인공지능 뿐 아니라 다양한 기능을 갖춘 앱을 개발해 봅시다.

User

APP INVENTOR

User

creative concept

Chapter 2

앱 제작 준비

01 크롬 브라우저와 구글 계정

앱 인벤터는 클라우드 기반의 도구로 앱 인벤터를 사용하려면 크롬 브라우저와 구글 아이디가 필요합니다. 앱 인벤터는 익스플로러는 지원하지 않으므로 Chrome, Safari, Firefox 웹 브라우저를 사용하고, 구글 계정을 이용해 로그인한 후 사용합니다.

* 참고: 구글 크롬 4.0 이상 Mozilla Firefox 3.6 이상 애플 사파리 5.0 이상

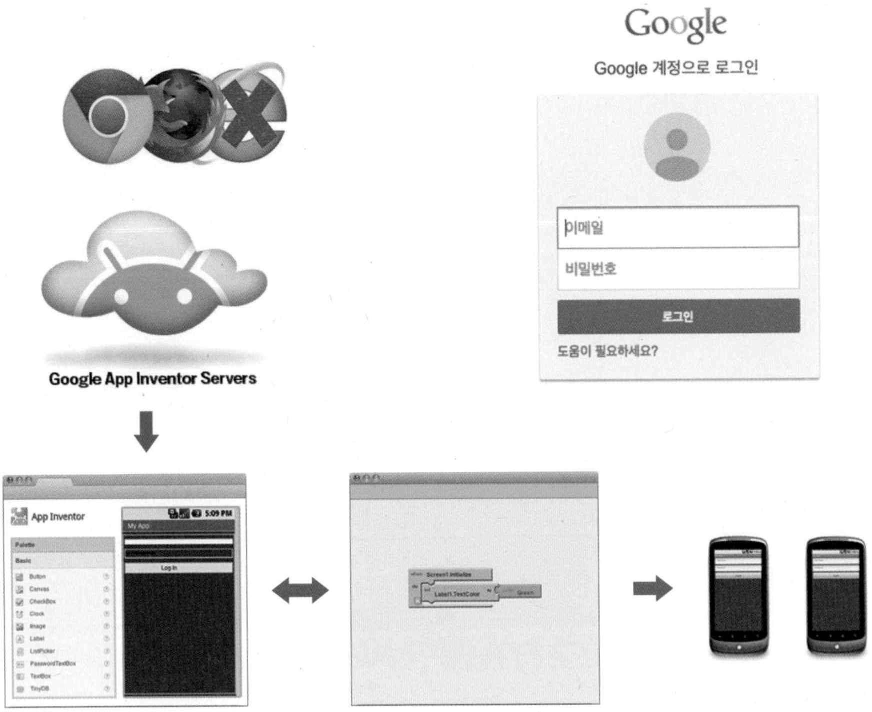

02 Android vs iOS

앱 인벤터는 안드로이드 기반의 앱 개발 도구지만 iOS용 앱도 지원합니다. 하지만 2022년 10월 현재 인공지능 확장기능을 비롯한 일부 앱 인벤터의 기능은 iOS용 앱에서 구현되지 않습니다.

iOS용 앱 인벤터 블록 및 구성요소를 구현하는 과정은 다음 링크를 참고해서 앱을 개발할 때 사용할 운영체제를 선택합니다. 원활하고 다양한 앱 개발을 위해서는 안드로이드 폰을 추천합니다. 그래서 이 책에서는 안드로이드 운영체제의 휴대폰 기반으로 설명합니다.

[iOS용 앱 인벤터 진행 상황] http://doesappinventorrunonios.com/

[지원되지 않는 기능들의 예] 회색 부분의 띠는 지원되지 않음을 의미합니다.

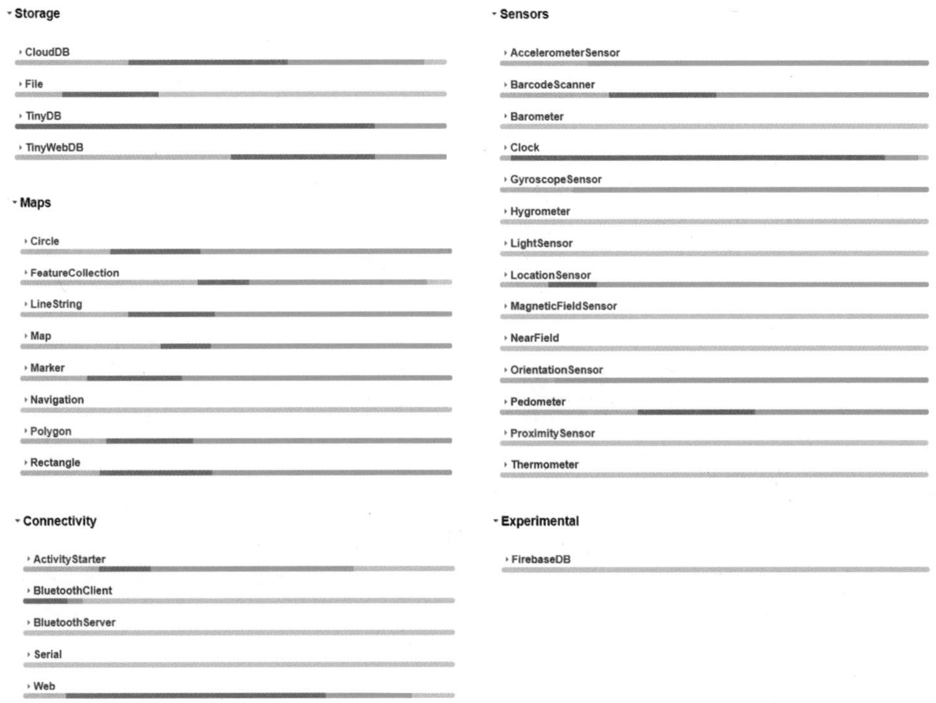

03 앱 인벤터 사이트 접속과 언어 설정

자신의 구글 계정으로 로그인한 후 '앱 인벤터'를 검색합니다.

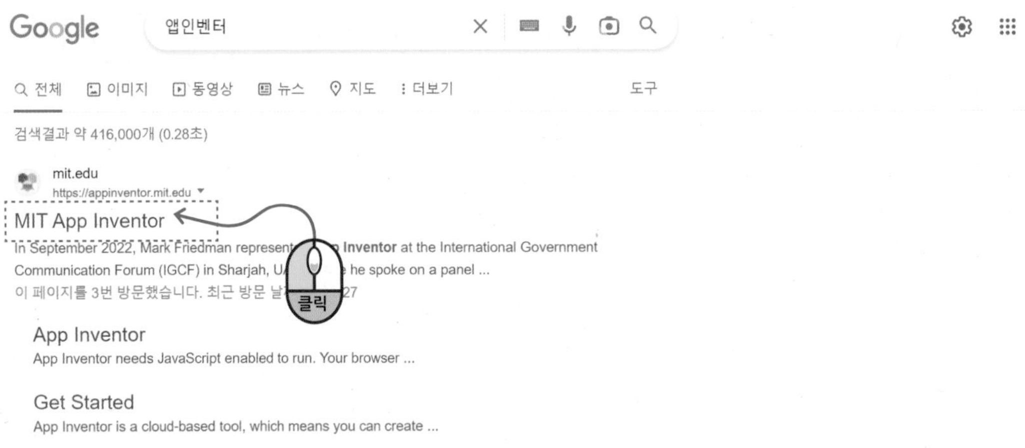

앱 인벤터 사이트에 접속되면 'Create Apps!'를 클릭합니다.

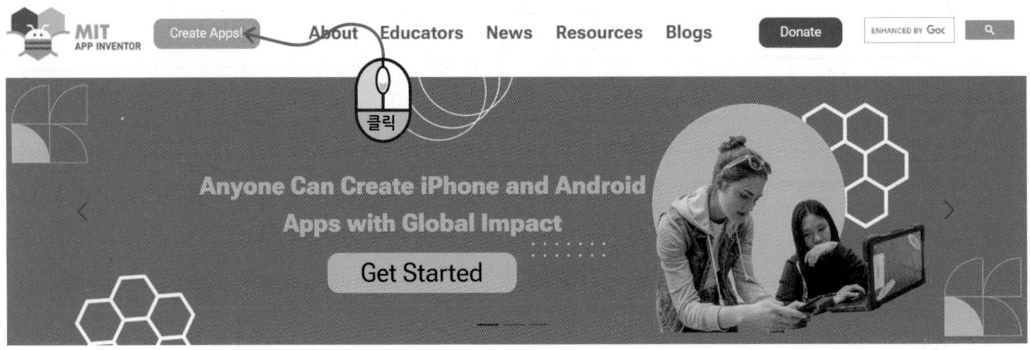

앱 인벤터를 사용하기 위해 로그인할 계정을 선택합니다. 본인인증을 위한 몇 가지 절차가 있으니 안내에 따라 차례대로 진행합니다.

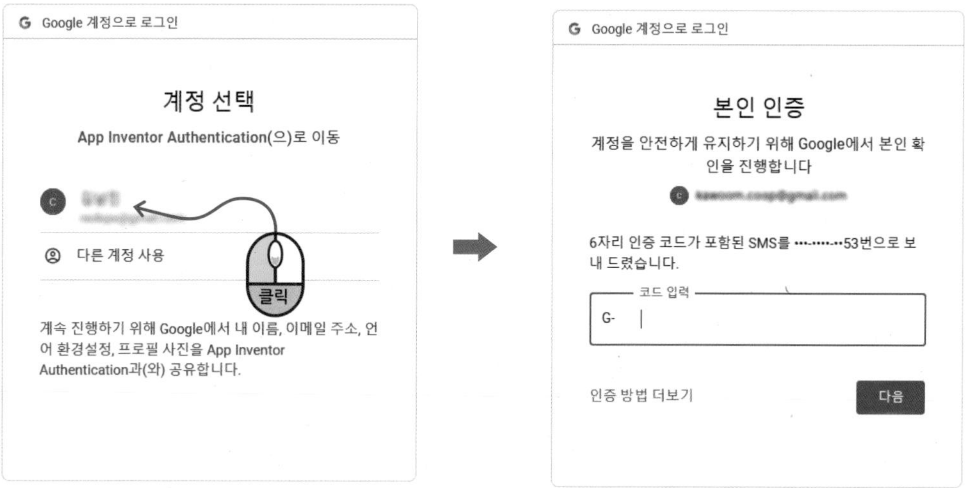
Google 계정으로 로그인
계정 선택
App Inventor Authentication(으)로 이동
다른 계정 사용
클릭
계속 진행하기 위해 Google에서 내 이름, 이메일 주소, 언어 환경설정, 프로필 사진을 App Inventor Authentication과(와) 공유합니다.
Google 계정으로 로그인
본인 인증
계정을 안전하게 유지하기 위해 Google에서 본인 확인을 진행합니다
6자리 인증 코드가 포함된 SMS를 ••-•••-••53번으로 보내 드렸습니다.
코드 입력
G-
인증 방법 더보기
다음

계정을 선택하고 나타나는 약관에 'I accept the terms of service!'를 클릭하여 동의합니다.

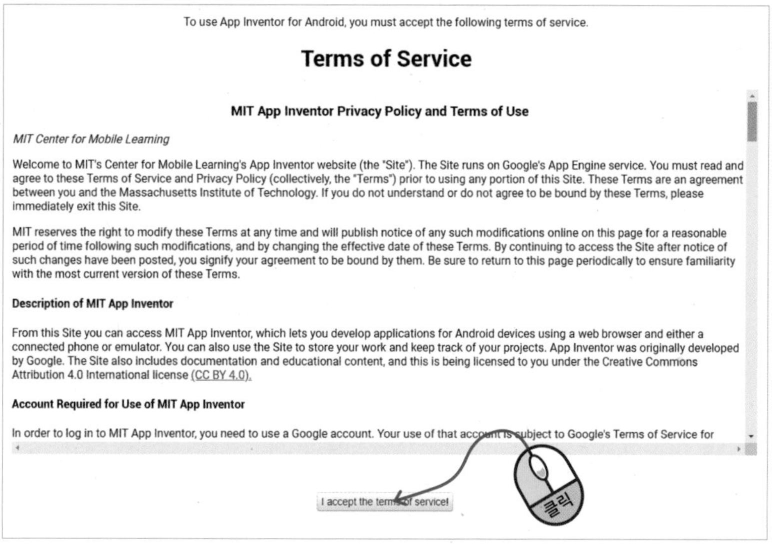
To use App Inventor for Android, you must accept the following terms of service.
Terms of Service
MIT App Inventor Privacy Policy and Terms of Use
MIT Center for Mobile Learning
Welcome to MIT's Center for Mobile Learning's App Inventor website (the "Site"). The Site runs on Google's App Engine service. You must read and agree to these Terms of Service and Privacy Policy (collectively, the "Terms") prior to using any portion of this Site. These Terms are an agreement between you and the Massachusetts Institute of Technology. If you do not understand or do not agree to be bound by these Terms, please immediately exit this Site.
MIT reserves the right to modify these Terms at any time and will publish notice of any such modifications online on this page for a reasonable period of time following such modifications, and by changing the effective date of these Terms. By continuing to access the Site after notice of such changes have been posted, you signify your agreement to be bound by them. Be sure to return to this page periodically to ensure familiarity with the most current version of these Terms.
Description of MIT App Inventor
From this Site you can access MIT App Inventor, which lets you develop applications for Android devices using a web browser and either a connected phone or emulator. You can also use the Site to store your work and keep track of your projects. App Inventor was originally developed by Google. The Site also includes documentation and educational content, and this is being licensed to you under the Creative Commons Attribution 4.0 International license (CC BY 4.0).
Account Required for Use of MIT App Inventor
In order to log in to MIT App Inventor, you need to use a Google account. Your use of that account is subject to Google's Terms of Service for
I accept the terms of service!
클릭

약관 동의 창이 닫히고 나서 나타나는 스플래시 스크린은 필요에 따라 참고하고 다음으로 넘어갑니다. 그러면 다음과 같은 튜토리얼 창이 나타납니다.

고양이 소리 내기, TTS를 이용한 글자 읽어주기, 번역기 등의 앱을 배울 수 있는 튜토리얼입니다. 필요에 따라 선택해서 사용해도 좋습니다. 사용하지 않을 때는 'CLOSE' 버튼을 눌러 창을 닫습니다.

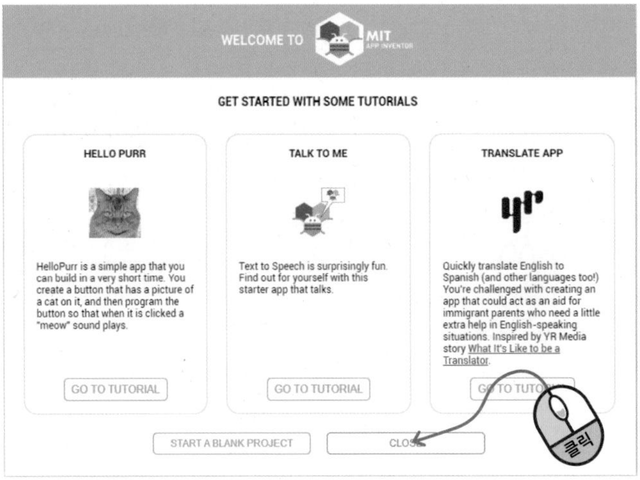

오른쪽 상단의 언어 설정에서 '한국어'를 선택합니다.

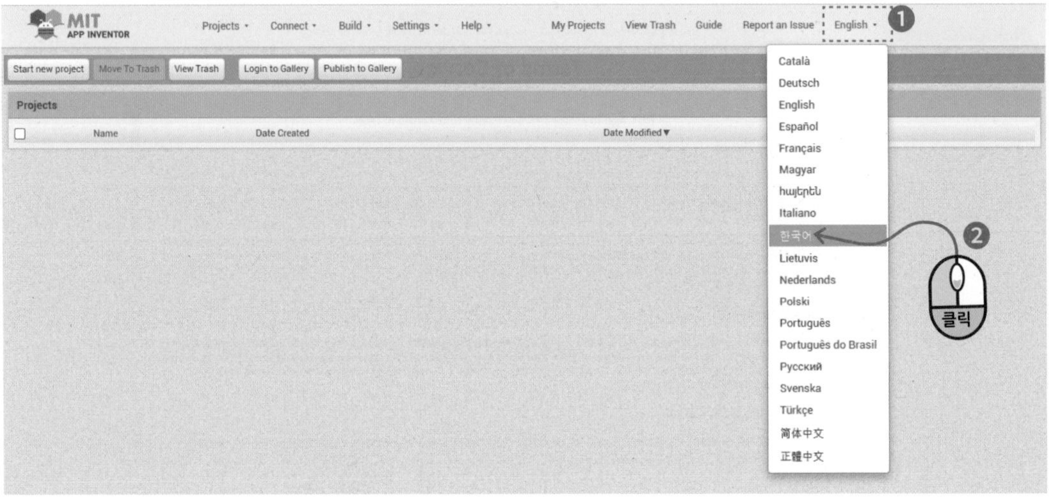

04 앱 인벤터 새 프로젝트 만들기

'새 프로젝트 시작하기'를 클릭하고 '프로젝트 이름' 설정 창에 이름을 입력합니다. 프로젝트 이름은 공백, 특수문자, 숫자로 시작할 수 없으며 한글은 사용할 수 없습니다.

사용할 수 있는 이름일 때는 파란색 박스로 나타나며 사용할 수 없는 문자가 입력되면 빨간색 박스로 나타납니다.

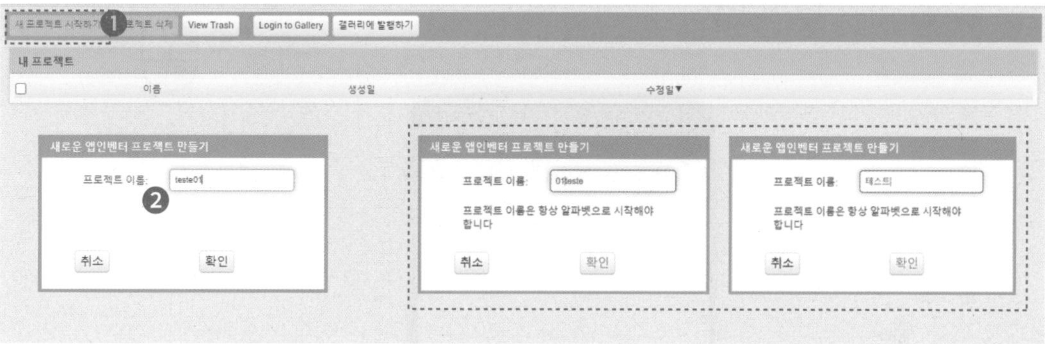

05 앱 인벤터 인터페이스 살펴보기

앱 인벤터로 실제로 동작하는 앱을 만들기 위해서는 UI(Users Interface)를 디자인하는 영역과 기능을 구현하는 블록 영역을 사용해야 합니다.

1) 디자이너 영역 인터페이스

❶ 디자이너 영역을 선택합니다.

❷ 팔레트는 앱 화면을 구성하고 기능을 만드는 데 필요한 부품 창고입니다. 이런 부품을 컴포넌트(Component)라고 합니다. 소프트웨어 개발을 마치 레고 블록을 쌓듯이 쉽게 할 수 있는 기술입니다. 사용자 인터페이스, 레이아웃, 미디어, 그리기 & 애니메이션, 지도, Charts, 센서, 소셜, 저장소, 연결, 레고 마인드스톰, 실험실, 확장기능을 제공하며 카테고리별 다양한 컴포넌트를 이용해 만들고자 하는 앱을 구현할 수 있습니다.

❸ 뷰어는 컴포넌트를 이용해 앱의 화면과 기능을 구성하는 공간으로 앱이 제작되었을 때 실제로 보이는 화면을 미리 볼 수 있습니다.

❹ 컴포넌트는 추가한 컴포넌트의 목록이 차례대로 나타납니다. 블록코딩에서 컴포넌트의 가독성을 좋게 하여 코딩을 쉽게 하도록 컴포넌트의 이름 바꾸기와 필요 없는 컴포넌트를 삭제할 수도 있습니다.

❺ 미디어에서는 앱 구현에 필요한 그림이나 소리, 인공지능 모델 등 여러 파일을 업로드할 수 있습니다.

❻ 속성에서는 각 컴포넌트의 배치와 크기, 색상 변경을 비롯한 다양한 속성 등을 설정하는 곳입니다.

2) 블록 영역 인터페이스

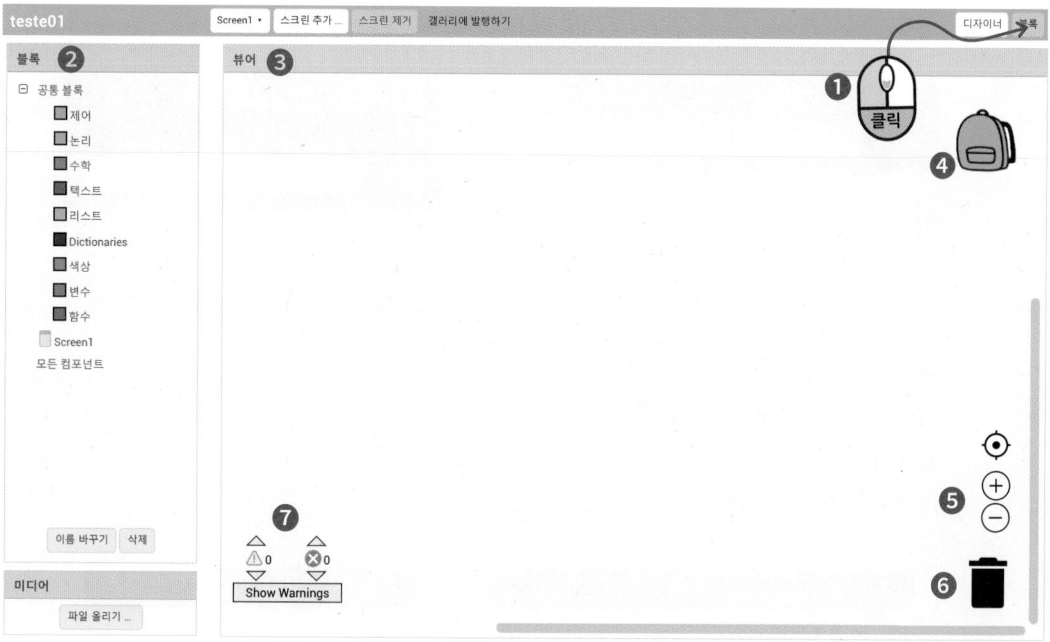

❶ 블록 영역을 선택합니다.

❷ 블록 영역은 앱이 동작할 수 있도록 알고리즘을 구성하고 명령할 수 있는 블록을 제공합니다. 공통블록은 기본적으로 앱 코딩에 필요한 제어, 논리, 수학, 텍스트, 리스트, 딕셔너리, 색상, 변수, 함수 블록을 제공합니다. 컴포넌트를 제어할 수 있는 블록은 'Screen' 블록 아래에 추가한 컴포넌트에 해당하는 블록이 생성됩니다. '모든 컴포넌트'는 Screen 메뉴에 있는 같은 종류의 컴포넌트를 모두 한 번에 작업할 때 사용합니다.

❸ 뷰어는 블록 카테고리에서 가져온 블록을 조립하여 알고리즘을 구성하는 코딩 영역입니다.

❹ 가방에는 즐겨 사용하는 블록을 드래그 앤드 드롭 또는 오른쪽 마우스를 클릭하여 저장할 수 있습니다. 다른 스크린, 다른 프로젝트로 블록을 옮길 때 이용할 수도 있습니다.

❺ 블록의 크기를 조절할 수 있습니다.

❻ 필요 없는 블록은 휴지통에 버려 삭제할 수 있습니다.

❼ 경고와 에러 메시지로 블록이 제대로 결합했는지 제대로 작동하는지 등을 판단할 수 있습니다.

블록 살펴보기

1. 이벤트 블록

이벤트를 일으키는 블록으로 어떤 이벤트가 발생했을 때 감싸고 있는 블록들을 실행합니다. 이벤트는 사용자의 행동 뿐만 아니라 시간의 흐름, 동작의 시작과 완료 등 자동으로 발생되는 다양한 변화를 의미합니다.

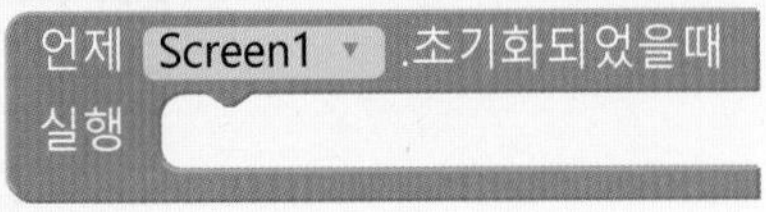

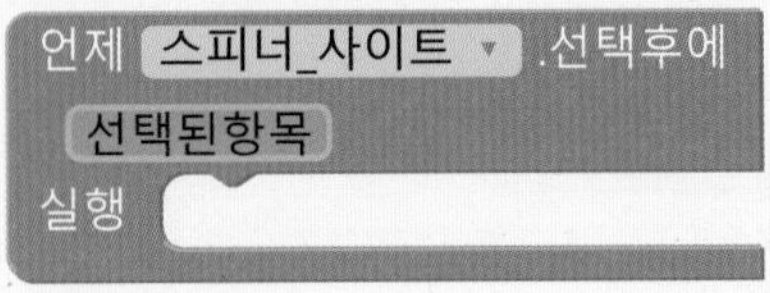

2. 함수 블록

컴포넌트가 가지고 있는 기능을 함수로 만들어 제공하고 있습니다. 이것을 호출하여 실행하는 블록입니다. 함수는 복잡하고 긴 코드를 하나의 이름으로 묶어서 필요할 때마다 호출하여 사용할 수 있도록 만든 명령어 꾸러미입니다. 함수를 사용하면 코드가 간결해지고 이해하기 쉬워집니다.

3. 속성 지정 블록

컴포넌트의 다양한 속성 값들을 지정할 수 있는 블록으로 속성값 블록과 함께 조립하여 사용합니다.

4. 속성값 블록

컴포넌트의 속성값들로 지정블록과 함께 사용합니다.

※ 사용방법은 다음과 같습니다. 두 블록이 조립되지 않고 서로 튕겨져 나갈 때는 속성지정 블록과 속성값의 입력형식 (논리, 숫자, 텍스트)이 맞지 않아 발생하는 현상입니다. 속성에 올바른 입력형식의 값을 조립하도록 합니다.

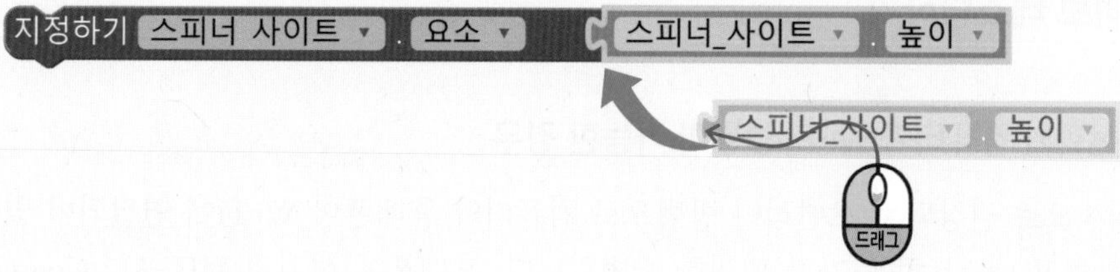

06 앱 인벤터 프로젝트 실행하기

제작된 프로젝트를 휴대폰에서 동작시키기 위해서는 휴대폰에 'MIT AI2 Companion'이라는 앱이 필요합니다. 구글 플레이스토어에서 'MIT AI2 Companion'을 검색하여 다운로드합니다.

1) 라이브 테스팅하기

- 휴대전화와 컴퓨터가 Wi-Fi 연결이 가능한 경우

공식적으로 권장되는 보편적인 방법으로 컴퓨터와 휴대폰이 Wi-Fi에 연결되어 있을 경우 앱을 만들고 테스트하는 가장 편리한 방법입니다. 휴대폰에 설치된 MIT AI2 Companion 앱을 실행하고 Wi-Fi 연결로 앱을 테스트하고 실시간으로 디버깅할 수 있습니다. 다만 컴퓨터나 휴대폰이 꺼지거나 연결이 끊어지면 다시 연결해야 제작한 앱을 사용할 수 있습니다.

[AI 컴패니언으로 연결하기]

컴퓨터와 휴대폰이 모두 Wi-Fi에 연결되어 있는지 확인합니다.

❶ 메뉴에서 '연결'을 클릭합니다.

❷ 목록에서 'AI 컴패니언'을 선택합니다.

❸ 연결 QR코드와 6자리 문자코드가 생성됩니다. 휴대폰에서 AI2 Companion 앱을 실행하여 6자리 문자코드를 입력하거나 'scan QR code'를 클릭하여 앱을 실행합니다.

- 크롬북을 사용할 경우

크롬북에서도 android 앱을 실행할 수 있습니다. 같은 장치에서 앱을 개발, 생성, 테스트, 실행까지 할 수 있습니다. 자세한 크롬북 사용은 아래의 링크를 참조합니다.

https://appinventor.mit.edu/support/chromebooks

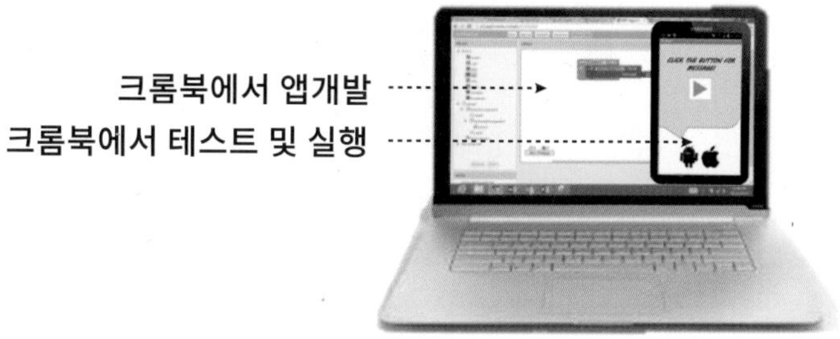

2) apk 파일을 이용해 휴대폰에 설치하기

안드로이드 설치파일인 apk 파일을 생성해서 휴대폰에 설치(빌드)하여 사용하는 방법으로 컴퓨터나 휴대폰이 꺼져도 제작한 앱을 사용할 수 있는 방법입니다. 핸드폰과 컴퓨터 모두 Wi-Fi 연결이 어려운 환경이거나 디버깅이 끝난 완성도가 높은 앱이라면 이 방법을 선택하면 됩니다.

❶ 메뉴에서 '빌드'를 클릭합니다.

❷ 목록에서 Android App(.apk)을 선택합니다.

❸ 생성된 apk 파일을 직접 내려받아 컴퓨터에 저장한 후 핸드폰으로 복사해 설치할 수도 있지만, 생성된 QR코드를 AI2 Companion 앱을 실행한 후 scan 하여 설치합니다.

MEMO

User

APP
INVENTOR

User

creative concept

Chapter 3
앱 제작

01
밝기 측정 앱

학습목표

휴대폰에 내장되어 있는 여러 가지 센서 중 빛의 양을 측정할 수 있는 LightSensor를 이용하여 주변의 밝기를 측정할 수 있습니다. 여러 개의 컴포넌트를 화면에 배치하기 위해 레이아웃에서 수평배치를 사용할 수 있습니다.

01 프로젝트 미리보기

내장된 LightSensor를 이용해 휴대폰이 실행되면 빛의 양을 측정하고 측정된 밝기의 정도에 따라 안내 메시지가 출력됩니다.

02 주요 컴포넌트 살펴보기

▶ **이미지**

이미지 컴포넌트는 사진이나 그림을 휴대폰 화면에 보여주는 컴포넌트입니다. 클릭하여 이벤트를 발생시킬 수도 있고 애니메이션을 지원하므로 간단한 효과를 줄 수도 있습니다.

▶ LightSensor

주변의 밝기를 측정하는 센서 기능을 사용하는 컴포넌트입니다.(휴대폰에 따라 밝기 측정 센서를 지원하지 않을 수 있습니다.)

▶ **수평 배치 수직 배치**

여러 개의 컴포넌트를 가로 또는 세로로 나란히 배치하여 사용할 수 있도록 하는 레이아웃입니다. 수평 배치는 화면에 가로로 컴포넌트를 나란히 배치하고, 수직 배치는 화면에 세로로 컴포넌트를 배치합니다.

03 미리 준비하기

https://pixabay.com/ko/에 접속해 전등, 실내조명 등 측정하려는 곳의 이미지를 준비합니다.

04 앱 디자인하기

1. Lightsensor 프로젝트 생성하기

메뉴에서 '프로젝트'를 클릭하고 목록에서 '새 프로젝트 시작하기'를 선택하고 프로젝트 이름으로 'Lightsensor'를 입력합니다.

2. 컴포넌트 추가하기

보이는 컴포넌트 vs 보이지 않는 컴포넌트

컴포넌트를 추가하다 보면 screen에 보이는 컴포넌트와 화면 아래쪽에 보이지 않는 컴포넌트로 나뉜다는 것을 알 수 있습니다.
보이는 컴포넌트는 사용자에게 실제로 보이는 것입니다. 버튼, 레이블, 슬라이더, 목록 뷰 등으로 크기나 색깔을 조절하여 원하는 모습으로 만들어 사용할 수 있습니다.
보이지 않는 컴포넌트는 사용자가 직접 볼 수는 없지만, 앱의 기능을 구현할 수 있게 해주는 컴포넌트입니다. 센서, 시계, 저장소, 확장기능 등이 보이지 않는 컴포넌트입니다.

화면 디자인에 필요한 컴포넌트를 추가합니다.

사용자 인터페이스에서 레이블1, 이미지1, 레이아웃에서 수평 배치1, 사용자 인터페이스에서 레이블2, 3, 4를 추가하고 센서에서 LightSensor1을 끌어다 보이지 않는 컴포넌트로 추가합니다.

▶ 레이아웃 - 수평 배치 사용

수평 배치 안에 레이블 2개를 나란히 배치합니다. 레이블2를 끌어다가 수평 배치 안으로 파란 선이 생길 때 넣습니다. 수평 배치의 크기는 자동으로 설정되어 있어 아래 그림과 같이 레이블2에 맞춰 크기가 변경됩니다. 레이블3을 수평 배치 위에 드래그 앤드 드롭 하여 두 개의 레이블을 나란히 배치합니다.

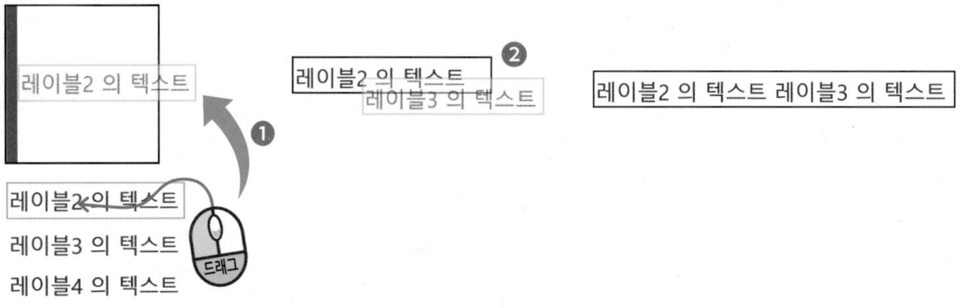

컴포넌트의 속성값 설정과 블록 코딩할 때 컴포넌트를 잘 구분하기 위해 이름을 다음과 같이 변경합니다.

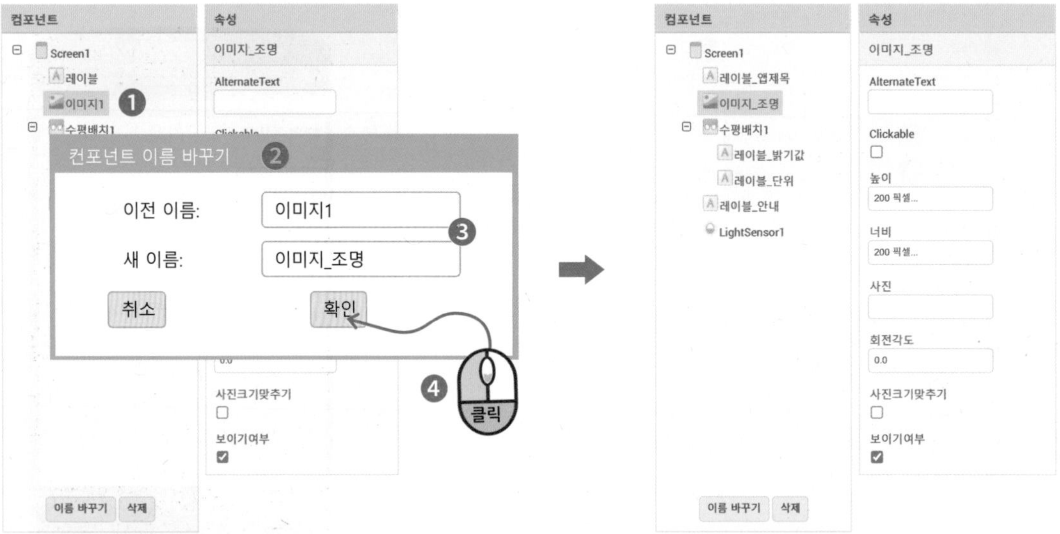

변경 전	변경 후	변경 전	변경 후
레이블1	레이블_앱제목	레이블3	레이블_단위
이미지1	이미지_조명	레이블4	레이블_안내
레이블2	레이블_밝기값		

이미지 컴포넌트에 지정할 이미지를 선택하고 추가합니다. 불 꺼진 이미지와 불 켜진 이미지를 추가합니다.

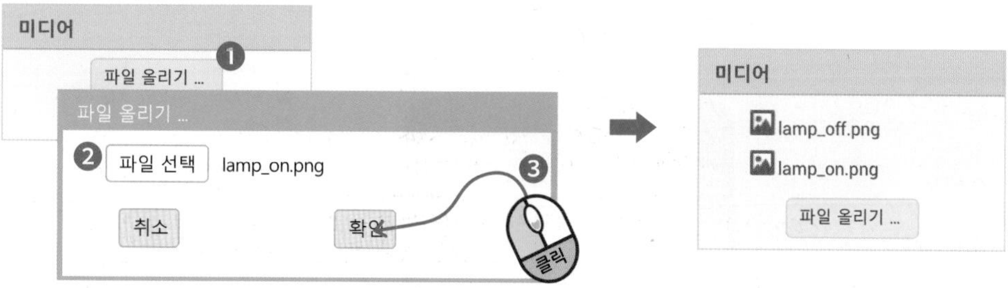

컴포넌트의 속성값을 세부적으로 조절합니다.

Screen1 속성
수평정렬 – 가운데
앱이름 – Lightsensor

이미지_조명 속성
높이 - 200픽셀
너비 – 200픽셀
사진 – lamp_off.png

레이블_밝기값 속성
글꼴굵게 – 체크
글꼴크기 - 30
높이 – 자동
너비 – 자동
텍스트 – 밝기
텍스트정렬 - 가운데

레이블_앱제목 속성
배경색 – 파란색
글꼴굵게 – 체크
글꼴크기 – 25
높이 – 자동
너비 – 부모 요소에 맞추기
텍스트 – 눈 건강지킴이 밝기측정
텍스트정렬 – 가운데
텍스트색상 – 흰색

수평배치1 속성
수평정렬 – 가운데
수직정렬 – 아래
높이 – 자동
너비 - 자동

레이블_단위 속성
글꼴굵기 – 체크
글꼴크기 – 20
높이 – 자동
너비 – 자동
텍스트 – lx
텍스트정렬 - 가운데

레이블_안내 속성
글꼴굵게 – 체크
글꼴크기 – 25
높이 – 자동
너비 – 자동
텍스트 – 조명상태안내
텍스트정렬 - 가운데

05 디자인 완성하기

팔레트
Search Components...
사용자 인터페이스
버튼
체크박스
날짜선택버튼
이미지
레이블
목록선택버튼
목록뷰
알림
암호텍스트박스
슬라이더
스피너
스위치
텍스트박스
시간선택버튼
웹뷰어
레이아웃
미디어
그리기 & 애니메이션
지도
뷰어
뷰어에 숨겨진 컴포넌트 나타내기
전화 크기 (505,320)
9:48
Screen1
눈 건강 지킴이 밝기 측정
밝기 lx
조명상태안내
보이지 않는 컴포넌트
LightSensor1
컴포넌트
Screen1
레이블_앱제목
이미지_조명
수평배치1
레이블_밝기값
레이블_단위
레이블_안내
LightSensor1
이름 바꾸기
삭제
미디어
lamp_off.png
lamp_on.png
파일 올리기 ...
속성
레이블_앱제목
배경색
파랑
글꼴굵게
글꼴이텔릭
글꼴크기
25
글꼴서체
기본값...
HTML형식
여백여부
높이
자동...
너비
부모 요소에 맞추기...
텍스트
눈 건강 지킴이 밝기 측정
텍스트정렬
가운데 : 1
텍스트색상
흰색
보이기여부

06 앱 코딩하기

1. 센서값 측정하기

휴대폰으로 밝기를 측정하기 위해 이벤트 블록인 '언제 LightSensor1.LightChanged'블록과 측정한 밝기값을 레이블에 출력하기 위해 '지정하기 레이블_밝기값'을 선택합니다.

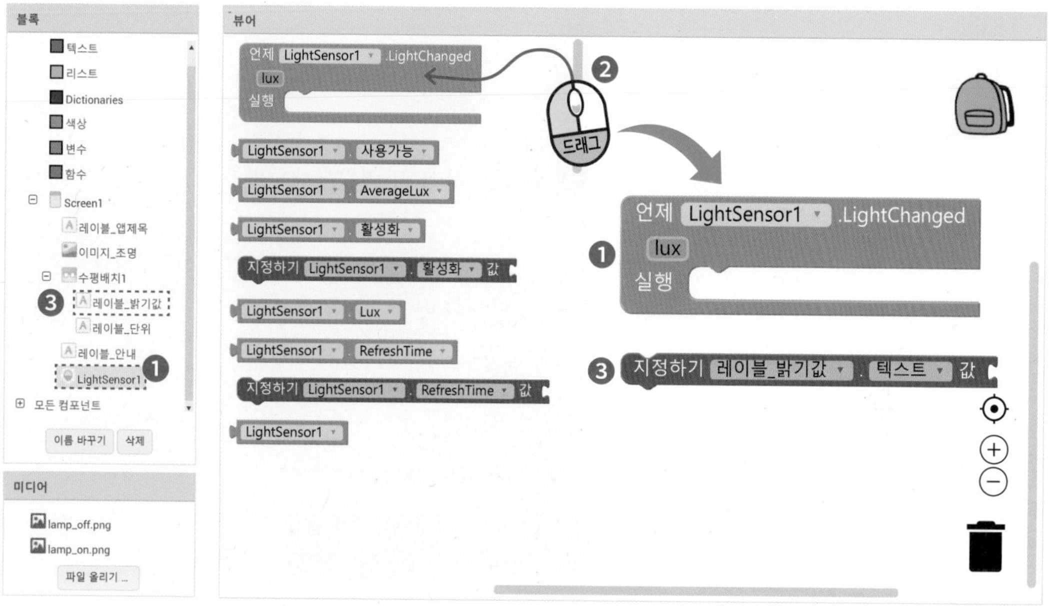

이벤트 블록에서 센서값이 저장된 매개변수의 값을 가져와 레이블 블록에 조립합니다. (마우스를 'lux'에 살짝 가져갑니다.)

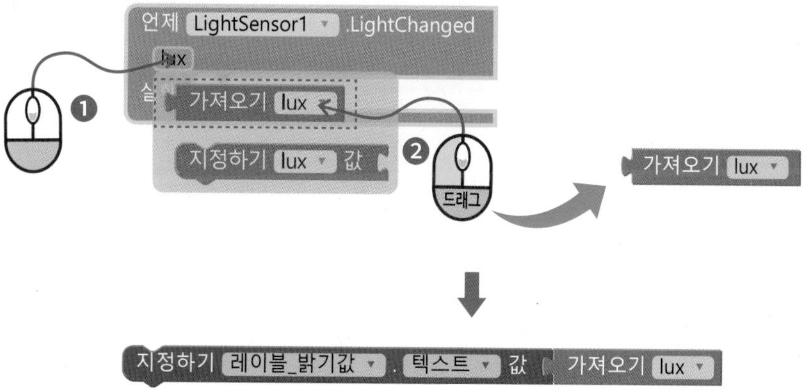

센서값에 변화가 있을 때 측정한 lux의 값이 '레이블_밝기값'에 출력될 수 있도록 블록을 완성합니다.

언제 LightSensor1 .LightChanged
lux
실행 지정하기 레이블_밝기값 . 텍스트 값 가져오기 lux

참고

블록에 아래와 같이 빨간 X, 노란 느낌표 표시가 나타나면 불완전하게 블록이 조립되었음을 의미합니다.
같은 블록이 두 개 이상 있거나 지역변수 즉, 해당 이벤트로 발생하는 변숫값을 다른 이벤트 블록에서 사용할 경우와 같이 잘못 사용했을 때 나타나는 에러 및 경고 메시지입니다.
바른 위치에 제대로 블록을 조립하거나 해당 블록을 삭제하면 쉽게 해결됩니다.

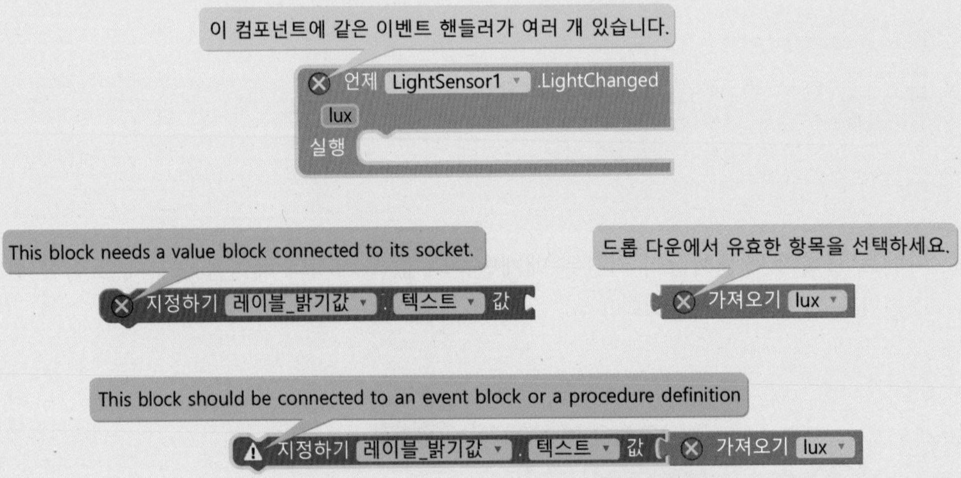
이 컴포넌트에 같은 이벤트 핸들러가 여러 개 있습니다.
언제 LightSensor1 .LightChanged
lux
실행
This block needs a value block connected to its socket.
지정하기 레이블_밝기값 . 텍스트 값
드롭 다운에서 유효한 항목을 선택하세요.
가져오기 lux
This block should be connected to an event block or a procedure definition
지정하기 레이블_밝기값 . 텍스트 값 가져오기 lux

2. 조건에 따라 실행문 만들기

밝기 정도에 따라 전등 이미지 변경과 안내 메시지를 출력하기 위해 조건문을 사용합니다. 제어에서 '만약 ~이라면 실행 아니고 만약 ~이라면 실행 아니라면' 블록을 선택합니다.

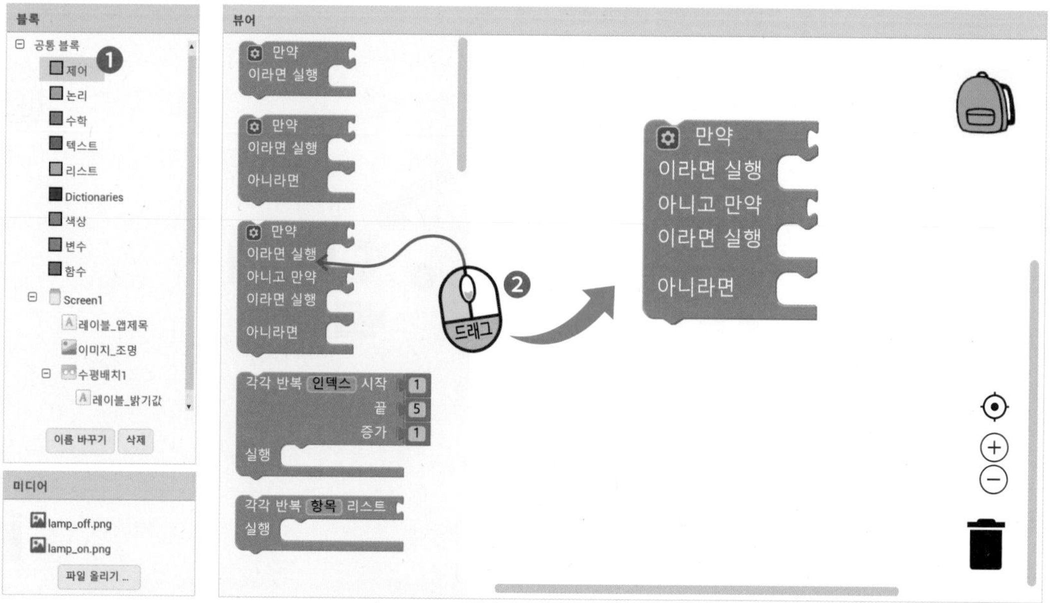

	lux<=100	100<lux<=300	300<lux<=500	아니라면 (500<lux)
텍스트	너무 어두워요. 불을 켜주세요.	일상생활을 하기에 적당한 밝기입니다.	책을 읽거나 공부를 하기에 적당한 밝기입니다.	조명이 너무 밝으니 상황에 따라 적당하게 조절해주세요.
이미지	lamp_off.png	lamp_off.png	lamp_on.png	lamp_on.png

4개의 조건이 필요하므로 설정 버튼을 눌러 '아니고 만약' 블록을 끌어다 하나 더 추가합니다.

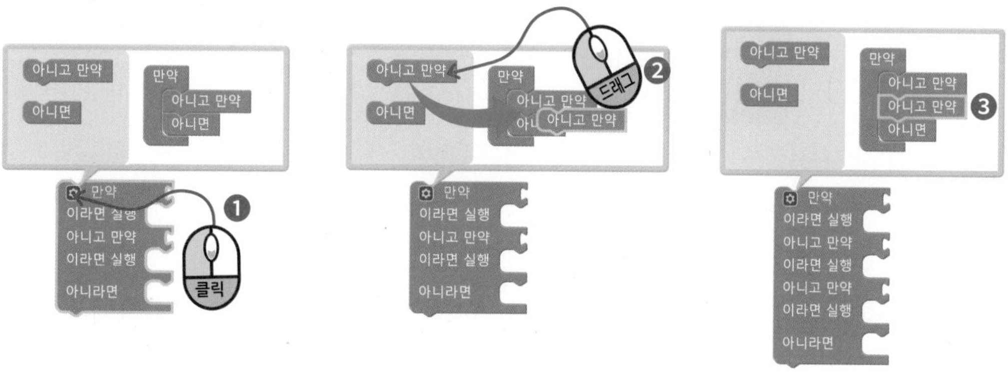

측정된 밝기에 따라 텍스트 내용과 이미지 변경을 위해 수학 블록에서 값을 비교하는 블록과 숫자를 입력할 수 있는 블록을 선택하고 값을 비교하는 연산자 를 로 변경합니다.

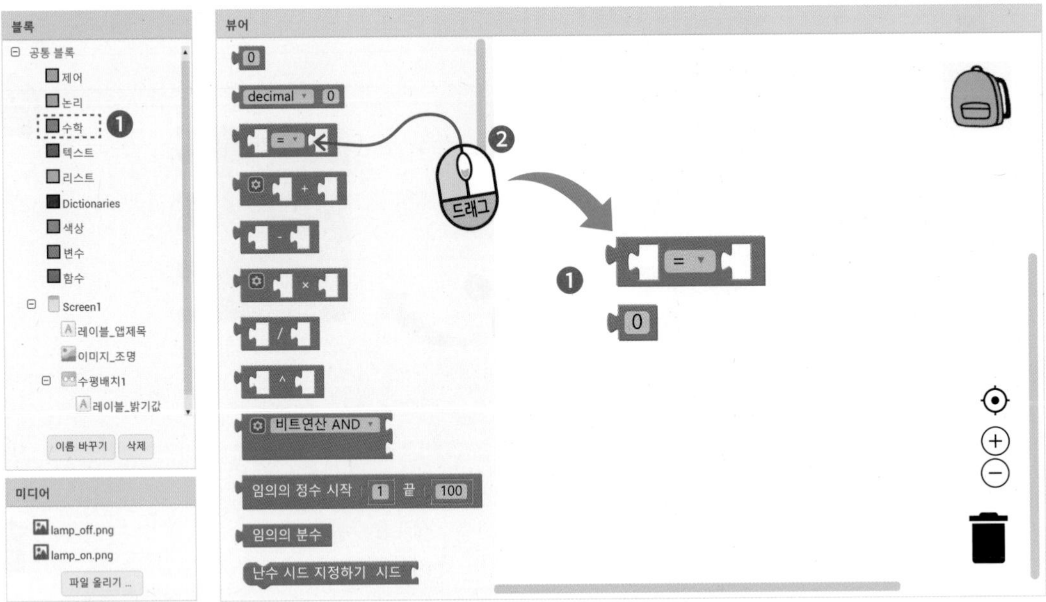

나누어 놓은 밝기값에 해당하는 조건문을 완성하고 이벤트 블록에 끼웁니다.

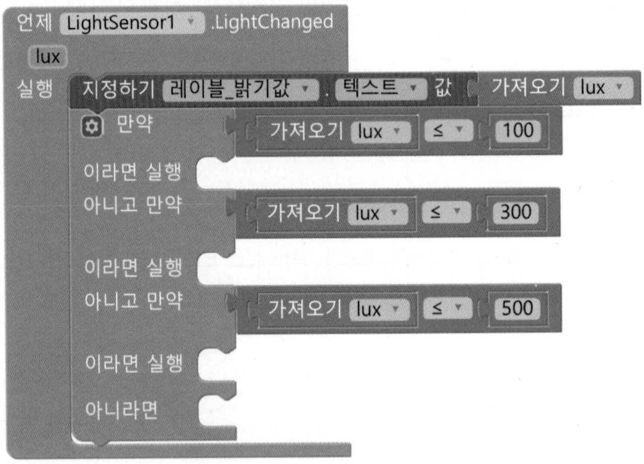

조건에 따라 메시지를 출력하고 이미지를 변경하기 위해 '이미지_조명' 블록에서 '지정하기

이미지_조명.사진값'과 '레이블_안내' 블록에서 '레이블_안내.텍스트' 블록을 선택합니다.

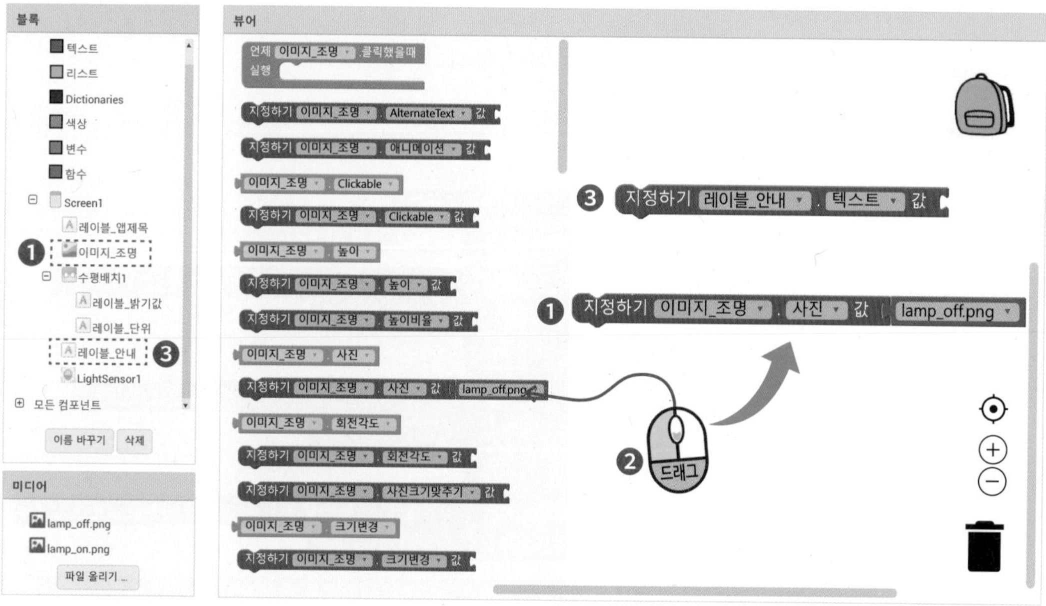
블록
뷰어
텍스트
리스트
Dictionaries
색상
변수
함수
Screen1
레이블_앱제목
이미지_조명
수평배치1
레이블_밝기값
레이블_단위
레이블_안내
LightSensor1
모든 컴포넌트
이름 바꾸기
삭제
미디어
lamp_off.png
lamp_on.png
파일 올리기 ...
지정하기 레이블_안내 . 텍스트 값
지정하기 이미지_조명 . 사진 값 lamp_off.png
드래그

위의 블록을 이용해 조건에 따라 메시지 출력과 이미지 변경 블록을 만듭니다.

지정하기 레이블_안내 . 텍스트 값 ' 너무 어두워요 불을 켜주세요 '
지정하기 이미지_조명 . 사진 값 lamp_off.png
지정하기 레이블_안내 . 텍스트 값 ' 일상 생활을 하기에 적당한 밝기입니다 '
지정하기 이미지_조명 . 사진 값 lamp_off.png
지정하기 레이블_안내 . 텍스트 값 ' 책을 읽거나 공부를 하기에 적당한 밝기입니다 '
지정하기 이미지_조명 . 사진 값 lamp_on.png
지정하기 레이블_안내 . 텍스트 값 ' 조명이 너무 밝으니 적당하게 조절해주세요 '
지정하기 이미지_조명 . 사진 값 lamp_on.png

07 완성 코드

조건에 맞게 블록들을 차례대로 조립하여 완성합니다.

언제 LightSensor1 .LightChanged
lux
실행 지정하기 레이블_밝기값 . 텍스트 값 가져오기 lux
만약 가져오기 lux ≤ 100
이라면 실행 지정하기 레이블_안내 . 텍스트 값 ' 편안한 취침을 유도할 수 있는 밝기입니다 '
지정하기 이미지_조명 . 사진 값 lamp_off.png
아니고 만약 가져오기 lux ≤ 300
이라면 실행 지정하기 레이블_안내 . 텍스트 값 ' 일상 생활을 하기에 적당한 밝기입니다 '
지정하기 이미지_조명 . 사진 값 lamp_off.png
아니고 만약 가져오기 lux ≤ 500
이라면 실행 지정하기 레이블_안내 . 텍스트 값 ' 책을 읽거나 공부를 하기에 적당한 밝기입니다 '
지정하기 이미지_조명 . 사진 값 lamp_on.png
아니라면 지정하기 레이블_안내 . 텍스트 값 ' 조명이 너무 밝으니 적당하게 조절해주세요 '
지정하기 이미지_조명 . 사진 값 lamp_on.png

08 실행화면

Screen1
눈 건강 지킴이 밝기 측정
0 lx
너무 어두워요 불을 켜주세요
Screen1
눈 건강 지킴이 밝기 측정
438 lx
책을 읽거나 공부를 하기에 적당한 밝기입니다
Screen1
눈 건강 지킴이 밝기 측정
1025 lx
조명이 너무 밝으니 적당하게 조절해주세요

09 응용 연습하기

문제 1. 눈 건강을 위해 너무 밝거나 어두울 때는 휴대폰에 경고 진동이 울리도록 만들어 봅니다.

풀이 1. 휴대폰의 진동은 어떤 컴포넌트와 관련이 있을까요?
휴대폰에서 소리와 진동으로 알림을 설정할 수 있습니다. 이것과 관련된 컴포넌트는 미디어 팔레트에 있는 '소리' 컴포넌트입니다.

[앱 디자인하기]

디자이너에서 '소리' 컴포넌트를 보이지 않는 컴포넌트로 추가하면 화면 아래에 나타납니다.

블록 영역에서 소리 컴포넌트 블록 중 '호출 소리1.진동하기'를 선택하고 숫자 입력 블록을 이용해 진동이 유지될 밀리초(1초=1,000밀리초)를 설정합니다.

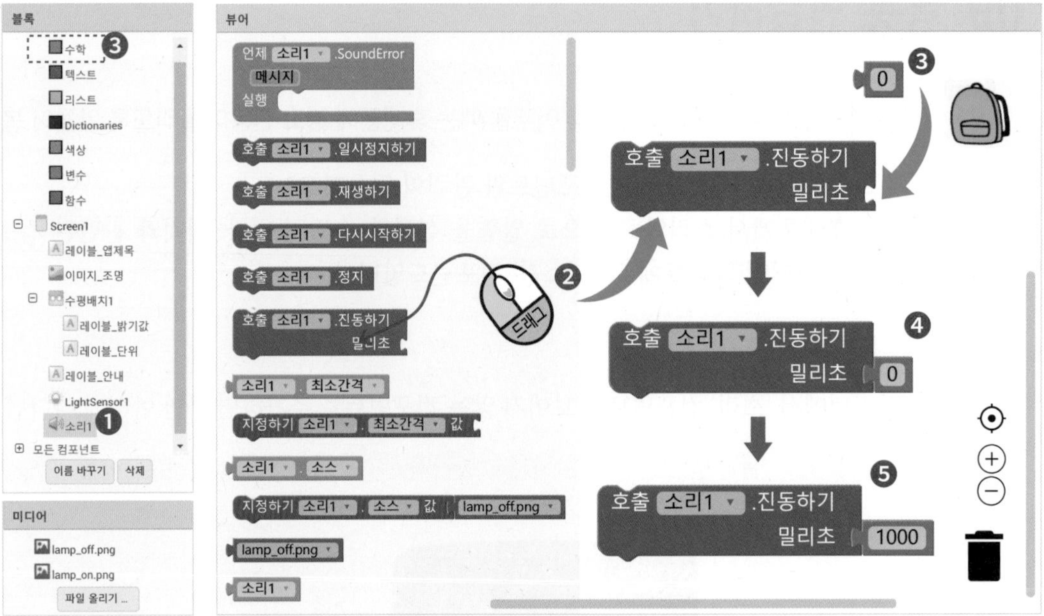
블록
수학
텍스트
리스트
Dictionaries
색상
변수
함수
Screen1
레이블_앱제목
이미지_조명
수평배치1
레이블_밝기값
레이블_단위
레이블_안내
LightSensor1
소리1
모든 컴포넌트
이름 바꾸기
삭제
미디어
lamp_off.png
lamp_on.png
파일 올리기 ...
뷰어
언제 소리1 .SoundError
메시지
실행
호출 소리1 .일시정지하기
호출 소리1 .재생하기
호출 소리1 .다시시작하기
호출 소리1 .정지
호출 소리1 .진동하기 밀리초
소리1 . 최소간격
지정하기 소리1 . 최소간격 값
소리1 . 소스
지정하기 소리1 . 소스 값 lamp_off.png
lamp_off.png
소리1
드래그
호출 소리1 .진동하기 밀리초
0
호출 소리1 .진동하기 밀리초 0
호출 소리1 .진동하기 밀리초 1000

[앱 코딩하기]

어두울때나 너무 밝을 때 경고진동이 울리도록 lux가 100보다 작은 경우와 lux가 500보다 큰 경우에 진동블록을 넣어 완성합니다.

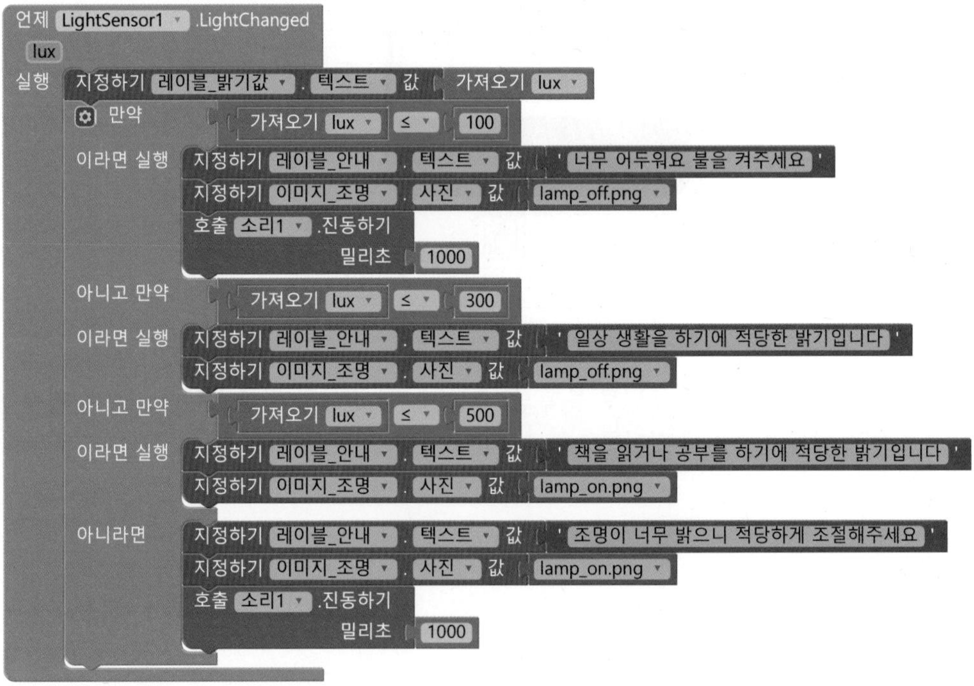
언제 LightSensor1 .LightChanged
lux
실행 지정하기 레이블_밝기값 . 텍스트 값 가져오기 lux
만약 가져오기 lux ≤ 100
이라면 실행 지정하기 레이블_안내 . 텍스트 값 ' 너무 어두워요 불을 켜주세요 '
지정하기 이미지_조명 . 사진 값 lamp_off.png
호출 소리1 .진동하기 밀리초 1000
아니고 만약 가져오기 lux ≤ 300
이라면 실행 지정하기 레이블_안내 . 텍스트 값 ' 일상 생활을 하기에 적당한 밝기입니다 '
지정하기 이미지_조명 . 사진 값 lamp_off.png
아니고 만약 가져오기 lux ≤ 500
이라면 실행 지정하기 레이블_안내 . 텍스트 값 ' 책을 읽거나 공부를 하기에 적당한 밝기입니다 '
지정하기 이미지_조명 . 사진 값 lamp_on.png
아니라면 지정하기 레이블_안내 . 텍스트 값 ' 조명이 너무 밝으니 적당하게 조절해주세요 '
지정하기 이미지_조명 . 사진 값 lamp_on.png
호출 소리1 .진동하기 밀리초 1000

10 아이디어 더하기

내장된 센서를 이용해 밝기를 측정하는 앱입니다. 조금 더 기능을 추가해서 실용적이고 완성도 높은 앱을 만들어 봅니다.

- 스위치 버튼을 넣어 필요할 때만 측정합니다.
- 밝기에 따라 핸드폰의 배경색을 바꿉니다.
- 측정된 결과를 음성으로 안내합니다.
- 밝기에 따라 무선으로 LED를 제어할 수 있습니다.

휴대폰에 내장된 센서를 알아보고 센서를 활용해 만들 수 있는 다양한 앱에 대해 생각해 봅니다. 실생활에 활용할 수 있는 자신만의 아이디어를 함께 나누어봅시다.

idea 정리표

생각모으기	구체적인 내용
어떠한 센서들이 내장되어 있나요?	
사용해보고 싶은 센서는 무엇인가요?	
선택한 센서로 어떤 기능을 하는 앱을 만들고 싶은가요?	
앱을 완성하는데 필요한 추가 지식과 컴포넌트는 무엇이 있을까요?	

02
QRcode 생성 및 읽기 앱

학습목표

태그와 달리 QR코드에는 사용자가 정보를 담을 수 있습니다. 입력된 내용을 QR코드로 생성하는 웹을 이용하여 원하는 메시지를 작성하여 QR코드를 생성하고 SNS등에 공유하는 앱을 만들어 봅니다.

01 프로젝트 미리보기

텍스트 박스에 내용을 입력하고 QR을 생성하는 버튼을 눌러 QR코드를 만듭니다. 캔버스에 저장된 이 QR코드는 다른 앱으로 공유할 수 있습니다.

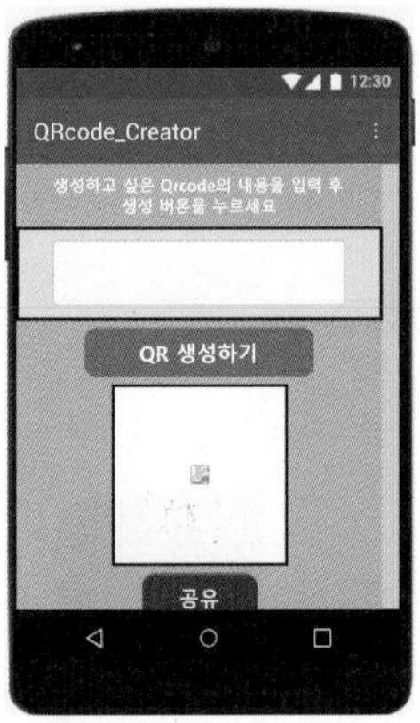

02 주요 컴포넌트 살펴보기

▶ 캔버스

그리기가 가능하고 스프라이트를 이동할 수 있는 2차원 터치 감지 직사각형 패널입니다.

점, 선, 원, 도형, 호, 텍스트를 그릴 수 있습니다. 높이와 너비는 픽셀 단위로 측정되며 캔버스 위의 모든 위치는 (X, Y)로 지정됩니다.

X: 왼쪽 가장자리에서 떨어진 픽셀 수
Y: 위쪽 가장자리에서 떨어진 픽셀 수

▶ 공유

앱과 기기에 설치된 다른 앱 간에 파일과 메시지를 공유할 수 있는 보이지 않는 컴포넌트입니다.

정보를 처리할 수 있는 설치된 앱 목록이 표시되면 사용자가 메일 앱, 소셜네트워크 앱, 문자 메시지 앱 등과 콘텐츠를 공유하도록 선택할 수 있습니다.

03 앱 디자인하기

1. qrcode_creator 프로젝트 생성하기

메뉴에서 '프로젝트'를 클릭하고 목록에서 '새 프로젝트 시작하기'를 선택하고프로젝트 이름으로 'qrcode_creator'를 입력합니다.

2. 컴포넌트 추가하기

앱 구성에 필요한 컴포넌트를 추가해 앱을 디자인합니다.

사용자 인터페이스에서 레이블1, 레이아웃에서 수평 배치1을 가져옵니다. 수평 배치1 안에 사용자 인터페이스에서 텍스트 박스1을 끌어다 넣습니다.

수평 배치1 아래 사용자 인터페이스에 있는 버튼1, 그리기 & 애니메이션의 캔버스1, 다시 사용자 인터페이스의 버튼2를 차례로 배치합니다. 마지막으로 소셜의 공유 컴포넌트를 보이지 않는 컴포넌트로 추가합니다.

앱 화면 다자인 및 코딩에 편리성을 위해 각 컴포넌트들의 이름을 다음과 같이 변경해줍니다.

변경 전	변경 후
레이블1	레이블_안내
텍스트박스1	텍스트박스_QR내용
버튼1	버튼_QR생성
캔버스1	캔버스_QRcode
버튼2	버튼_공유

컴포넌트들의 속성값은 다음과 같이 설정하여 아래의 그림과 같이 디자인 합니다.

Screen1 속성
수평정렬 – 가운데 수직정렬 – 위 배경색 - 분홍 테마 – 장치 기본값 제목 – QRcode_Creator

수평배치1
수평정렬 – 가운데 수직정렬 – 가운데 높이 – 20퍼센트 너비 – 부모요소에 맞추기

캔버스_QRcode
높이 – 150픽셀 너비 – 150픽셀

버튼_QR생성
배경색 – 자홍색 글꼴 – 굵게 글꼴크기 – 20 너비 – 200픽셀 모양 – 둥근모양 텍스트 – QR 생성하기 텍스트정렬 – 가운데 텍스트색상 - 흰색

레이블_안내
글꼴굵게 – 체크 글꼴크기 – 체크 HTML형식 – 체크 높이 – 자동 너비- 부모요소에맞추기 텍스트 – 생성하고 싶은 QRcode 의 내용을 입력 후 </br> 생성 버튼을 누르세요 텍스트 정렬 – 가운데 텍스트색상 - 흰색

버튼_공유
글꼴굵게 – 체크 높이 – 자동 너비 – 100픽셀 모양 – 둥근모양 텍스트 – 공유 텍트트정렬 – 가운데 텍스트색상 - 흰색

텍스트박스_QR내용
글꼴 크기 – 15 높이 – 15페선트 너비 – 80퍼센트 힌트 – QR 내용을 입력하세요 여러줄 - 체크

04 디자인 완성하기

팔레트
Search Components...
사용자 인터페이스
버튼
체크박스
날짜선택버튼
이미지
레이블
목록선택버튼
목록뷰
알림
암호텍스트박스
슬라이더
스피너
스위치
텍스트박스
시간선택버튼
웹뷰어
레이아웃
미디어
그리기 & 애니메이션
지도
뷰어
뷰어에 숨겨진 컴포넌트 나타내기
Android 5+ Devices (Android Material)
12:30
QRcode_Creator
생성하고 싶은 Qrcode의 내용을 입력 후
생성 버튼을 누르세요
QR 생성하기
공유
보이지 않는 컴포넌트
공유1
컴포넌트
Screen1
레이블_안내
수평배치1
텍스트박스_QR내용
버튼_QR생성
캔버스_QRcode
버튼_공유
공유1
이름 바꾸기
삭제
미디어
파일 올리기 ...
속성
Screen1
스크린설명
강조색
기본값
수평정렬
가운데 : 3
수직정렬
위 : 1
앱이름
qrcode_creator
배경색
분홍
배경이미지
없음...
BigDefaultText
BlocksToolkit
All
스크린닫기애니메이션
기본값
DefaultFileScope
App
HighContrast
아이콘
없음...

05 앱 코딩하기

1. QRcode를 생성하기

아래 그림과 같이 블록들을 가져와서 앱이 처음 시작될 때 텍스트박스를 초기화시키는 블록을 완성합니다.

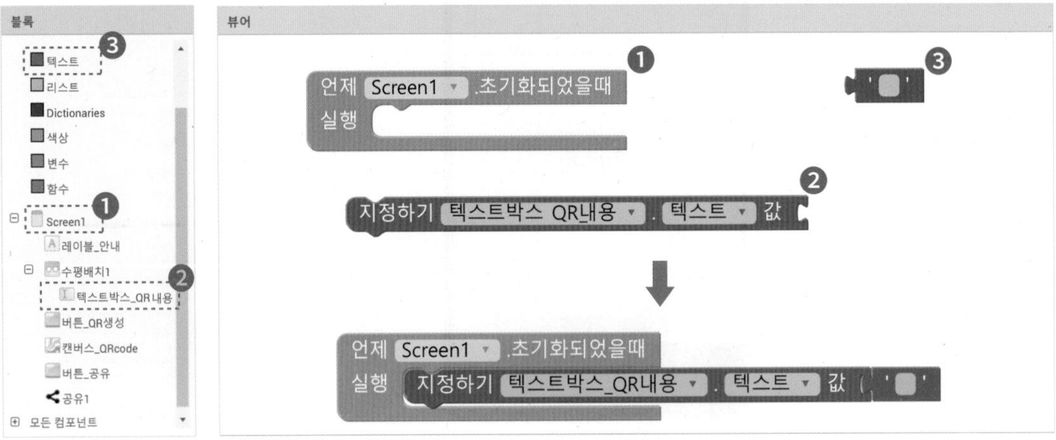

텍스트 박스에 메시지를 입력하면 QR을 생성하기 위한 기능을 만듭니다. '언제 버튼_QR 생성.클릭했을 때'를 이용해 텍스트 박스에 입력된 글자를 지우고, 텍스트 박스 입력을 위한 키보드 화면도 숨김 처리를 합니다.

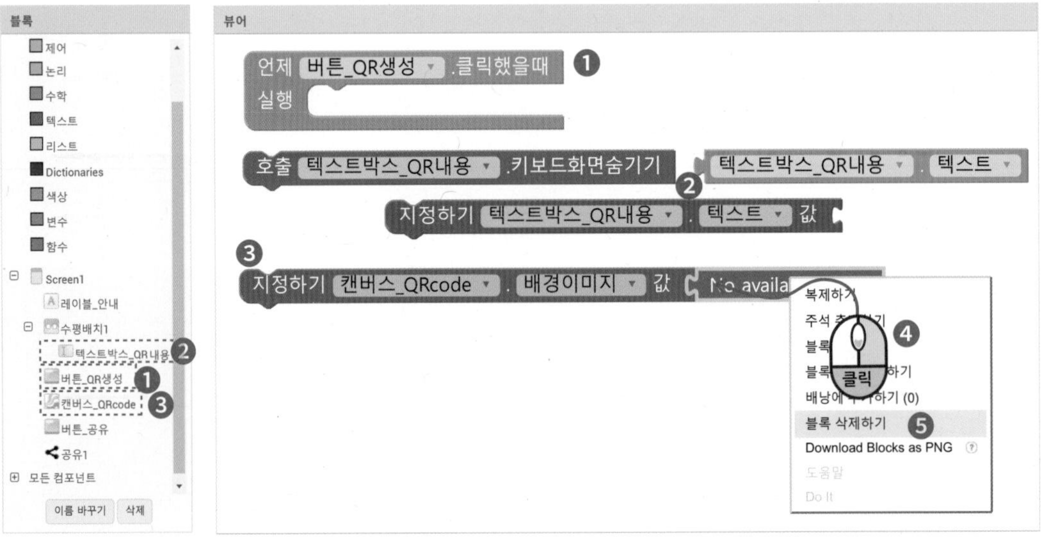

입력한 내용을 QR code로 생성하는 웹 URL과 입력 내용을 합쳐 QR을 생성한 후 '캔버스_QR code.배경이미지값'으로 정합니다.

❷ https://api.qrserver.com/v1/create-qr-code/?size=120x120&data=

❸ 텍스트 박스 입력값

문자와 문자, 문자와 변수 등을 합쳐 하나의 문자열로 만들기 위해 텍스트 블록에서 '합치기'를 가져옵니다.

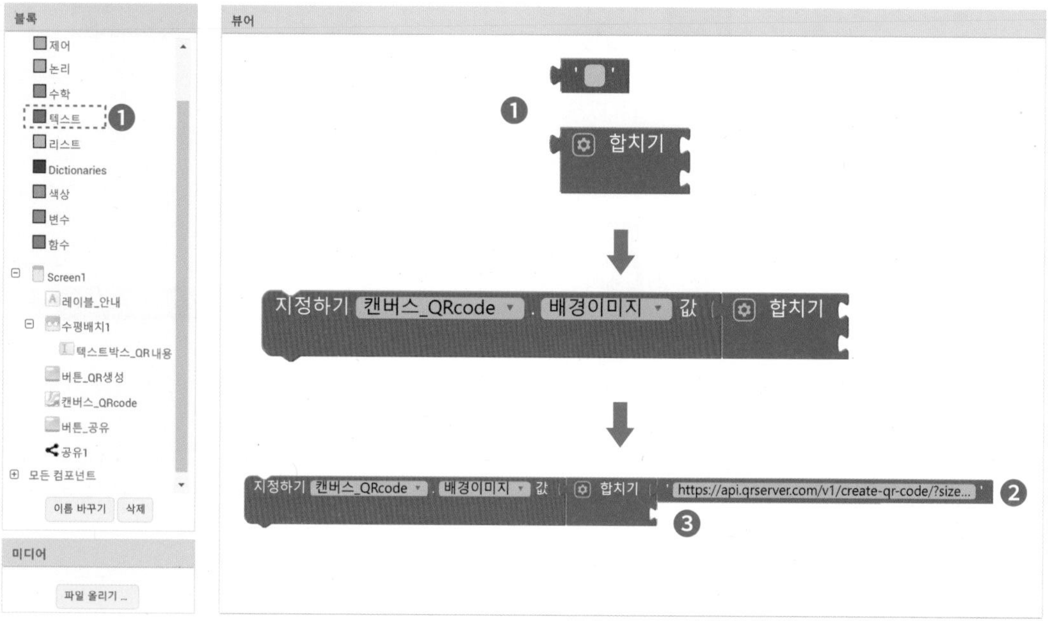

다음과 같이 QR을 생성하는 코드를 완성합니다.

아래의 코드에서 텍스트 박스 내용을 QR code를 생성하는 데 사용한 후에는 텍스트 박스 내용을 초기화해야 합니다. 순서가 바뀌면 QR이 생성되지 않습니다.

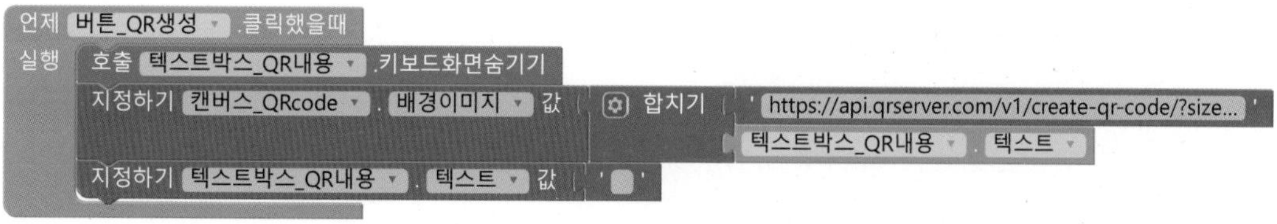

완성되어 캔버스에 출력한 QR code를 파일로 저장하기 위해 '호출 캔버스_QR_code.저장하기'와 공유하기 위한 '호출 공유1.파일 공유하기'를 가져옵니다.

공유할 수 있는 애플리케이션은 해당 휴대폰에 설치된 앱에 한정됩니다.

공유하려는 앱이 있으면 먼저 해당 애플리케이션을 설치해서 사용합니다. 공유 버튼을 누르면 사용할 수 있는 목록이 나타나고 원하는 애플리케이션을 선택해 공유합니다.

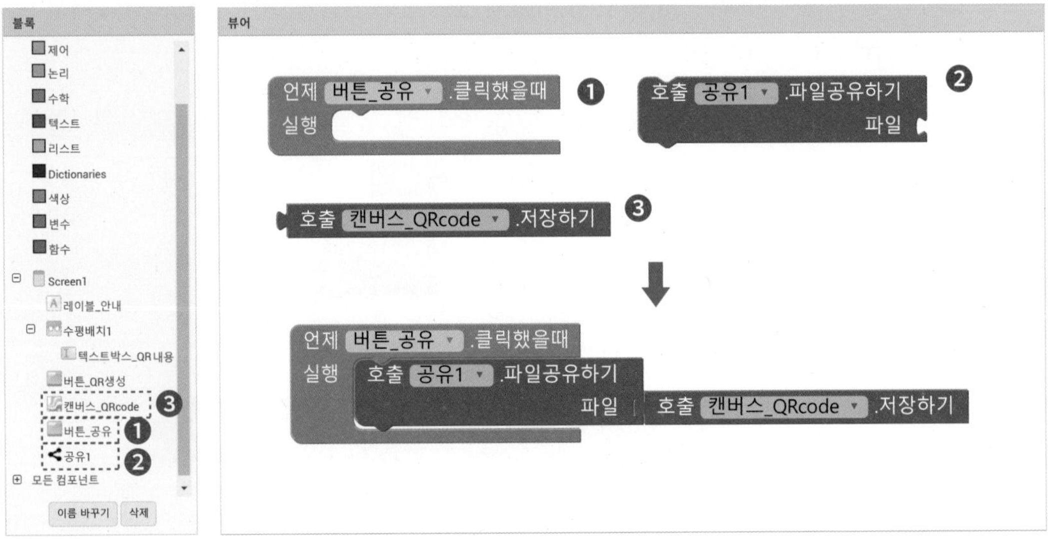
블록
제어
논리
수학
텍스트
리스트
Dictionaries
색상
변수
함수
Screen1
레이블_안내
수평배치1
텍스트박스_QR내용
버튼_QR생성
캔버스_QRcode ③
버튼_공유 ①
공유1 ②
모든 컴포넌트
이름 바꾸기
삭제
뷰어
언제 버튼_공유 .클릭했을때
실행
①
호출 공유1 .파일공유하기
파일
②
호출 캔버스_QRcode .저장하기
③
언제 버튼_공유 .클릭했을때
실행 호출 공유1 .파일공유하기
파일 호출 캔버스_QRcode .저장하기

06 완성 코드

모든 코드를 완성하고 아래의 블록과 비교합니다.

언제 Screen1 .초기화되었을때
실행 지정하기 텍스트박스_QR내용 . 텍스트 값 ' '

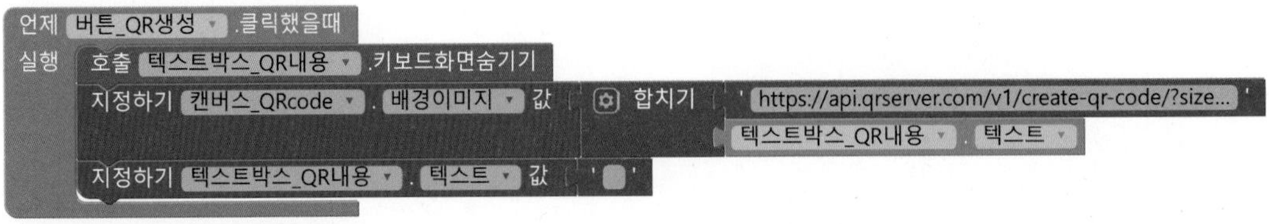
언제 버튼_QR생성 .클릭했을때
실행 호출 텍스트박스_QR내용 .키보드화면숨기기
지정하기 캔버스_QRcode . 배경이미지 값 합치기 ' https://api.qrserver.com/v1/create-qr-code/?size... '
텍스트박스_QR내용 . 텍스트
지정하기 텍스트박스_QR내용 . 텍스트 값 ' '

언제 버튼_공유 .클릭했을때
실행 호출 공유1 .파일공유하기
파일 호출 캔버스_QRcode .저장하기

07 실행화면

텍스트 상자에 내용을 입력하고 QR을 생성하고 원하는 SNS에 공유합니다.

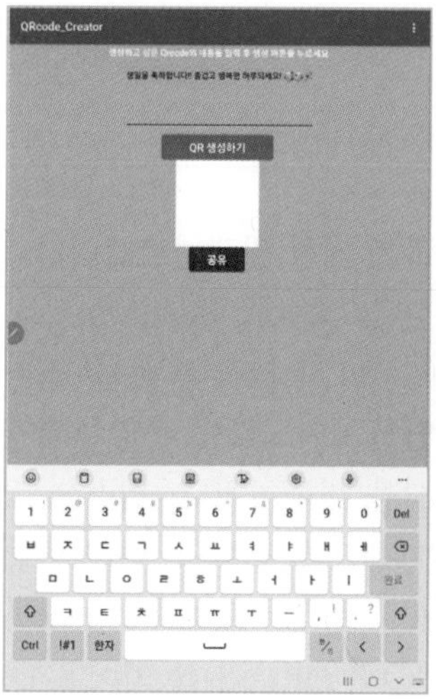
QRcode_Creator
QR 생성하기
공유

QRcode_Creator
생성하고 싶은 Qrcode의 내용을 입력 후 생성 버튼을 누르세요
QR내용을 입력하세요
QR 생성하기
공유

QRcode_Creator
생성하고 싶은 Qrcode의 내용을 입력 후 생성 버튼을 누르세요
QR내용을 입력하세요
QR 생성하기
작업을 수행할 때 사용하는 애플리케이션
한 번만
항상

공유된 QRcode를 QR reader를 이용하여 내용을 확인합니다.

QR코드
생일을 축하합니다!! 즐겁고 행복한
하루되세요!

08 응용 연습하기

문제 1. 생성된 QR 코드를 읽는 QR 리더기를 만들어 봅니다.

풀이 1.

[주요 컴포넌트 살펴보기]

▶ 바코드 스캐너

바코드(QR코드)를 스캔하고 결과를 문자열로 반환하기 위한 컴포넌트입니다.

▶ 액티비티스타터

Activity란 스마트폰의 전체적인 운영을 담당하는 안드로이드라는 운영체제에서의 프로그램의 한 구성요소입니다. 카메라 어플리케이션을 실행하거나, 웹검색, 웹페이지 브라우저열기 등을 포한함 모든 응용프로그램을 실행하도록 합니다. 하나의 앱은 여러가지 액티비티를 가지게되며 그 액티비티를 시작하게 해주는 요소가 ActivityStarter입니다. 이런 연결을 위해 다양한 속성값들이 필요합니다. QRCode를 읽어올 URL에 접근하기 위해서는 동작값이 필요하고 그 동작값은 다음과 같습니다.

- 동작값 :android.intent.action.VIEW

반드시 속성값에서 지정해주거나 코딩영역에서 블록으로 이 값의 설정이 필요합니다.

[앱 디자인 수정하기]

바코드 스캐너에서는 속성에서 외부사용스캐너 사용을 하지 않도록 체크박스를 해제하여 줍니다. 액티비티 스타너의 속성에서 동작값에 android.intent.action.VIEW를 입력합니다. 대소문자를 구분하니 주의하여 입력합니다.

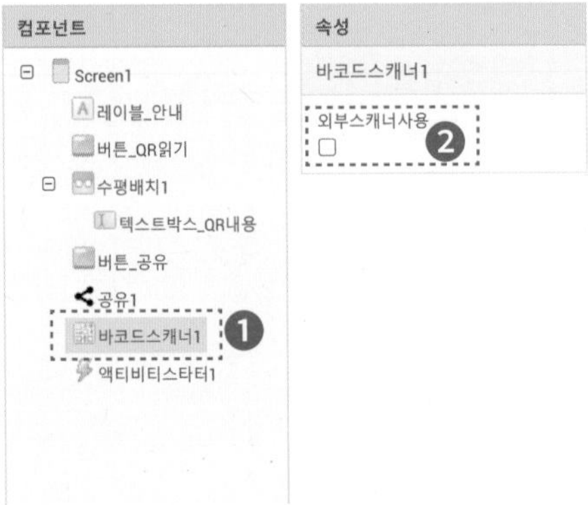

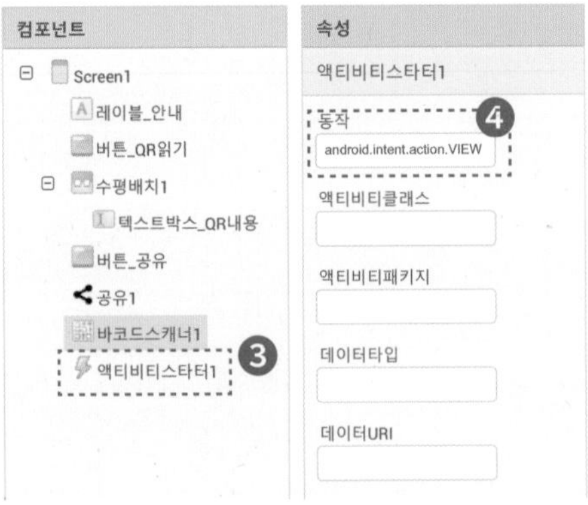

레이블_안내
텍스트 - QRcode 읽기 버튼을 누르고 화면에 </br> QRcode를 인식시켜주세요.

버튼_QR읽기
텍스트 – QRcode 읽기

바코드스캐너1
외부스캐너사용 – 체크해제

액티비티스타터1
동작 - android.intent.action.VIEW

아래와 같이 디자인을 완성합니다.

[앱코딩하기]

QR code 내용이 단순 텍스트일 때는 텍스트 박스에 내용을 출력하고, QR code 내용이 특정 웹페이지 URL일 때는 웹페이지로 이동하는 코드를 만들어봅니다.

휴대폰이 시작해서 스크린이 초기화되면 텍스트 상자의 내용을 초기화합니다.

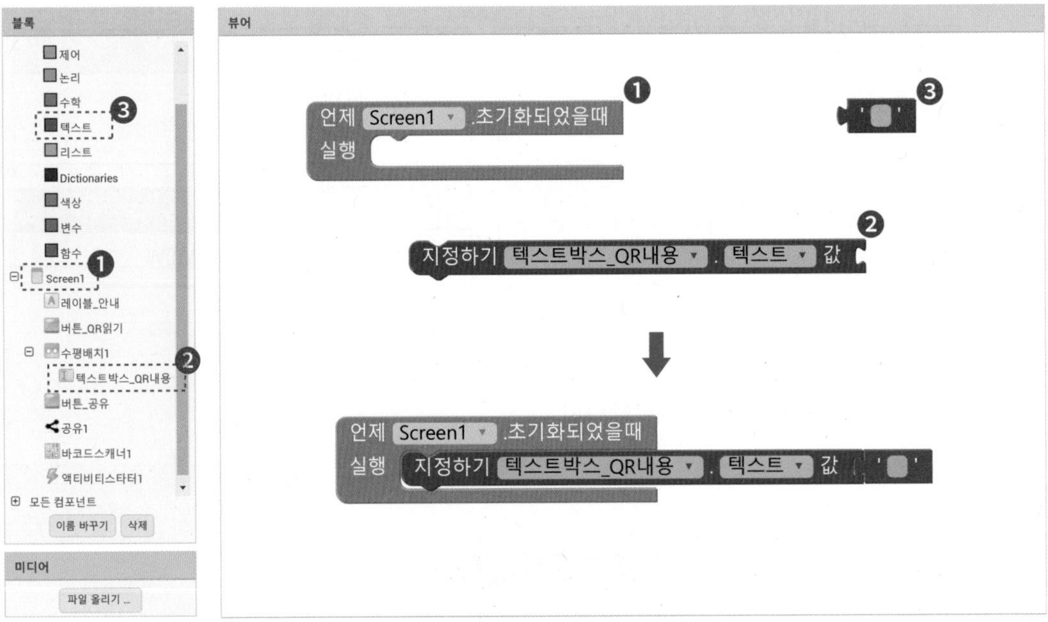

QR을 읽는 버튼을 누르면 바코드를 스캔할 수 있게 바코드 스캐너1 컴포넌트에서 '호출 바코드 스캐너1.스캔하기' 블록을 가져와 아래와 같이 조립합니다.

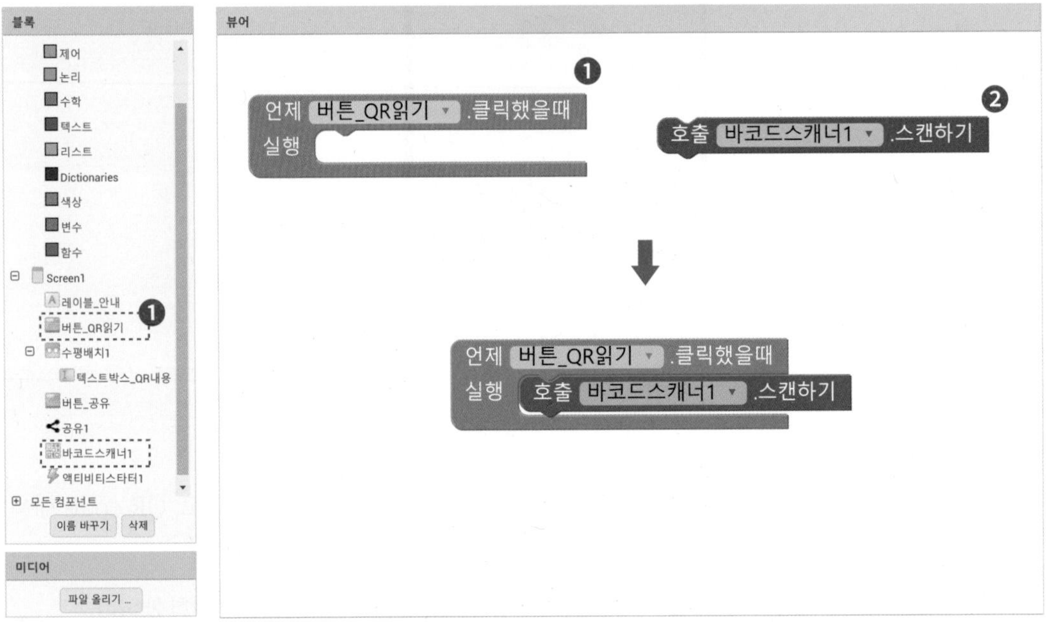

바코드(QR)를 읽고 나면 바코드(QR)에 대한 정보가 지역변수 '결과'에 반환됩니다. 그 값을 이용해 텍스트만 있는 메시지일 경우와 웹 접속 URL QR code인지에 따라 조건문을 이용해 동작 블록을 각각 코딩합니다.

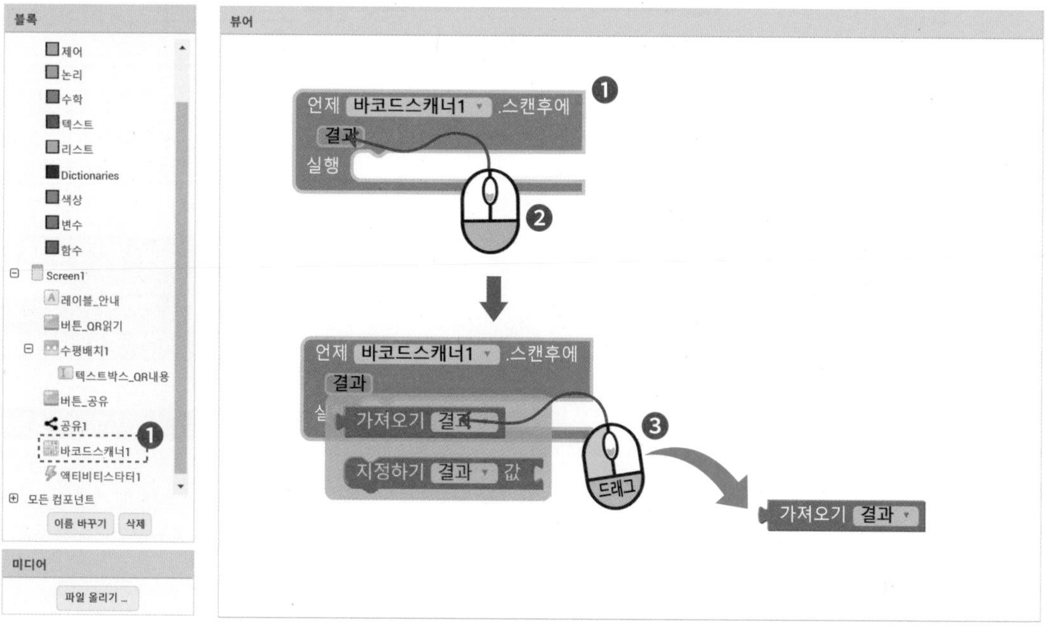

텍스트 블록의 '텍스트가 단어를 포함하는가 텍스트' 블록을 이용해 '결과' 변수에서 'http://'를 포함하면 '액티비티 스타터1.데이터 URI 값'으로 '결과' 값을 지정합니다.

포함하지 않으면 '결과'를 텍스트 박스에 출력합니다.

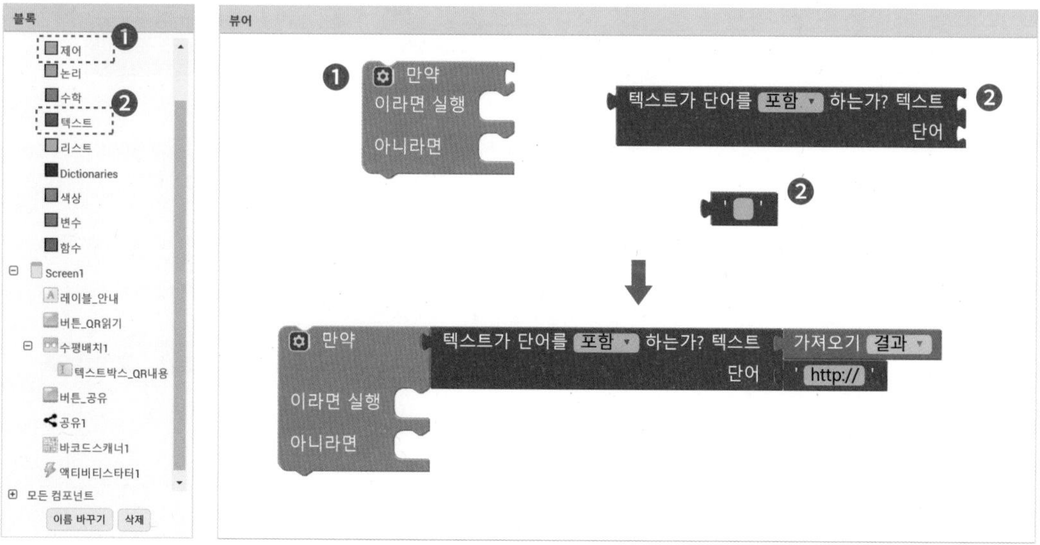

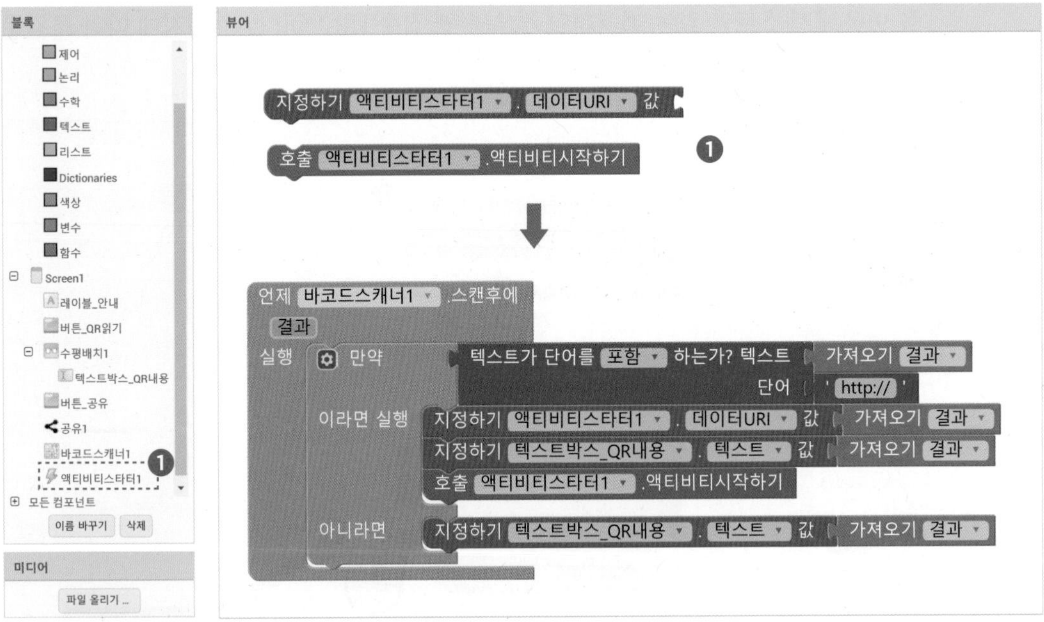

스캐너의 결괏값의 메시지를 원하는 공유 애플리케이션으로 공유합니다.

공유할 수 있는 애플리케이션은 해당 휴대폰에 설치된 앱에 한정합니다. 따라서 공유하려는 앱이 있으면 먼저 해당 애플리케이션을 설치하고 사용합니다.

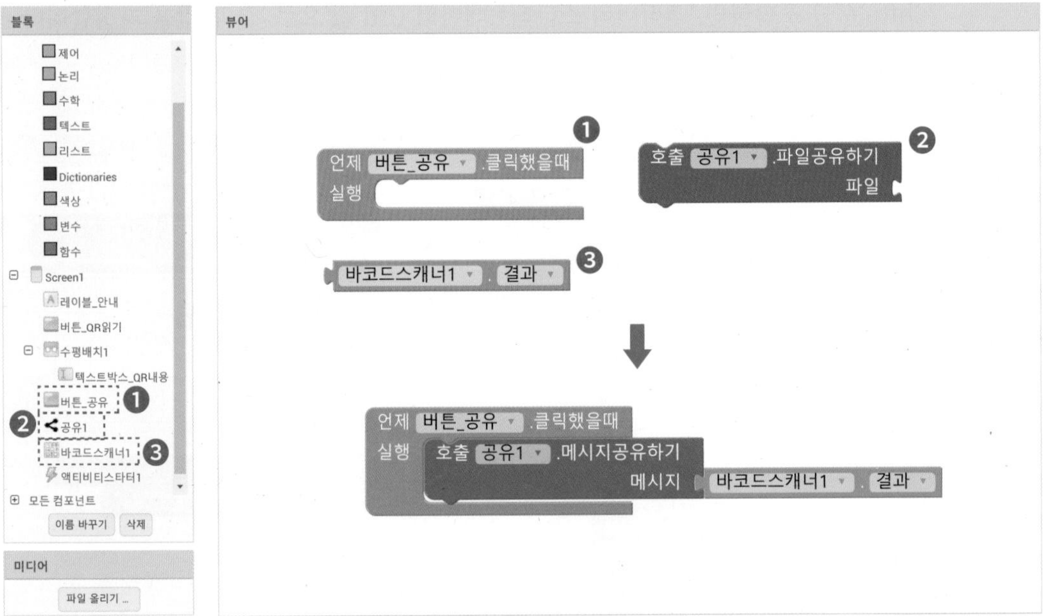

[완성 코드]

모든 코드를 완성하고 아래 블록과 비교합니다.

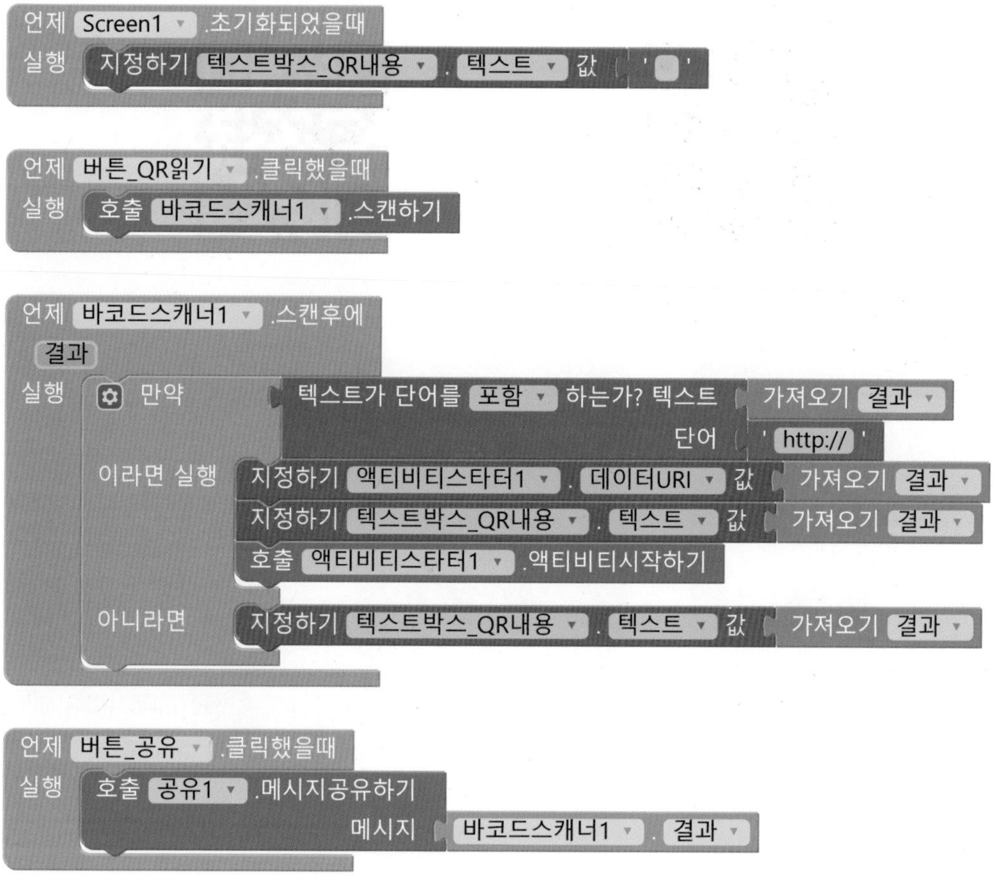
언제 Screen1 .초기화되었을때
실행 지정하기 텍스트박스_QR내용 . 텍스트 값 ' '
언제 버튼_QR읽기 .클릭했을때
실행 호출 바코드스캐너1 .스캔하기
언제 바코드스캐너1 .스캔후에
결과
실행 만약 텍스트가 단어를 포함 하는가? 텍스트 가져오기 결과
단어 ' http:// '
이라면 실행 지정하기 액티비티스타터1 . 데이터URI 값 가져오기 결과
지정하기 텍스트박스_QR내용 . 텍스트 값 가져오기 결과
호출 액티비티스타터1 .액티비티시작하기
아니라면 지정하기 텍스트박스_QR내용 . 텍스트 값 가져오기 결과
언제 버튼_공유 .클릭했을때
실행 호출 공유1 .메시지공유하기
메시지 바코드스캐너1 . 결과

[실행화면]

텍스트 정보

http://www.naver.com

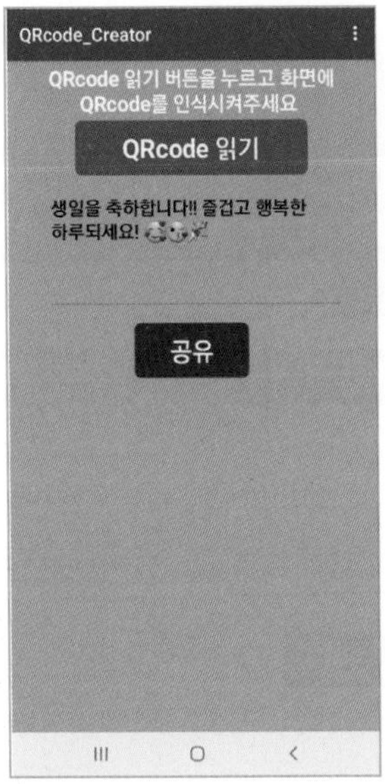

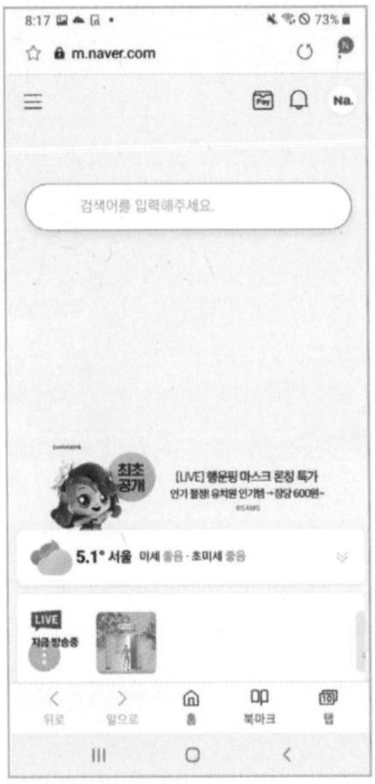

09 아이디어 더하기

우리주변에서 QRCode가 활용되고 있는 사례를 말해봅니다.

QRcode에 담고 싶은 정보를 정리해보고 QRcode를 적용하여 활용할 수 있는 나만의 서비스를 생각해봅니다.

idea 정리표

생각모으기	구체적인 내용
QR코드가 활용되는 사례들을 찾아봅니다.	
QR코드에 담고싶은 정보가 있다면 무엇입니까?	
어떠한 용도로 활용이 가능할까요?	
내가 만들어보고싶은 QR코드서비스는 무엇인가요?	

03
음성 인식 학습 도우미 앱

학습목표

앱 인벤터가 제공하는 인공지능 기술인 음성 인식, 번역하기 컴포넌트를 사용해 학습에 도움을 주는 앱을 만들어봅니다. 음성을 인식해 숫자 계산과 검색 기능을 갖춘 음성 학습 도우미를 만듭니다.

01 프로젝트 미리보기

학습에 도움을 받을 수 있는 앱의 기능으로 영어로 번역해주기, 음성으로 인식된 숫자의 사칙연산, 검색 기능을 이용해서 궁금한 단어를 말하면 구글에서 검색 결과를 제공합니다.

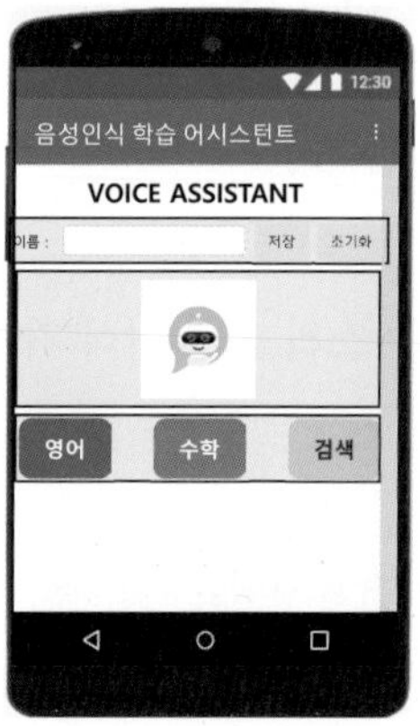

02 주요 컴포넌트 살펴보기

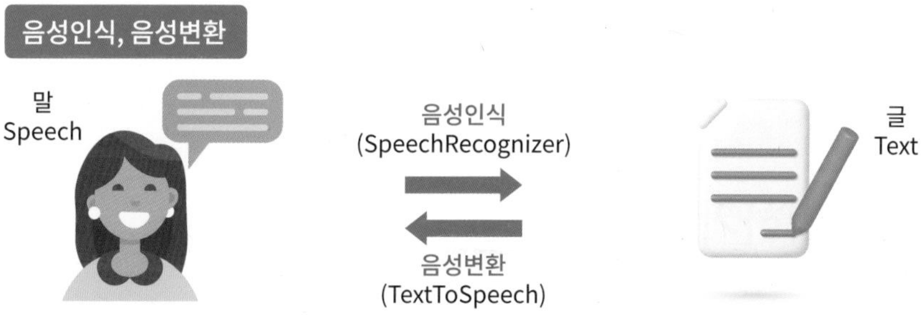

음성 인식은 사람이 말하는 음향 신호를 컴퓨터가 분석해 그 내용을 문자데이터로 전환해주는 것으로 STT(Speech to Text)라고도 합니다. 로봇을 음성으로 제어하거나 정보검색 등에서 언어(문자)를 전달하는 방식으로 많이 사용합니다. 화자의 다양한 음성신호를 정확하게 처리할 수 있도록 자연어 처리가 잘 된 인공지능 기술인 음성 대화 시스템은 대화의 새로운 인터페이스로 자리 잡고 있습니다.

음성 변환은 문자데이터를 컴퓨터가 말소리로 만들어 내는 기술로 TTS(Text to Speech)라고도 합니다. 음성 합성 기술은 문자를 읽고 말하기 어려운 장애인이나 문자를 읽을 수 없는 사람들에게 유용한 기술이 될 수 있습니다. 이 기술은 자동응답 서비스, 버스, 지하철 안내방송을 비롯해

책, 문서 등의 읽어주기 서비스, 유튜브의 영상제작, 음성 AI 등 다양한 분야에서 활용됩니다.

▶ **음성 변환**

TextToSpeech는 텍스트를 소리로 변환합니다.

피치와 말하는 속도를 설정할 수 있고, 언어 코드를 제공하므로 언어를 설정할 수도 있습니다.

▶ **음성 인식**

사용자가 말하는 것을 듣고 디바이스의 음성 인식 기능을 사용해 텍스트로 변환합니다.

▶ Translator

다른 언어 간에 단어와 문장을 번역합니다.

이 컴포넌트는 MIT의 서버에 번역을 요청하므로 인터넷에 연결되어야 사용할 수 있습니다. 러시아의 대표 포털 얀덱스가 무료로 제공하는 번역기능을 이용하면 90여 개 언어를 간단하게 번역할 수 있습니다.

두 글자 언어 코드를 사용해서 source-target 형식으로 소스 및 대상 언어를 지정합니다. 따라서 'en-es'는 영어에서 스페인어로 번역되고, 'es-ru'는 스페인어에서 러시아어로 번역됩니다. 출발어를 생략하면 서비스가 출발어를 감지해 자동 설정됩니다.

03 미리 준비하기

https://pixabay.com/ko에 접속해 로봇과 관련된 그림을 준비합니다.

04 앱 디자인하기

1. assistant_voice 프로젝트 생성하기

메뉴에서 '프로젝트'를 클릭하고 목록에서 '새 프로젝트 시작하기'를 선택하고 프로젝트 이름으로 'assistant_voice'를 입력합니다.

2. 컴포넌트 추가하기

앱 구성에 필요한 컴포넌트를 추가해 앱을 디자인합니다.

사용자 이름을 입력해서 저장하고 앱 사용 중 초기화하기 위한 디자인을 합니다. 사용자 인터페이스에서 레이블1, 레이아웃에서 수평 배치1, 사용자 인터페이스에서 레이블2, 텍스트박스1, 버튼1, 버튼2를 추가합니다. 수평 배치1 안에 레이블2, 텍스트박스1, 버튼1, 버튼2를 끌어다 배치합니다.

앱 화면 디자인과 코딩하기 편하게 컴포넌트 이름을 다음과 같이 변경합니다.

변경 전	변경 후	변경 전	변경 후
레이블1	레이블_앱제목	버튼1	버튼_저장
레이블2	레이블_이름	버튼2	버튼_초기화

컴포넌트의 속성값을 다음과 같이 설정하고 아래 그림과 같이 디자인합니다. 새로운 스크린의 디자인을 사용하기 위해 테마와 제목의 설정을 변경합니다.

Screen
수평정렬 – 가운데
수직정렬 – 위
스크롤가능여부 – 체크
테마 – 장치기본값
제목 – 음성인식 학습 어시스턴트

레이블_앱제목
글꼴굵게 – 체크
글꼴크기 - 25
높이 – 자동
너비 – 자동
텍스트 – VOICE ASSISTANT

수평배치1
수평정렬 – 가운데
수직정렬 – 가운데
높이 – 자동
너비 – 부모요소에 맞추기

레이블_이름
글꼴크기 – 14
높이 – 자동
너비 – 자동
텍스트 – 이름 :
텍스트 정렬 – 왼쪽

텍스트박스 1
글꼴크기- 14
높이 – 자동
너비 – 자동
힌트 – 이름 입력 후 저장

버튼_저장
글꼴크기 – 14
높이 – 자동
너비 –자동
텍스트 –저장

버튼_초기화
글꼴크기- 14
높이 – 자동
너비 – 자동
텍스트 – 초기화

다음은 학습 결과를 출력할 부분을 디자인합니다.

레이아웃에서 수직 배치1, 사용자 인터페이스에서 이미지1, 레이블1을 추가합니다. 수직 배치1 안에 이미지1, 레이블1을 끌어다 배치합니다.

컴포넌트 이름을 변경하고 챗봇 이미지를 내려받아 이미지의 이미지 값으로 설정합니다.

컴포넌트의 속성값을 다음과 같이 설정하고 아래의 그림과 같이 디자인합니다.

변경 전	변경 후
레이블1	레이블_출력

수직배치1	이미지1	레이블_출력
수평정렬 – 가운데 수직정렬 – 가운데 높이 – 35 퍼센트 너비 – 부모 요소에 맞추기	높이 – 100 픽셀 너비 – 100 픽셀 사진 – chatbot.jpg	글꼴크기 – 16 HTML형식 - 체크 높이 – 자동 너비 – 자동 텍스트 - 공백 텍스트정렬 – 가운데

학습 종류를 선택하기 위한 버튼을 디자인합니다. 레이아웃에서 수평 배치2, 사용자 인터페이스에서 버튼1, 레이블1, 버튼2, 레이아웃2, 버튼3을 추가합니다. 화면을 아래로 스크롤하여 편집합니다.

수평 배치2의 너비를 '부모 요소에 맞추기'로 설정한 다음 안에 버튼1, 레이블1, 버튼2, 레이블 2, 버튼3을 끌어다 배치합니다.

컴포넌트의 이름을 변경하고 컴포넌트의 속성값을 다음과 같이 설정하여 아래 그림과 같이 디자인합니다.

변경 전	변경 후	변경 전	변경 후
버튼1	버튼_영어	레이블2	레이블_공간2
레이블1	레이블_공간1	버튼3	버튼_검색
버튼2	버튼_수학		

수평배치2
수평정렬 – 가운데 수직정렬 – 가운데 높이 – 자동 너비 – 부모 요소에 맞추기

버튼_영어
배경색 – 파랑 글꼴굵게 – 체크 글꼴크기 – 20 높이 – 부모 요소에 맞추기 너비 – 80 픽셀 텍스트 – 영어 텍스트정렬 – 가운데 텍스트색상 - 흰색

버튼_수학
배경색 – 자홍색 글꼴굵게 – 체크 글꼴크기 – 20 높이 – 부모 요소에 맞추기 너비 – 80 픽셀 텍스트 – 수학 텍스트정렬 – 가운데 텍스트색상 - 흰색

버튼_검색
배경색 – 주황 글꼴굵게 – 체크 글꼴크기 – 20 높이 – 부모 요소에 맞추기 너비 – 80 픽셀 텍스트 – 검색 텍스트정렬 – 가운데 텍스트색상 - 흰색

레이블_공간1,2
높이 – 자동 너비 – 20 픽셀 텍스트 – 공백

구글에서 검색한 결과를 띄울 웹 뷰어1을 사용자 인터페이스에서 가져오고 미디어에서 음성변환1, 음성 인식1, 음성 인식2, 음성 인식3, Translator1을 가져옵니다. 음성 인식은 영어, 수학, 검색에서 서로 다른 결과로 동작하도록 3개를 추가합니다.

컴포넌트의 이름을 변경하고 웹 뷰어1의 컴포넌트 속성값 중 '보이기 여부'에 체크를 해제하여 웹뷰어1은 숨겨두기를 합니다.

변경 전	변경 후	변경 전	변경 후
음성인식1	음성인식_번역	음성인식3	음성인식_검색
음성인식2	음성인식_계산기		

05 디자인 완성하기

다음과 같이 앱 디자인을 완성합니다.

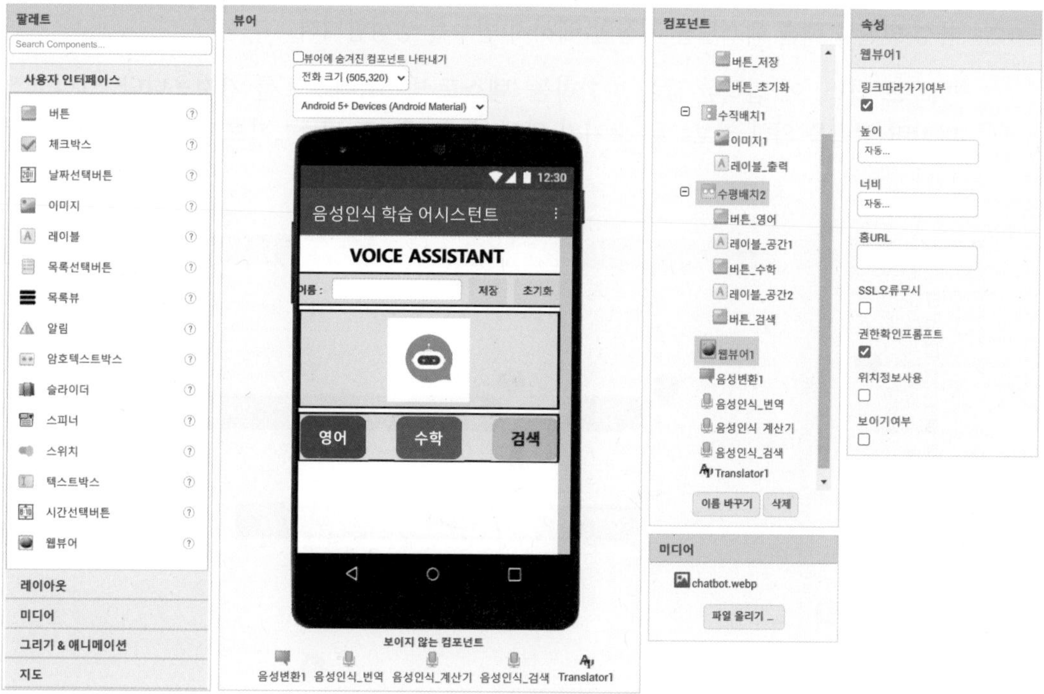

06 앱 코딩하기

1. 사용자 이름 입력하기

음성 변환을 해줄 텍스트를 저장할 메시지 변수를 생성합니다.

'텍스트 박스1'에 입력한 값을 반환하는 '텍스트 박스1.텍스트'를 가져옵니다. 그리고 입력을 마치면 입력을 위한 키보드를 숨기기 위해 '호출 텍스트 박스1.키보드 화면 숨기기'도 가져옵니다.

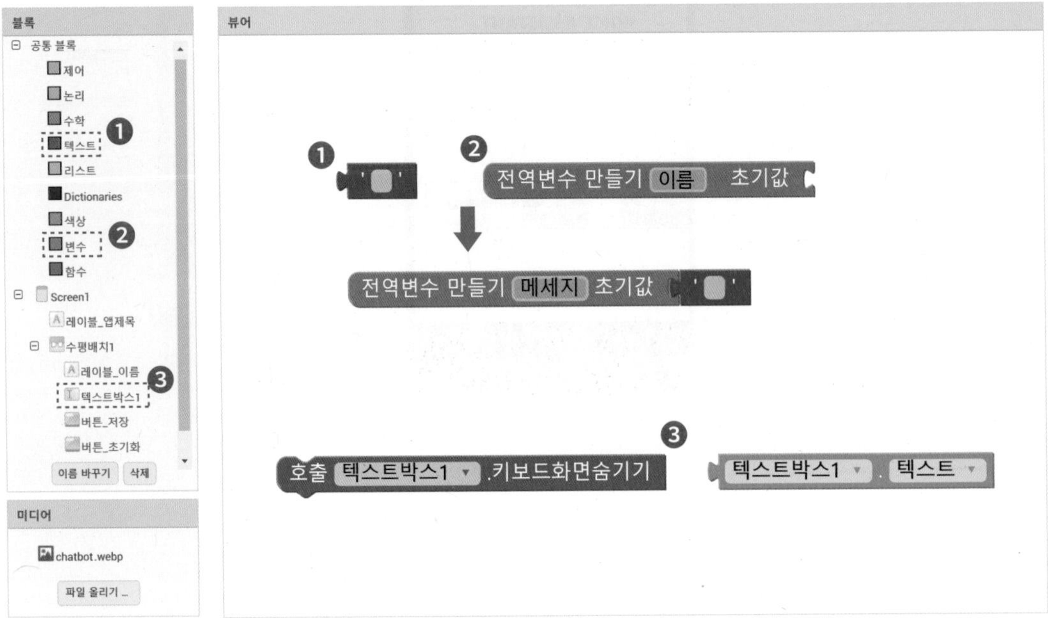

변수에서 '가져오기'와 '지정하기'를 이용해 '버튼_저장'이 클릭되면 '레이블_출력'에 메시지를 출력하고 음성으로도 안내해주기 위해 아래와 같이 블록을 완성합니다.

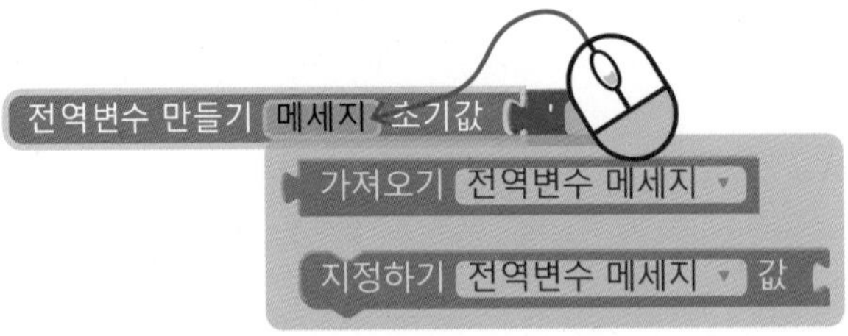

텍스트 블록에서 '합치기'를 이용해 안내 메시지를 아래와 같이 조립한 후 '전역변수 메시지'에 지정합니다.

그리고 저장된 변수를 이용해 '호출 음성 변환1.말하기'의 메시지로 지정해주고, '레이블_출력.텍스트값'에도 지정합니다.

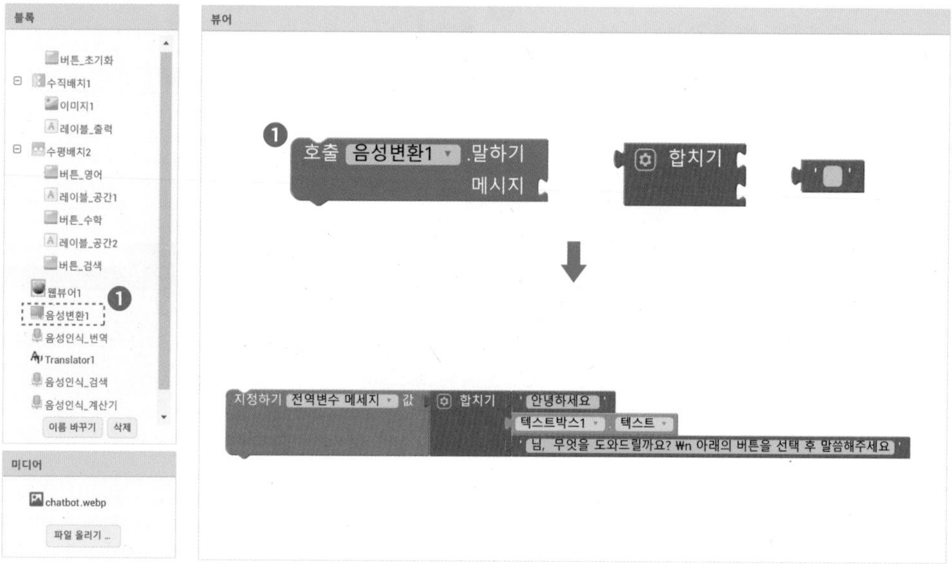

텍스트 박스에 이름을 입력하고 '저장' 버튼을 누르면 키보드 화면은 숨기고, 사용자가 입력한 이름이 적용된 메시지가 변수에 저장되며 그 메시지가 안내되고 휴대폰의 화면에도 출력되게 아래와 같이 블록을 조립합니다.

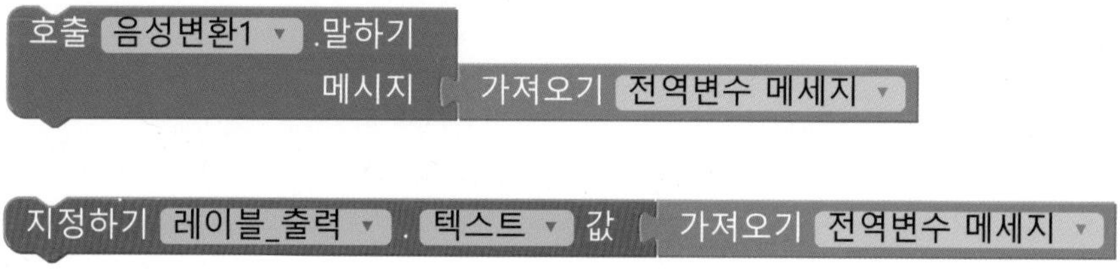

텍스트 박스에 이름을 입력하고 '저장' 버튼을 누르면 키보드 화면은 숨기고, 사용자가 입력한 이름이 적용된 메시지가 변수에 저장되며 그 메시지가 안내되고 휴대폰의 화면에도 출력되게 아래와 같이 블록을 조립합니다.

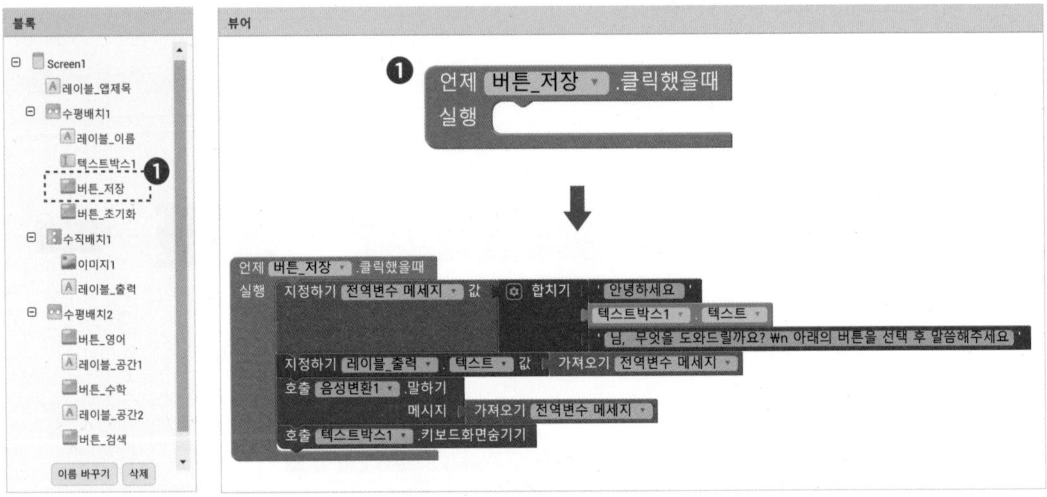

출력되는 글자 줄 바꿈

휴대폰에 출력되는 글자가 길어 여러 줄에 걸쳐 나타내려면 다음 줄에 출력하고 싶은 문장 앞에 </br>을 씁니다. 그 전에 컴포넌트 설정에서 반드시 'HTML 형식'을 사용할 수 있게 체크 설정을 해야 합니다.

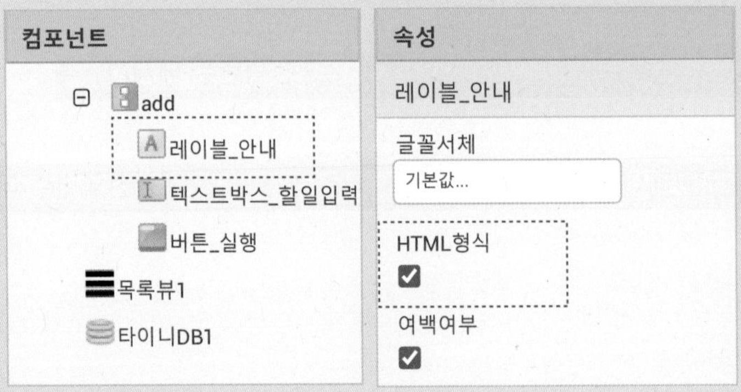

▶ 변수

변수란 변하는 데이터를 담으려고 만든 이름을 가지는 공간입니다.

데이터는 언제든 변경할 수 있으며 하나의 변수에는 한 번에 하나의 데이터만 담을 수 있습니다. 두 개의 데이터를 차례로 하나의 변수에 담으면 처음에 담은 데이터는 없어지고 뒤에 담은 데이터만 남게 됩니다.

변수를 생성할 때는 아래의 블록을 이용하며 숫자, 문자, 논리 등으로 초기화할 수 있습니다.

전역변수는 이벤트 핸들러 내에서뿐만 아니라 앱의 모든 부분에서 참조와 변경을 할 수 있는 변수입니다. 지역변수는 하나의 이벤트나 하나의 함수 안에서만 사용되는 변수로 다른 위치에서 사용하면 오류가 발생합니다. 여기서는 전역변수를 사용합니다.

변수의 이름 부분에 마우스를 놓으면 '가져오기'와 '지정하기' 블록이 생성됩니다. 변수의 값을 가져와서 다른 속성을 설정하는 블록과 함께 사용할 수 있고, 변수에 새로운 값을 저장할 수도 있습니다.

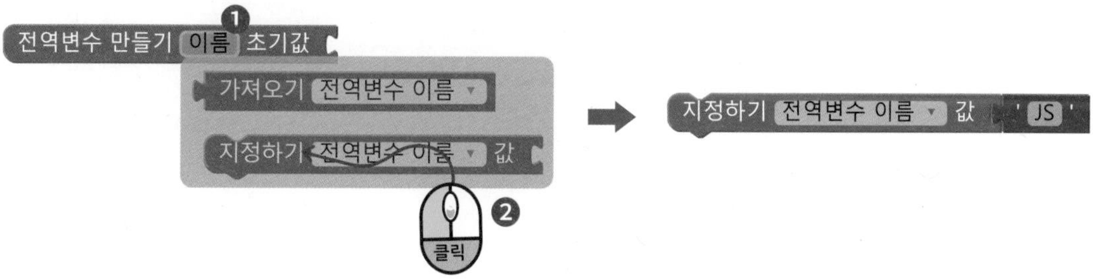

▶ **리스트**

하나의 이름에 데이터를 담을 수 있는 것은 변수와 같지만, 리스트는 여러 개의 데이터를 각각의 공간을 나누어 담을 수 있습니다. 즉 리스트는 숫자, 문자, 문자열, 리스트 등 다양한 형태의 데이터를 담을 수 있습니다..

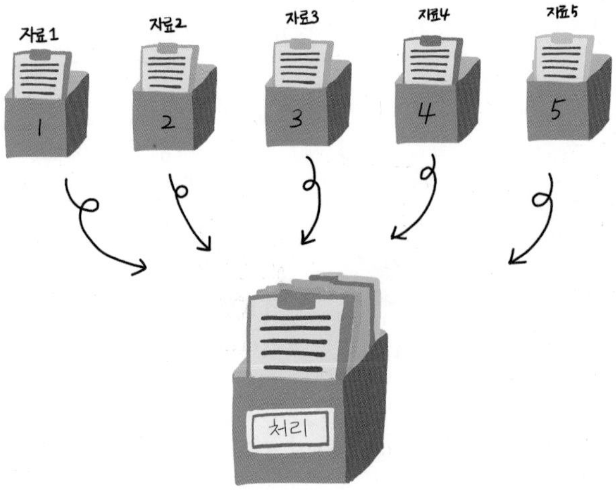

리스트도 변수처럼 '전역변수 만들기 (이름) 초기값' 블록과 '빈 리스트 만들기', '리스트 만들기' 블록으로 리스트를 초기화하거나 값을 설정할 수 있습니다.

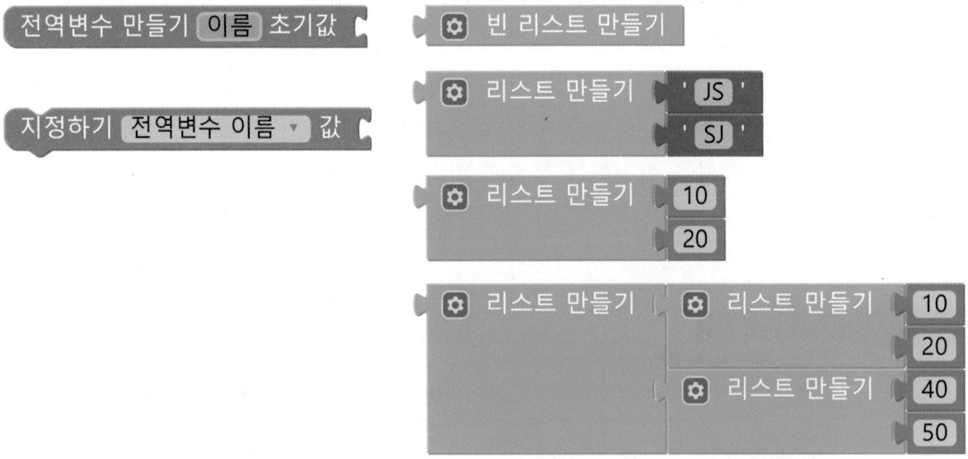

▶ 변수 vs 리스트

[변수]

[리스트]

▶ 함수

함수는 반복해서 수행해야 하는 일이나 특정 기능을 모아 그 기능을 수행할 수 있도록 하나의 이름으로 제공합니다. 그리고 함수 이름을 호출해 기능을 구현하는 방식으로 사용합니다. 예를 들어 얼굴을 씻는 과정을 5단계로 나눈다면 각 과정을 모두 하나로 묶어 '세수하기' 함수로 만들어 사용하는 방식입니다. '세수하기' 하나만 사용하면 정의된 내용 모두를 실행하는 것과 같은 효과가 있습니다.

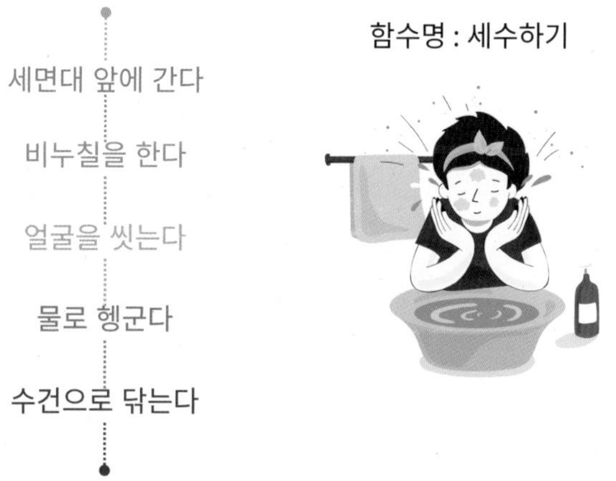

2. 영어 -번역 도우미 만들기

다음은 '영어' 버튼을 누르면 음성으로 인식된 텍스트 내용을 영어로 번역해주는 기능을 만들기 위한 블록을 만들어 봅니다.

'음성인식_번역' 컴포넌트에서 '호출 음성인식_번역.텍스가져오기' 와 '언제 음성인식_번역.텍스트가져온 후에'를 선택합니다.

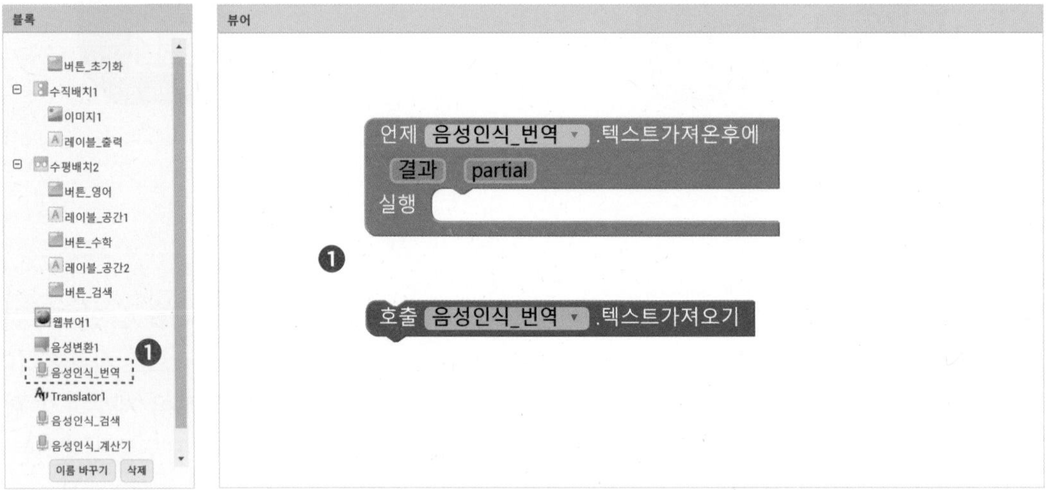

인식된 음성을 번역하기 위해 'Translator1' 컴포넌트에서 '언제 Translator1.번역을 받았을 때'와 '호출 Translator1.번역 요청하기'를 가져옵니다.

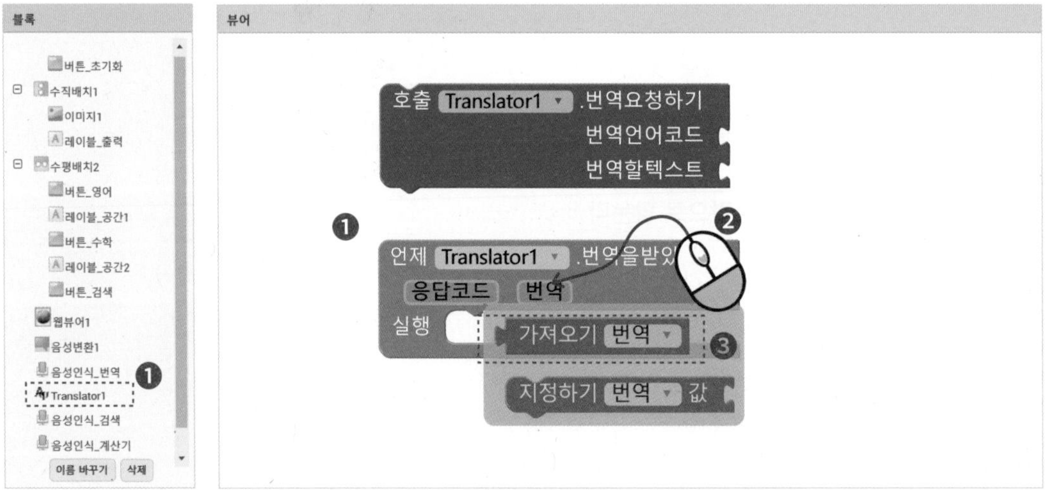

'영어' 버튼을 클릭하면 음성 인식 창이 나타나고 인식한 음성을 텍스트로 가져옵니다. 그리고 '웹 뷰어1'은 아직 보이지 않게 '거짓'으로 설정합니다.

언제 버튼_영어 .클릭했을때
실행 호출 음성인식_번역 .텍스트가져오기
지정하기 웹뷰어1 . 보이기여부 값 거짓

번역 언어 코드를 'en'(영어)으로, 인식한 음성을 텍스트로 변환해 저장한 '결과' 변수의 값을 번역할 텍스트로 지정합니다.

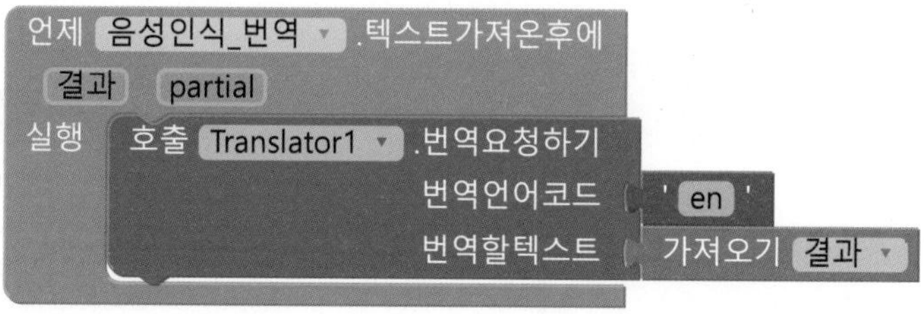
언제 음성인식_번역 .텍스트가져온후에
결과 partial
실행 호출 Translator1 .번역요청하기
번역언어코드 ' en '
번역할텍스트 가져오기 결과

'언제 Translator1. 번역을 받았을 때'를 이용해 번역 내용이 반환되면 '레이블_출력'에 번역 결과를 출력하고 '호출 음성 변환1.말하기'를 이용해 음성으로도 알려줍니다.

언제 Translator1 .번역을받았을때
응답코드 번역
실행 지정하기 레이블_출력 . 텍스트 값 가져오기 번역
호출 음성변환1 .말하기
메시지 가져오기 번역

2. 수학 -음성 인식 계산 도우미

'수학' 버튼을 누르면 음성으로 인식된 텍스트 내용을 이용해 사칙연산을 하는 음성 인식 계산기를 만듭니다.

인식한 텍스트에서 연산자와 숫자를 분류하는 기능을 만들기 위해 먼저 '변수' 블록, '리스트 만들기', '텍스트' 블록을 이용해 다음과 같이 리스트를 생성합니다.

음성으로 인식할 수 있는 연산자 기호나 텍스트를 리스트로 만듭니다. 리스트를 만드는 이유는 다양한 단어를 인식해서 인식률을 높이기 위해서입니다.

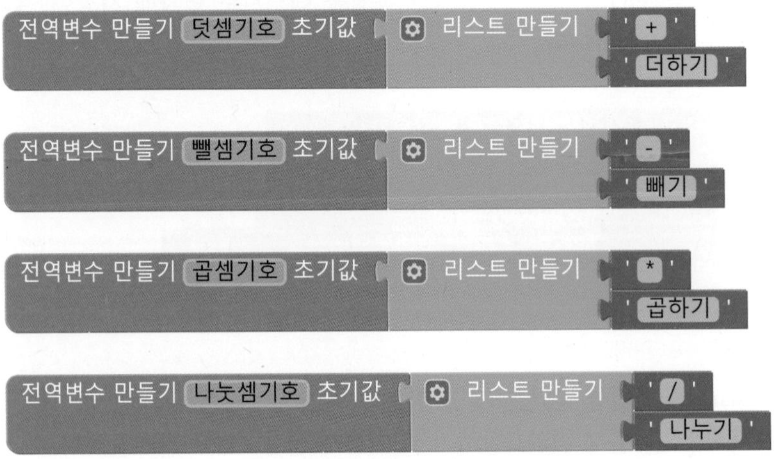
전역변수 만들기 덧셈기호 초기값 리스트 만들기 ' + ' ' 더하기 '
전역변수 만들기 뺄셈기호 초기값 리스트 만들기 ' - ' ' 빼기 '
전역변수 만들기 곱셈기호 초기값 리스트 만들기 ' * ' ' 곱하기 '
전역변수 만들기 나눗셈기호 초기값 리스트 만들기 ' / ' ' 나누기 '

음성으로 인식된 숫자를 담을 리스트도 생성합니다.

전역변수 만들기 인식된_숫자 초기값 빈 리스트 만들기

음성으로 인식된 문장에서 숫자를 분류하기 위한 함수를 생성합니다. 함수 블록에서 입력값이 있는 함수를 만듭니다. '함수 만들기 함수'에서 설정 버튼을 눌러 입력값을 추가합니다.

함수 이름은 '숫자추출', 입력값은 '문장'으로 이름을 변경합니다.

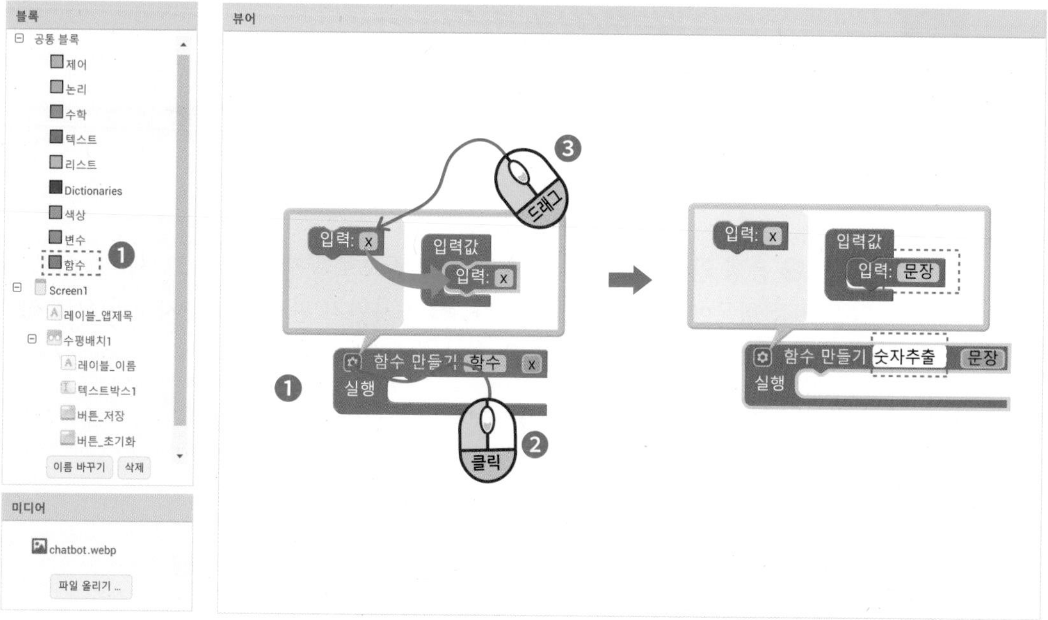

다음과 같이 블록들을 가져옵니다.

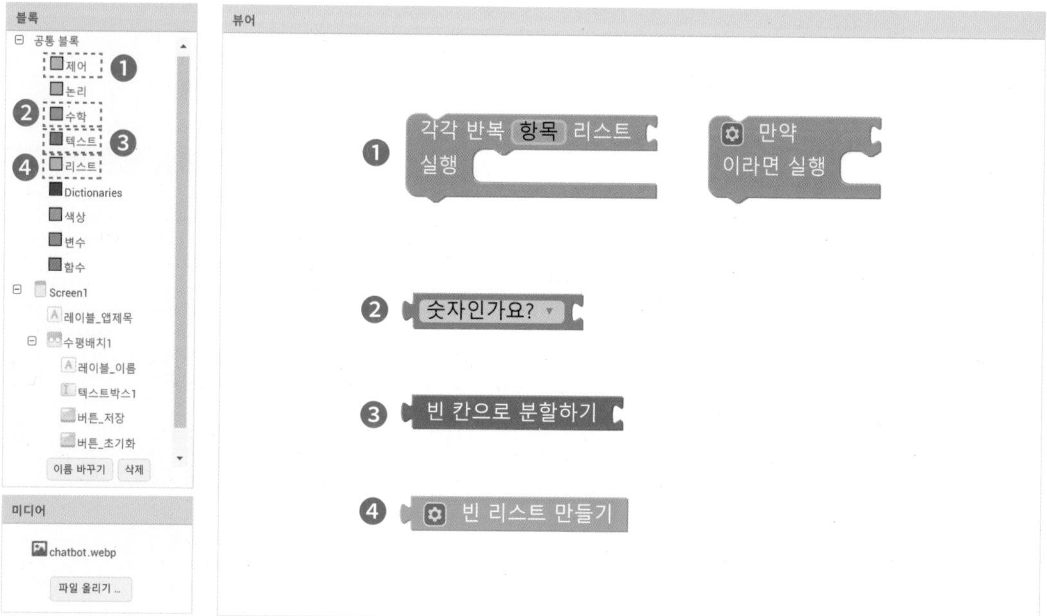

함수 블록에서 입력되어 처리되는 '가져오기 문장'을 이용해 아래와 같이 블록을 조립합니다.

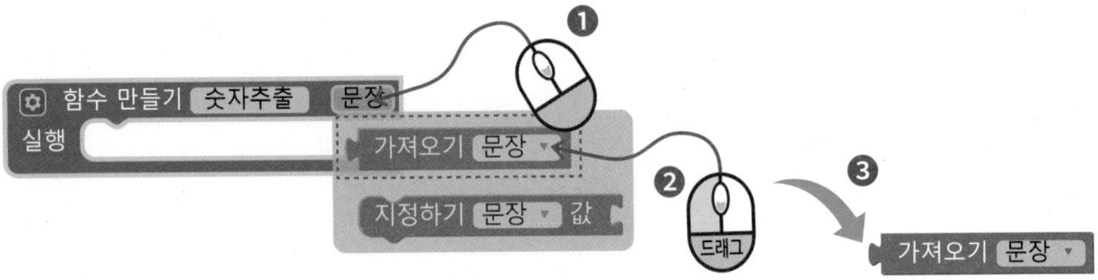

함수 만들기 숫자추출 문장
실행
가져오기 문장
지정하기 문장 값
드래그
가져오기 문장

함수의 기능은 ❷ 음성 인식으로 인식한 '문장'을 빈칸으로 분할합니다. 그것은 리스트 형태가 되며 그 리스트 각 항목에서 숫자를 찾습니다. ❸ 숫자인지 판별하여 숫자가 있으면 ❹ '전역변수 인식된_숫자' 리스트에 인식한 항목을 추가합니다.

❶은 새로 인식된 문장에서 숫자를 추출해 추가할 수 있게 초기화합니다.

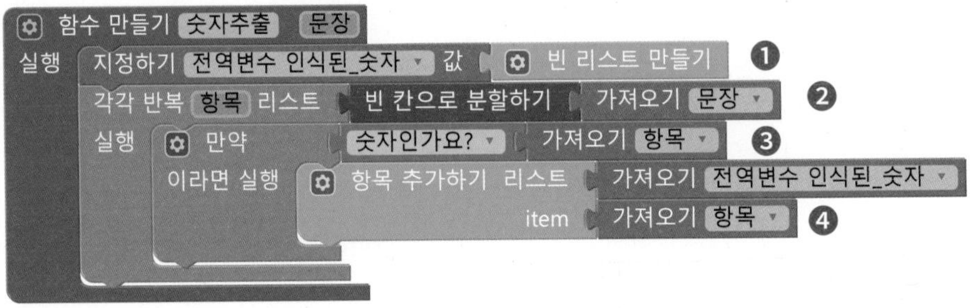

함수 만들기 숫자추출 문장
실행 지정하기 전역변수 인식된_숫자 값 빈 리스트 만들기
각각 반복 항목 리스트 빈 칸으로 분할하기 가져오기 문장
실행 만약 숫자인가요? 가져오기 항목
이라면 실행 항목 추가하기 리스트 가져오기 전역변수 인식된_숫자
item 가져오기 항목

'수학' 버튼을 눌러 음성 인식을 시작할 수 있게 아래의 블록을 가져옵니다.

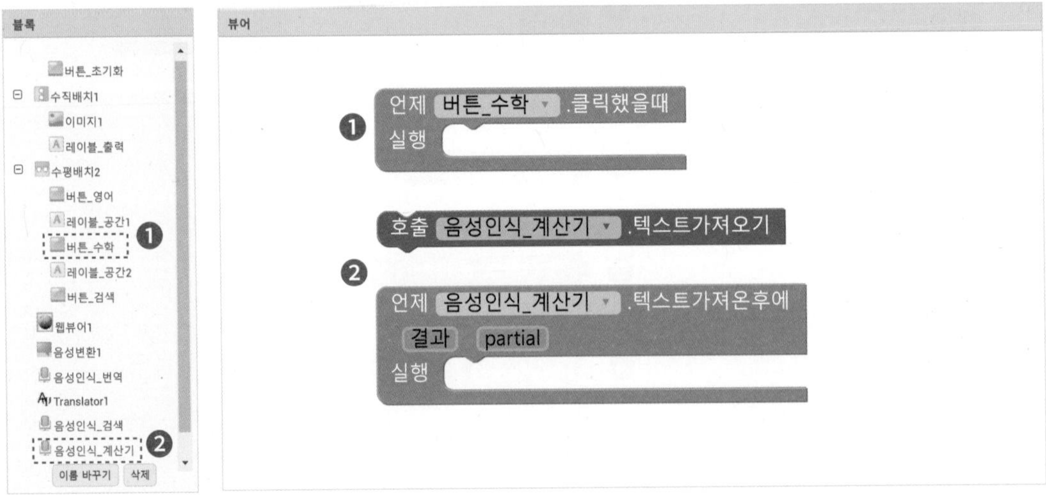

블록
버튼_초기화
수직배치1
이미지1
레이블_출력
수평배치2
버튼_영어
레이블_공간1
버튼_수학
레이블_공간2
버튼_검색
웹뷰어1
음성변환1
음성인식_번역
Translator1
음성인식_검색
음성인식_계산기
이름 바꾸기
삭제
뷰어
언제 버튼_수학 .클릭했을때
실행
호출 음성인식_계산기 .텍스트가져오기
언제 음성인식_계산기 .텍스트가져온후에
결과 partial
실행

'수학' 버튼을 눌렀을 때 텍스트값의 출력을 초기화하고 웹 뷰어1도 보이지 않게 지정하고 음성 인식의 텍스트를 가져오기 위해 음성 인식을 시작합니다.

언제 버튼_수학 클릭했을때
실행 지정하기 레이블_출력 . 텍스트 값 ' '
지정하기 웹뷰어1 . 보이기여부 값 거짓
호출 음성인식_계산기 .텍스트가져오기

음성 인식에서 가져온 텍스트가 반환된 '언제 음성 인식_계산기.텍스트 가져온 후에'의 지역변수 '결과'를 가져옵니다.

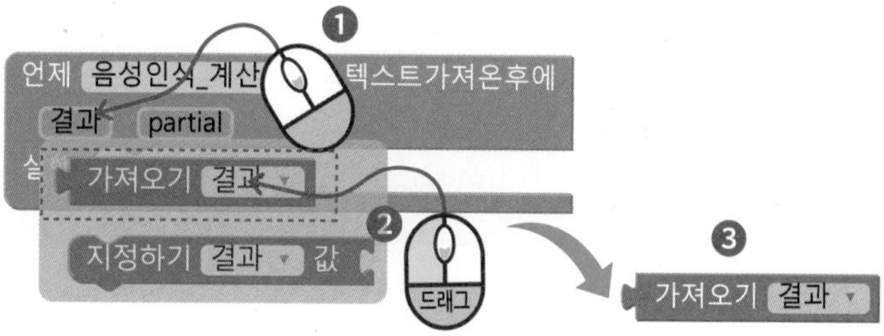
언제 음성인식_계산기 .텍스트가져온후에
결과 partial
가져오기 결과
지정하기 결과 값
드래그
가져오기 결과

그 '결과' 값을 '레이블_출력'의 텍스트값으로 지정하고, 음성 인식의 결과에서 숫자를 추출하는 함수를 호출합니다.

언제 음성인식_계산기 .텍스트가져온후에
결과 partial
실행 지정하기 레이블_출력 . 텍스트 값 가져오기 결과
함수 호출하기 숫자추출
문장 가져오기 결과

추출한 숫자를 저장한 리스트 길이가 2와 같으면

길이 구하기 리스트 가져오기 전역변수 인식된_숫자 = 2

즉, 연산할 수 있는 숫자 두 개가 인식되어 제대로 추출되면 인식한 연산을 실행하고, 그렇지 않으면 숫자를 제대로 인식할 수 있게 '제가 잘 못 알아 들었어요. 다시 말씀해주세요.' 메시지를 화면에 나타나도록 아래와 같이 블록을 만듭니다.

만약
길이 구하기 리스트
가져오기 전역변수 인식된_숫자
=
2
이라면 실행
인식된 연산을 위한 코드 블록이 들어갈 자리
아니라면
지정하기 레이블_출력 . 텍스트 값
'제가 잘 못 알아 들었어요. 다시 말씀해주세요.'

다음은 인식한 연산을 위한 덧셈, 뺄셈, 곱셈, 나눗셈 코드를 만듭니다.

연산자를 결정하기 위해 음성 인식 결과를 텍스트로 반환한 '결과' 값에 '전역변수 덧셈 기호' 리스트의 단어가 포함되는지 확인합니다. contain any로 선택해야 리스트에서 해당 단어가 포함되면 True를 반환합니다.

텍스트가 단어를 contains any 하는가? 텍스트
가져오기 결과
piece list
가져오기 전역변수 덧셈기호

'전역변수 인식된_숫자'의 두 숫자를 가져와 수학 블록의 덧셈 블록을 이용해 덧셈을 실행합니다.

합치기
'계산 결과는'
항목 선택하기 리스트
가져오기 전역변수 인식된_숫자
위치
1
+
항목 선택하기 리스트
가져오기 전역변수 인식된_숫자
위치
2

위의 두 블록을 합쳐 덧셈 기호가 포함되면 덧셈을 실행하고 그 내용을 '레이블_출력.텍스트 값'으로 지정해 휴대폰 화면에서 확인할 수 있게 다음 블록으로 완성합니다.

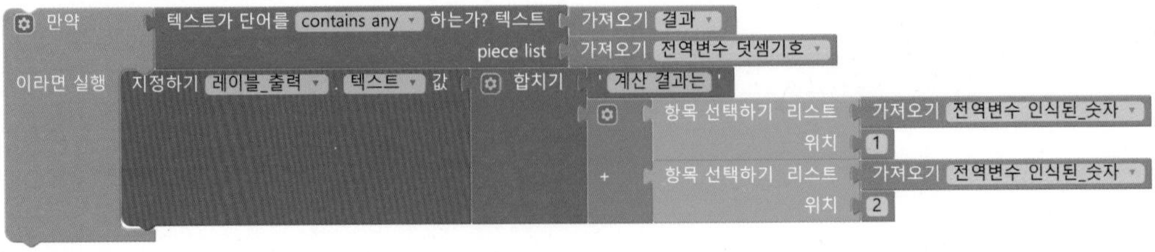
만약
텍스트가 단어를 contains any 하는가? 텍스트
가져오기 결과
piece list
가져오기 전역변수 덧셈기호
이라면 실행
지정하기 레이블_출력 . 텍스트 값
합치기
'계산 결과는'
항목 선택하기 리스트
가져오기 전역변수 인식된_숫자
위치
1
+
항목 선택하기 리스트
가져오기 전역변수 인식된_숫자
위치
2

같은 방법으로 뺄셈, 곱셈, 나눗셈 연산 블록을 만듭니다.

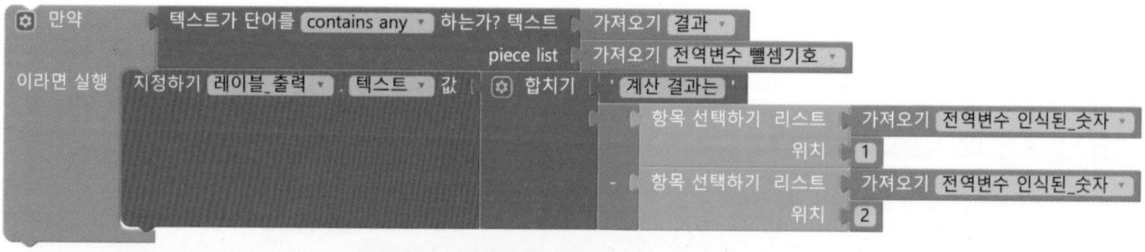

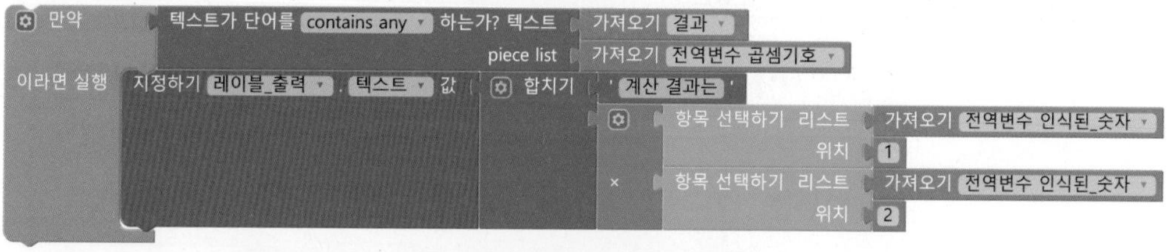

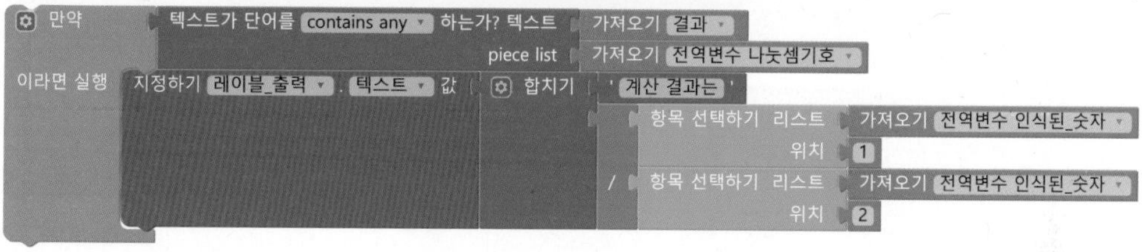

사칙연산의 결과는 '레이블_출력.텍스트값'으로 지정했으므로 '호출 음성 변환1.말하기'의 메시지 값으로 

를 지정하고 음성 인식의 텍스트 결괏값과 합칩니다.

음성 인식을 이용한 계산 도우미 코드를 아래와 같이 완성합니다.

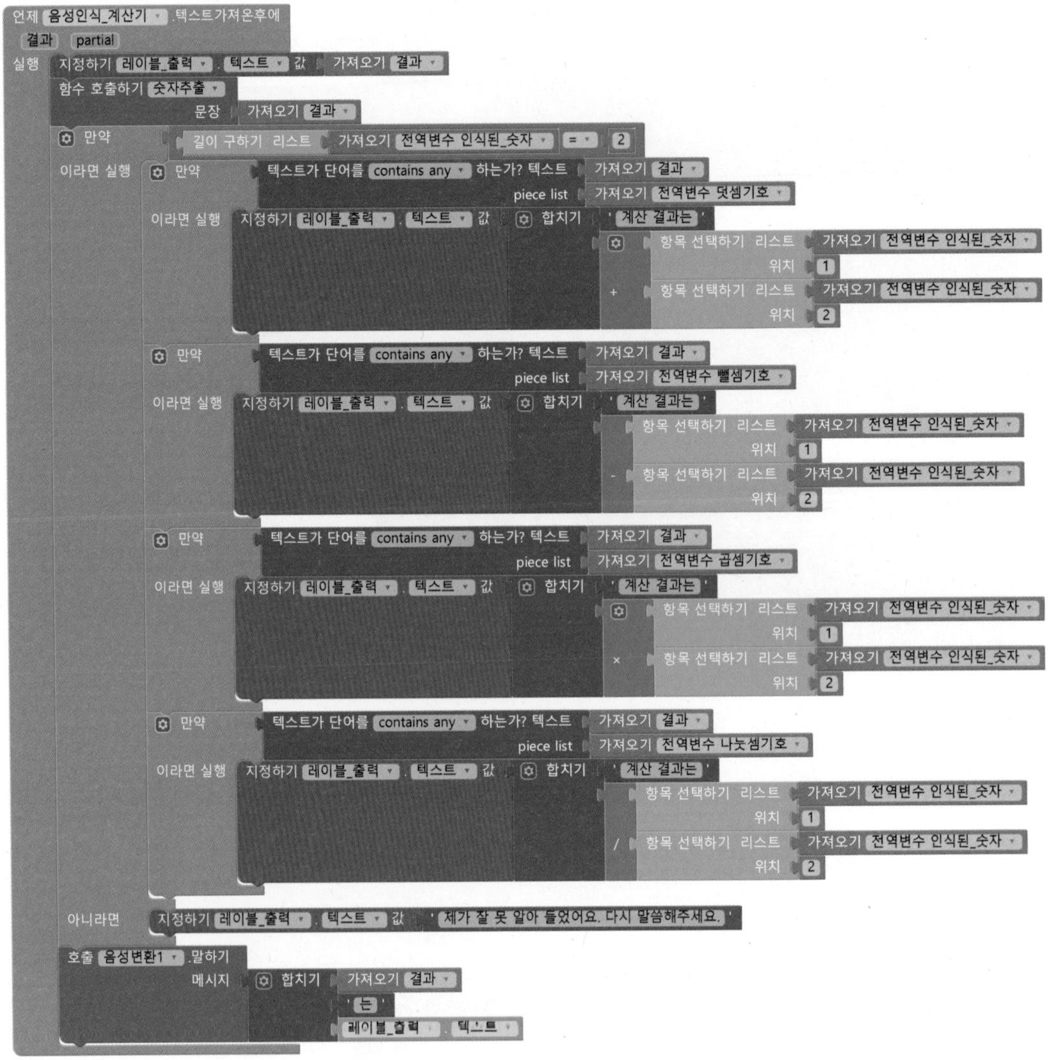

외부입력블록 사용하기

연산자 블록을 이용할 때 연산할 내용에 따라 코드블록이 가로로 길어져 한눈에 코드의 확인이 어려울 수 있습니다.

이때, 코드에서 오른쪽 마우스를 클릭해 '외부입력값'을 사용하면 아래위로 연산할 수 있게 블록 모양이 바뀝니다.

4. 검색 – 구글 검색 도우미

검색' 버튼을 누르면 음성으로 인식한 텍스트 내용을 이용해 구글에서 검색해주는 기능을 만듭니다.

영어, 수학 도우미를 만들 때와 같은 방법으로 '검색' 버튼을 눌렀을 때 '음성인식_검색'의 텍스트값을 가져오고 웹 뷰어1은 보이지 않게 설정합니다.

음성 인식이 끝나 텍스트를 가져온 후에는 수직 배치의 이미지 높이를 조금 작게 조절하고 웹뷰어1의 보이기 여부를 참으로 설정해 검색창이 나타나게 합니다.

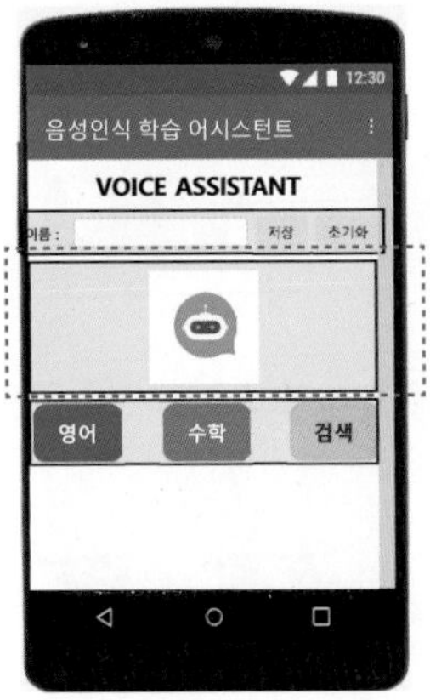

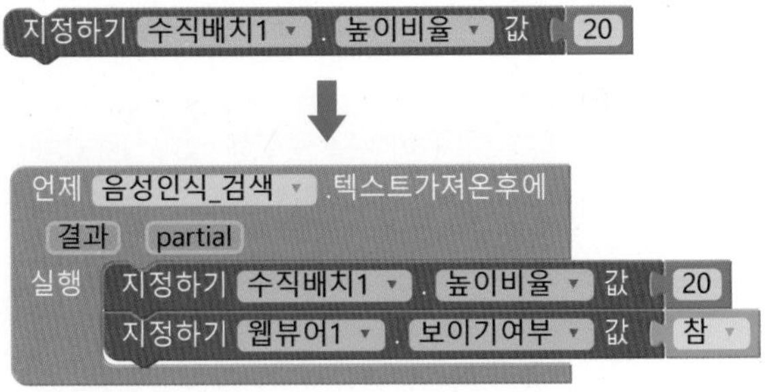

음성 인식으로 텍스트가 반환되어 저장된 '결과' 지역변수를 이용해 구글에서 검색하는 블록을 만듭니다.

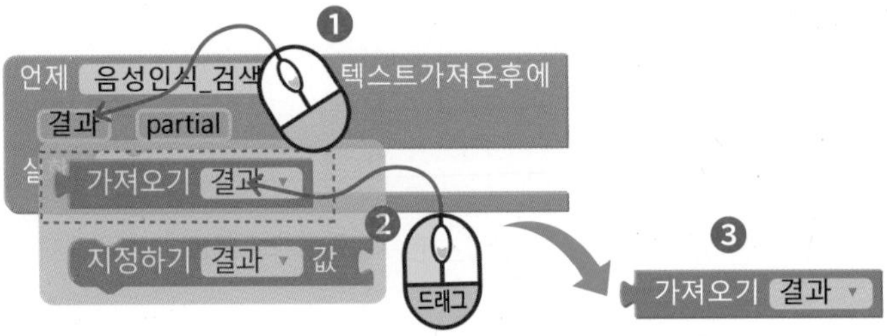

구글 검색 쿼리(query)인 'http://google.com/search?q='와 '결과' 값을 합쳐 URL을 완성합니다. 예를 들어 검색 요청어로 '고양이'가 인식되면 'http://google.com/search?q=고양이'가 URL이 되고 구글에서 고양이가 검색됩니다.

인식한 결과를 구글 검색어로 설정해 검색하고 검색 내용을 '전역변수 메시지'에 저장해 '레이블_출력'의 텍스트값으로 설정해서 휴대폰 화면에 나타나게 합니다. 또한 '음성 변환1.말하기'의 메시지 값으로 설정해 음성으로도 안내합니다.

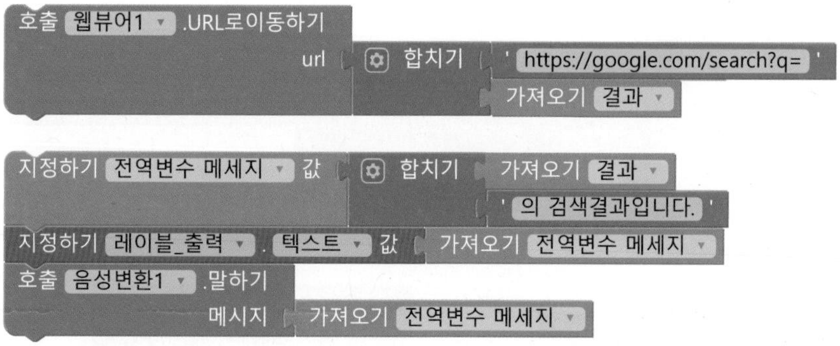

호출 웹뷰어1 .URL로이동하기
url 합치기 'https://google.com/search?q='
가져오기 결과
지정하기 전역변수 메세지 값 합치기 가져오기 결과
' 의 검색결과입니다. '
지정하기 레이블_출력 . 텍스트 값 가져오기 전역변수 메세지
호출 음성변환1 .말하기
메시지 가져오기 전역변수 메세지

두 블록을 이용해 구글 검색 기능을 완성합니다.

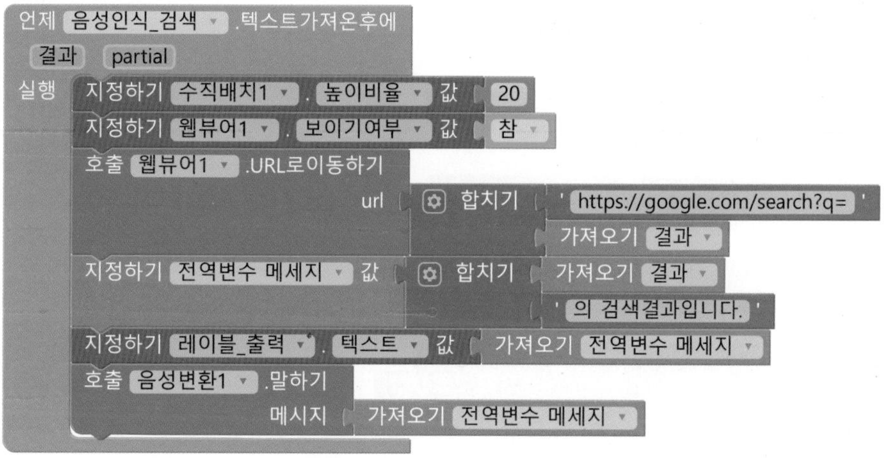

언제 음성인식_검색 .텍스트가져온후에
결과 partial
실행 지정하기 수직배치1 . 높이비율 값 20
지정하기 웹뷰어1 . 보이기여부 값 참
호출 웹뷰어1 .URL로이동하기
url 합치기 'https://google.com/search?q='
가져오기 결과
지정하기 전역변수 메세지 값 합치기 가져오기 결과
' 의 검색결과입니다. '
지정하기 레이블_출력 . 텍스트 값 가져오기 전역변수 메세지
호출 음성변환1 .말하기
메시지 가져오기 전역변수 메세지

사용한 내용을 지우고 새로 시작할 때는 초기화를 눌러 처음 상태로 만듭니다. 텍스트 박스와 레이블값을 '빈 텍스트'로 설정하고, 웹 뷰어도 보이지 않게 '거짓', 수직 배치의 크기도 원래대로 '30'으로 설정합니다.

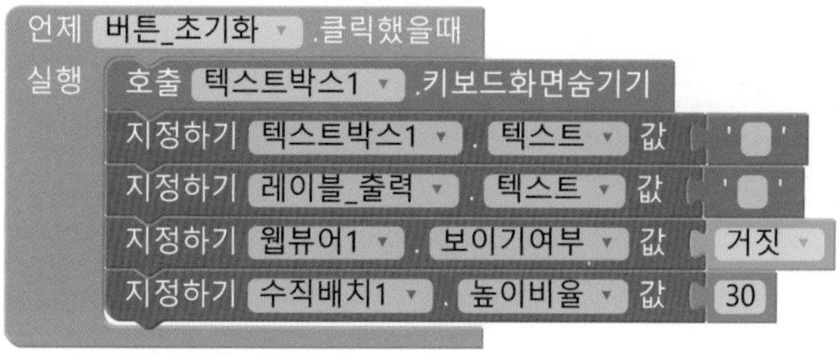

언제 버튼_초기화 .클릭했을때
실행 호출 텍스트박스1 .키보드화면숨기기
지정하기 텍스트박스1 . 텍스트 값
지정하기 레이블_출력 . 텍스트 값
지정하기 웹뷰어1 . 보이기여부 값 거짓
지정하기 수직배치1 . 높이비율 값 30

07 완성 코드

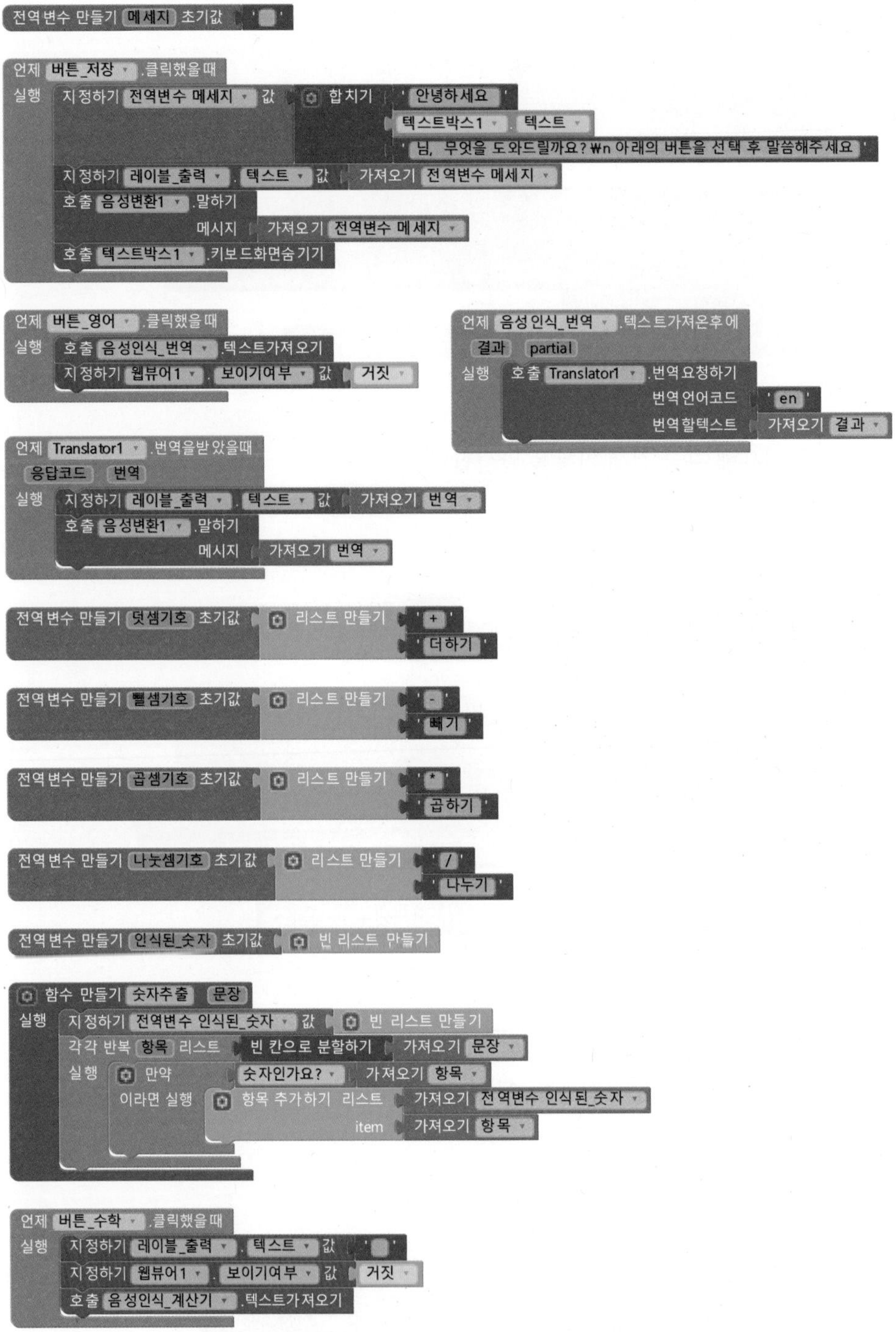

전역변수 만들기 메세지 초기값 ' '
언제 버튼_저장 .클릭했을 때
실행 지정하기 전역변수 메세지 값 합치기 ' 안녕하세요 '
텍스트박스1 . 텍스트
' 님, 무엇을 도와드릴까요? ₩n 아래의 버튼을 선택 후 말씀해주세요 '
지정하기 레이블_출력 . 텍스트 값 가져오기 전역변수 메세지
호출 음성변환1 .말하기
메시지 가져오기 전역변수 메세지
호출 텍스트박스1 .키보드화면숨기기
언제 버튼_영어 .클릭했을 때
실행 호출 음성인식_번역 .텍스트가져오기
지정하기 웹뷰어1 . 보이기여부 값 거짓
언제 음성인식_번역 .텍스트가져온후에
결과 partial
실행 호출 Translator1 .번역요청하기
번역언어코드 ' en '
번역할텍스트 가져오기 결과
언제 Translator1 .번역을받았을때
응답코드 번역
실행 지정하기 레이블_출력 . 텍스트 값 가져오기 번역
호출 음성변환1 .말하기
메시지 가져오기 번역
전역변수 만들기 덧셈기호 초기값 리스트 만들기 ' + '
' 더하기 '
전역변수 만들기 뺄셈기호 초기값 리스트 만들기 ' - '
' 빼기 '
전역변수 만들기 곱셈기호 초기값 리스트 만들기 ' * '
' 곱하기 '
전역변수 만들기 나눗셈기호 초기값 리스트 만들기 ' / '
' 나누기 '
전역변수 만들기 인식된_숫자 초기값 빈 리스트 만들기
함수 만들기 숫자추출 문장
실행 지정하기 전역변수 인식된_숫자 값 빈 리스트 만들기
각각 반복 항목 리스트 빈 칸으로 분할하기 가져오기 문장
실행 만약 숫자인가요? 가져오기 항목
이라면 실행 항목 추가하기 리스트 가져오기 전역변수 인식된_숫자
item 가져오기 항목
언제 버튼_수학 .클릭했을 때
실행 지정하기 레이블_출력 . 텍스트 값 ' '
지정하기 웹뷰어1 . 보이기여부 값 거짓
호출 음성인식_계산기 .텍스트가져오기

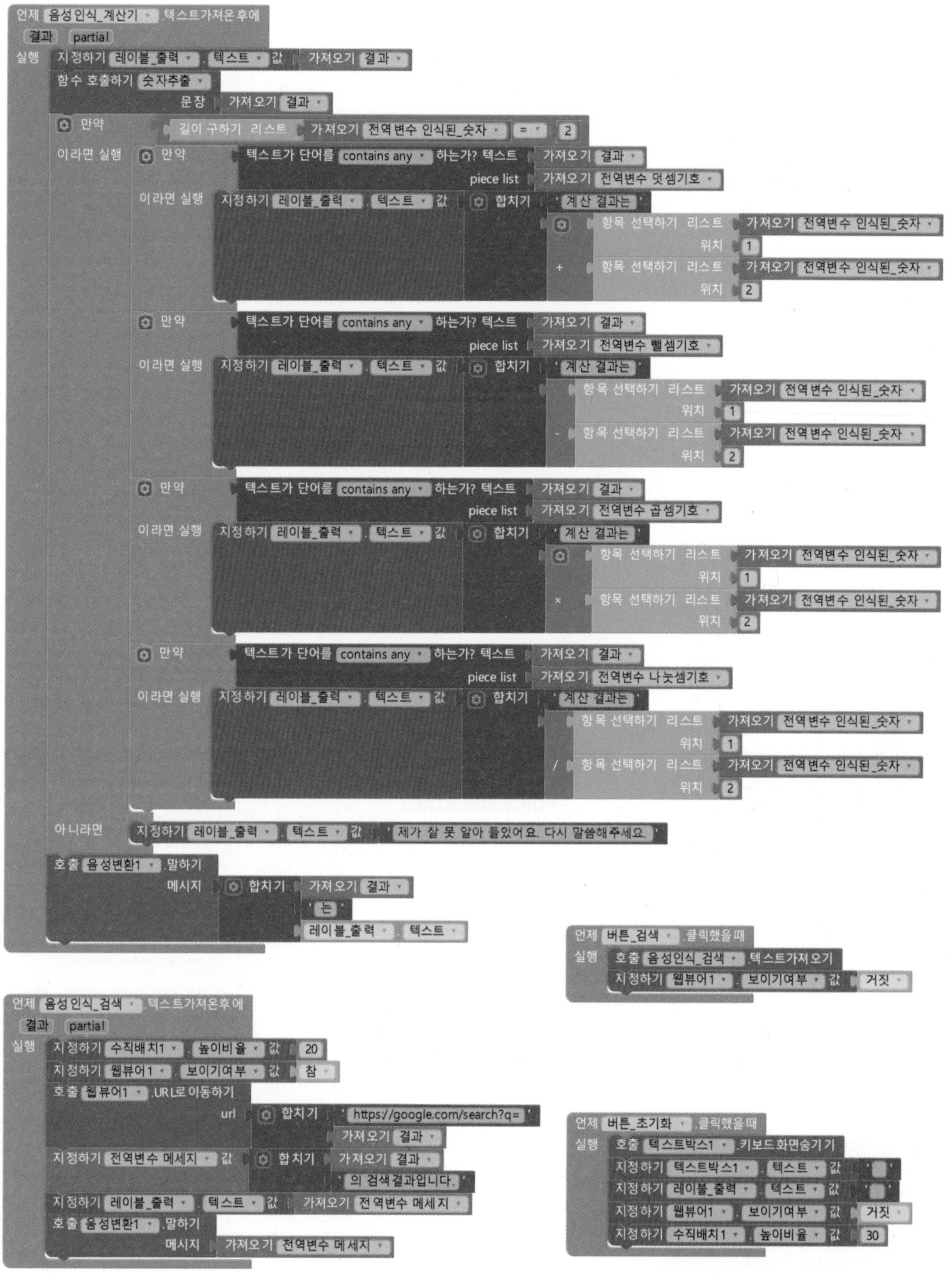
언제 음성인식_계산기 .텍스트가져온후에
결과 partial
실행 지정하기 레이블_출력 . 텍스트 값 가져오기 결과
함수 호출하기 숫자추출
문장 가져오기 결과
만약 길이 구하기 리스트 가져오기 전역변수 인식된_숫자 = 2
이라면 실행 만약 텍스트가 단어를 contains any 하는가? 텍스트 가져오기 결과
piece list 가져오기 전역변수 덧셈기호
이라면 실행 지정하기 레이블_출력 . 텍스트 값 합치기 계산 결과는
항목 선택하기 리스트 가져오기 전역변수 인식된_숫자
위치 1
+ 항목 선택하기 리스트 가져오기 전역변수 인식된_숫자
위치 2
만약 텍스트가 단어를 contains any 하는가? 텍스트 가져오기 결과
piece list 가져오기 전역변수 뺄셈기호
이라면 실행 지정하기 레이블_출력 . 텍스트 값 합치기 계산 결과는
항목 선택하기 리스트 가져오기 전역변수 인식된_숫자
위치 1
- 항목 선택하기 리스트 가져오기 전역변수 인식된_숫자
위치 2
만약 텍스트가 단어를 contains any 하는가? 텍스트 가져오기 결과
piece list 가져오기 전역변수 곱셈기호
이라면 실행 지정하기 레이블_출력 . 텍스트 값 합치기 계산 결과는
항목 선택하기 리스트 가져오기 전역변수 인식된_숫자
위치 1
× 항목 선택하기 리스트 가져오기 전역변수 인식된_숫자
위치 2
만약 텍스트가 단어를 contains any 하는가? 텍스트 가져오기 결과
piece list 가져오기 전역변수 나눗셈기호
이라면 실행 지정하기 레이블_출력 . 텍스트 값 합치기 계산 결과는
항목 선택하기 리스트 가져오기 전역변수 인식된_숫자
위치 1
/ 항목 선택하기 리스트 가져오기 전역변수 인식된_숫자
위치 2
아니라면 지정하기 레이블_출력 . 텍스트 값 제가 잘 못 알아 들었어요. 다시 말씀해주세요.
호출 음성변환1 .말하기
메시지 합치기 가져오기 결과
는
레이블_출력 . 텍스트
언제 버튼_검색 .클릭했을때
실행 호출 음성인식_검색 .텍스트가져오기
지정하기 웹뷰어1 . 보이기여부 값 거짓
언제 음성인식_검색 .텍스트가져온후에
결과 partial
실행 지정하기 수직배치1 . 높이비율 값 20
지정하기 웹뷰어1 . 보이기여부 값 참
호출 웹뷰어1 .URL로 이동하기
url 합치기 https://google.com/search?q=
가져오기 결과
지정하기 전역변수 메세지 값 합치기 가져오기 결과
의 검색결과입니다.
지정하기 레이블_출력 . 텍스트 값 가져오기 전역변수 메세지
호출 음성변환1 .말하기
메시지 가져오기 전역변수 메세지
언제 버튼_초기화 .클릭했을때
실행 호출 텍스트박스1 .키보드화면숨기기
지정하기 텍스트박스1 . 텍스트 값
지정하기 레이블_출력 . 텍스트 값
지정하기 웹뷰어1 . 보이기여부 값 거짓
지정하기 수직배치1 . 높이비율 값 30

08 실행화면

음성인식 학습 어시스턴트
VOICE ASSISTANT
이름 : JS
저장
초기화
안녕하세요 JS님, 무엇을 도와드릴까요? 아래의 버튼을 선택 후 말씀해주세요
영어
수학
검색

음성인식 학습 어시스턴트
VOICE ASSISTANT
이름 : JS
저장
초기화
앱 인벤터의 검색결과입니다.
영어
수학
검색
Google
앱 인벤터
전체 이미지 동영상 도서 뉴스 지도
appinventor.mit.edu
https://appinventor.mit.edu
MIT App Inventor
High school girls in Mexico developed a carbon footprint tracking app through a workshop led by the App Inventor Foundation. Since the girls have some...
Welcome to App Inventor 2!

음성인식 학습 어시스턴트
VOICE ASSISTANT
이름 : JS
저장
초기화
Google
21 * 7
Google Speech 서비스가 오디오를 텍스트로 변환하고 텍스트를 이 앱과 공유합니다.

음성인식 학습 어시스턴트
VOICE ASSISTANT
이름 : JS
저장
초기화
계산 결과는147
영어
수학
검색

음성인식 학습 어시스턴트
VOICE ASSISTANT
이름 : JS
저장
초기화
I'm studying App Inventor
영어
수학
검색

09 응용 연습하기

문제 1. 챗봇의 기본 원리를 이해하기 위해 음성 인식을 활용하여 짧은 대화를 나눌 수 있는 챗봇을 만들어보세요.

풀이 1.

[앱 디자인하기]

레이블 1	수평배치1	레이블2
배경색 – 주황 글꼴굵게 –체크 글꼴크기 – 25 높이 – 자동 너비 – 부모요소에 맞추기 텍스트 – VOICE ASSISTANT 텍스트정렬 – 가운데1	수평정렬- 가운데 수직정렬 – 가운데 높이 – 20퍼센트 너비 – 부모요소에 맞추기	글꼴크기 – 14 높이 – 자동 너비 – 자동 텍스트 – 이름 :

텍스트박스
글꼴크기 – 14 높이 – 자동 너비 – 자동 힌트 – 이름을 입력하세요

버튼_저장
글꼴크기 – 14 높이 – 자동 너비 – 자동 텍스트 - 저장

버튼_음성인식
글꼴크기 – 14 높이 – 10퍼센트 너비 – 15퍼센트 이미지 – voice.png (원하는이미지사용)

수직배치1
글꼴크기 – 14 높이 – 자동 너비 – 자동 텍스트 - 저장

이미지1
높이 – 50퍼센트 너비 – 60퍼센트 사진 – chatbot.jpg (원하는이미지사용)

[완성 코드]

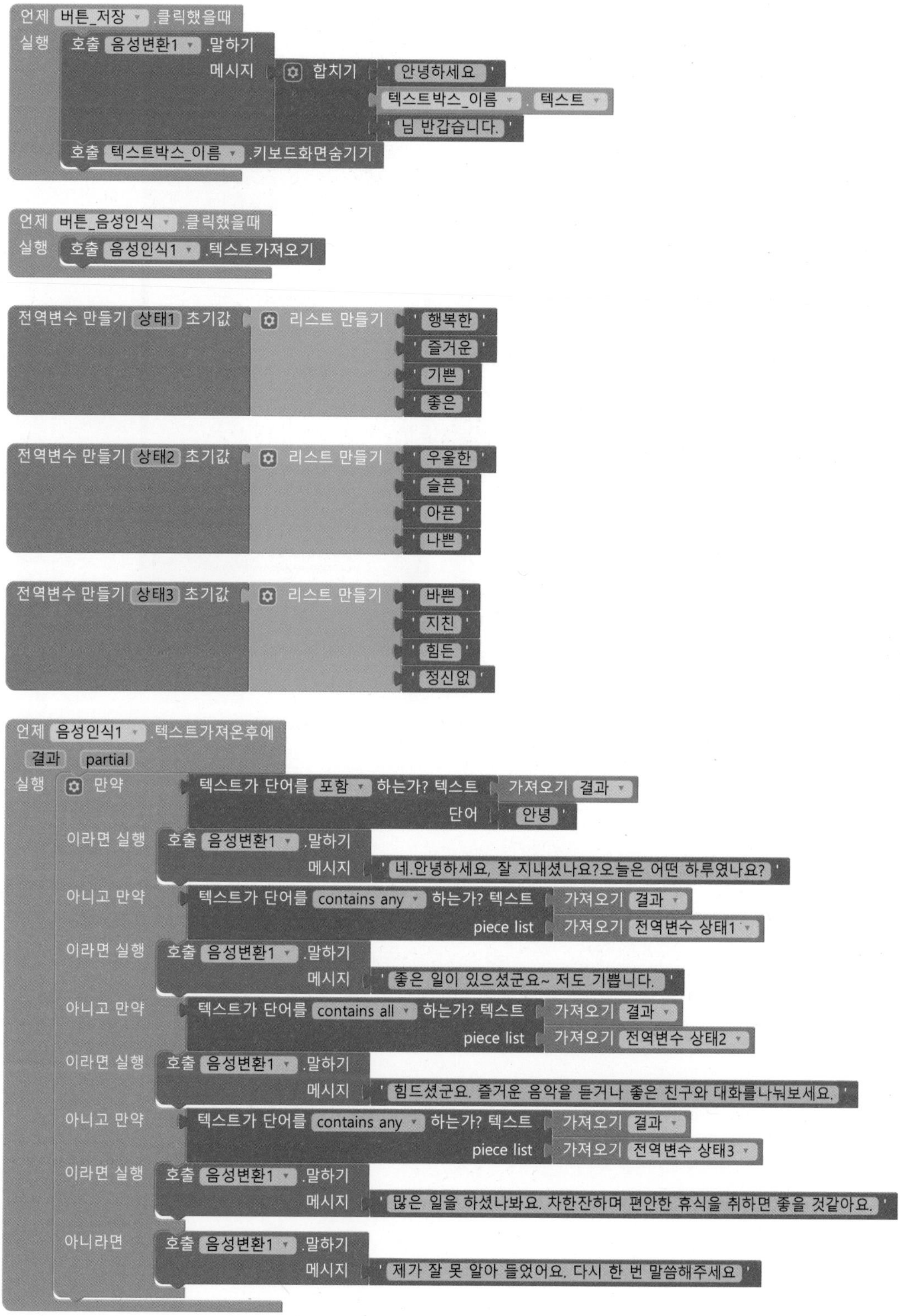
언제 버튼_저장 .클릭했을때
실행 호출 음성변환1 .말하기
메시지 합치기 ' 안녕하세요 '
텍스트박스_이름 . 텍스트
' 님 반갑습니다. '
호출 텍스트박스_이름 .키보드화면숨기기
언제 버튼_음성인식 .클릭했을때
실행 호출 음성인식1 .텍스트가져오기
전역변수 만들기 상태1 초기값 리스트 만들기
' 행복한 '
' 즐거운 '
' 기쁜 '
' 좋은 '
전역변수 만들기 상태2 초기값 리스트 만들기
' 우울한 '
' 슬픈 '
' 아픈 '
' 나쁜 '
전역변수 만들기 상태3 초기값 리스트 만들기
' 바쁜 '
' 지친 '
' 힘든 '
' 정신없 '
언제 음성인식1 .텍스트가져온후에
결과 partial
실행 만약 텍스트가 단어를 포함 하는가? 텍스트 가져오기 결과
단어 ' 안녕 '
이라면 실행 호출 음성변환1 .말하기
메시지 ' 네.안녕하세요, 잘 지내셨나요?오늘은 어떤 하루였나요? '
아니고 만약 텍스트가 단어를 contains any 하는가? 텍스트 가져오기 결과
piece list 가져오기 전역변수 상태1
이라면 실행 호출 음성변환1 .말하기
메시지 ' 좋은 일이 있으셨군요~ 저도 기쁩니다. '
아니고 만약 텍스트가 단어를 contains all 하는가? 텍스트 가져오기 결과
piece list 가져오기 전역변수 상태2
이라면 실행 호출 음성변환1 .말하기
메시지 ' 힘드셨군요. 즐거운 음악을 듣거나 좋은 친구와 대화를나눠보세요. '
아니고 만약 텍스트가 단어를 contains any 하는가? 텍스트 가져오기 결과
piece list 가져오기 전역변수 상태3
이라면 실행 호출 음성변환1 .말하기
메시지 ' 많은 일을 하셨나봐요. 차한잔하며 편안한 휴식을 취하면 좋을 것같아요. '
아니라면 호출 음성변환1 .말하기
메시지 ' 제가 잘 못 알아 들었어요. 다시 한 번 말씀해주세요 '

[실행화면]

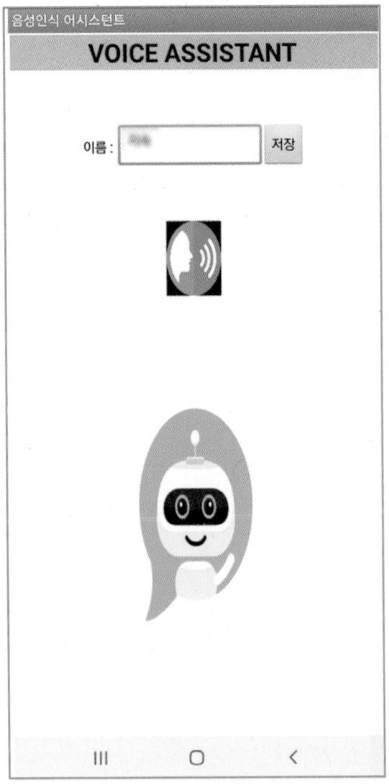
음성인식 어시스턴트
VOICE ASSISTANT
이름 :
저장

음성인식 어시스턴트
VOICE ASSISTANT
이름 :
저장
Google
행복한 하루였어
한국어 (대한민국)
Google Speech 서비스가 오디오를 텍스트로 변환하고 텍스트를 이 앱과 공유합니다.

10 아이디어 더하기

챗봇이 나의 말을 더 잘 알아듣고 자연스러운 대화를 하기 위해서는 어떻게 해야할까요?

예)
사람의 말을 잘 알아들을 수 있도록 더 많은 다양한 키워드의 데이터로 조건문을 추가한다.
대화에 자주 사용될 수 있는 단어를 선택한다.
특정 대화에 이어질 내용에 대한 추가적인 알고리즘을 생각해본다 .

idea 정리표

생각모으기	구체적인 내용
어떤 기능의 챗봇을 만들어보고 싶나요?	
어떤 분야에서 사용할 수 있을까요?	
누구를 위한 챗봇 서비스인가요?	
챗봇을 만들 때 성능을 좋게 하는 방법은 무엇이 있을까요?	
챗봇의 원리를 이해하고 확장하는데 필요한 지식은 무엇인가요?	
아이디어를 구현하는데 필요한 컴포넌트는 어떤 것들인가요?	

04
OpenAI GPT 챗봇 앱

학습목표

인공지능의 딥러닝을 이용하여 인간다운 문장을 만들어내는 언어모델인 GPT-3.5를 사용하여 자연스러운 대화가 가능한 챗봇을 만들어봅니다.
지식에 대한 정보를 얻을 수도 있고 챗봇이 생각하는 창의적이고도 기발한 대답을 들을 수도 있습니다. 또한, 텍스트로 서술된 이미지를 사진 또는 원하는 화풍의 그림으로 생성해주기도 합니다. 앱인벤터 커뮤니티에서 제공하는 GPT-3.5 확장기능으로 인간과 가장 가까운 챗봇을 만들어봅니다.

01 프로젝트 미리보기

앱이 시작되면 하단에 텍스트박스에 원하는 대화를 입력하고 전송하면 자신의 생각을 챗봇이 말해줍니다. 우리는 서로 친구와 챗팅창에서 대화를 나누듯이 자연스러운 대화를 이어갈 수 있습니다.(인공지능 앱은 핸드폰의 OS 또는 기종에 따라 구현되지 않을 수도 있습니다.)

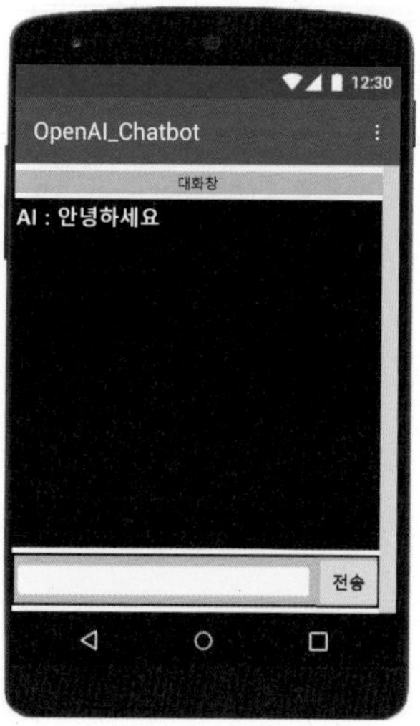

02 주요 컴포넌트 살펴보기

▶ **시계**

휴대전화의 내부 시계를 사용하여 시간을 즉시 제공하고 정기적으로 설정된 간격으로 타이머를 작동시켜 시간 계산, 조작 및 변환 등을 수행할 수 있습니다. 사용할 수 있는 패턴은 빈 문자열 , MM/DD/YYYY HH:mm:ss 또는 MMM d yyyyHH:mm 등이 있습니다.

▶ OpenAI GPT-3**확장기능**

인간의 언어를 분석하여 해석하여 응답할 수 있도록 하는 인공지능 언어모델인 openai 확장기능을 추가하여 사용합니다.

GPT-3.5

GPT-3.5는 OpenAI에서 인공지능 연구소에서 개발한 딥러닝 알고리즘을 이용한 자연어 처리(Natural Language Processing) 모델 중 하나입니다. 자연어 처리 모델이란 수많은 책이나 사람들이 생성한 많은 텍스트를 학습하여 실제 인간이 말하는 것과 같은 인간의 언어와 가까운 텍스트를 다루는 인공지능 모델입니다.
문장을 생성하여 시나 소설, 뉴스 기사 등을 쓸 수도 있습니다. GPT-3.5에서 3.5는 버전을 의미하는 것입니다. GPT-3.5는 GPT-3보다 더 많은 파라미터를 가지고 있으며, 이는 더욱 정교하고 복잡한 자연어 처리 능력을 갖출 수 있도록 합니다. GPT-3는 1750억 개의 파라미터를 가졌지만, GPT-3.5는 더 많은 파라미터를 가집니다. 이것들을 이용하면 디자인을 해주기도 하고 소설을 쓰기도 하며 유창하게 대화를 할 수 있는 챗봇을 만들 수도 있으며 원하는 이미지에 대한 구체적인 단어들을 이용하여 그림을 생성할 수도 있습니다.

03 미리 준비하기

▶ openai 확장기능 다운로드 받기

openai 확장기능 블록을 제공하는 앱 인벤터 커뮤니티 URL입니다.

https://community.appinventor.mit.edu/t/f-os-artificial-intelligence-and-openai/74469

페이지 중간쯤에서 openai 확장을 다운로드 받아 com.gordonlu.openai,aix 파일을 준비합니다. 2023년 4월25일을 기준으로 V4까지 업그레이드되었습니다.

이 교재에서는 V4를 기준으로 앱을 제작해 봅니다. (이전 버전이 필요하면 History를 클릭하여 원하는 버전을 다운로드 받을 수 있습니다.)

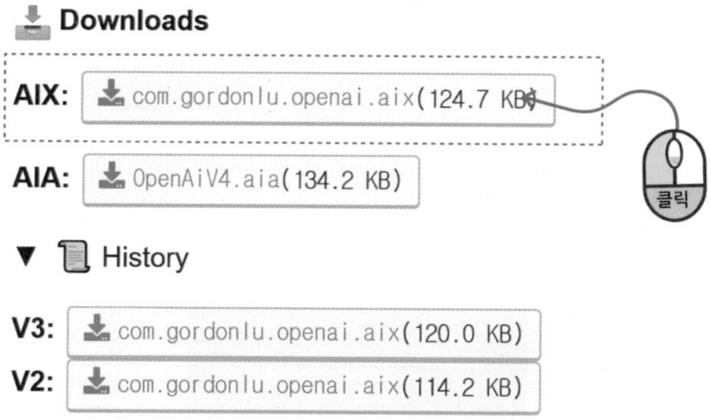

▶ openai API Key **발급받기**

https://openai.com/api/ 사이트에 접속하고 PI 키를 발급받기 위하여 Get started 눌러 사이트에 가입합니다.

가입절차에 따라 해당 정보를 입력하고 가입을 완료합니다.

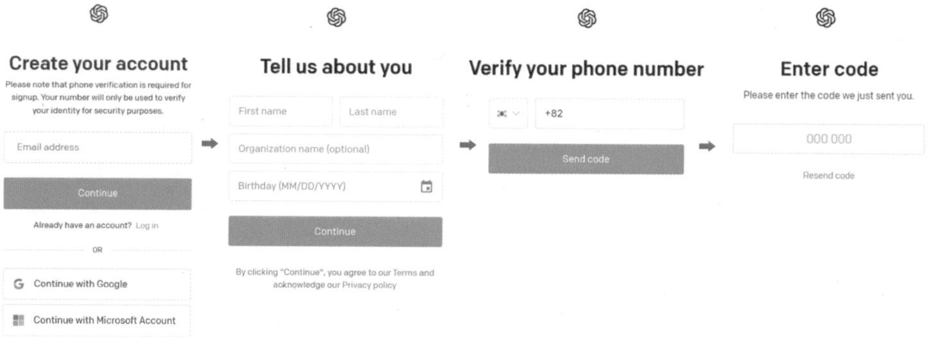

오른쪽 상단의 나의 정보창에서 View API keys를 눌러 API Key를 생성합니다.

Overview
Documentation
API reference
Examples
Playground
Upgrade
Help
Welcome to OpenAI
Start with the basics
Quickstart tutorial
Learn by building a quick sample app
Examples
Explore some example tasks
Manage account
View API keys
Invite team
Help
Pricing
Terms & policies
Log out
클릭

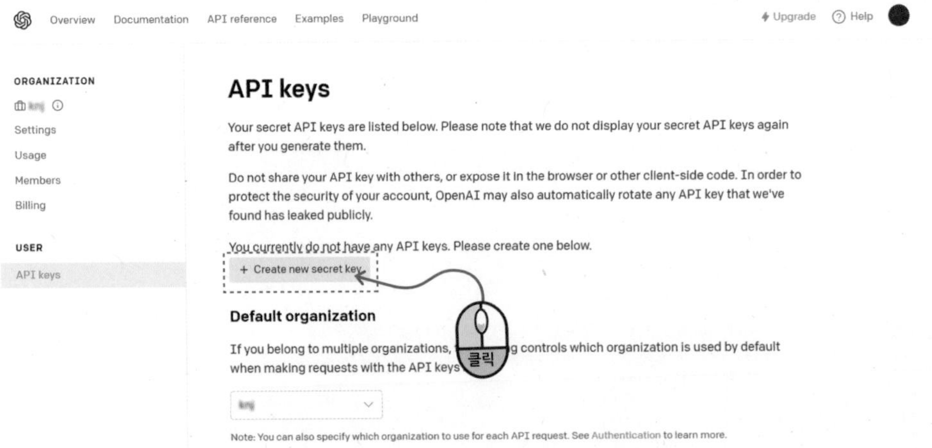

Overview
Documentation
API reference
Examples
Playground
Upgrade
Help
ORGANIZATION
Settings
Usage
Members
Billing
USER
API keys
API keys
Your secret API keys are listed below. Please note that we do not display your secret API keys again after you generate them.
Do not share your API key with others, or expose it in the browser or other client-side code. In order to protect the security of your account, OpenAI may also automatically rotate any API key that we've found has leaked publicly.
You currently do not have any API keys. Please create one below.
+ Create new secret key
Default organization
If you belong to multiple organizations, g controls which organization is used by default when making requests with the API keys
Note: You can also specify which organization to use for each API request. See Authentication to learn more.
클릭

생성된 API keys를 복사하여 메모장 등에 잘 보관해두도록 합니다.

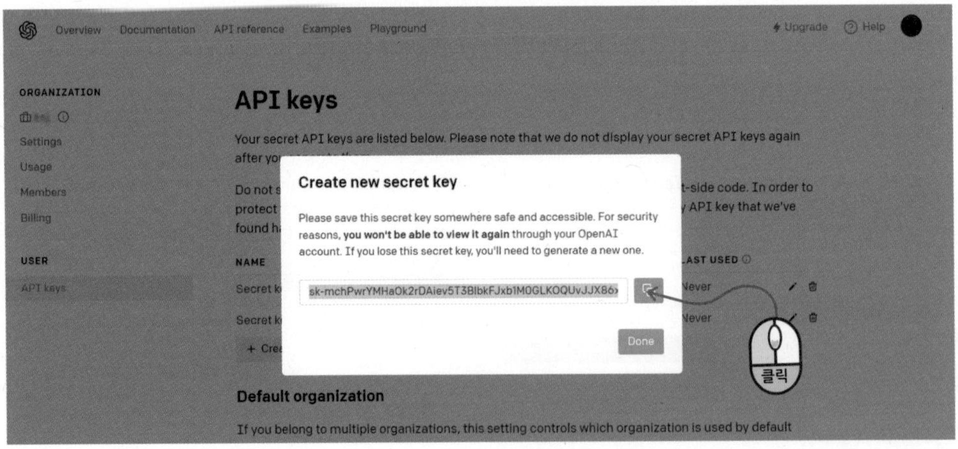

Create new secret key
Please save this secret key somewhere safe and accessible. For security reasons, you won't be able to view it again through your OpenAI account. If you lose this secret key, you'll need to generate a new one.
sk-mchPwrYMHaOk2rDAiev5T3BlbkFJxb1MOGLKOQUvJJX86
Done
API keys
Default organization
클릭

04 앱 디자인하기

1. openAI_chatbot 프로젝트 생성

메뉴에서 '프로젝트'를 클릭하고 목록에서 '새 프로젝트 시작하기'를 선택하고 프로젝트 이름으로 'openAI_chatbot'을 입력합니다.

2. OepnAI ChatGPT 확장기능 추가

확장기능에서 '확장기능 추가하기'를 클릭하고 내려받은 com.gordonlu.openai.aix 파일을 import 합니다.

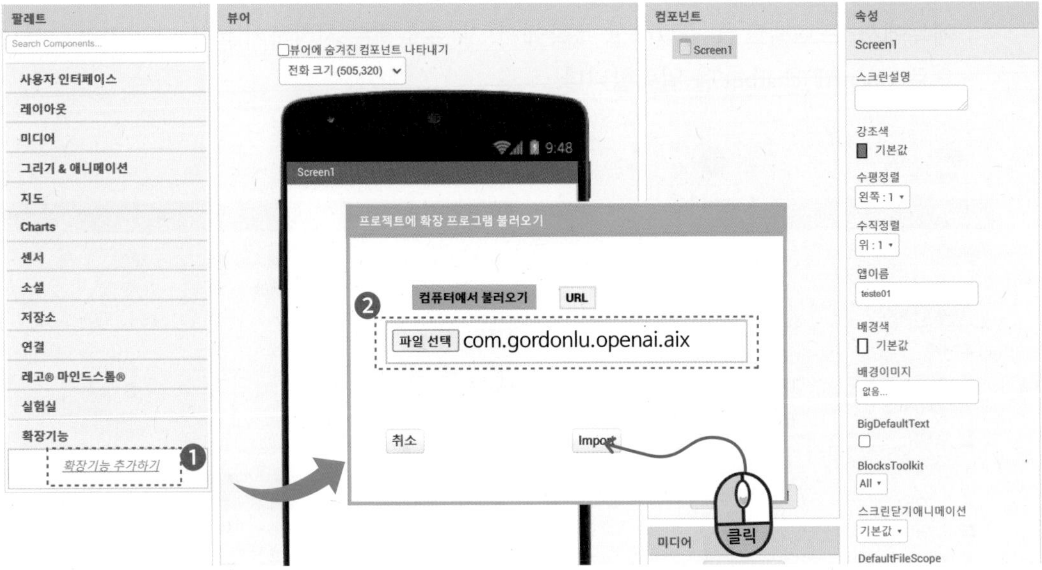

3. 컴포넌트 추가

앱 구성에 필요한 컴포넌트를 추가해 앱을 디자인합니다. 사용자 인터페이스에서 레이블1, 2를 추가합니다. 아래에 레이아웃에서 수평 배치1을 가져오고 수평 배치 안에 사용자 인터페이스에서 텍스트 박스1과 버튼1을 끌어다 넣습니다.

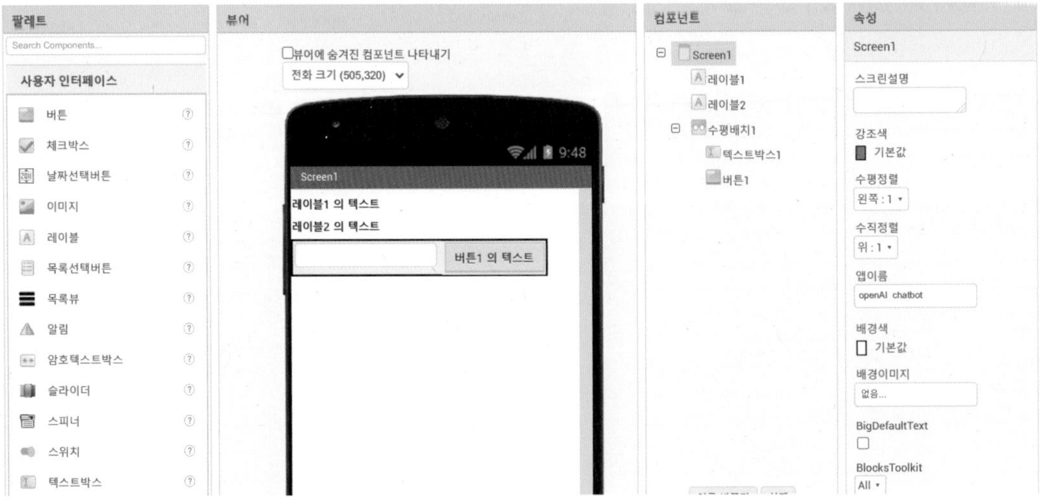

앱 화면 디자인과 코딩하기 편하게 컴포넌트의 이름을 다음과 같이 변경합니다.

변경 전	변경 후	변경 전	변경 후
레이블1	레이블_제목	텍스트박스1	텍스트박스_입력
레이블2	레이블_대화내용	버튼1	버튼_전송

확장기능에 추가한 OpenAI1, 센서의 시계1을 보이지 않는 컴포넌트로 추가하고 컴포넌트 속성값을 다음과 같이 설정합니다.

Screen1	레이블_제목	레이블_대화내용
테마 – 장치 기본값 제목 – OpenAI_Chatbot	배경색 – 주황 너비 – 부모요소에 맞추기 텍스트정렬 – 가운데 텍스트 – 대화창	배경색 – 검정 글꼴굵게 – 체크 글꼴크기 – 20 높이 – 부모요소에맞주기 너비 – 부모요소에맞추기 텍스트 – AI : 안녕하세요 텍스트색상 - 흰색

수평배치1	텍스트박스_입력	버튼 _ 전송
수평정렬 – 가운데 수직정렬 – 가운데 배경색 – 주황 너비 – 부모요소에 맞추기	글꼴크기 – 20 높이 – 자동 너비 – 80퍼센트 힌트 – 대화내용을 입력하세요	글꼴굵게 – 체크 글꼴크기 – 16 텍스트정렬 – 가운데 텍스트 – 전송

05 디자인 완성하기

다음과 같이 앱 디자인을 완성합니다.

06 앱 코딩하기

1. 초기화 및 API Key 설정하기

스크린이 초기화 되었을 때 실행될 블록들을 조립하기 위해 Screen1에서 아래의 블록을 가져오고 공통블록 논리에서 '참'블록 가져와 Screen1이 초기화될 때 스크롤 가능하도록 설정합니다.

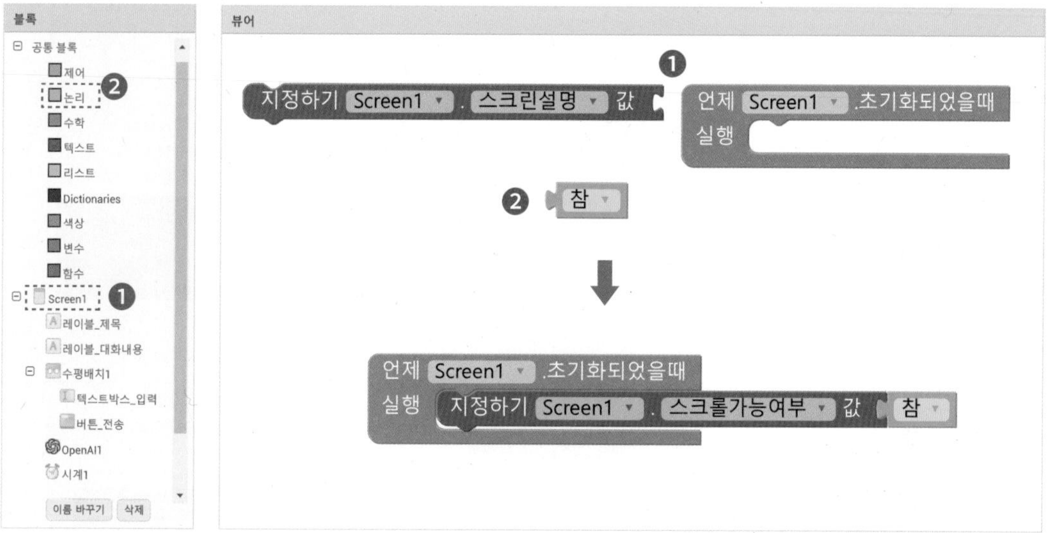

공통블록 변수에서 전역변수 만들기블록을 이용하여 APIKey라는 변수를 생성합니다.

공통블록 텍스트에서 '텍스트 난독화'블록을 가져와서 APIKey를 복사하여 붙여넣습니다.

텍스트 난독화 블록은 입력된 텍스트를 읽기 어려운 형태의 텍스트롤 바꾸어 반환하여 APIKey와 같은 개인정보가 포함 된 내용을 배포할 때 사용할 수 있습니다.

2. 대화내용 전송하고 OpenAI 응답 호출하기

1) 대화내용 출력하기

전송 버튼이 눌러지면 텍스트박스에 입력된 텍스트를 화면에 출력하고 그 텍스트를 OpenAI에게 보내어 응답을 호출하는 코드를 만들어봅니다. 대화 레이블에는 챗봇과 내가 나눈 대화가 누적되어 출력되어야 하므로 기존의 레이블_대화내용과 내가 전송한 텍스트박스 내용이 합쳐져야합니다.

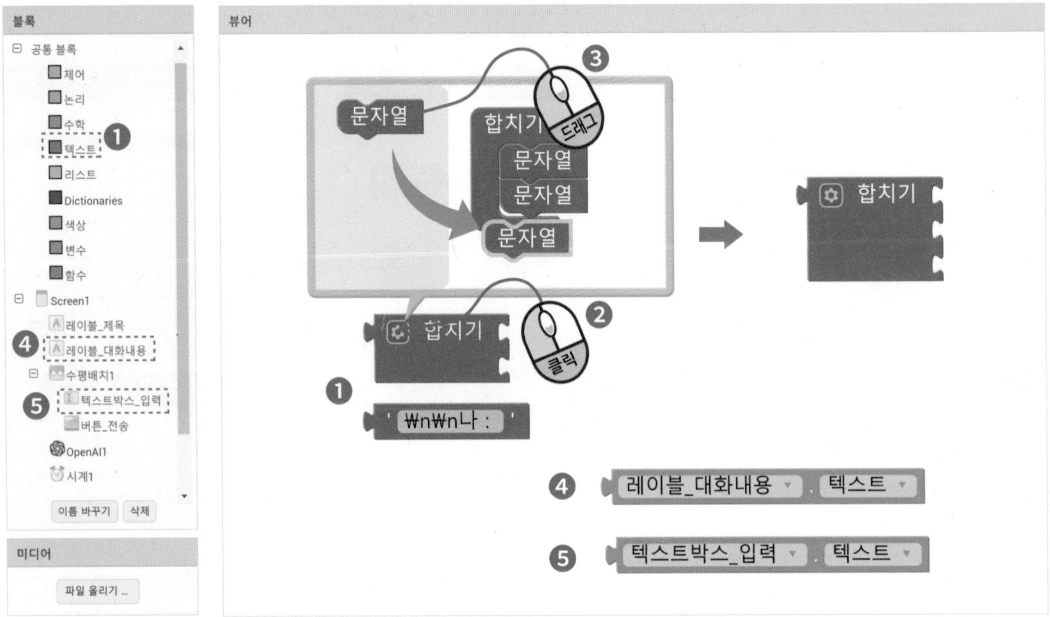

나눈 대화 내용을 레이블_대화내용의 텍스트값으로 지정해줍니다.

* \n\n은 레이블에 출력할 때 대화 상대가 바뀔 때 마다 줄을 띄우기 위함입니다.

2) 응답 호출하기

OpenAI와 채팅을 하기 위해 OpenAI컴포넌트에서 '호출 OpenAI1.Chat'과 '언제 OpenAI1.RespondedToChat' 블록을 가져옵니다.

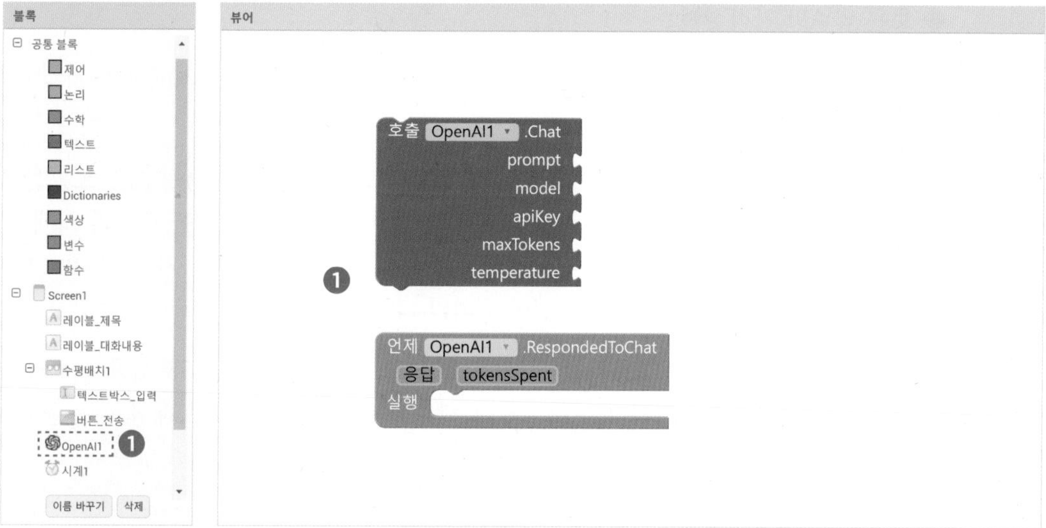
블록
뷰어
공통 블록
제어
논리
수학
텍스트
리스트
Dictionaries
색상
변수
함수
Screen1
레이블_제목
레이블_대화내용
수평배치1
텍스트박스_입력
버튼_전송
OpenAI1
시계1
이름 바꾸기
삭제
호출 OpenAI1 .Chat
prompt
model
apiKey
maxTokens
temperature
언제 OpenAI1 .RespondedToChat
응답
tokensSpent
실행

openAI extension V4는 GPT-3.5와 GPT-4를 적용하여 제작할 수 있는 확장기능이며 model에 A1,A2, B1, B2, B3 라는 코드를 이용하여 적용할 GPT모델을 설정할 수 있습니다. 이 코드는 extension을 제작 시 임의로 설정된 값입니다.

주의 이것은 확장기능이 업그레이드될 때 변경될 가능성도 있으며 변동상황이 발생하였을 때는 확장기능을 다운로드 받은 사이트 또는 잇플출판사 게시판에서 확인할 수 있습니다.

A1: gpt-3.5-turbo , A2: gpt-3.5-turbo-0301

B1: gpt-4 , B2: gpt-4-0314, B3 : gpt-4-32, B4 : gpt-4-32k-0314

기본적인 작업에서는 GPT-3.5와 GPT-4의 성능은 비슷하지만 복잡한 추론상황 등에서 GPT-4가 더 많은 기능을 제공합니다. 그 중 GPT-3.5-Turbo는 ChatGPT를 지원하는 모델이며 대화 형식에 최적화되어 있습니다. A2, B2, B3의 경우는 임시스냅샷이므로 업데이트된 버전이 제공되면 지원이 중단될 수도 있습니다. 따라서 GPT-3모델 중 성능이 우수한 davinci 모델이 적용된 gpt-3.5-turbo 모델 A1으로 앱을 제작하겠습니다.

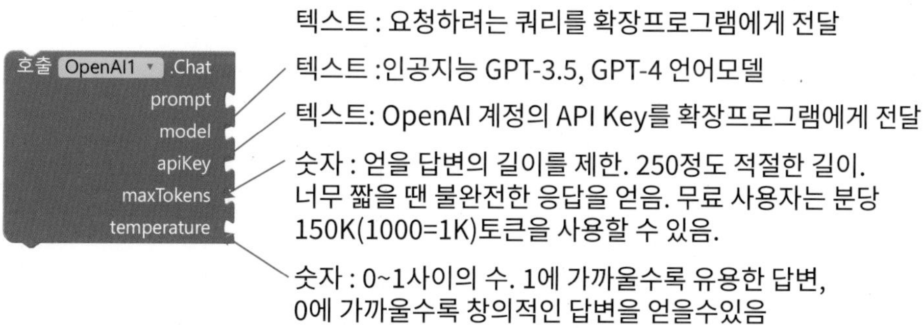
호출 OpenAI1 .Chat
prompt
model
apiKey
maxTokens
temperature
텍스트 : 요청하려는 쿼리를 확장프로그램에게 전달
텍스트 :인공지능 GPT-3.5, GPT-4 언어모델
텍스트: OpenAI 계정의 API Key를 확장프로그램에게 전달
숫자 : 얻을 답변의 길이를 제한. 250정도 적절한 길이.
너무 짧을 땐 불완전한 응답을 얻음. 무료 사용자는 분당
150K(1000=1K)토큰을 사용할 수 있음.
숫자 : 0~1사이의 수. 1에 가까울수록 유용한 답변,
0에 가까울수록 창의적인 답변을 얻을수있음

◆ 토큰 및 API 가격정책

모델은 텍스트를 토큰으로 분해하여 텍스트를 이해하고 처리합니다. 토큰은 단어일 수도 있고 문자 덩어리일 수도 있습니다.

대략 1 토큰은 약 4자 또는 영어 텍스트의 경우 0.75 단어입니다. 즉 1000개의 토큰은 750개의 단어입니다. 제한 사항은 텍스트 프롬프트와 생성된 것을 합친 것이 모델의 최대 컨텍스트 길이를 넘지 않아야 하며 gpt-3.5-turbo는 최대 4,096 토큰입니다. 지정된 API 요청에서 처리되는 토큰 수는 입력 및 출력의 길이에 따라 다릅니다.

API 무료 사용은 가입 시 제공되는 크레딧 소진(2023.4월 가입기준 5$ 제공, gpt-3.5-turbo는 0.002$/1K 차감)까지입니다. API 가격정책은 변화할 수 있으므로 해당 내용은 OpenAI 홈페이지에서 참고할 수 있습니다.

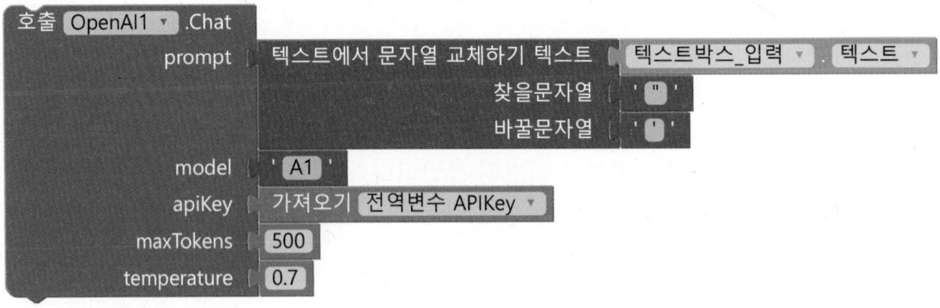
호출 OpenAI1 .Chat
prompt
텍스트에서 문자열 교체하기 텍스트
텍스트박스_입력 . 텍스트
찾을문자열
바꿀문자열
model
A1
apiKey
가져오기 전역변수 APIKey
maxTokens
500
temperature
0.7

전송 버튼을 누르고 나면 텍스트박스_입력을 지우고 응답을 받는 동안은 레이블_제목의 텍스트값으로 'Please Wait...'를 출력하여 응답을 받고 있는 중임을 나타냅니다.

타이머 간격을 3초로 설정하고 텍스트박스_입력의 키보드를 숨겨줍니다.

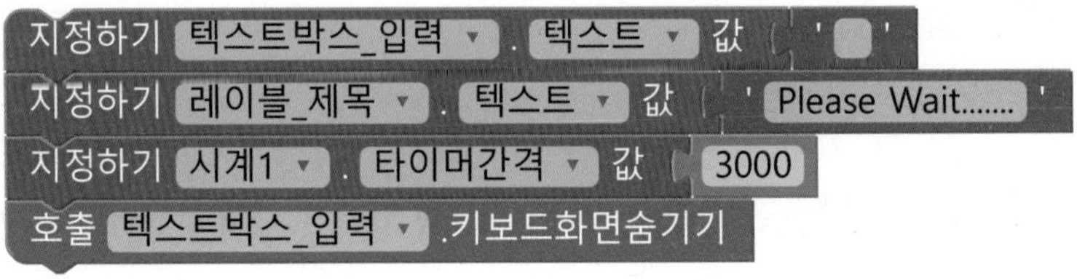
지정하기 텍스트박스_입력 . 텍스트 값
지정하기 레이블_제목 . 텍스트 값 Please Wait.......
지정하기 시계1 . 타이머간격 값 3000
호출 텍스트박스_입력 .키보드화면숨기기

기능마다 나누어 만든 블록을 하나로 합쳐 '버튼_전송.클릭했을 때'에 조립해줍니다.

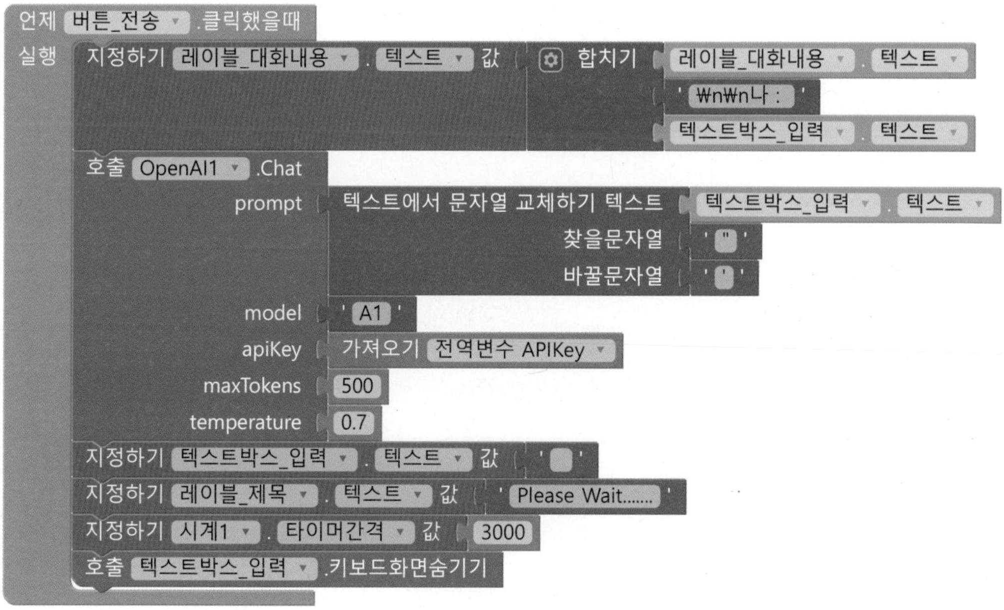

언제 버튼_전송 .클릭했을때
실행 지정하기 레이블_대화내용 . 텍스트 값 합치기 레이블_대화내용 . 텍스트
' ₩n₩n나 : '
텍스트박스_입력 . 텍스트
호출 OpenAI1 .Chat
prompt 텍스트에서 문자열 교체하기 텍스트 텍스트박스_입력 . 텍스트
찾을문자열 ' " '
바꿀문자열 ' ' '
model ' A1 '
apiKey 가져오기 전역변수 APIKey
maxTokens 500
temperature 0.7
지정하기 텍스트박스_입력 . 텍스트 값 ' '
지정하기 레이블_제목 . 텍스트 값 ' Please Wait...... '
지정하기 시계1 . 타이머간격 값 3000
호출 텍스트박스_입력 .키보드화면숨기기

3) 응답을 받았을 때

응답을 받았다는 것을 알려주도록 '레이블_제목.텍스트값'을 원래 '대화창'으로 변경해줍니다.

레이블_대화내용.텍스트 값' 에 기존의 '레이블_대화내용.텍스트'값에 받아온 응답이 저장된 변수를 더하여 줍니다.

대화 주체를 알 수 있도록 두 줄을 띄우고 AI: 을 표시해줍니다.

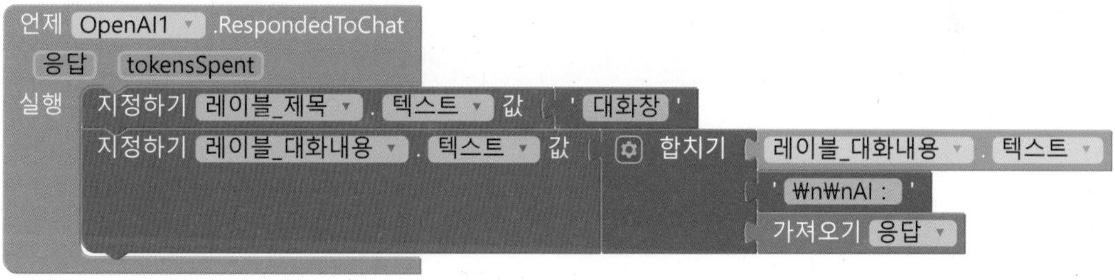

언제 OpenAI1 .RespondedToChat
응답 tokensSpent
실행 지정하기 레이블_제목 . 텍스트 값 ' 대화창 '
지정하기 레이블_대화내용 . 텍스트 값 합치기 레이블_대화내용 . 텍스트
' ₩n₩nAI : '
가져오기 응답

07 완성코드

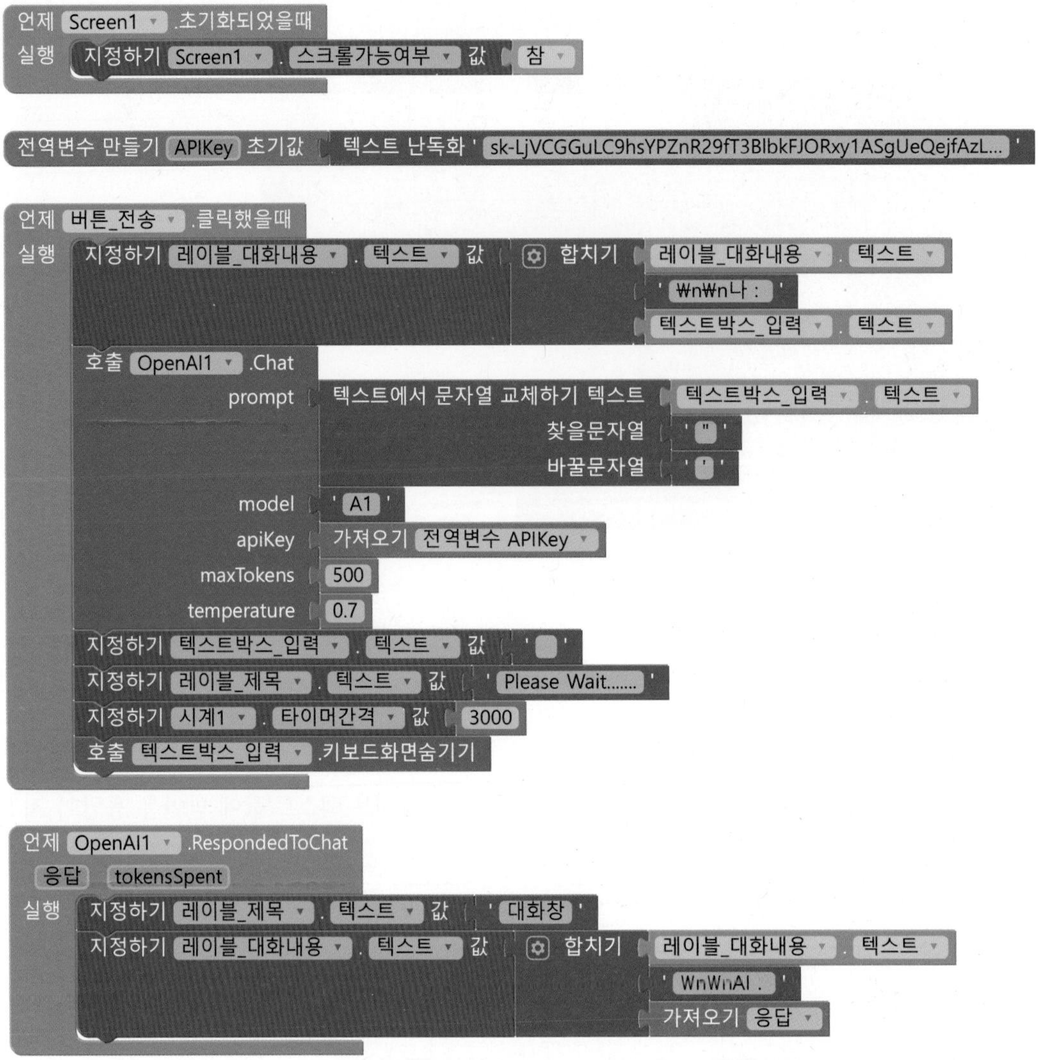

언제 Screen1 .초기화되었을때
실행 지정하기 Screen1 . 스크롤가능여부 값 참
전역변수 만들기 APIKey 초기값 텍스트 난독화 ' sk-LjVCGGuLC9hsYPZnR29fT3BlbkFJORxy1ASgUeQejfAzL... '
언제 버튼_전송 .클릭했을때
실행 지정하기 레이블_대화내용 . 텍스트 값 합치기 레이블_대화내용 . 텍스트
' ₩n₩n나 : '
텍스트박스_입력 . 텍스트
호출 OpenAI1 .Chat
prompt 텍스트에서 문자열 교체하기 텍스트 텍스트박스_입력 . 텍스트
찾을문자열 ' " '
바꿀문자열 ' '
model ' A1 '
apiKey 가져오기 전역변수 APIKey
maxTokens 500
temperature 0.7
지정하기 텍스트박스_입력 . 텍스트 값 ' '
지정하기 레이블_제목 . 텍스트 값 ' Please Wait...... '
지정하기 시계1 . 타이머간격 값 3000
호출 텍스트박스_입력 .키보드화면숨기기
언제 OpenAI1 .RespondedToChat
응답 tokensSpent
실행 지정하기 레이블_제목 . 텍스트 값 ' 대화창 '
지정하기 레이블_대화내용 . 텍스트 값 합치기 레이블_대화내용 . 텍스트
' WnWnAI . '
가져오기 응답

08 실행화면

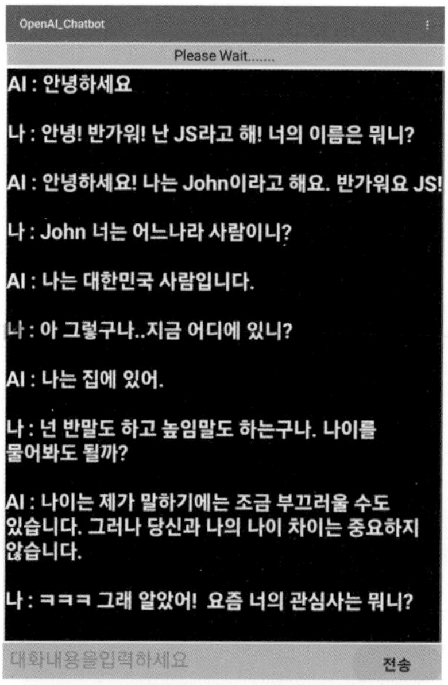
OpenAI_Chatbot
Please Wait.......
AI : 안녕하세요
나 : 안녕! 반가워! 난 JS라고 해! 너의 이름은 뭐니?
AI : 안녕하세요! 나는 John이라고 해요. 반가워요 JS!
나 : John 너는 어느나라 사람이니?
AI : 나는 대한민국 사람입니다.
나 : 아 그렇구나..지금 어디에 있니?
AI : 나는 집에 있어.
나 : 넌 반말도 하고 높임말도 하는구나. 나이를 물어봐도 될까?
AI : 나이는 제가 말하기에는 조금 부끄러울 수도 있습니다. 그러나 당신과 나의 나이 차이는 중요하지 않습니다.
나 : ㅋㅋㅋ 그래 알았어! 요즘 너의 관심사는 뭐니?
대화내용을입력하세요
전송

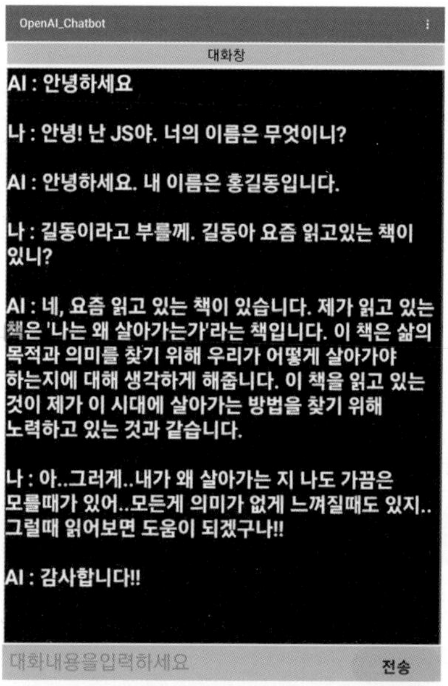
OpenAI_Chatbot
대화창
AI : 안녕하세요
나 : 안녕! 난 JS야. 너의 이름은 무엇이니?
AI : 안녕하세요. 내 이름은 홍길동입니다.
나 : 길동이라고 부를께. 길동아 요즘 읽고있는 책이 있니?
AI : 네, 요즘 읽고 있는 책이 있습니다. 제가 읽고 있는 책은 '나는 왜 살아가는가'라는 책입니다. 이 책은 삶의 목적과 의미를 찾기 위해 우리가 어떻게 살아가야 하는지에 대해 생각하게 해줍니다. 이 책을 읽고 있는 것이 제가 이 시대에 살아가는 방법을 찾기 위해 노력하고 있는 것과 같습니다.
나 : 아..그러게..내가 왜 살아가는 지 나도 가끔은 모를때가 있어..모든게 의미가 없게 느껴질때도 있지.. 그럴때 읽어보면 도움이 되겠구나!!
AI : 감사합니다!!
대화내용을입력하세요
전송

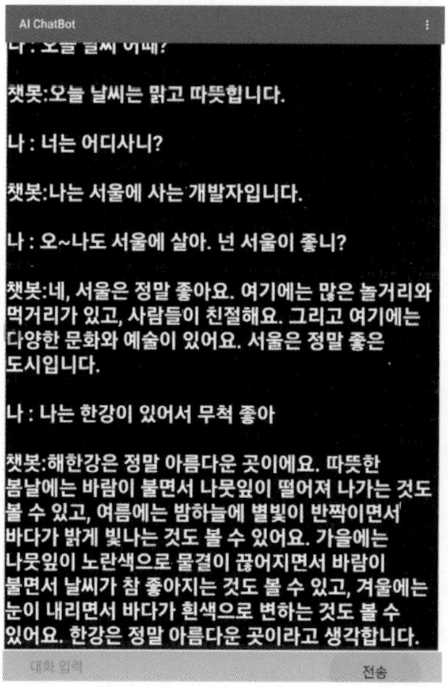
AI ChatBot
챗봇:오늘 날씨는 맑고 따뜻합니다.
나 : 너는 어디사니?
챗봇:나는 서울에 사는 개발자입니다.
나 : 오~나도 서울에 살아. 넌 서울이 좋니?
챗봇:네, 서울은 정말 좋아요. 여기에는 많은 놀거리와 먹거리가 있고, 사람들이 친절해요. 그리고 여기에는 다양한 문화와 예술이 있어요. 서울은 정말 좋은 도시입니다.
나 : 나는 한강이 있어서 무척 좋아
챗봇:해한강은 정말 아름다운 곳이에요. 따뜻한 봄날에는 바람이 불면서 나뭇잎이 떨어져 나가는 것도 볼 수 있고, 여름에는 밤하늘에 별빛이 반짝이면서 바다가 밝게 빛나는 것도 볼 수 있어요. 가을에는 나뭇잎이 노란색으로 물결이 끊어지면서 바람이 불면서 날씨가 참 좋아지는 것도 볼 수 있고, 겨울에는 눈이 내리면서 바다가 흰색으로 변하는 것도 볼 수 있어요. 한강은 정말 아름다운 곳이라고 생각합니다.
대화 입력
전송

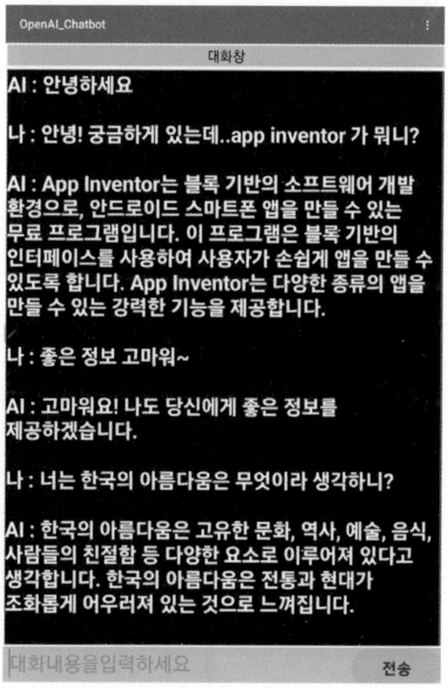
OpenAI_Chatbot
대화창
AI : 안녕하세요
나 : 안녕! 궁금하게 있는데..app inventor 가 뭐니?
AI : App Inventor는 블록 기반의 소프트웨어 개발 환경으로, 안드로이드 스마트폰 앱을 만들 수 있는 무료 프로그램입니다. 이 프로그램은 블록 기반의 인터페이스를 사용하여 사용자가 손쉽게 앱을 만들 수 있도록 합니다. App Inventor는 다양한 종류의 앱을 만들 수 있는 강력한 기능을 제공합니다.
나 : 좋은 정보 고마워~
AI : 고마워요! 나도 당신에게 좋은 정보를 제공하겠습니다.
나 : 너는 한국의 아름다움은 무엇이라 생각하니?
AI : 한국의 아름다움은 고유한 문화, 역사, 예술, 음식, 사람들의 친절함 등 다양한 요소로 이루어져 있다고 생각합니다. 한국의 아름다움은 전통과 현대가 조화롭게 어우러져 있는 것으로 느껴집니다.
대화내용을입력하세요
전송

09 응용 연습하기

문제 1. 챗봇과의 대화를 TTS 기능을 이용하여 음성으로 대화를 나누는 앱을 만들어 봅니다.

풀이 1.

음성으로 대화를 나눌 수 있도록 음성인식과 음성변환 컴포넌트를 이용하여 보이스 챗봇을 만들어 봅니다.

[앱 디자인 추가하기]

메뉴의 프로젝트에서 다른 이름으로 저장하기를 선택하여 openAI_voicebot 로 저장합니다. 수평배치1안에 있는 텍스트박스를 지우고 버튼_전송의 이름과 속성을 바꾸어 줍니다.

미디어에 있는 음성인식과 음성변환을 보이지 않는 컴포넌트로 추가합니다.

변경 전	변경 후
버튼_전송	버튼_음성인식

버튼_음성인식
텍스트 - 음성인식

[앱 코딩 추가하기]

음성 인식 버튼을 눌러 음성으로 인식한 텍스트를 가져옵니다. 이 텍스트값은 텍스트 박스로 입력한 값 대신에 음성으로 인식한 값을 사용하는 것입니다.

언제 버튼_음성인식 .클릭했을때
실행 호출 음성인식1 .텍스트가져오기

텍스트를 가져온 후 OpenAI에 응답을 호출합니다. 이 블록은 앞에서 만든 앱의 '버튼_전송'을 눌렀을 때와 같은 기능을 합니다.

언제 음성인식1 .텍스트가져온후에
결과 partial
실행

OpenAI부터 받은 응답을 음성변환을 이용하여 말하게 해줍니다.

호출 음성변환1 .말하기
메시지 가져오기 응답

수정된 코드를 확인하고 아래와 같이 코드를 완성합니다.

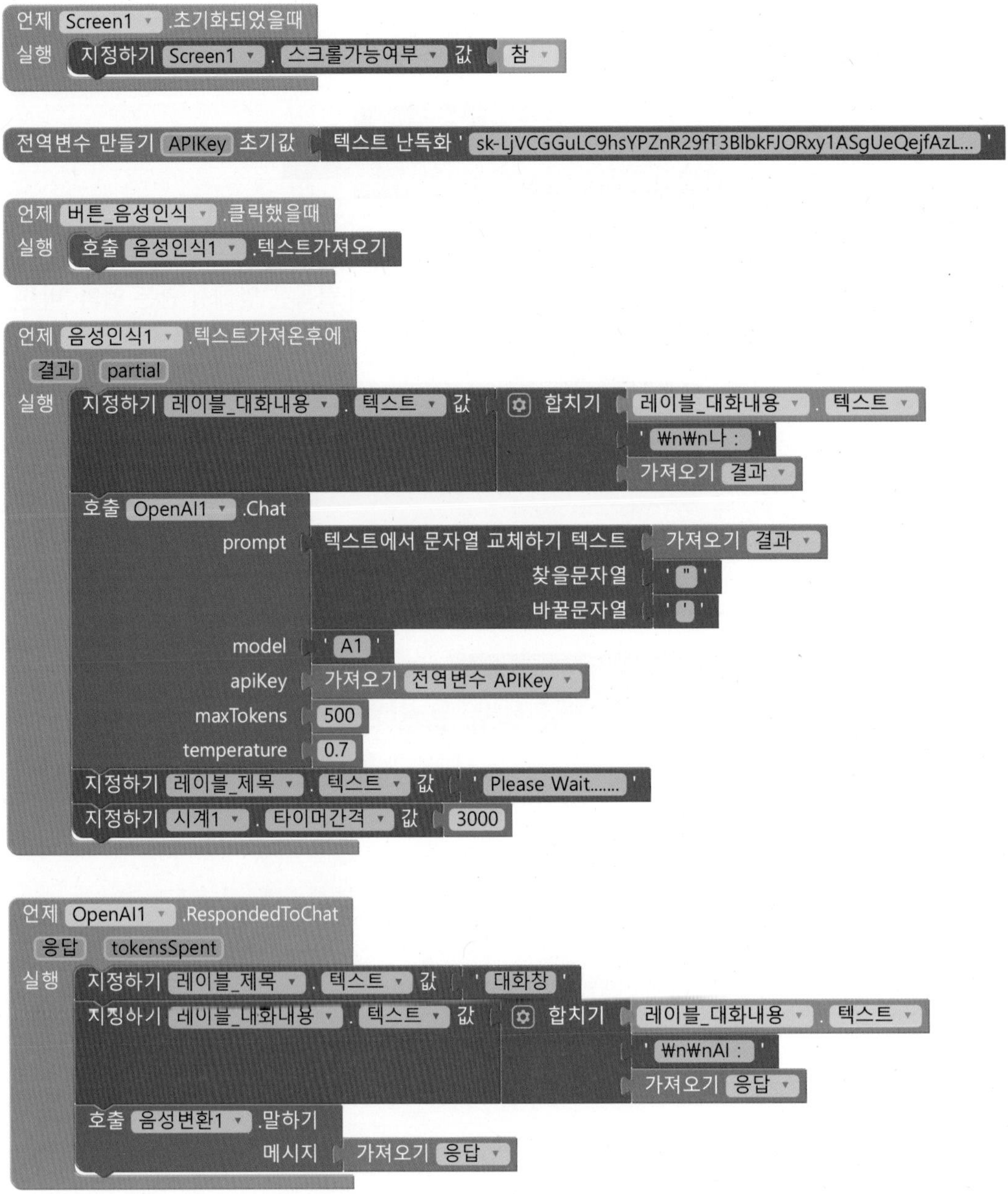
언제 Screen1 .초기화되었을때
실행 지정하기 Screen1 . 스크롤가능여부 값 참
전역변수 만들기 APIKey 초기값 텍스트 난독화 ' sk-LjVCGGuLC9hsYPZnR29fT3BlbkFJORxy1ASgUeQejfAzL... '
언제 버튼_음성인식 .클릭했을때
실행 호출 음성인식1 .텍스트가져오기
언제 음성인식1 .텍스트가져온후에
결과 partial
실행 지정하기 레이블_대화내용 . 텍스트 값 합치기 레이블_대화내용 . 텍스트
' \n\n나 : '
가져오기 결과
호출 OpenAI1 .Chat
prompt 텍스트에서 문자열 교체하기 텍스트 가져오기 결과
찾을문자열 ' " '
바꿀문자열 ' ' '
model ' A1 '
apiKey 가져오기 전역변수 APIKey
maxTokens 500
temperature 0.7
지정하기 레이블_제목 . 텍스트 값 ' Please Wait...... '
지정하기 시계1 . 타이머간격 값 3000
언제 OpenAI1 .RespondedToChat
응답 tokensSpent
실행 지정하기 레이블_제목 . 텍스트 값 ' 대화창 '
지정하기 레이블_대화내용 . 텍스트 값 합치기 레이블_대화내용 . 텍스트
' \n\nAI : '
가져오기 응답
호출 음성변환1 .말하기
메시지 가져오기 응답

문제 2. OpenAI GPT 챗봇은 원하는 이미지를 텍스트로 묘사하면 이미지로 생성해줍니다. 원하는 그림이나 사진을 텍스트박스에 입력하여 생성된 사진을 출력하는 앱을 만들어 봅니다.

풀이 2.

입력된 대화에 텍스트 응답이 아닌 그림이나 사진을 출력할 수 있도록 웹뷰어를 사용합니다.

[앱 디자인 추가하기]

앞서 만든 openAI_chatbot 프로젝트에서 다른 이름으로 저장하기를 선택하여 openAI_imagebot로 저장합니다.

레이블_대화내용 아래 웹뷰어1을 끌어다 넣습니다. 웹뷰어는 높이는 50퍼센트, 너비는 100퍼센트로 설정합니다. 그리고 레이블_대화내용의 텍스트 값을 "Tell me the picture you want"로 변경하여 앱 디자인을 완성합니다.

웹뷰어
높이 - 50퍼센트 너비 - 100퍼센트

레이블_대화내용
텍스트 – Tell me the picture you want

[앱 코딩 추가하기]

원하는 그림을 영어로 텍스트 박스에 입력합니다. 한글보다 영어로 입력하였을 때 인식률이 훨씬 높기 때문입니다.

입력받은 내용을 그림으로 생성하기위해 OpenAI 컴포넌트에서 아래의 블록을 가져옵니다.

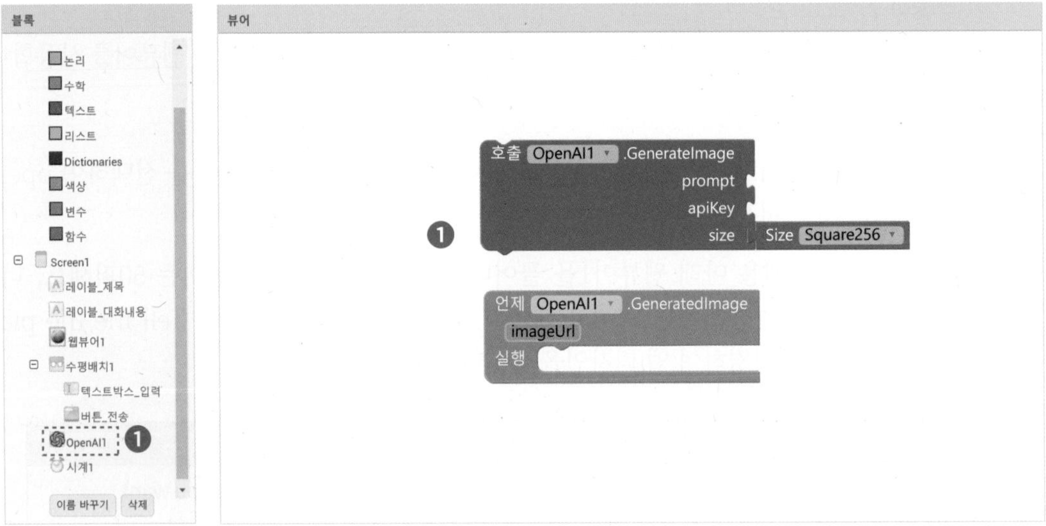

입력된 텍스트 데이터를 이용하여 그림을 생성하기 prompt와 APIKey를 조립하고 원하는 사이즈를 선택해줍니다. 그리고 대화가 생성되는 블록 위치에 코드를 아래 블록코드로 교체합니다.

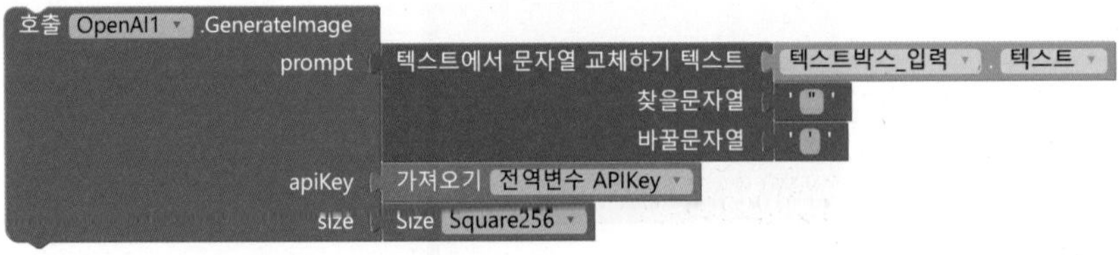

이미지를 가져온 후에 레이블 제목을 변경해주고 웹뷰어 URL에 이미지가 생성되어 있는 URL을 설정해줍니다.

[완성코드]

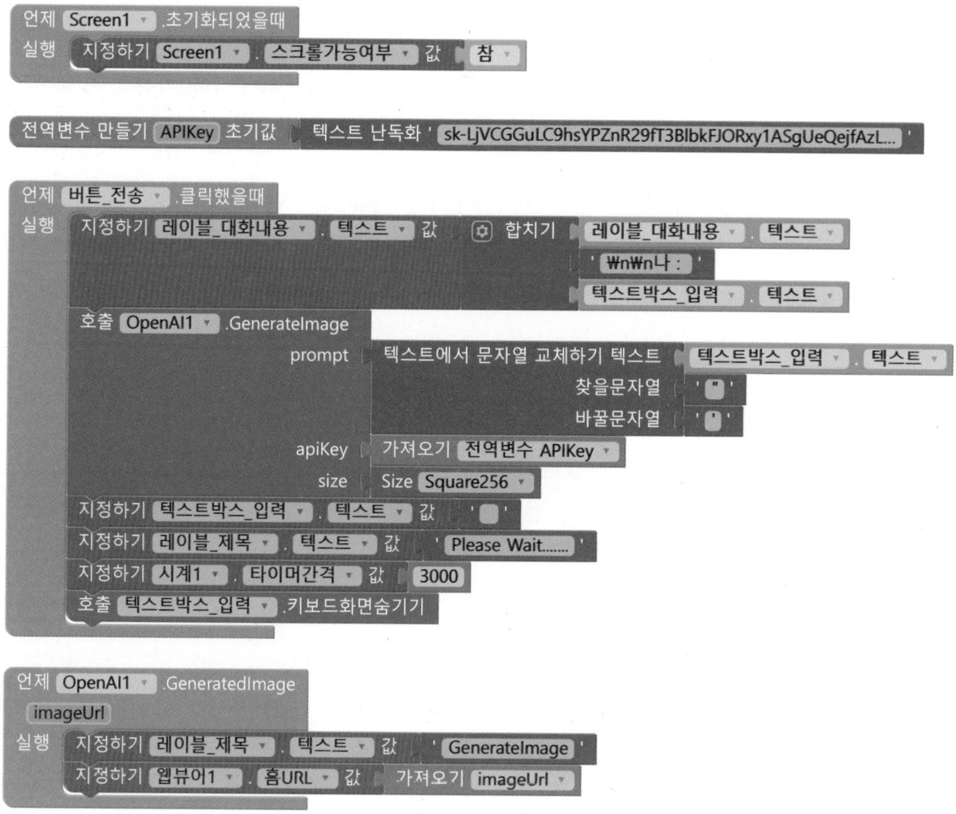
언제 Screen1 .초기화되었을때
실행 지정하기 Screen1 . 스크롤가능여부 값 참
전역변수 만들기 APIKey 초기값 텍스트 난독화 ' sk-LjVCGGuLC9hsYPZnR29fT3BlbkFJORxy1ASgUeQejfAzL... '
언제 버튼_전송 .클릭했을때
실행 지정하기 레이블_대화내용 . 텍스트 값 합치기 레이블_대화내용 . 텍스트
' ₩n₩n나 : '
텍스트박스_입력 . 텍스트
호출 OpenAI1 .GenerateImage
prompt 텍스트에서 문자열 교체하기 텍스트 텍스트박스_입력 . 텍스트
찾을문자열 ' " '
바꿀문자열 ' '
apiKey 가져오기 전역변수 APIKey
size Size Square256
지정하기 텍스트박스_입력 . 텍스트 값 ' '
지정하기 레이블_제목 . 텍스트 값 ' Please Wait...... '
지정하기 시계1 . 타이머간격 값 3000
호출 텍스트박스_입력 .키보드화면숨기기
언제 OpenAI1 .GeneratedImage
imageUrl
실행 지정하기 레이블_제목 . 텍스트 값 ' GenerateImage '
지정하기 웹뷰어1 . 홈URL 값 가져오기 imageUrl

[실행화면]

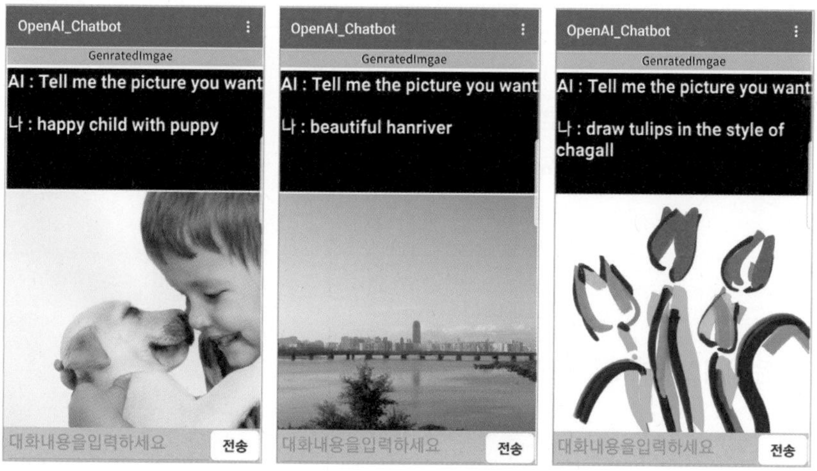
OpenAI_Chatbot
GenratedImgae
AI : Tell me the picture you want
나 : happy child with puppy
대화내용을입력하세요
전송
OpenAI_Chatbot
GenratedImgae
AI : Tell me the picture you want
나 : beautiful hanriver
대화내용을입력하세요
전송
OpenAI_Chatbot
GenratedImgae
AI : Tell me the picture you want
나 : draw tulips in the style of chagall
대화내용을입력하세요
전송

10 아이디어 더하기

인간의 언어를 이해하고 인간의 생각과 비슷한 글을 쓸 수 있는 GPT-3를 이용하여 해결할 수 있는 문제는 무엇이 있을까요? 또한, 진짜 인간의 지능과는 어떤 차이점이 있을까요?

GPT-3에 대한 자료를 좀 더 찾아보고 현재 GPT-3가 적용되고 있는 분야나 서비스 등을 체험해 보도록 합니다. 체험을 토대로 GPT-3를 이용하여 이전에 없던 새로운 서비스를 만들어 유용하게 사용될 수 있는 서비스에 대해 생각해봅니다.

idea 정리표

생각모으기	구체적인 내용
누구를 위한 앱인가요?	
어떤 동작을 하게 되나요?	
아이디어를 구현하기 위해 추가로 필요한 컴포넌트는 무엇이 있을까요?	
만들고 싶은 서비스에 대해 정리해봅니다.	

MEMO

05
인공지능 얼굴 꾸미기 앱

학습목표

우리는 이미 다양한 앱을 이용해서 사진을 꾸미는 작업을 합니다. 즉 필터를 이용해 사진의 느낌을 바꾸거나, 인식한 얼굴 위에 다양한 그림을 올려보는 등의 작업에 익숙해졌습니다. 이러한 것도 앱 인벤터의 FaceMesh라는 인공지능 기능을 이용해 구현할 수 있습니다. FaceExtension은 얼굴의 주요 포인트를 추적하는 AI 기술입니다. FaceExtension을 이용해 이미지가 눈, 코, 입 등의 위치를 따라 다니게 하는 얼굴 꾸미기 앱을 만들어 봅니다.

01 프로젝트 미리보기

앱이 시작되면 FaceExtension이 동작해 얼굴을 인식합니다. 인식한 얼굴을 귀여운 이미지가 추적하기 시작합니다. 얼굴의 적절한 자리에 귀와 수염이 위치하면 얼굴의 움직임과 원근에 따른 크기 변화도 감지해 이미지 크기도 자동으로 조절됩니다.

* 인공지능 앱은 휴대폰의 OS나 기종에 따라 구현되지 않을 수도 있습니다.

02 주요 컴포넌트 살펴보기

▶ FaceMesh **확장기능**

앱 인벤터가 제공하는 인공지능 확장 프로그램 중의 하나로 얼굴 특징을 추정합니다. Facemesh 모델에 액세스해서 모바일 앱에서 사용하려면 FaceExtension을 내려받아 확장기능으로 사용해야 합니다.

▶ **웹 뷰어**

FaceMesh를 실행하려면 웹 브라우저가 필요한데 이때 사용되는 컴포넌트입니다. 하지만 이미지는 Canvas를 뷰어로 사용하므로 보이기 여부는 'false'로 지정합니다.

▶ **캔버스**

그리기가 가능하고 스프라이트를 이동할 수 있는 2차원 터치 감지 직사각형 패널입니다. 점, 선, 원, 도형, 호, 텍스트를 그릴 수 있습니다. 높이와 너비는 픽셀 단위로 측정되며 캔버스 위의 모든 위치는 (X, Y)로 지정됩니다. 라이브 카메라 뷰 배경과 얼굴 필터로 사용될 다양한 이미지를 표시하기 위해 사용합니다.

주의

WebViewer 구성요소, Canvas 구성요소와 FaceExtension의 크기는 얼굴 추적이 쉽도록 크기가 같아야 합니다. 세 가지 구성요소 중 하나의 높이와 너비의 기본값을 변경하면 세 구성요소 모두를 같은 값으로 변경해야 합니다.

Facemesh

MediaPipe의 Facemesh는 486개의 3D 얼굴 특징을 추정하는 얼굴형상 솔루션으로 모바일에서도 사용할 수 있습니다. 머신러닝 기술을 사용해 3D 표면 현상을 유추하므로 센서 없이 일반 카메라로도 사용할 수 있습니다. Facemesh는 얼굴 이미지를 가져와 코, 이마, 입의 X 좌표, Y 좌표와 같은 다양한 얼굴 특징의 특정 위치를 제공합니다. 이러한 정보를 사용해 얼굴 필터를 만들 수 있습니다. 즉, 특정 지점을 계속 따라가게 만드는 것입니다.

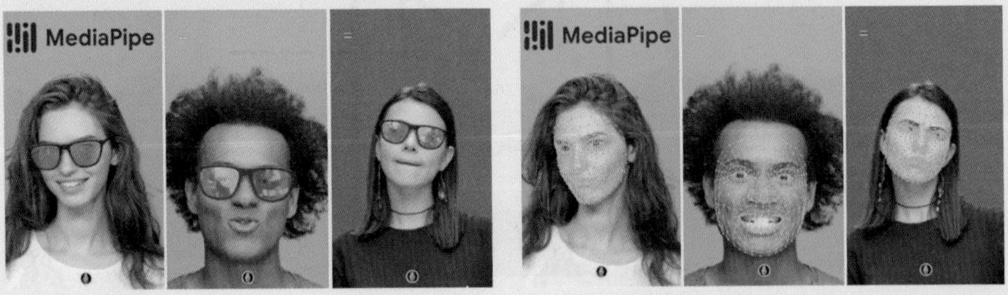

출처: MediaPipe FaceMesh

03 미리 준비하기

▶ 필터로 사용할 이미지 다운로드

https://github.com/mit-cml/yrtoolkit/tree/master/yr/images/facemesh/imageLibrary에서 cat 이미지를 내려받거나 다른 이미지를 사용해도 됩니다.

BUNNY_leftEar.png	깃허브에 이미지 라이브러리 추가	2 years ago
BUNNY_nose.png	깃허브에 이미지 라이브러리 추가	2 years ago
BUNNY_rightEar.png	깃허브에 이미지 라이브러리 추가	2 years ago
BUTTERFLY_blackwhite.png	깃허브에 이미지 라이브러리 추가	2 years ago
BUTTERFLY_color.png	깃허브에 이미지 라이브러리 추가	2 years ago
CAT_leftEar.png	깃허브에 이미지 라이브러리 추가	2 years ago
CAT_rightEar.png	깃허브에 이미지 라이브러리 추가	2 years ago
CAT_whiskers.png	깃허브에 이미지 라이브러리 추가	2 years ago
DOG2_leftEar.png	깃허브에 이미지 라이브러리 추가	2 years ago
DOG2_nose.png	깃허브에 이미지 라이브러리 추가	2 years ago

04 앱 디자인하기

1. FaceMesh 프로젝트 생성하기

메뉴에서 '프로젝트'를 클릭하고 목록에서 '새 프로젝트 시작하기'를 선택하고 프로젝트 이름을 'FaceMesh' 입력합니다.

2. FaceExtension 확장 기능 추가하기

앱 인벤터 [도움말] -> [확장기능]을 누른 후 FaceMeshExtension의 Facemesh.aix 파일을 클릭하여 다운로드 받습니다. (도움말 또는 https://mit-cml.github.io/extensions/)

Supported:

Name	Description	Author	Version	Download .aix File	Source Code
BluetoothLE	Adds as Bluetooth Low Energy functionality to your applications. See BluetoothLE Documentation and Resources for more information.	MIT App Inventor	20200828	BluetoothLE.aix	Via GitHub
LookExtension	Adds object recognition using a neural network compiled into the extension.	MIT App Inventor	20181124	LookExtension.aix	Via GitHub
PersonalAudioClassifier	Use your own neural network classifier to recognize sounds with this extension.	MIT App Inventor	20200904	PersonalAudioClassifier.aix	Via GitHub
PersonalImageClassifier	Use your own neural network classifier to recognize images with this extension.	MIT App Inventor	20210315	PersonalImageClassifier.aix	Via GitHub
PosenetExtension	Estimate pose with this extension.	MIT App Inventor	20200226	Posenet.aix	Via GitHub
FaceMeshExtension	Estimate face landmarks with this extension.	MIT App Inventor	20210414	Facemesh.aix	Via GitHub

클릭

확장기능에서 '확장기능 추가하기'를 클릭하고 내려받은 Facemesh.aix 파일을 import 합니다.

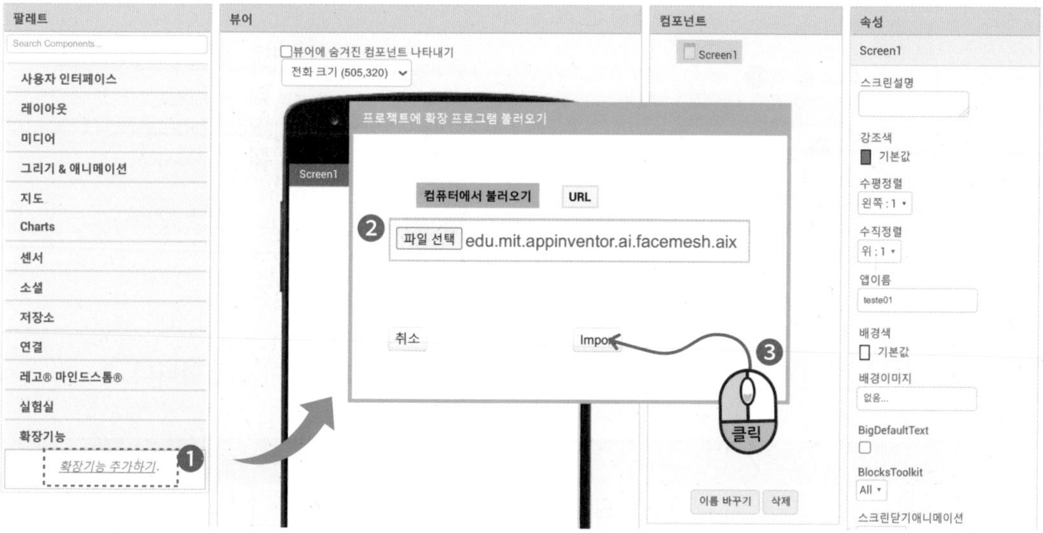

3. 컴포넌트 추가

앱 구성에 필요한 컴포넌트를 추가해 앱을 디자인합니다. 그리기 애니메이션에서 캔버스1을 가져옵니다. 캔버스1 안에 이미지 스프라이트1, 2, 3을 끌어다 넣습니다. 아래에 레이아웃에서 수평 배치1을 가져와 추가하고 수평 배치1 안에 사용자 인터페이스에서 버튼1, 2를 넣습니다.

내려받은 이미지 파일을 추가합니다.

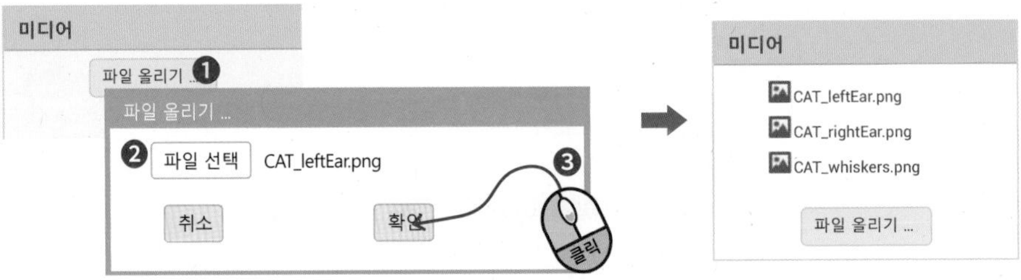

앱 화면 디자인과 코딩하기 편하게 컴포넌트 이름을 다음과 같이 변경합니다.

변경 전	변경 후	변경 전	변경 후
이미지스프라이트1	이미지_왼쪽귀	버튼1	버튼_저장
이미지스프라이트2	이미지_오른쪽귀	버튼2	버튼_공유
이미지스프라이트3	이미지_수염		

확장기능에 추가한 'FaceExtension1', 사용자 인터페이스의 '웹 뷰어1', 소셜의 '공유1', 미디어의 '음성 변환1'을 보이지 않는 컴포넌트로 추가하고 컴포넌트의 속성값을 다음과 같이 설정합니다.

Screen1	캔버스1	이미지_왼쪽귀
수평정렬 – 가운데 수직정렬 – 위 스크롤가능여부 - 체크	높이 – 500픽셀 너비 - 500픽셀	높이 – 150픽셀 너비 – 150픽셀 사진 – CAT_leftEar.pn

이미지_오른쪽귀	이미지_수염	버튼_저장
높이 – 150픽셀 너비 – 150픽셀 사진 – CAT_rightEar.png	높이 – 100픽셀 너비 – 250픽셀 사진 – CAT_whiskers.png	배경색 – 어두운 회색 글꼴굵게 – 체크 글꼴크기 – 20 텍스트 – 이미지 저장 텍스트색상 - 흰색

버튼_공유	웹뷰어1	FaceEstension1
배경색 – 주황 글꼴굵게 – 체크 글꼴크기 – 20 텍스트 – 이미지 공유 텍스트색상 - 기본값	높이 – 500 너비 – 500 보이기여부 - 체크해제	높이 – 500 너비 – 500 WebViewer - 웹뷰어1

05 디자인 완성하기

다음과 같이 앱 디자인을 완성합니다.

06 앱 코딩하기

1. 이미지를 인식된 얼굴 특정 좌표로 보내기

FaceExtension에서 인식된 얼굴의 각 지점에 원하는 이미지를 이동시키는 원리를 알아보겠습니다. Facemesh가 추적하는 FacePoint는 아래와 같습니다.

Facemesh Key Points

forehead / chin / left cheek / left eye bottom / left eye inner corner / left eye top / left eyebrow / left forehead /left nose / mouth top / mouth bottom / nose bottom / right cheek / right eye bottom / right eye inner corner / right eye top / right eyebrow / right forehead / right nose

19개의 key point에 원하는 이미지를 이동시키면 됩니다.

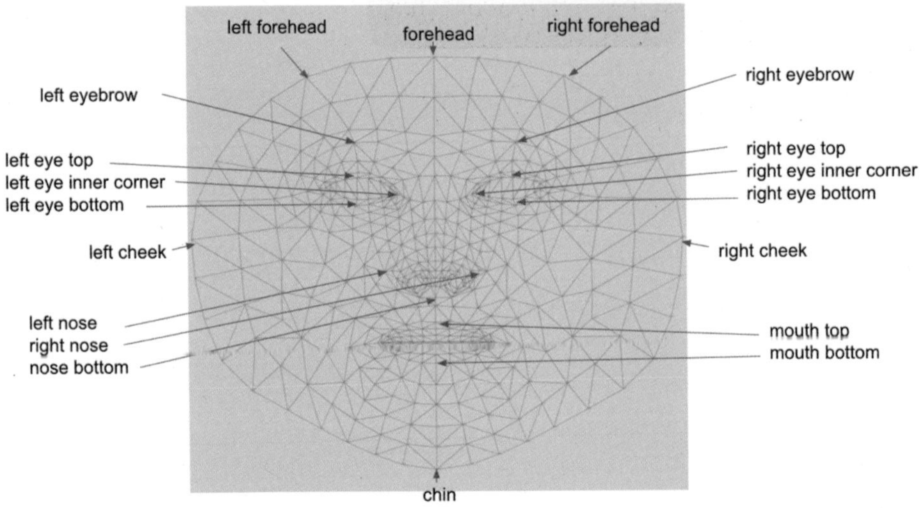

출처 :앱 인벤터 facemesh tutorial

각 key point는 x 좌표와 y 좌표를 나타내는 두 요소의 목록으로 반환됩니다. 즉 key point '이마'는 2개의 항목을 가지는 리스트 형태입니다.

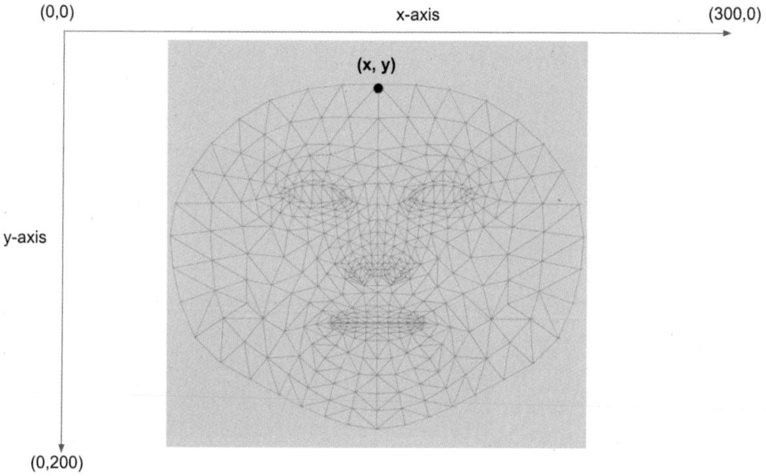

출처 :앱 인벤터 facemesh tutorial

1) 좌표를 정하는 함수 만들기

얼굴의 key point 지점에 세 개의 이미지 스프라이트를 배치하는 코드를 작성합니다.

공통블록 함수 블록에서 '함수 만들기'를 가져옵니다.

함수 블록의 설정을 이용해 '이미지'와 '얼굴 포인트'를 매개변수로 추가하고 함수 이름은 '이미지 위치'로 합니다. 이 함수는 해당 이미지를 얼굴의 key point로 보낼 수 있게 좌표를 계산해 설정하는 기능을 할 것입니다.

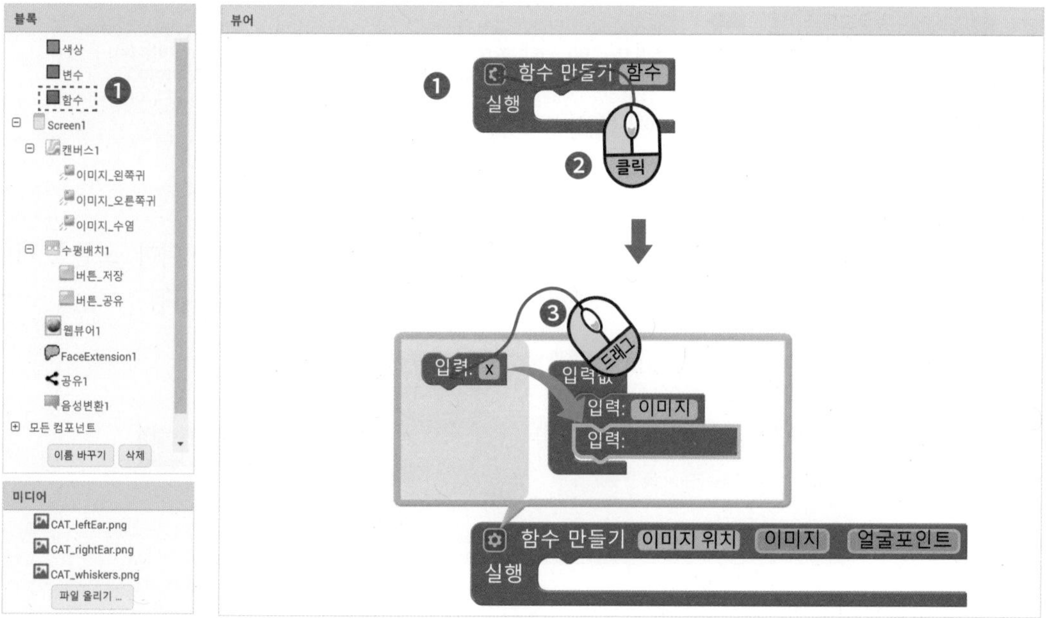

블록의 패널에서 컴포넌트 맨 아래쪽의 플러스 버튼을 눌러 드롭다운 메뉴를 엽니다. 이 '모든 컴포넌트'는 여러 개의 같은 종류의 컴포넌트를 한 번에 공통으로 제어하는 블록을 제공합니다.

'이미지' 매개변수가 가질 수 있는 이미지 값과 '얼굴 포인트' 매개변수가 가질 수 있는 값은 아래와 같습니다.

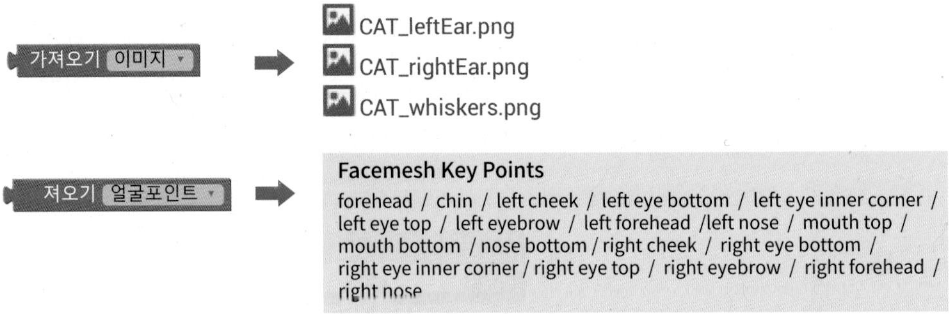

'이미지'에 왼쪽 귀, 오른쪽 귀, 수염을 입력하고 '얼굴 포인트'에 왼쪽 이마, 오른쪽 이마, 입 위치를 입력해 해당 이미지 스프라이트가 위치할 x, y 좌표를 지정합니다.

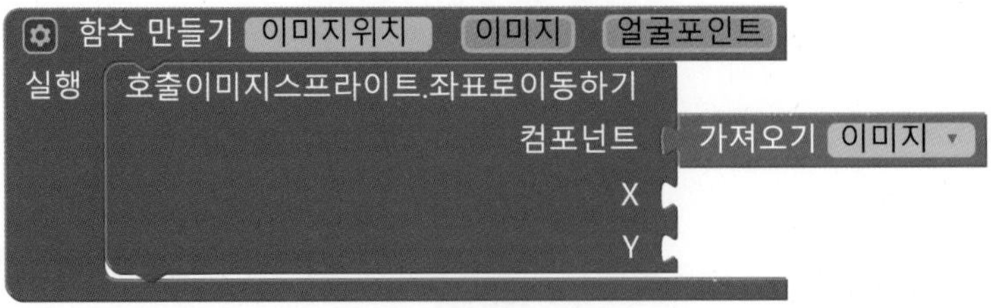

2) 이동할 x, y 좌표 계산

캔버스의 좌표는 일반 데카르트좌표와 달리 오른쪽 그림처럼 왼쪽 상단이 (0, 0)이며 x 좌표는 오른쪽으로 갈수록 증가하고 y 좌표는 아래로 갈수록 증가합니다.

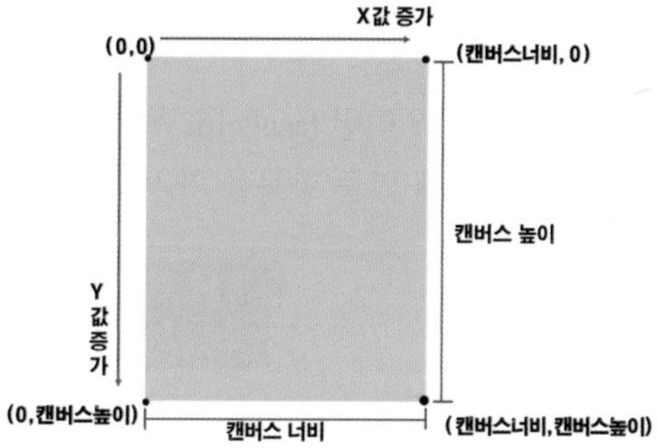

이미지 스프라이트 좌표도 왼쪽 상단이 기준입니다. 이미지 스프라이트를 facePoint에 배치하려면 facePoint 좌표를 이용해 이미지 스프라이트의 좌표를 결정해야 합니다.

즉, facePoint(x_f, y_f) 위치에 귀를 배치하려면

$x_c = x_f - 0.5$ * 이미지 너비 (이미지 스프라이트 중심으로부터 왼쪽으로 너비의 반만큼 이동) **$y_c = y_f - 0.5$ * 이미지 높이** (이미지 스프라이트 중심으로부터 위쪽으로 너비의 반만큼 이동)

(x_c, y_c)를 호출할 때 이미지의 중앙이 facePoint의 좌표인 (x_f, y_f) 위에 놓이게 됩니다.

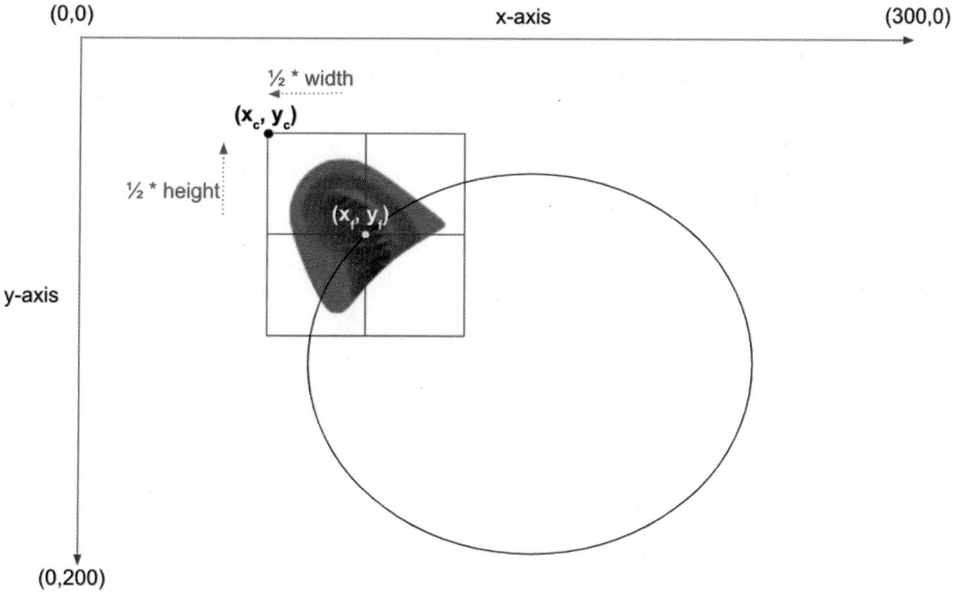

출처 :앱 인벤터 facemesh tutorial

앞에서 설명했듯이 각 facePoint는 2개 항목의 리스트입니다. x 좌표는 인덱스1에 있고 y 좌표는 인덱스2에 있습니다.

x_f를 얻으려면 facePoint 목록에서 인덱스1에 있는 항목, y_f를 얻으려면 facePoint 목록에서 인덱스2에 있는 항목을 가져오는 다음의 블록을 사용합니다.

항목 선택하기 리스트
가져오기 얼굴포인트
위치
1

항목 선택하기 리스트
가져오기 얼굴포인트
위치
2

위치시킬 x_c, y_c를 구하기 위한 계산을 블록으로 나타내면 다음과 같습니다.

항목 선택하기 리스트
가져오기 얼굴포인트
위치
1
-
0.5
×
이미지스프라이트. 너비
컴포넌트
가져오기 이미지

항목 선택하기 리스트
가져오기 얼굴포인트
위치
2
-
0.5
×
이미지스프라이트. 높이
컴포넌트
가져오기 이미지

함수를 완성합니다.

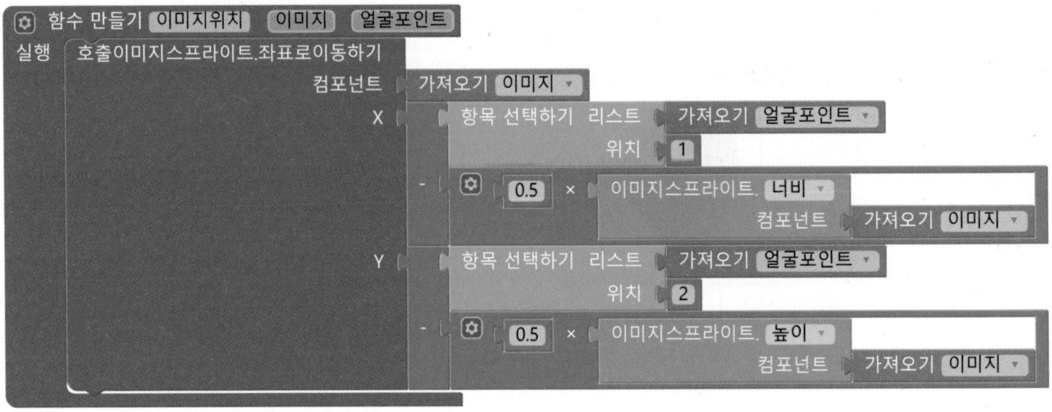
함수 만들기 이미지위치 이미지 얼굴포인트
실행
호출이미지스프라이트.좌표로이동하기
컴포넌트
가져오기 이미지
X
항목 선택하기 리스트
가져오기 얼굴포인트
위치
1
-
0.5
×
이미지스프라이트. 너비
컴포넌트
가져오기 이미지
Y
항목 선택하기 리스트
가져오기 얼굴포인트
위치
2
-
0.5
×
이미지스프라이트. 높이
컴포넌트
가져오기 이미지

2. 정해진 좌표로 이동하기

'이동하기'라는 이름의 함수를 만듭니다.

FaceExtension1에서 facemesh key points 중 RightForehead, LeftForehead, MouthTop을 가져옵니다. 이 지점을 중심으로 오른쪽 귀, 왼쪽 귀, 수염의 위치를 정합니다.

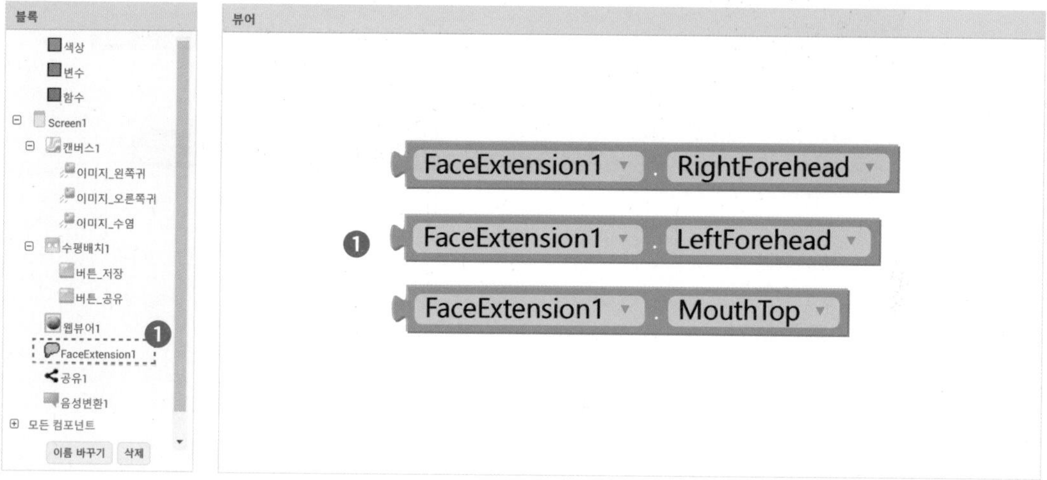

그리고 각 이미지 스프라이트에서 블록을 가져옵니다.

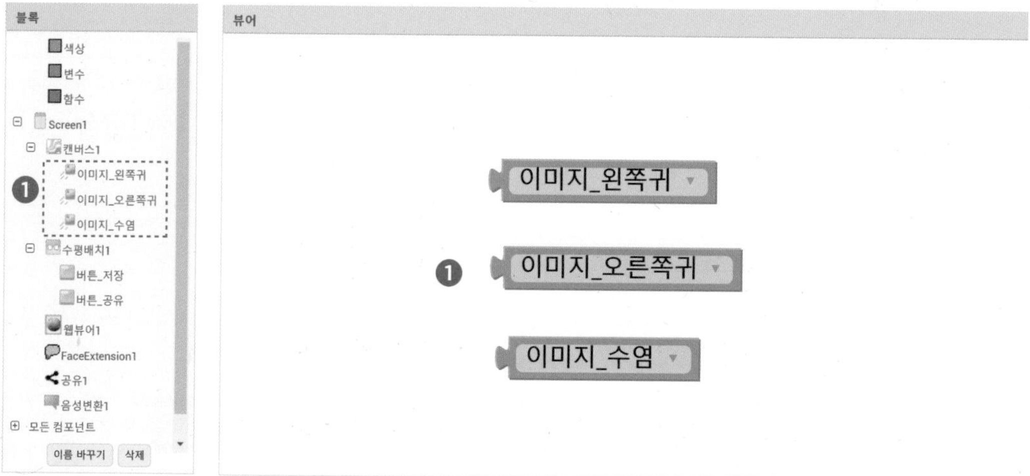

'이동하기' 함수는 이미지를 원하는 얼굴 포인트로 이동하는 '이미지 위치' 함수를 호출합니다.

각 이미지와 위치를 입력하여 외부입력값으로 아래와 같이 완성합니다. 왼쪽 귀 이미지는 왼쪽 이마를 기준으로, 오른쪽 귀는 오른쪽 이마를 기준으로, 수염은 입의 위치를 기준으로 이동하는 코드입니다.

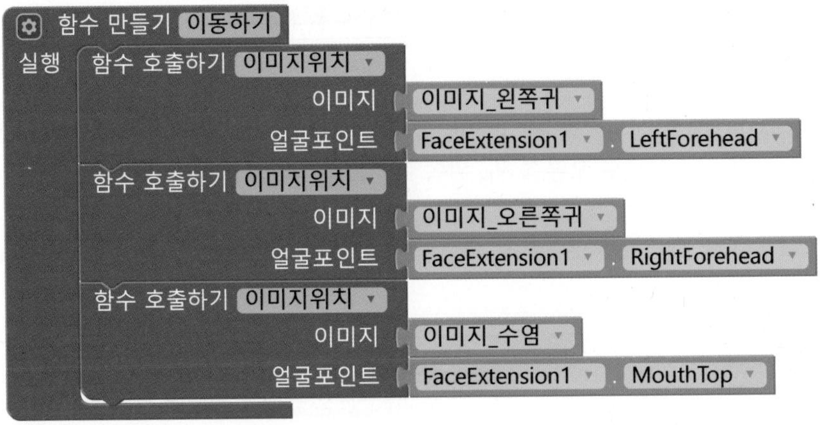
함수 만들기 이동하기
실행
함수 호출하기 이미지위치
이미지
이미지_왼쪽귀
얼굴포인트
FaceExtension1 . LeftForehead
함수 호출하기 이미지위치
이미지
이미지_오른쪽귀
얼굴포인트
FaceExtension1 . RightForehead
함수 호출하기 이미지위치
이미지
이미지_수염
얼굴포인트
FaceExtension1 . MouthTop

3. 이미지 크기조절하기

인식한 얼굴의 크기에 따라 이미지 크기도 변경하는 코드를 작성합니다.

'크기조절'이라는 이름의 함수를 만듭니다.

함수 만들기 크기조절
실행

facemesh key points 중에서 크기조절에 필요한 FaceWidth, EyeToMouthHeight, CheekToNoseDistance를 FaceExtension1에서 가져옵니다.

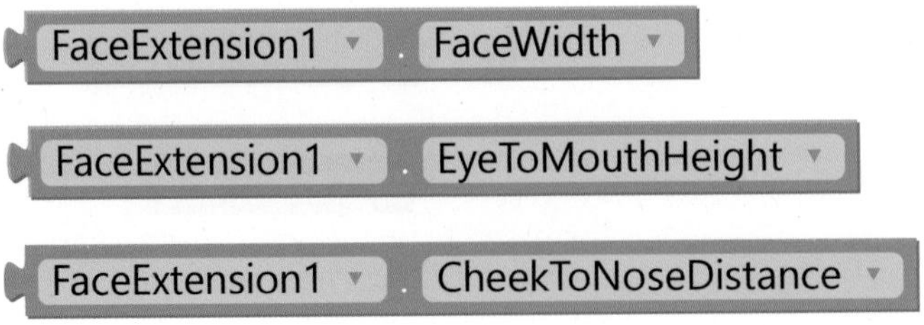
FaceExtension1 . FaceWidth
FaceExtension1 . EyeToMouthHeight
FaceExtension1 . CheekToNoseDistance

이미지_수염의 너비 값으로 얼굴의 너비 값 FaceWidth를 지정합니다.

지정하기 이미지_수염 . 너비 값 FaceExtension1 . FaceWidth

이미지_수염의 높이 값으로 입에서 눈까지의 높이 값 EyeToMouthHeight를 지정합니다.

지정하기 이미지_수염 . 높이 값 FaceExtension1 . EyeToMouthHeight

이미지_왼쪽 귀의 너비 값으로 볼에서부터 코까지의 거리 값 CheekToNoseDistance를 지정합니다.

지정하기 이미지_왼쪽귀 . 너비 값 FaceExtension1 . CheekToNoseDistance

양쪽 귀의 너비와 높이는 모두 정사각형으로 같은 크기로 지정합니다. 이미지_왼쪽 귀의 높이, 이미지_오른쪽 귀의 너비, 이미지_오른쪽 귀의 높이 모두 CheekToNoseDistance로 지정합니다.

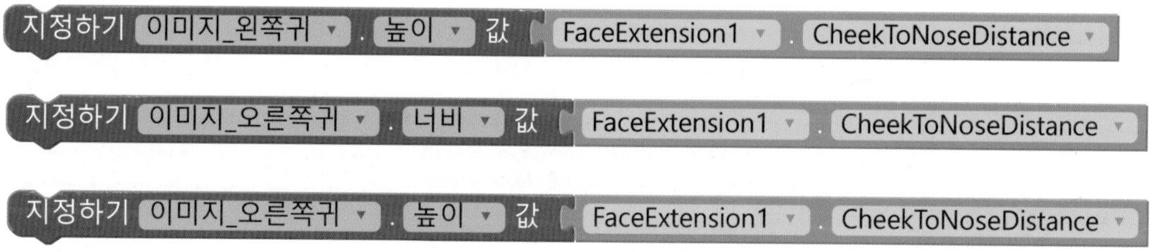
지정하기 이미지_왼쪽귀 . 높이 값 FaceExtension1 . CheekToNoseDistance
지정하기 이미지_오른쪽귀 . 너비 값 FaceExtension1 . CheekToNoseDistance
지정하기 이미지_오른쪽귀 . 높이 값 FaceExtension1 . CheekToNoseDistance

설정을 마치면 '크기조절' 함수를 아래와 같이 완성합니다.

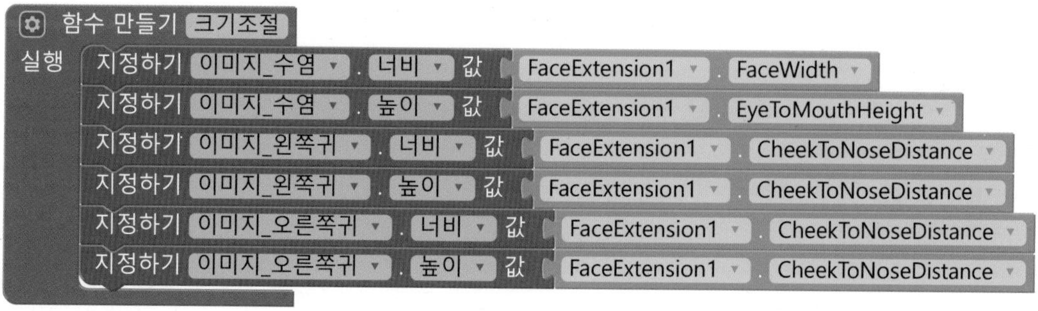
함수 만들기 크기조절
실행
지정하기 이미지_수염 . 너비 값 FaceExtension1 . FaceWidth
지정하기 이미지_수염 . 높이 값 FaceExtension1 . EyeToMouthHeight
지정하기 이미지_왼쪽귀 . 너비 값 FaceExtension1 . CheekToNoseDistance
지정하기 이미지_왼쪽귀 . 높이 값 FaceExtension1 . CheekToNoseDistance
지정하기 이미지_오른쪽귀 . 너비 값 FaceExtension1 . CheekToNoseDistance
지정하기 이미지_오른쪽귀 . 높이 값 FaceExtension1 . CheekToNoseDistance

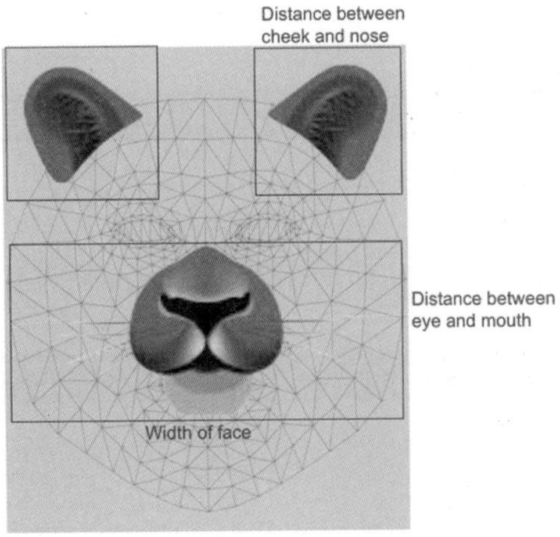

출처 :앱 인벤터 facemesh tutorial

4. 얼굴에 반영하기

좌표 정하기, 이미지를 얼굴로 이동하기, 크기조절 블록이 완성되면 이제 실제로 인식한 얼굴에 반영해서 이미지가 얼굴을 따라가게 만듭니다.

FaceExtension이 얼굴을 감지하면 '언제 FaceExtension1.FaceUpdated' 이벤트를 트리거합니다.

이때 FaceExtension1에 인식한 얼굴 즉, 배경 이미지를 파일로 변환하지 않고 이미지로 작업하기 위해 Base64 문자열로 변환해 캔버스의 그림으로 설정합니다.

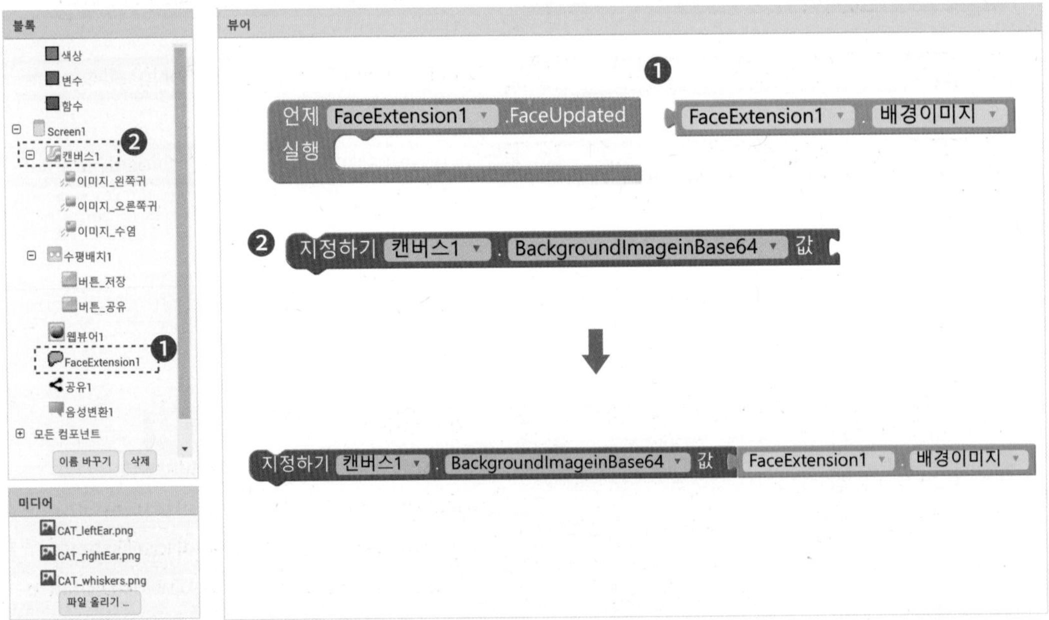

그리고 얼굴을 따라 이동하는 함수와 얼굴 크기에 따라 이미지 크기를 조절하는 함수를 가져옵니다.

아래와 같이 얼굴이 인식되었을 때 이미지를 따라가게 하는 코드를 완성합니다.

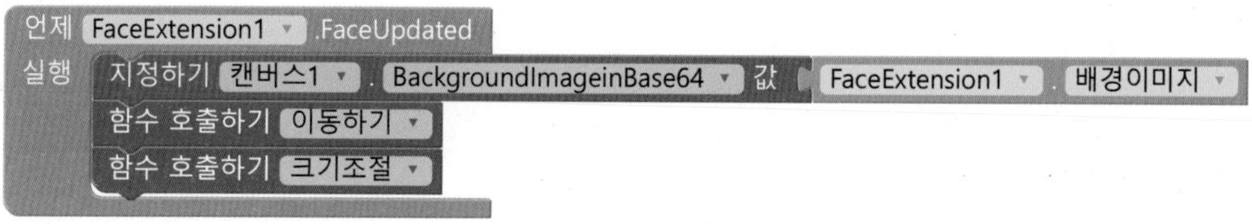

5. 공유하기

얼굴이 인식되어 이미지가 얼굴을 추적하는 사진을 공유하는 코드를 만들어봅니다.

'버튼_저장'을 눌러 화면을 파일로 저장한 다음 그 파일을 공유하려고 합니다. 먼저 버튼을 눌렀을 때 화면을 저장할 '사진' 변수를 만듭니다.

캔버스1 컴포넌트에서 '호출 캔버스1.다른 이름으로 저장하기'를 가져와 파일 이름을 facemesh.jpg로 정합니다. 그리고 그 파일을 '사진' 변수에 저장합니다.

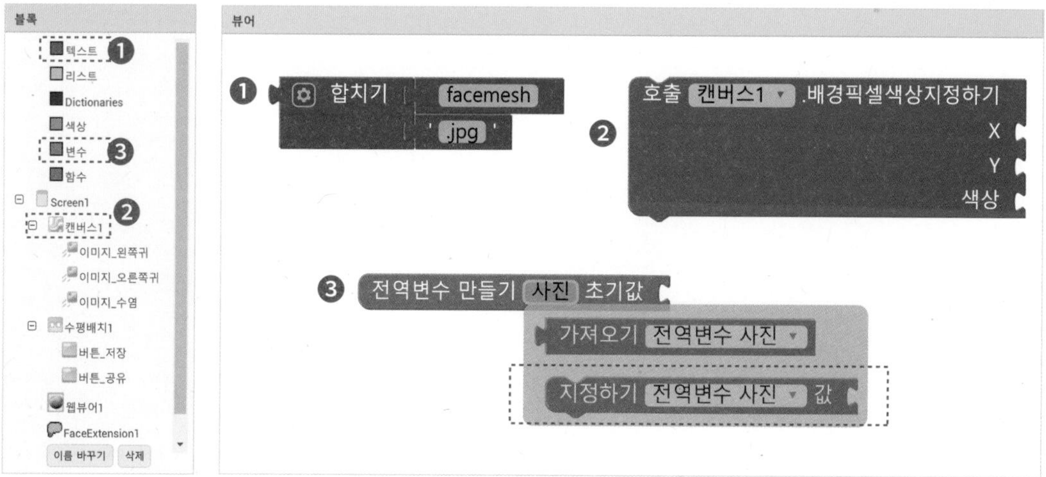

지정하기 전역변수 사진 값
호출 캔버스1 .다른이름으로저장하기
파일이름
합치기
facemesh
.jpg

음성 변환까지 추가해 아래와 같이 캔버스 화면을 저장하는 블록을 완성합니다.

언제 버튼_저장 .클릭했을때
실행
지정하기 전역변수 사진 값
호출 캔버스1 .다른이름으로저장하기
파일이름
합치기
facemesh
.jpg
호출 음성변환1 .말하기
메시지
저장완료

다음은 '공유' 버튼을 클릭했을 때 휴대폰의 다른 애플리케이션으로 파일을 공유할 수 있게 하는 블록을 아래와 같이 완성합니다.

언제 버튼_공유 .클릭했을때
실행
호출 공유1 .파일공유하기
파일
가져오기 전역변수 사진

07 완성코드

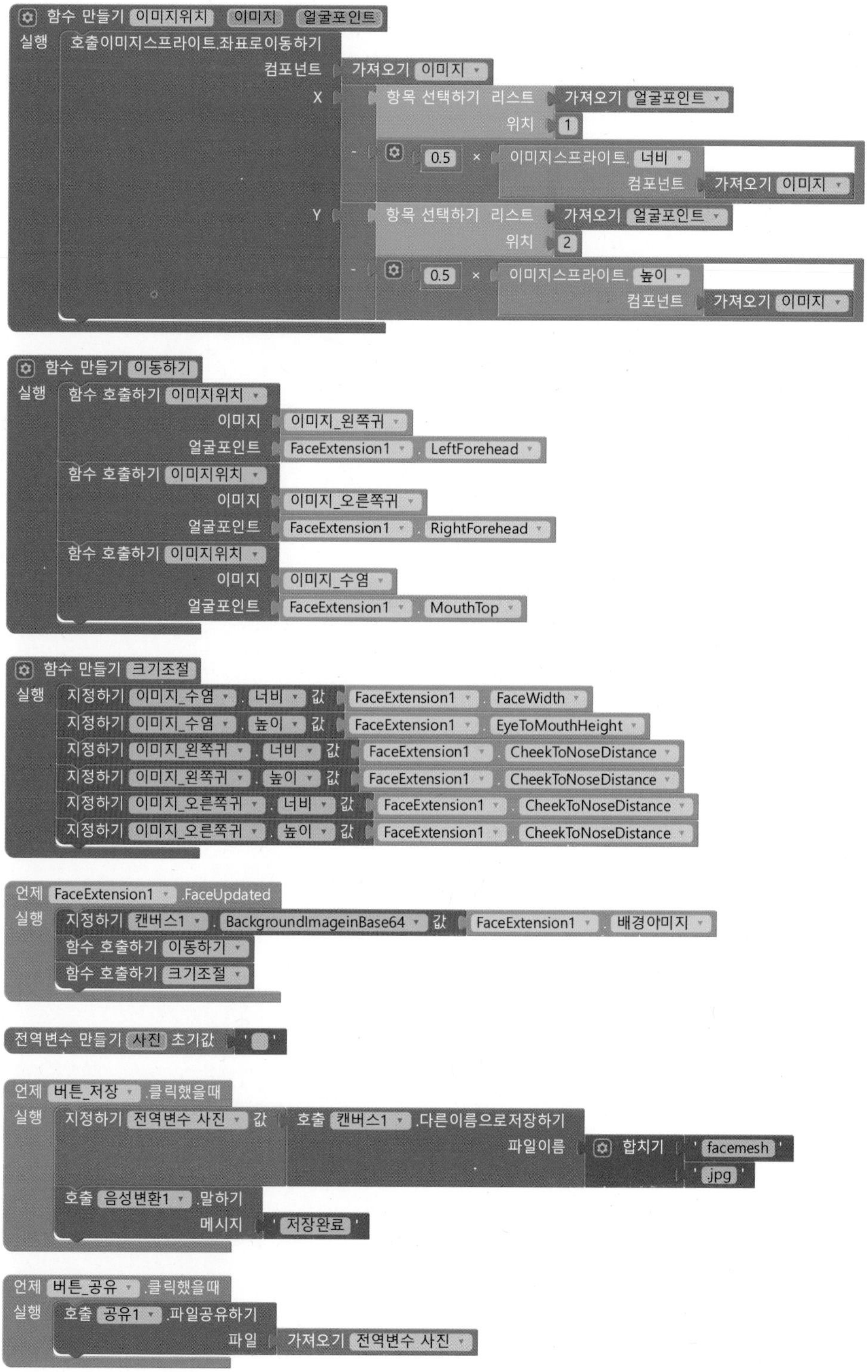
함수 만들기 이미지위치 이미지 얼굴포인트
실행 호출이미지스프라이트.좌표로이동하기
컴포넌트 가져오기 이미지
X 항목 선택하기 리스트 가져오기 얼굴포인트
위치 1
- 0.5 × 이미지스프라이트. 너비
컴포넌트 가져오기 이미지
Y 항목 선택하기 리스트 가져오기 얼굴포인트
위치 2
- 0.5 × 이미지스프라이트. 높이
컴포넌트 가져오기 이미지
함수 만들기 이동하기
실행 함수 호출하기 이미지위치
이미지 이미지_왼쪽귀
얼굴포인트 FaceExtension1 . LeftForehead
함수 호출하기 이미지위치
이미지 이미지_오른쪽귀
얼굴포인트 FaceExtension1 . RightForehead
함수 호출하기 이미지위치
이미지 이미지_수염
얼굴포인트 FaceExtension1 . MouthTop
함수 만들기 크기조절
실행 지정하기 이미지_수염 . 너비 값 FaceExtension1 . FaceWidth
지정하기 이미지_수염 . 높이 값 FaceExtension1 . EyeToMouthHeight
지정하기 이미지_왼쪽귀 . 너비 값 FaceExtension1 . CheekToNoseDistance
지정하기 이미지_왼쪽귀 . 높이 값 FaceExtension1 . CheekToNoseDistance
지정하기 이미지_오른쪽귀 . 너비 값 FaceExtension1 . CheekToNoseDistance
지정하기 이미지_오른쪽귀 . 높이 값 FaceExtension1 . CheekToNoseDistance
언제 FaceExtension1 .FaceUpdated
실행 지정하기 캔버스1 . BackgroundImageinBase64 값 FaceExtension1 . 배경이미지
함수 호출하기 이동하기
함수 호출하기 크기조절
전역변수 만들기 사진 초기값 ' '
언제 버튼_저장 .클릭했을때
실행 지정하기 전역변수 사진 값 호출 캔버스1 .다른이름으로저장하기
파일이름 합치기 ' facemesh '
' .jpg '
호출 음성변환1 .말하기
메시지 ' 저장완료 '
언제 버튼_공유 .클릭했을때
실행 호출 공유1 .파일공유하기
파일 가져오기 전역변수 사진

08 실행화면

09 응용 연습하기

문제 1. 이미지를 변경하는 버튼을 눌러 다른 이미지로 변경할 수 있도록 앱기능을 추가해봅니다.

풀이 1.

[앱 디자인 추가하기]

수평배치1 안에 버튼을 추가하고 이름을 버튼_이미지변경으로 수정합니다. 원하는 이미지를 추가합니다. 그리고 속성을 아래와 같이 설정합니다.

버튼_이미지변경		
글꼴굵게 - 체크	글꼴크기 - 20	텍스트 - 고양이

[앱 코딩 추가하기]

버튼의 텍스트 값이 '고양이'일 때 클릭이 되면 이미지 스프라이트들의 사진 값을 각각 사자이미지로 바꾸어주고 버튼의 텍스트 값을 '사자'로 변경해 줍니다.

버튼의 텍스트 값이 '사자'일 때 클릭이 되면 이미지 스프라이트들의 사진 값을 각각 고양이 이미지로 바꾸어주고 버튼의 텍스트 값을 '고양이'로 변경해줍니다.

아래의 코드를 전체 코드에 추가하여 이미지 변경 기능을 완성합니다

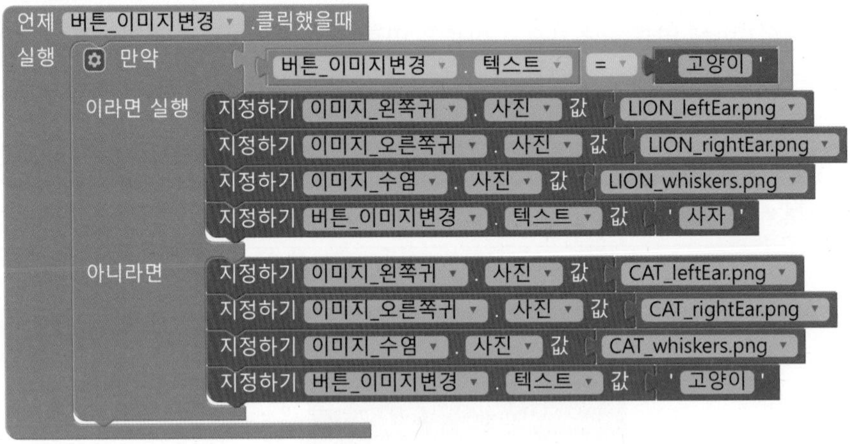
언제 버튼_이미지변경 .클릭했을때
실행 만약 버튼_이미지변경 . 텍스트 = '고양이'
이라면 실행 지정하기 이미지_왼쪽귀 . 사진 값 LION_leftEar.png
지정하기 이미지_오른쪽귀 . 사진 값 LION_rightEar.png
지정하기 이미지_수염 . 사진 값 LION_whiskers.png
지정하기 버튼_이미지변경 . 텍스트 값 '사자'
아니라면 지정하기 이미지_왼쪽귀 . 사진 값 CAT_leftEar.png
지정하기 이미지_오른쪽귀 . 사진 값 CAT_rightEar.png
지정하기 이미지_수염 . 사진 값 CAT_whiskers.png
지정하기 버튼_이미지변경 . 텍스트 값 '고양이'

[실행화면]

이미지 저장
이미지 공유
고양이

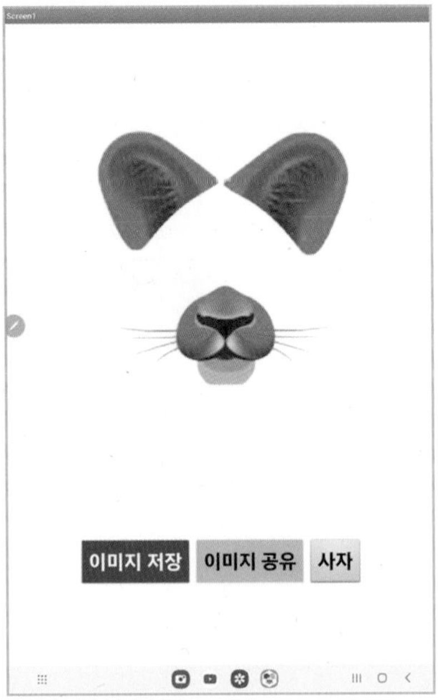
이미지 저장
이미지 공유
사자

10 아이디어 더하기

인공지능의 이미지 인식은 기계가 사람처럼 사진이나 동영상에서 사물을 인식하거나 장면을 이해하는 것으로 정의할 수 있고 이런 이미지 인식은 컴퓨터 비전 기술 중 하나입니다. 컴퓨터 비전이란 디지털 이미지의 픽셀 데이터에서 수학적 알고리즘을 활용해 일정한 규칙과 패턴을 찾아내는 분야를 말합니다. 컴퓨터 비전 기술로 컴퓨터가 사람처럼 특정 대상의 얼굴, 물체, 신체 등을 인식할 수 있게 되었습니다. 컴퓨터 비전 기술이 적용된 사례들을 찾아보고 적용할 분야가 있는지 생각을 정리해봅니다.

인공지능 기술의 더욱 강화된 대상 인식으로 안면인식 시스템은 지문이나 망막 스캔과 같은 생체 인식 기술과 함께 검증 시스템으로 사용되기도 합니다.

컴퓨터 비전, 얼굴 인식 등의 기술이 적용되는 애플리케이션에 대해 생각을 나누어봅니다.

idea 정리표

생각모으기	구체적인 내용
누구를 위한 앱인가요?	
어떠한 기능들이 있나요?	
아이디어를 구현하기 위해 추가로 필요한 컴포넌트는 무엇이 있을까요?	
만들고 싶은 서비스에 대해 정리해봅니다.	

06
FACE ID 잠금장치 앱

학습목표

머신러닝의 지도학습을 이용해 이미지를 구분하는 Personal Image Classifier로 핸드폰 잠금장치를 만들어봅니다. 머신러닝의 지도학습이란 주어진 레이블이 있는 데이터를 학습해서 분류할 수 있는 능력이 있는 인공지능 모델을 만드는 것을 말합니다. 다양한 얼굴을 학습시켜 휴대폰을 사용할 수 있는 사용자를 구분하는 잠금장치가 있는 앱을 제작해봅니다.

01 프로젝트 미리보기

얼굴을 인식해 사용이 허락된 사용자인지 아닌지 판별합니다. 사용자가 맞을 때는 음성안내 메시지와 함께 다음 스크린에서 오픈채팅방과 전화 걸기 기능을 사용할 수 있습니다.
* 인공지능 앱은 휴대폰 OS나 기종에 따라 구현되지 않을 수도 있습니다.

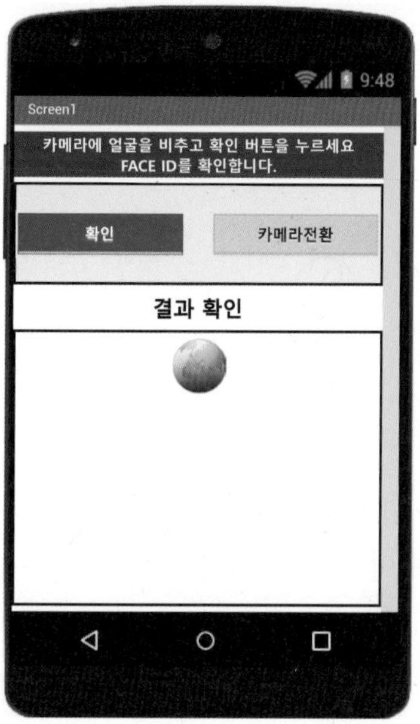

02 주요 컴포넌트 살펴보기

▶ PIC(Personal Image Classifier) Extension

MIT 앱 인벤터가 제공하는 확장기능 중 하나로 이미지 머신러닝 처리가 가능한 분류기입니다.

03 미리 준비하기

▶ PIC를 **이용한 이미지 구분 모델 생성**

구글에서 personal Image classifier를 검색해 https://classifier.appinventor.mit.edu/에 접속합니다. 웹 브라우저는 크롬을 사용해야 합니다.

PIC 웹페이지에 접속한 후 이미지를 학습시키기 위해 레이블을 생성하고 'Capture' 버튼을 누릅니다. 이미지를 촬영하여 이미지 데이터를 카메라로 수집합니다. 이 과정을 위해서는 웹캠이 준비되어야 있어야 합니다.

\+ 버튼을 눌러 레이블을 생성합니다. 필요한 클래스 수 만큼 생성합니다.

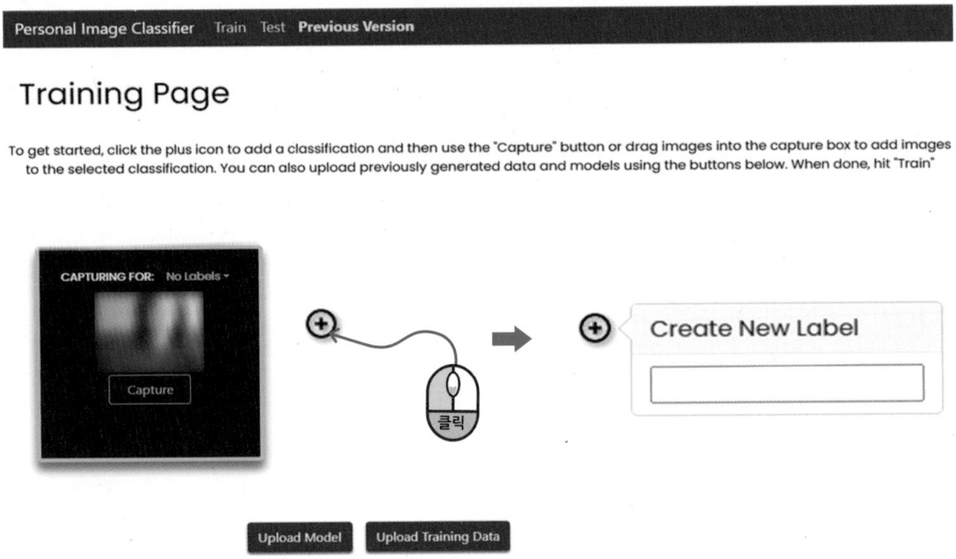

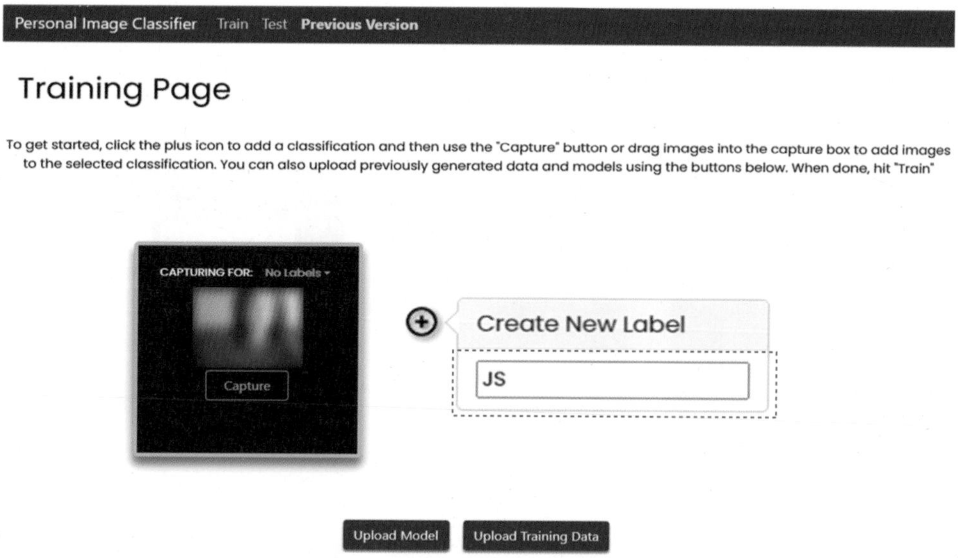

이 예제에서는 두 개의 레이블을 만들고 얼굴을 학습시킬 데이터를 각각 입력하겠습니다. JS 레이블과 OT 레이블을 생성하고 각각 다른 얼굴 데이터 50개씩 촬영했습니다. 데이터 입력을 마치면 오른쪽 상단의 'Train' 버튼을 눌러 데이터 학습을 시작합니다.

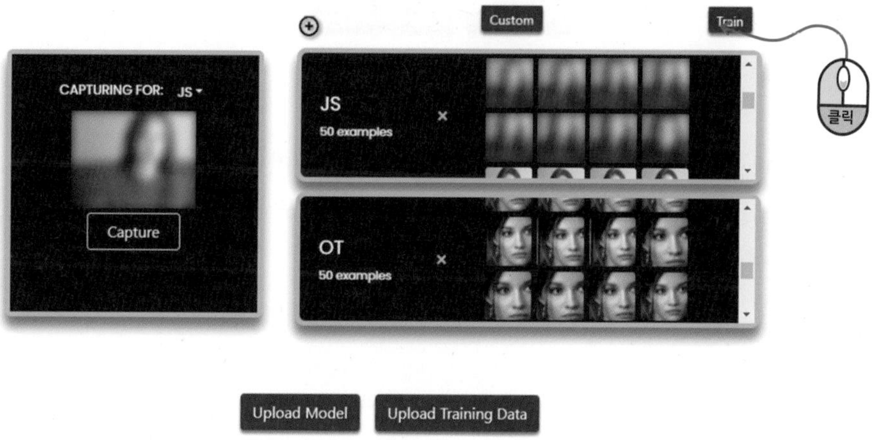

데이터 훈련을 마치면 아래와 같이 샘플 데이터를 촬영해 분류 결과를 오른쪽 'CLASSIFICATION'에서 확인합니다. 각 레이블에 마우스를 갖다 대면 신뢰도가 나타납니다. 신뢰도가 높은 레이블이 분류 결과입니다.

'Export Model'을 클릭하여 이미지 분류기 모델을 내려받습니다. 내려받은 model.mdl 파일은 앱을 제작할 때 Personal Image Clssifier extensoin의 'model' 속성값으로 설정하므로 잘 보관합니다.

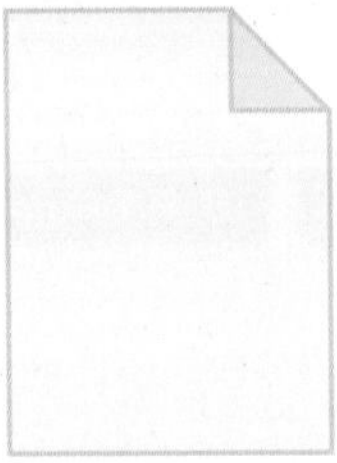

04 앱 디자인하기

1. FACE_ID 프로젝트 생성하기

메뉴에서 '프로젝트'를 클릭하고 목록에서 '새 프로젝트 시작하기'를 선택하고 프로젝트 이름으로 'FACE_ID'를 입력합니다.

2. Personal Image Classifier 확장 기능 추가하기

[도움말]→[확장기능]에서 MITAppIventor Extensions에 접속하고 Personal Image Clssifier 확장기능 파일인 PersonalImageClssifier.aix 파일을 내려받습니다.

내려받은 확장기능 파일을 아래와 같이 추가합니다.

Supported:

Name	Description	Author	Version	Download .aix File	Source Code
BluetoothLE	Adds as Bluetooth Low Energy functionality to your applications. See BluetoothLE Documentation and Resources for more information.	MIT App Inventor	20200828	BluetoothLE.aix	Via GitHub
LookExtension	Adds object recognition using a neural network compiled into the extension.	MIT App Inventor	20181124	LookExtension.aix	Via GitHub
PersonalAudioClassifier	Use your own neural network classifier to recognize sounds with this extension.	MIT App Inventor	20200904	PersonalAudioClassifier.aix	Via GitHub
PersonalImageClassifier	Use your own neural network classifier to recognize images with this extension.	MIT App Inventor	20210315	PersonalImageClassifier.aix	Via GitHub
PosenetExtension	Estimate pose with this extension.	MIT App Inventor	20200226	Posenet.aix	Via GitHub
FaceMeshExtension	Estimate face landmarks with this extension.	MIT App Inventor	20210414	Facemesh.aix	Via GitHub

클릭

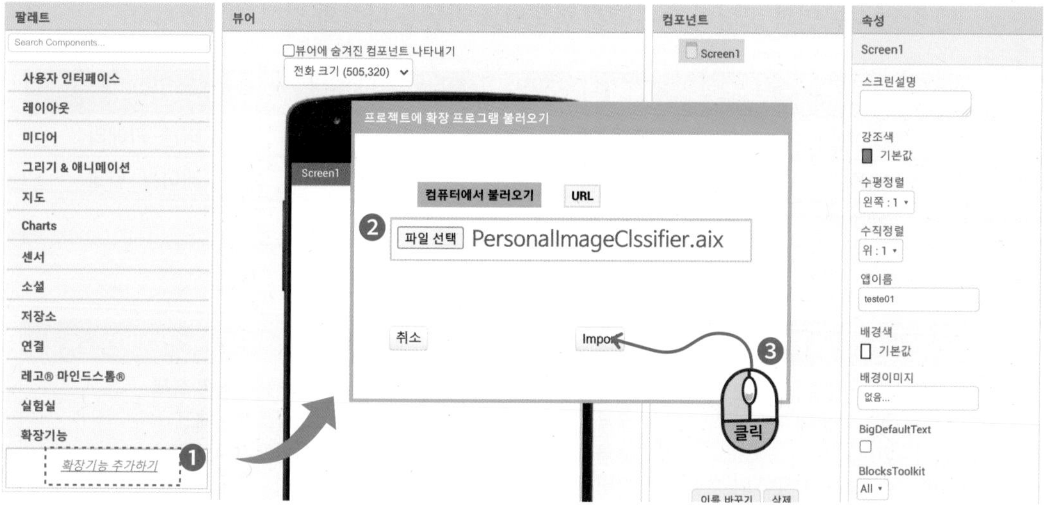

3. Screen1 컴포넌트 추가하기

Screen1 앱 구성에 필요한 컴포넌트를 추가해 앱을 디자인합니다.

사용자 인터페이스에서 레이블1, 레이아웃에서 수평 배치1, 수평 배치1 안에 사용자 인터페이스에서 버튼1, 레이블2, 버튼2를 가져와 넣습니다. 수평 배치1 아래에 레이블3을 추가하고, 보이지 않는 컴포넌트로 사용자 인터페이스에서 웹 뷰어1, 확장기능에서 PersonalImageClassifier1, 미디어에서 음성 변환1을 추가합니다.

앱 화면 디자인과 코딩하기 편하게 컴포넌트 이름을 다음과 같이 변경합니다.

변경 전	변경 후	변경 전	변경 후
레이블1	레이블_안내	버튼2	버튼_카메라
버튼1	버튼_확인	레이블3	레이블_결과
레이블2	레이블_공간		

수평배치1
수평정렬 – 가운데 수직정렬 – 가운데 높이 – 20퍼센트 너비 – 부모요소에 맞추기

버튼_확인
배경색 – 파랑 글꼴굵게 – 체크 글꼴크기 – 15 너비 – 부모요소에 맞추기 텍스트 – 확인 텍스트색상 - 흰색

버튼_카메라
배경색 – 밝은 회색 글꼴굵게 – 체크 글꼴크기 – 15 너비 – 부모요소에 맞추기 텍스트 – 카메라전환

레이블_공간
너비 - 3퍼센트

레이블_결과
글꼴 – 굵게 글꼴크기 – 20 텍스트 – 결과 확인 텍스트정렬 - 가운데

PersonalImageClassifier1
InputMode – Video Model – model.mdl WebViewer – 웹뷰어1

레이블_안내
배경색 – 어두운 회색 글꼴굵게 – 체크 글꼴크기 – 15 HTML형식 – 체크 높이 - 자동 너비 – 부모요소에 맞추기 텍스트 – 카메라에 얼굴을 비추고 확인버튼을 누르세요 </br> FACE ID를 확인합니다. 텍스트색상 - 흰색

PersonalImageClassifier에 Model과 WebViewer 설정이 되지 않으면 이미지 분류 동작이 작동하지 않습니다. 다음 그림을 참고하여 Model과 WebViewer 설정을 완료합니다.

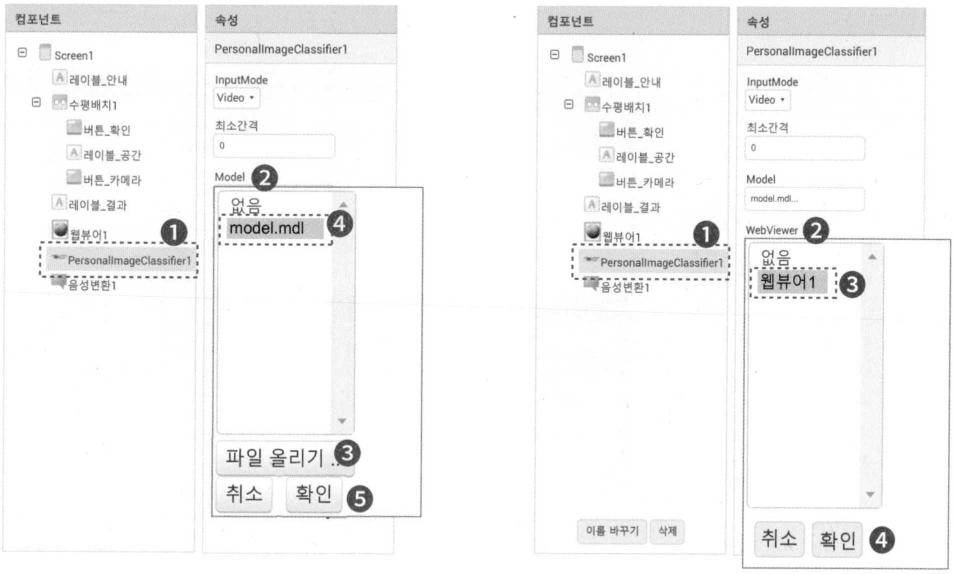

다음과 같이 Screen1 디자인을 완성합니다.

4. Screen2 컴포넌트 추가하기

스크린 추가를 눌러 Screen2를 추가하고 앱 구성에 필요한 컴포넌트를 추가해 앱을 디자인합니다.

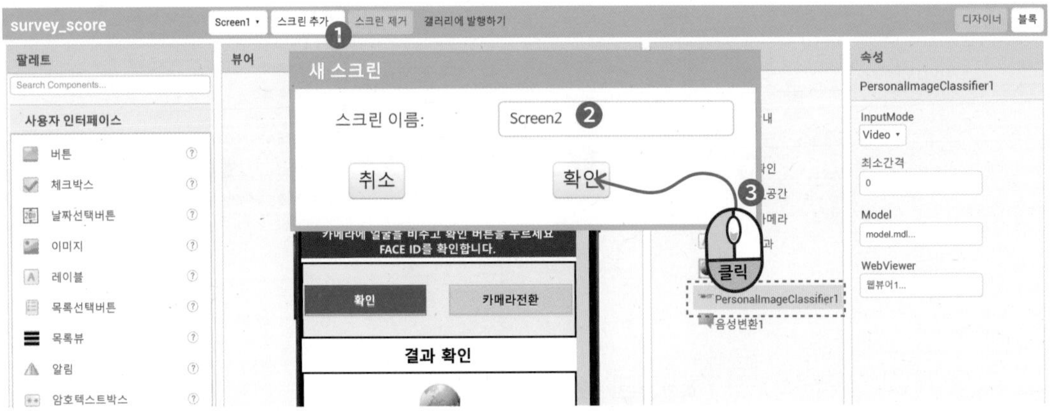

레이아웃에서 수평 배치1, 2, 3을 가져옵니다. 사용자 인터페이스에서 버튼1을 가져와 수평 배치2 안에 넣습니다. 소셜에서 전화번호 선택 버튼1을 가져와 수평 배치3 안에 배치합니다.

컴포넌트의 속성값을 설정한 후 수평 배치1 안에 수평 배치2와 수평 배치3을 끌어다 넣습니다. 연결에서 액티비티 스타터1과 소셜에서 전화1을 보이지 않는 컴포넌트로 추가합니다.

앱 화면 디자인과 코딩하기 편하게 컴포넌트 이름을 다음과 같이 변경합니다.

변경 전	변경 후
버튼1	버튼_챗팅

속성을 설정한 다음 아래와 같이 Screen2 디자인을 완성합니다.

Screen2	수평배치1	수평배치2,3
수평정렬- 가운데 수직정렬 – 가운데 배경색- 검정	수평정렬 – 가운데 수직정렬 – 가운데 높이 – 50퍼센트 너비 – 부모요소에 맞추기	수평정렬 – 가운데 수직정렬 – 가운데 높이 – 부모요소에 맞추기 너비 – 부모요소에 맞추기

버튼_챗팅	전화번호선택버튼1
배경색 – 주황 글꼴굵게 – 체크 글꼴크기 –20 높이 – 30퍼센트 너비 – 40퍼센트 텍스트 – 오픈챗팅 텍스트정렬 – 가운데 텍스트색상 - 흰색	배경색 – 파랑 글꼴굵게 – 체크 글꼴크기 –20 높이 – 30퍼센트 너비 – 40퍼센트 텍스트 – 전화 텍스트정렬 – 가운데 텍스트색상 - 흰색

05 디자인 완성하기

다음과 같이 앱 디자인을 완성합니다.

[Screen1]

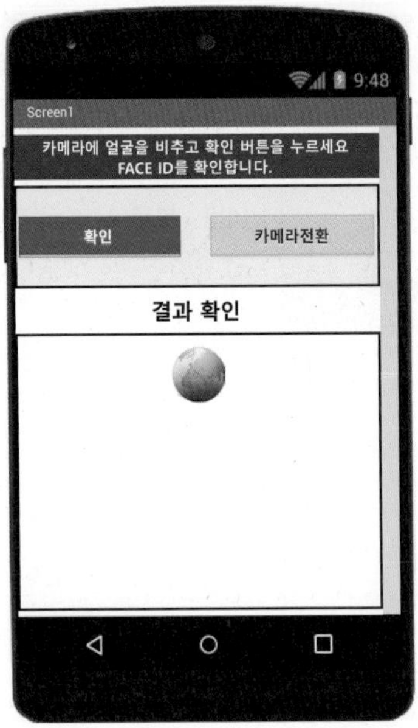

[Screen2]

06 앱 코딩하기

1. Screen1 앱 코딩

1) 이미지 분류

앱이 시작되면 웹 뷰어에 카메라가 동작하여 video 데이터를 수집합니다. 카메라를 응시하고 '확인' 버튼을 누르면 영상의 이미지를 캡처해서 분류 모델에 따라 결과를 알려주는 기능을 만들어봅니다. 이때 사용되는 블록은 PersonalImageClassifier1 컴포넌트에서 가져옵니다. 그리고 필요한 블록을 아래와 같이 준비합니다.

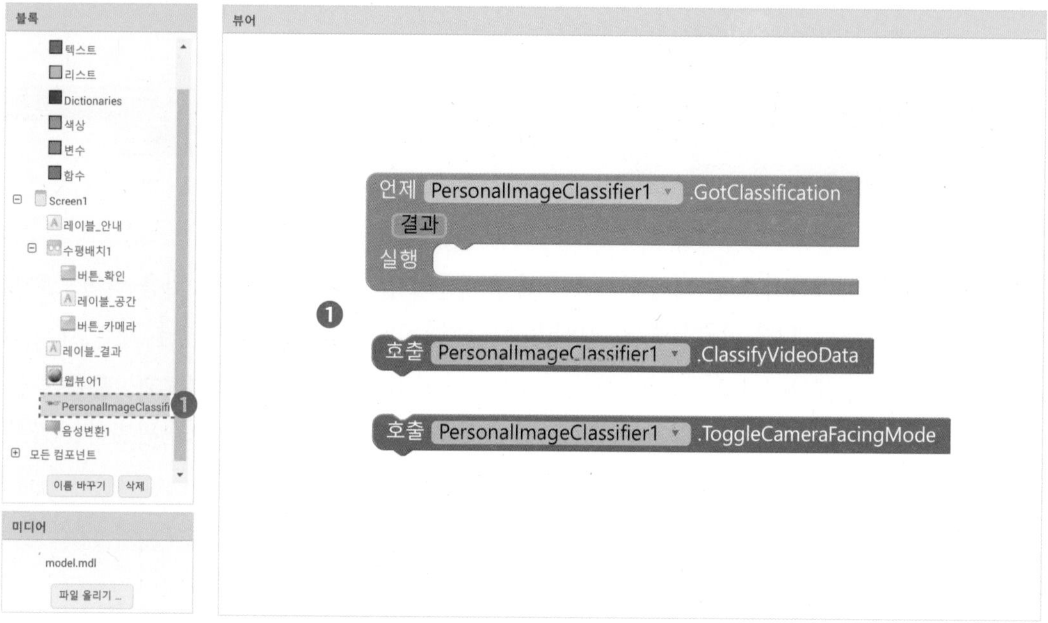

'확인' 버튼을 누르면 분류할 수 있게 아래와 같이 조립합니다.

'카메라 전환' 버튼을 이용해 카메라 전면과 후면을 설정할 수 있게 합니다.

분류를 마치면 이벤트 블록에서 반환하는 '결과' 값에서 결과를 확인할 수 있습니다.

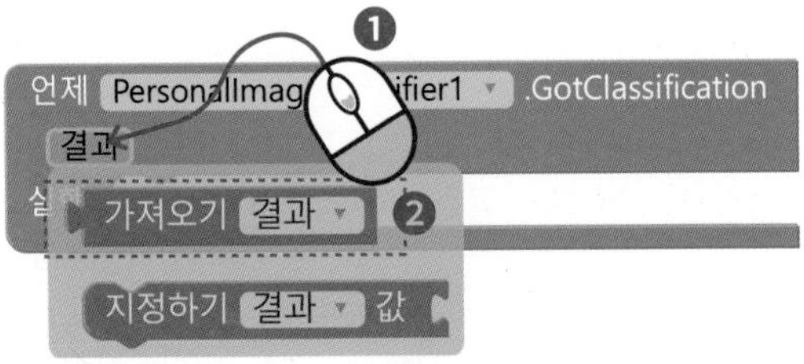

'결과'는 리스트인 [[레이블1, 신뢰도1], [레이블2, 신뢰도2]] 형태입니다. 따라서 우리는 '결과' 리스트에서 첫 번째 위치에 있는 항목 [레이블1, 신뢰도1]을 가져온 후 다시 첫 번째 항목 '레이블1'만 사용하기 위해 아래와 같이 블록을 만듭니다. 그리고 그 결과를 '레이블_결과.텍스트값'으로 지정합니다.

분류된 레이블이 특정 레이블 (JS)일 때 휴대폰의 잠금장치가 풀리고 다음 화면으로 넘어갈 수 있습니다. 다른 사람으로 인식하면 다음 화면으로 넘어갈 수 없습니다.

공통블록 제어에서 과 텍스트 블록에서 텍스트를 비교할 수 있는 ❶블록과, ❷블록 분류 결과를 담아놓은 레이블_결과의 텍스트값 ❸블록을 이용하여 FACE ID를 판별하는 블록을 만듭니다. 또한, 결과를 안내하기 위해 ❹ 블록을 사용합니다.

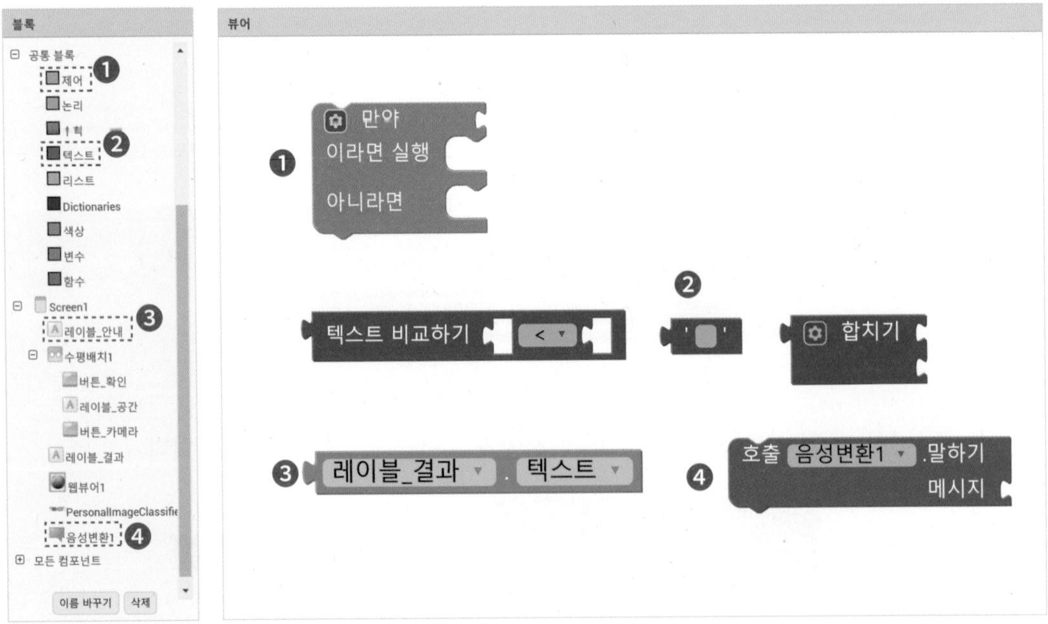

FACEID가 확인되면 다음 화면으로 전환해 휴대폰 잠금장치가 풀리는 기능을 추가합니다.

준비된 블록을 아래와 같이 조립하여 완성합니다.

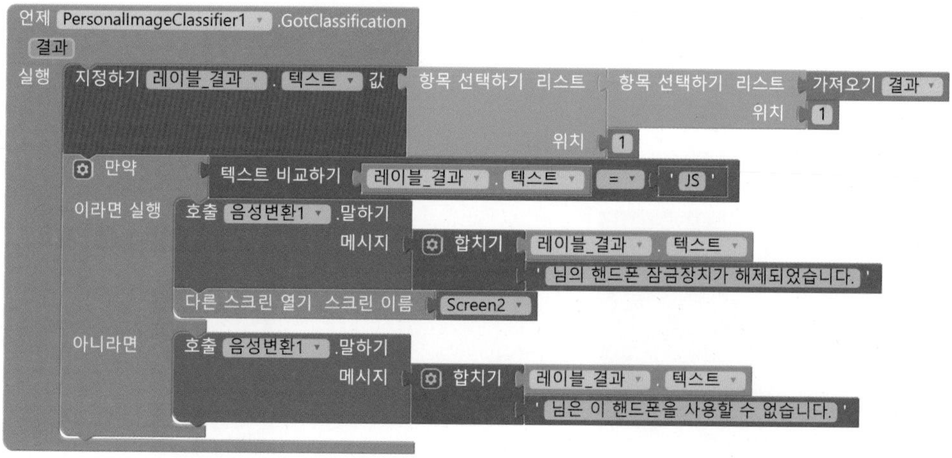

2) Screen1 완성 코드

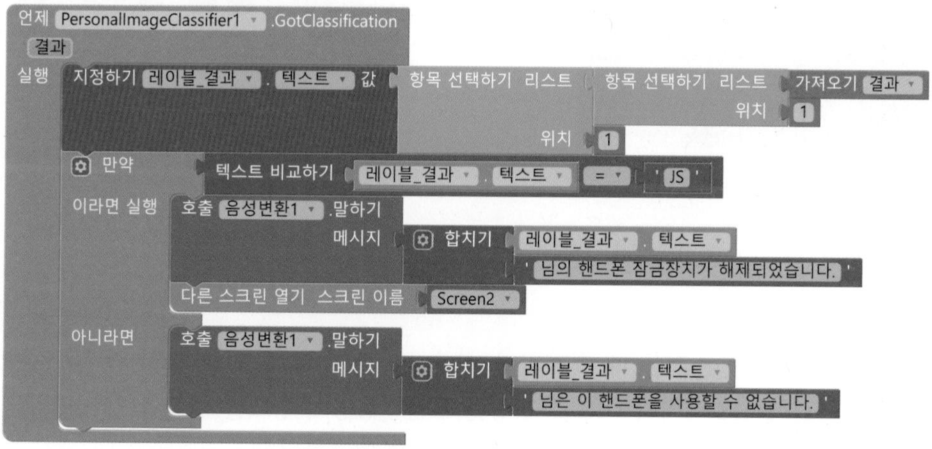

2. Screen2 앱 코딩

1) 카카오톡 오픈채팅방 만들기

카카오톡 앱에서 아래의 절차에 따라 오픈채팅방을 생성합니다.

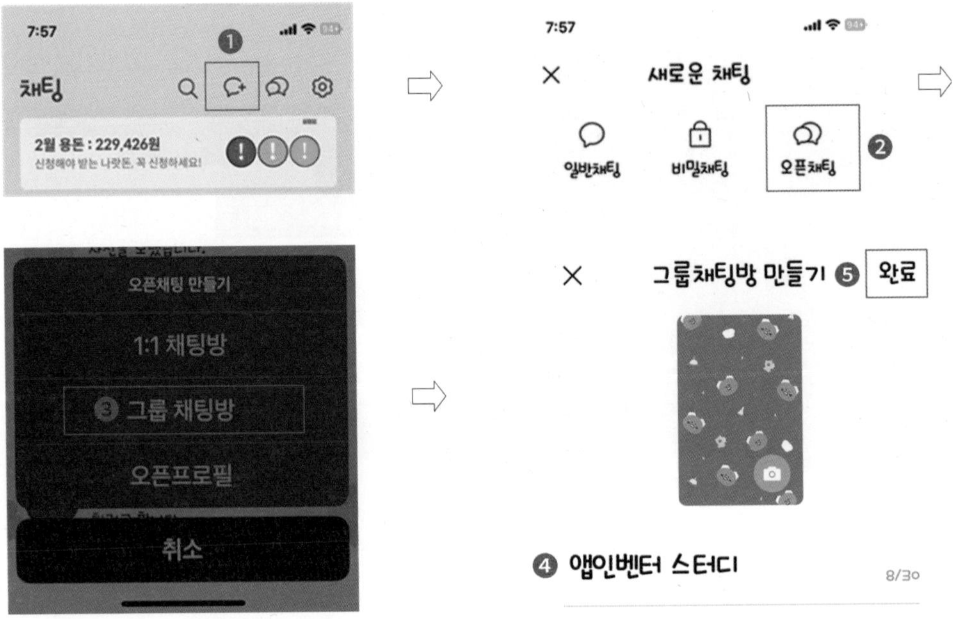

생성한 채팅방의 URL을 복사합니다.

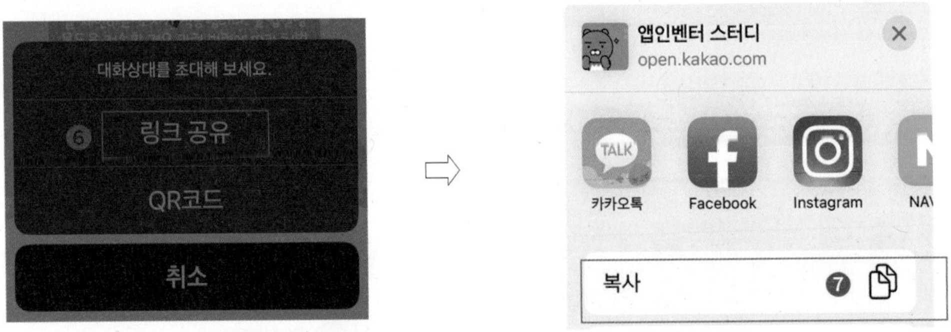

https://open.kakao.com/*/*********

‘오픈채팅’ 버튼을 눌렀을 때 액티비티 스터터가 동작할 수 있는 동작 값 ‘android.action.VIEW’를 입력하고 데이터 URL로 생성한 오픈채팅방의 링크를 입력합니다. 아래의 가려진 링크 대신 직접 생성한 오픈채팅방의 URL을 사용해야 합니다.

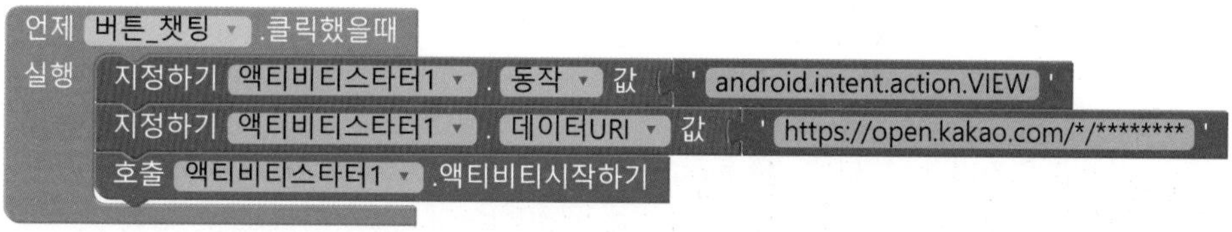
언제 버튼_챗팅 .클릭했을때
실행 지정하기 액티비티스타터1 . 동작 값 ' android.intent.action.VIEW '
지정하기 액티비티스타터1 . 데이터URI 값 ' https://open.kakao.com/*/******** '
호출 액티비티스타터1 .액티비티시작하기

'전화' 버튼을 눌렀을 때 저장된 연락처에서 전화를 걸 수 있게 아래의 블록으로 '전화 걸기' 기능 코드를 만듭니다.

전화번호 선택 버튼 컴포넌트에서 저장된 이름을 볼 수 있게 ❶블록을 가져옵니다. 그리고 전화를 걸고 싶은 이름을 선택하고 '전화1.전화번호값'으로 지정합니다.

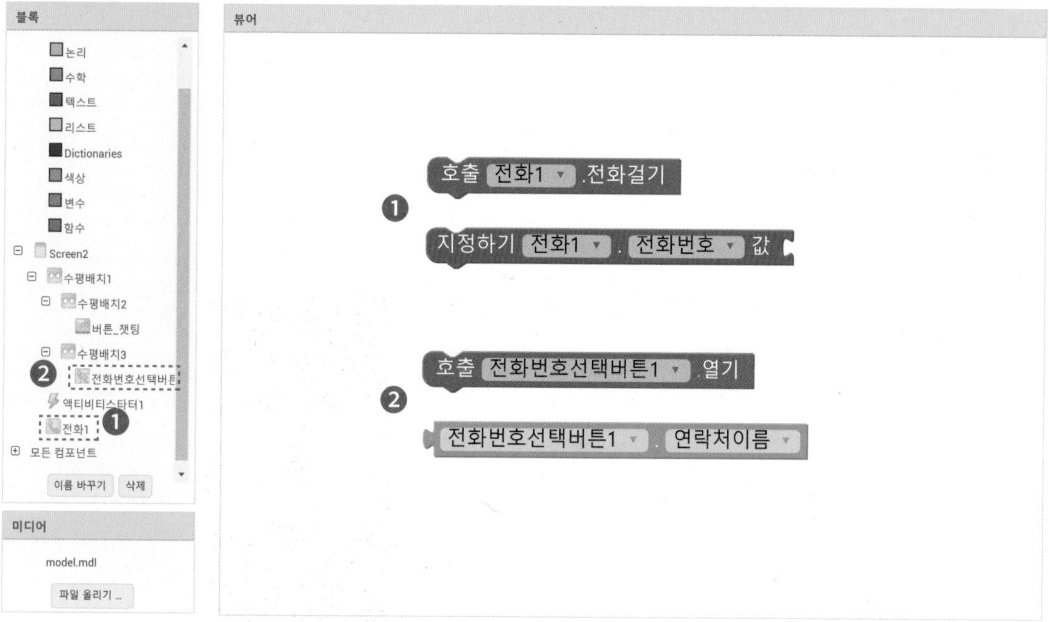
블록
논리
수학
텍스트
리스트
Dictionaries
색상
변수
함수
Screen2
수평배치1
수평배치2
버튼_챗팅
수평배치3
2
전화번호선택버튼
액티비티스타터1
전화1
1
모든 컴포넌트
이름 바꾸기
삭제
미디어
model.mdl
파일 올리기 ...
뷰어
호출 전화1 .전화걸기
1
지정하기 전화1 . 전화번호 값
호출 전화번호선택버튼1 .열기
2
전화번호선택버튼1 . 연락처이름

그 전화번호로 전화를 걸어주는 블록을 조립합니다.

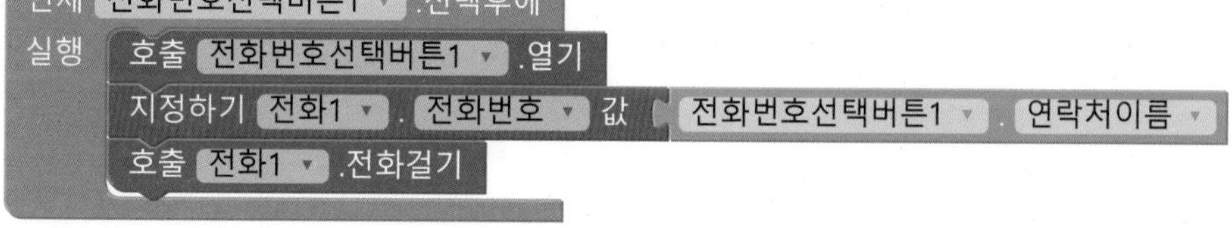
언제 전화번호선택버튼1 .선택후에
실행 호출 전화번호선택버튼1 .열기
지정하기 전화1 . 전화번호 값 전화번호선택버튼1 . 연락처이름
호출 전화1 .전화걸기

2) Screen2 완성 코드

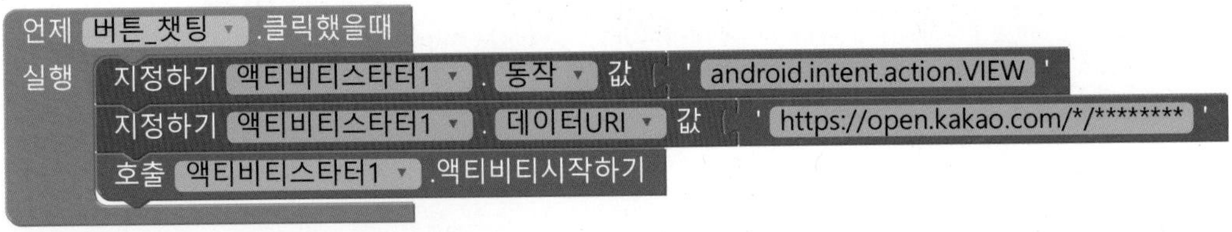
언제 버튼_챗팅 .클릭했을때
실행 지정하기 액티비티스타터1 . 동작 값 ' android.intent.action.VIEW '
지정하기 액티비티스타터1 . 데이터URI 값 ' https://open.kakao.com/*/******** '
호출 액티비티스타터1 .액티비티시작하기

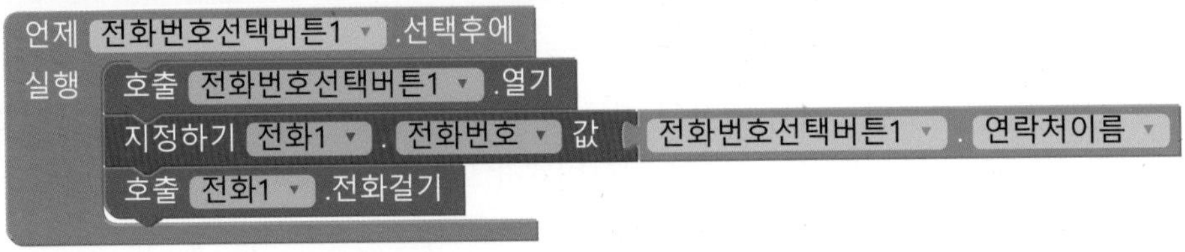
언제 전화번호선택버튼1 .선택후에
실행 호출 전화번호선택버튼1 .열기
지정하기 전화1 . 전화번호 값 전화번호선택버튼1 . 연락처이름
호출 전화1 .전화걸기

07 실행화면

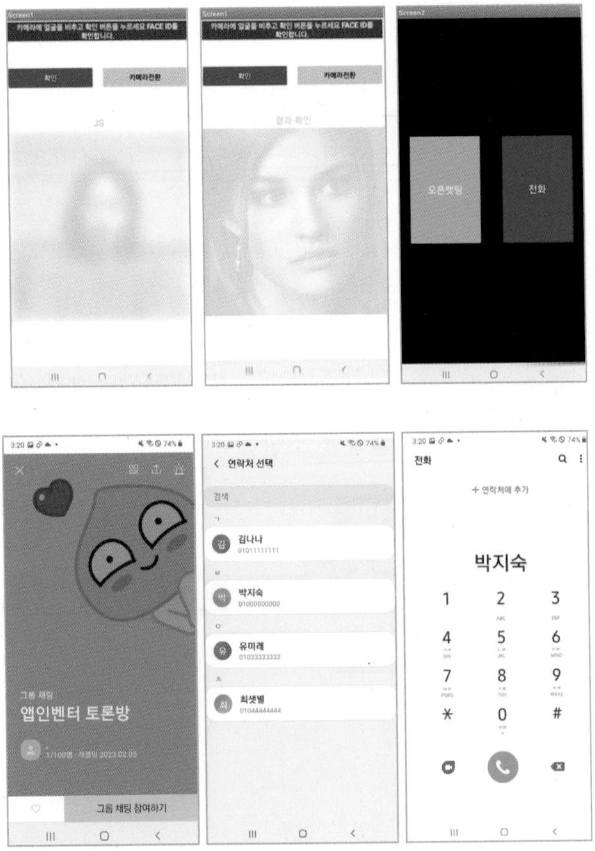
확인
카메라전환
결과 확인
오픈챗팅
전화
그룹 채팅
앱인벤터 토론방
그룹 채팅 참여하기
연락처 선택
검색
김나나
박지숙
유미래
최샛별
+ 연락처에 추가
박지숙

08 응용 연습하기

문제 1. FACE_ID는 PIC(PersonalImageClassifier) 이미지를 분류 모델로 이용해 잠금장치를 해제했습니다.

앱 인벤터가 제공하는 PAC(PersonalAudioClassifier)를 이용해 내 목소리를 인식해서 휴대폰의 잠금을 해제하는 앱으로 변경해보세요.

풀이 1.

[음성 분류 모델 만들기]

구글에서 Ai2 React app으로 검색하면 제일 위에 나타나는 React App URL로 접속합니다. (https://c1.appinventor.mit.edu/)

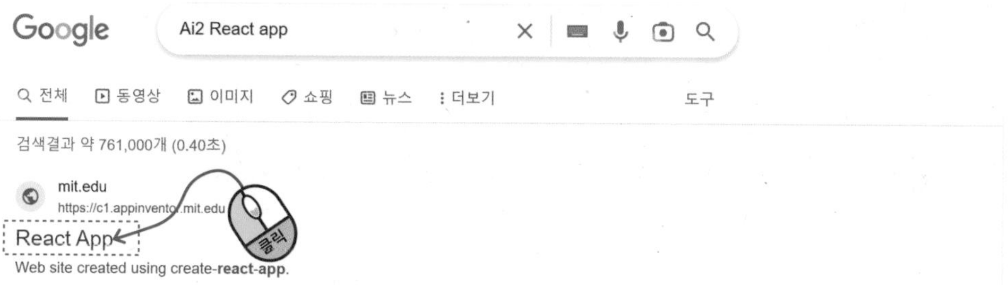

이 웹페이지는 Personal Audio Classifier 모델을 생성할 수 있는 사이트로 PIC 모델 생성과 같은 방법으로 레이블을 만들고 각 레이블에 해당하는 음성 데이터를 녹음하여 추가합니다.

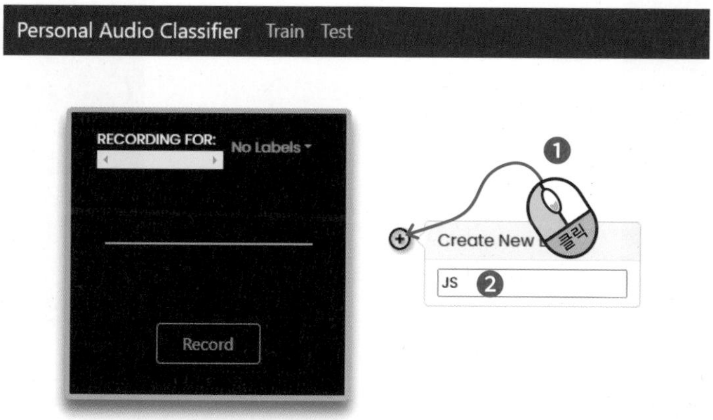

이때 사이트에서 마이크 사용의 권한을 요청하면 '허용'으로 설정합니다.

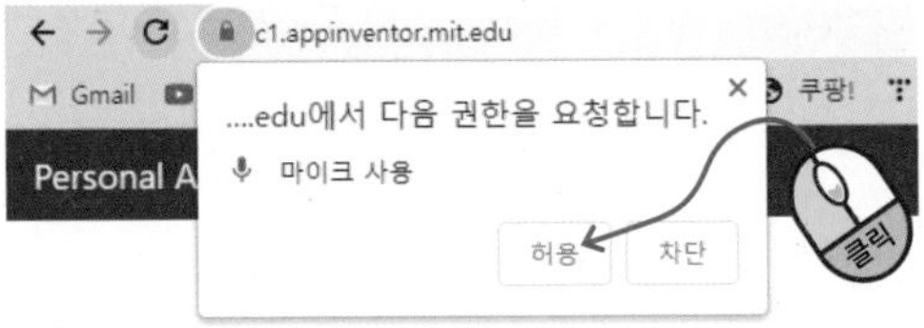

레이블을 선택하고 서로 다른 음성을 녹음합니다. 음성 데이터 추가를 마치면 우측 상단의 'Train' 버튼을 눌러 음성 파일을 학습시킵니다.

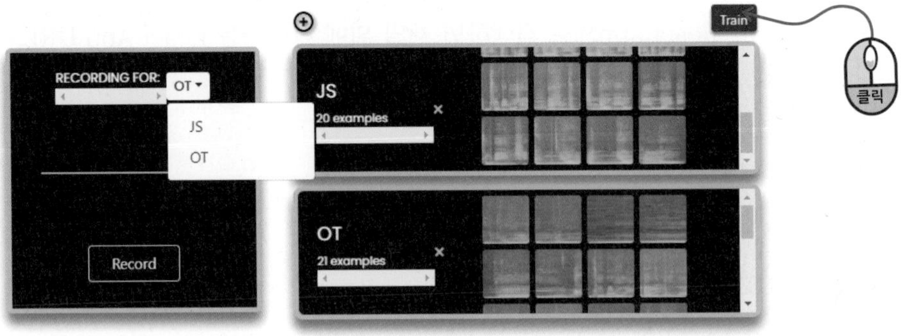

학습 조건에 대한 설정 창이 나타나면 기본선택으로 'Train Model'을 눌러 학습한 음성을 모델화합니다.

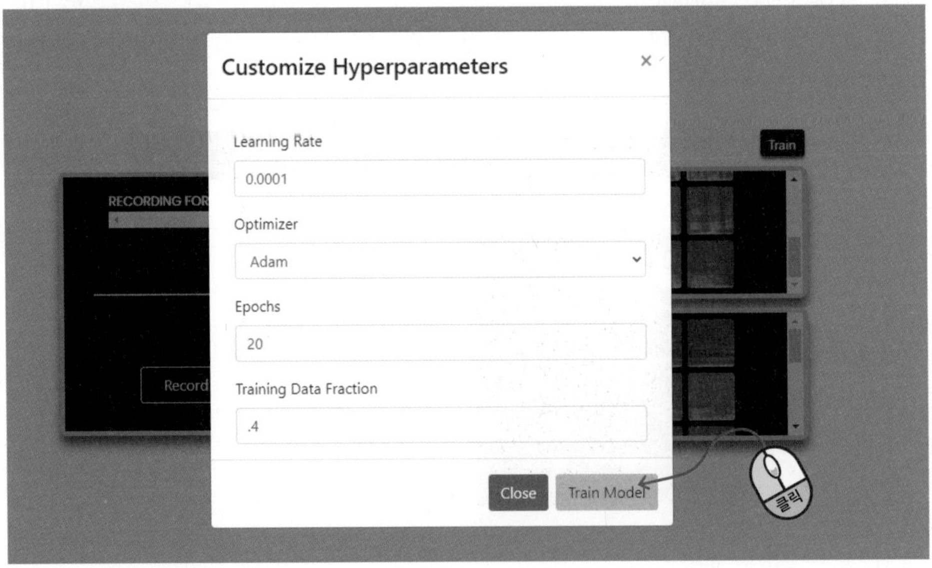

레이블을 선택하고 샘플 음성을 인식시켜 제대로 분류하는지 확인합니다. 아래의 'Export' 버튼을 눌러 mole.mdl 파일을 내려받습니다.

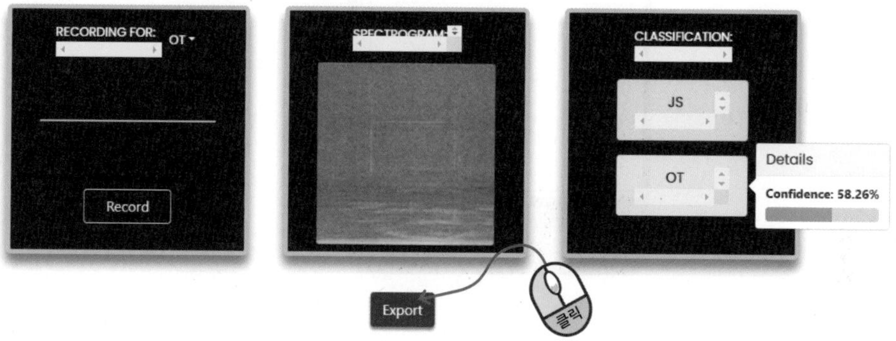

[앱 디자인 변경하기]

확장기능 중 PersonalAudioClassifier.aix를 내려받습니다.

Supported:

Name	Description	Author	Version	Download .aix File	Source Code
BluetoothLE	Adds as Bluetooth Low Energy functionality to your applications. See BluetoothLE Documentation and Resources for more information.	MIT App Inventor	20200828	BluetoothLE.aix	Via GitHub
LookExtension	Adds object recognition using a neural network compiled into the extension.	MIT App Inventor	20181124	LookExtension.aix	Via GitHub
PersonalAudioClassifier	Use your own neural network classifier to recognize sounds with this extension.	MIT App Inventor	20200904	PersonalAudioClassifier.aix	Via GitHub
PersonalImageClassifier	Use your own neural network classifier to recognize images with this extension.	MIT App Inventor	20210315	PersonalImageClassifier.aix	Via GitHub
PosenetExtension	Estimate pose with this extension.	MIT App Inventor	20200226	Posenet.aix	Via GitHub
FaceMeshExtension	Estimate face landmarks with this extension.	MIT App Inventor	20210414	Facemesh.aix	Via GitHub

클릭

내려받은 확장기능 파일을 아래와 같이 추가합니다. 음성 분류에 필요하지 않은 컴포넌트는 삭제합니다. PersonalAudioClassifier1 컴포넌트의 'Model'과 'WebViewer' 속성을 아래와 같이 설정하고 디자인을 수정해 완성합니다.

[앱 코딩 변경하기]

음성 분류 PAC는 앱이 시작되면 녹음 버튼이 자동으로 생성됩니다. 그 버튼을 클릭하면 음성이 녹음되고 녹음된 목소리를 분류합니다. 이미지 분류와 같은 알고리즘으로 인식된 목소리가 특정 목소리(JS)일 때 잠금장치가 해제되고 다음 화면으로 넘어가도록 코드를 완성합니다.

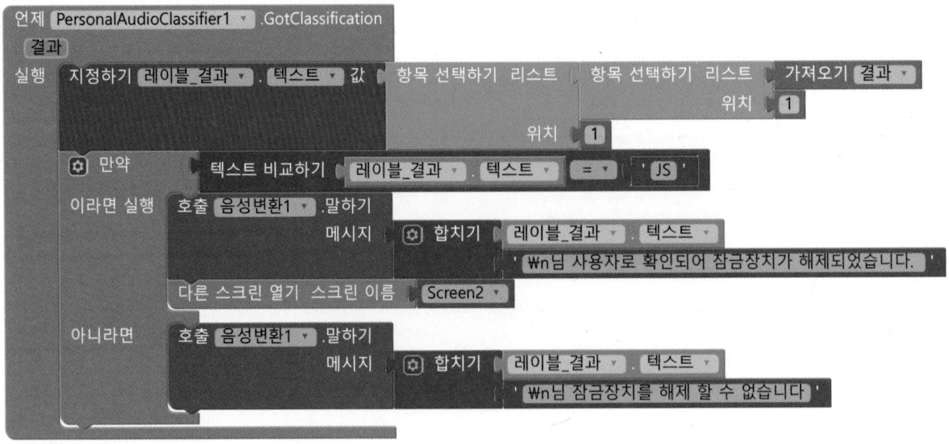

주의 음성분류 PAC는 앱은 라이브테스팅으로는 실행되지 않습니다. apk파일 빌드를 통해서 실행되므로 앱을 테스트할때는 핸드폰에 앱을 설치하여 테스트 하세요.

빌드에서 Android.App(.apk)를 선택하면 빌드용 QR코드가 생성됩니다.

AI2 Companion 앱에서 라이브 테스팅과 같은 방법으로 QR을 인식시켜 앱을 설치합니다.

설치과정에서 나타나는 팝업 창을 아래와 같이 설정하고 설치합니다.

설치된 앱을 실행하여 Record 버튼을 눌러 음성을 인식시킵니다. 결과에 따라 잠금 해제 여부를 확인해봅니다.

[실행화면]

Screen1
확인 버튼을 누르고 음성을 들려주세요
JS
Record
Recording:
0:00 / 0:01

Screen2
오픈챗팅
전화

09 아이디어 더하기

인공지능이 학습하는 방법으로 지도학습이 있습니다. 지도학습은 주어진 정답을 이용하여 데이터를 학습하는 방법으로 데이터로는 음성, 이미지, 텍스트 등이 있습니다. 이 장에서는 이미지와 음성을 이용해서 사용자 ID를 판별하는 모델을 만들었습니다.

음성이나 이미지 외에 사용자 ID가 될 수 있는 학습 데이터는 무엇이 있을까요? 학습시킬 수 있는 다양한 형태의 데이터에 대해 생각해봅니다.

idea 정리표

생각모으기	구체적인 내용
누구를 위한 앱인가요?	
어떤 동작을 하나요?	
아이디어를 구현하기 위해 추가로 필요한 컴포넌트는 무엇이 있을까요?	
만들고 싶은 서비스에 대해 정리해봅니다.	

07
우리 동네 미세먼지 그래프

학습목표

데이터를 보기 쉬운 그래프로 그려주는 앱을 만들어 봅니다. 실시간 지역별 대기질 상태 데이터를 이용해 대기 상태를 꺾은선 그래프, 막대그래프 등으로 표현해봅니다. 필요한 데이터를 검색하고 구글 스프레드시트를 이용해서 앱 인벤터에서 데이터를 불러와 값의 변화를 쉽게 알 수 있도록 그래프로 데이터를 시각화할 수 있습니다.

01 프로젝트 미리보기

인터넷에서 대기 정보데이터를 내려받아 구글 스프레드시트에 저장합니다. '그래프 그리기' 버튼을 누르면 웹 컴포넌트를 이용하여 구글 스프레드시트의 데이터를 가져옵니다. 데이터 변화를 그래프로 나타내어 특정 구간의 미세먼지가 가장 높았던 날을 조사할 수 있습니다.

02 주요 컴포넌트 살펴보기

▶ **웹(Web)**

구글 스프레드시트와 연결을 하려면 '연결' 팔레트에 있는 web 컴포넌트가 필요합니다.

03 미리 준비하기

▶ 우리동네 미세먼지 데이터 가져오기

'미세먼지 데이터'를 검색포털에서 검색한 후 "https://www.airkorea.or.kr/web/ 에 접속합니다.

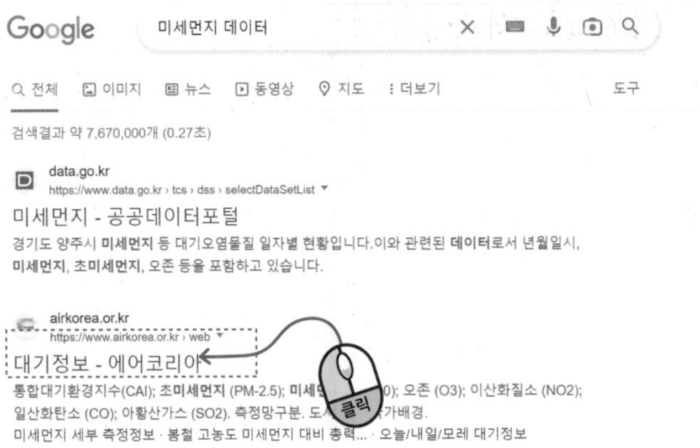

에어코리아에 접속해서 실시간 자료조회를 선택합니다.

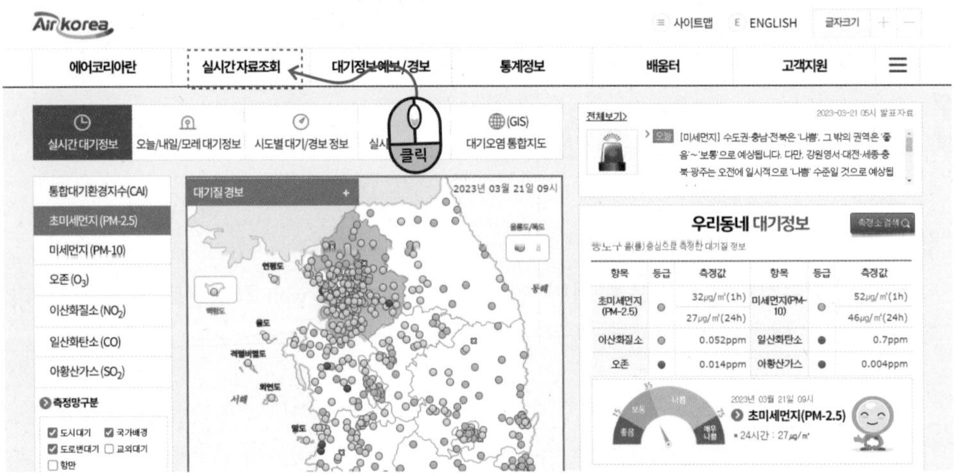

실시간 대기정보 ==> 우리동네 대기정보를 선택하고 '우리 동네 대기 정보'에서 우리 지역을 주소로 검색합니다.

'측정자료 조회'에서 데이터를 '일평균'으로 선택하고 원하는 조회 기간을 설정한 후 '그래프 보기'를 클릭합니다.

예시에 사용되는 데이터는 2022년 11월1일부터 2022년 11월 30일의 한 달간의 데이터를 검색하여 사용하였습니다.

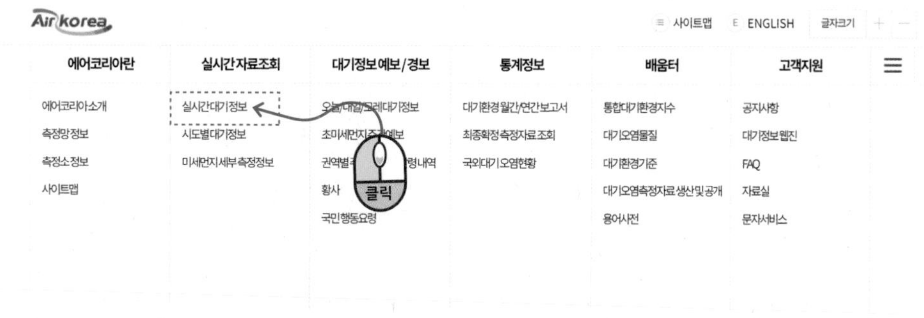

그래프의 결과가 다음과 같이 팝업 창으로 나타납니다. 다양한 대기 정보데이터 중 대기 통합 환경지수의 데이터값을 '엑셀'을 눌러 내려받습니다.

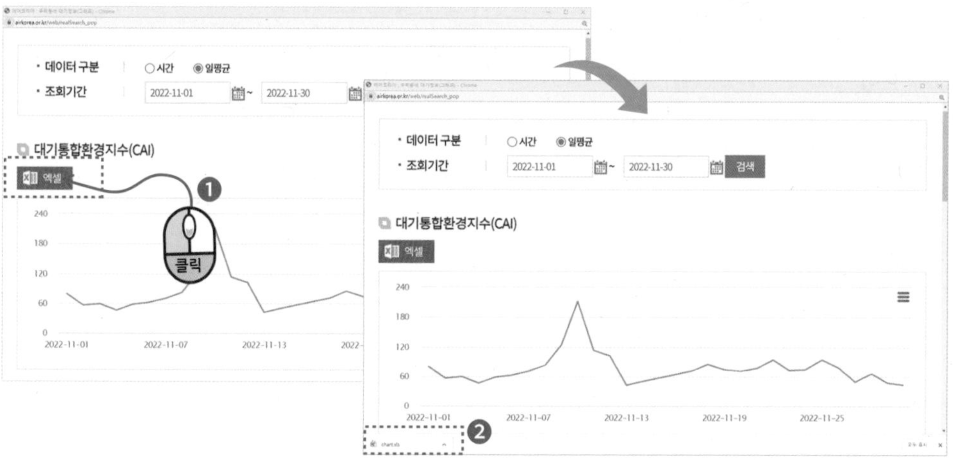

크롬 창의 오른쪽 상단 구글 앱에서 스프레드시트를 선택합니다. '+'를 눌러 새 스프레드시트를 생성합니다.

제목 없는 스프레드시트가 생성되면 '파일→열기→업로드'에서 내려받은 'chart.xls'를 불러옵니다.

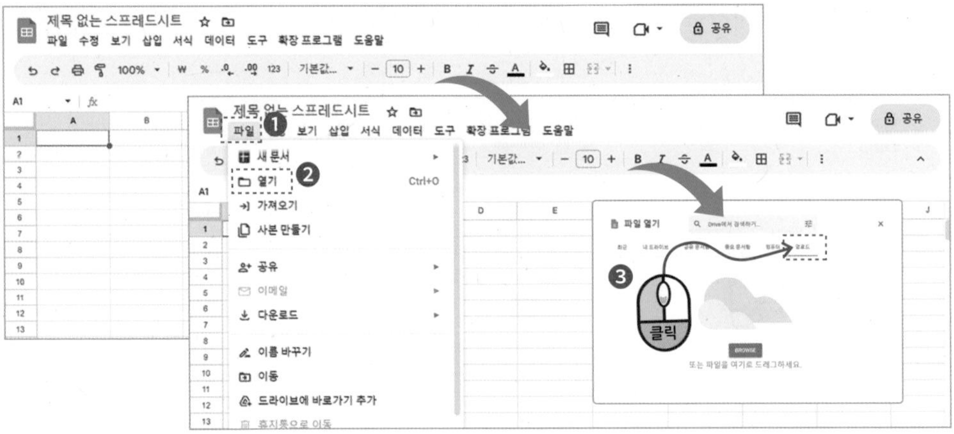

데이터의 A열을 클릭해서 날짜 형태의 데이터를 다음과 같이 일반 텍스트로 변경합니다. '서식'→'숫자'→'일반 텍스트'로 선택합니다.

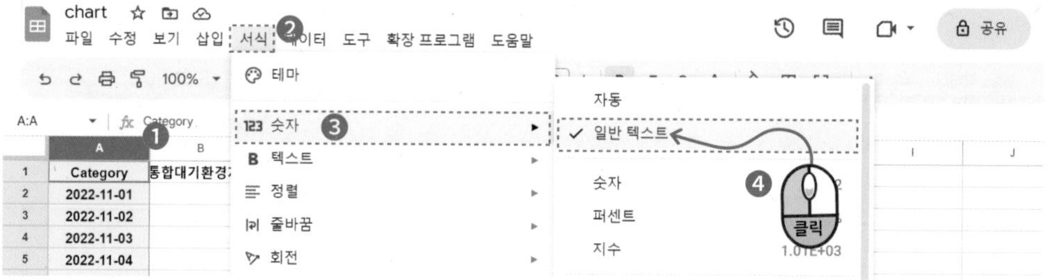

그래프상에 날짜 레이블의 길이를 조절하기 위해 년-월-일의 날짜 표기를 일만 나타낼 수 있게 데이터를 변경합니다.

첫 번째 행의 레이블은 데이터 시트에서 삭제합니다. 첫 번째 행을 클릭 후 우클릭하여 '행 삭제'를 선택합니다.

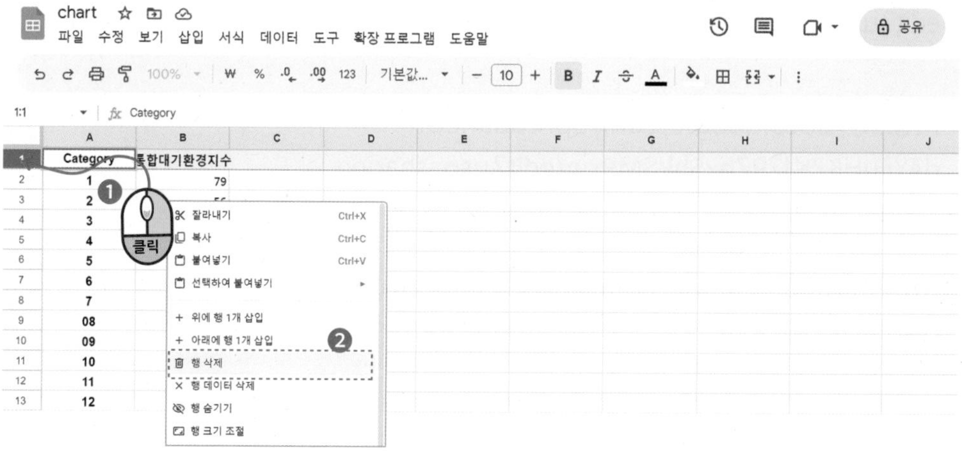

아래 그림과 같이 첫 번째 레이블 행이 삭제된 것을 확인합니다.

앱 인벤터 앱에서 대기질 데이터를 가져오려면 구글 스프레드시트의 URL을 복사합니다. 오른쪽 상단의 '공유' 버튼을 클릭합니다.

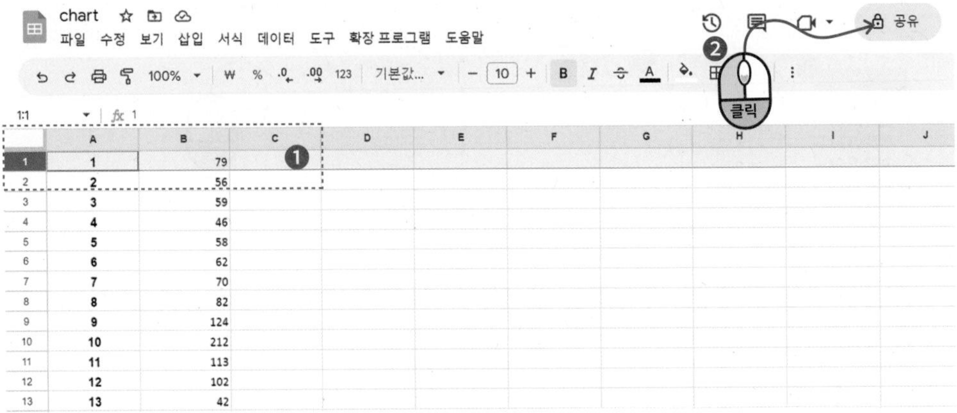

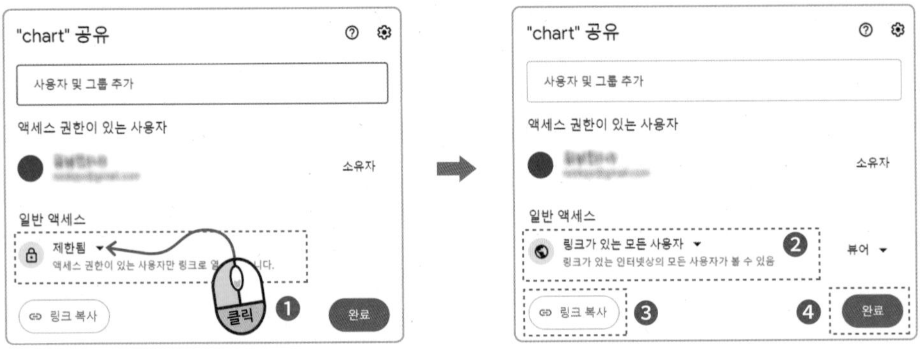

복사한 링크를 메모장에 붙여넣기 한 후 마지막 부뷰을 다음과 같이 수정합니다.

edit?usp=sharing ⇨ export?format=csv

https://docs.google.com/spreadsheets/d/*******************************_dAYFuHKZKJ2RZbx5hkSMPxw/edit?usp=sharing

⇩

https://docs.google.com/spreadsheets/d/*******************************_dAYFuHKZKJ2RZbx5hkSMPxw/export?format=csv

수정한 링크는 앱 인벤터 웹1 컴포넌트의 속성에 사용하므로 메모장 등에 복사해둡니다.

04 앱 디자인하기

1. chart_air 프로젝트 생성하기

메뉴에서 '프로젝트'를 클릭하고 목록에서 '새 프로젝트 시작하기'를 선택하고 프로젝트 이름으로 'chart_air'를 입력합니다.

2. 그래프 확장기능 추가하기

앱 인벤터 확장기능에 대한 정보와 내려받을 수 있는 링크를 제공하는 사이트에 접속합니다.
https://puravidaapps.com/extensions.php

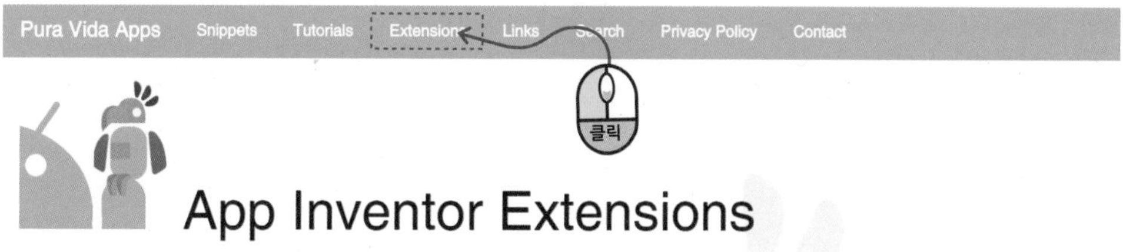

그래프를 그릴 수 있는 ChartMaker Extension을 클릭합니다.

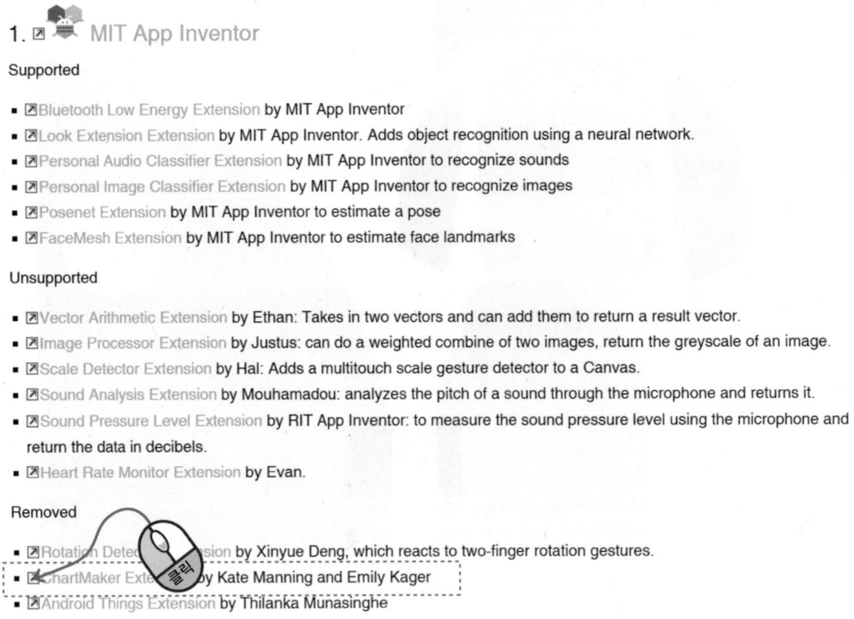

1. MIT App Inventor
Supported
Bluetooth Low Energy Extension by MIT App Inventor
Look Extension Extension by MIT App Inventor. Adds object recognition using a neural network.
Personal Audio Classifier Extension by MIT App Inventor to recognize sounds
Personal Image Classifier Extension by MIT App Inventor to recognize images
Posenet Extension by MIT App Inventor to estimate a pose
FaceMesh Extension by MIT App Inventor to estimate face landmarks
Unsupported
Vector Arithmetic Extension by Ethan: Takes in two vectors and can add them to return a result vector.
Image Processor Extension by Justus: can do a weighted combine of two images, return the greyscale of an image.
Scale Detector Extension by Hal: Adds a multitouch scale gesture detector to a Canvas.
Sound Analysis Extension by Mouhamadou: analyzes the pitch of a sound through the microphone and returns it.
Sound Pressure Level Extension by RIT App Inventor: to measure the sound pressure level using the microphone and return the data in decibels.
Heart Rate Monitor Extension by Evan.
Removed
sion by Xinyue Deng, which reacts to two-finger rotation gestures.
by Kate Manning and Emily Kager
Android Things Extension by Thilanka Munasinghe
클릭

연결된 github 사이트에서 ChartMaker.aix를 클릭해 확장기능을 내려받습니다.
(https://github.com/MillsCS215AppInventorProj/chartmaker)

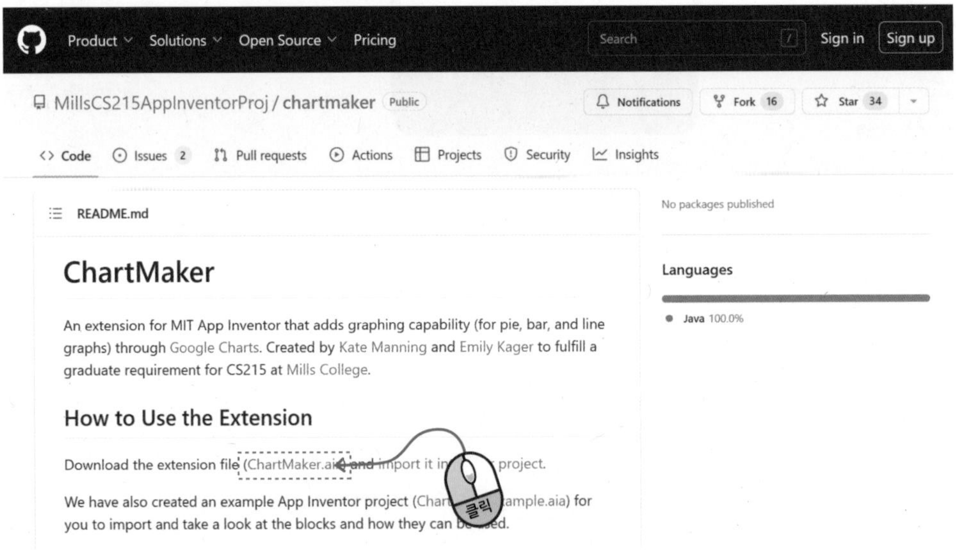

Product
Solutions
Open Source
Pricing
Search
Sign in
Sign up
MillsCS215AppInventorProj / chartmaker
Public
Notifications
Fork 16
Star 34
Code
Issues 2
Pull requests
Actions
Projects
Security
Insights
README.md
No packages published
ChartMaker
Languages
Java 100.0%
An extension for MIT App Inventor that adds graphing capability (for pie, bar, and line graphs) through Google Charts. Created by Kate Manning and Emily Kager to fulfill a graduate requirement for CS215 at Mills College.
How to Use the Extension
Download the extension file (ChartMaker.ai
project.
We have also created an example App Inventor project (Char
ample.aia) for
you to import and take a look at the blocks and how they can
클릭

'edu.mills.appinventor.ChartMaker.aix' 파일을 내려받았는지 확인합니다. 팔레트에서 '확장기능 추가하기'를 이용해 내려받은 확장기능을 다음과 같이 추가합니다.

3. 컴포넌트 추가

앱 구성에 필요한 컴포넌트를 추가해 앱을 디자인합니다. 사용자 인터페이스에서 레이블1, 버튼1, 웹 뷰어1을 추가합니다. 연결에서 웹1과 확장기능에서 Chart maker를 추가합니다.

앱 화면 디자인과 코딩하기 편하게 컴포넌트 이름을 다음과 같이 변경합니다.

변경 전	변경 후	변경 전	변경 후
레이블1	레이블_앱제목	버튼1	버튼_그래프그리기

컴포넌트의 속성값을 다음과 같이 설정하고 아래의 그림과 같이 디자인합니다.

레이블_앱제목
배경색 - 파랑 글꼴굵게 – 체크 글꼴크기- 25 높이 – 자동 너비 – 부모요소에 맞추기 텍스트 – 우리동네 미세먼지 그래프 텍스트정렬 – 가운데 텍스트색상 – 흰색

버튼_그래프그리기
글꼴굵게 – 체크 높이 – 자동 너비 – 부모요소에 맞추기 텍스트 – 미세먼지 그래프 그리기 텍스트 정렬 – 가운데

미리 준비된 미세먼지 데이터의 수정된 링크를 앱인벤터 웹1 컴포넌트의 속성 중 URL에 붙여넣기 합니다.

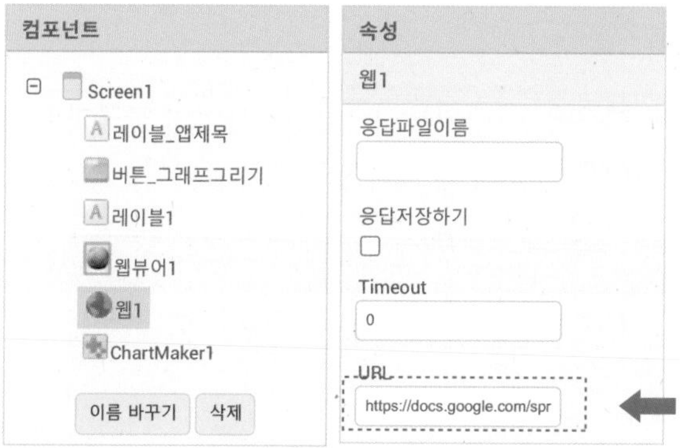

https://docs.google.com/spreadsheets/d/****************************_dAYFuHKZKJ2RZbx5hkSMPxw/export?format=csv
(수정된 링크를 붙여넣어주세요)

05 디자인 완성하기

다음과 같이 앱 디자인을 완성합니다.

06 앱 코딩하기

1. 레이블 1개 선 그래프 그리기

데이터로 그래프 그리는 연습을 합니다. 다음은 2012년부터 2017년 사이의 한국과 OECD 평균 초미세먼지 현황 표입니다. 다음 데이터를 이용해 선 그래프를 그려봅니다.

년도	2012	2013	2014	2015	2016	2017
한국	28.1	29.3	27.2	28.1	25.0	25.1

ChartMaker1 컴포넌트에서 '호출 ChartMaker1.DrawLineGraph'를 가져옵니다.

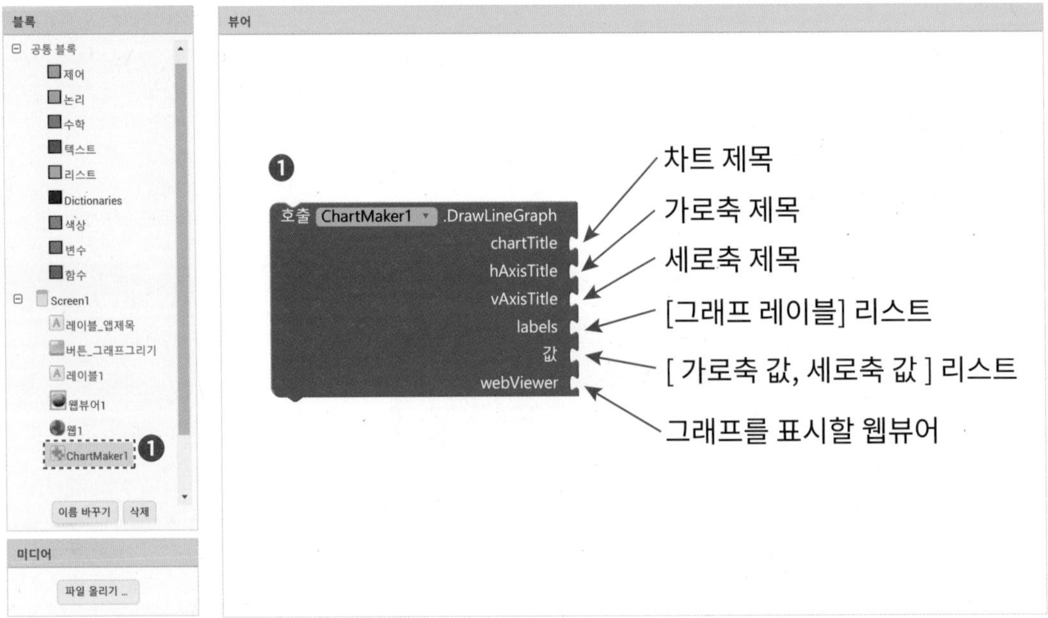

주의 labels와 값은 항목이 한 개이어도 리스트의 형태로 지정해주어야 합니다.

chartTitle: '우리나라 연평균 초미세먼지 현황', hAxisTitle: 년도, vAxisTitle: 미세먼지 농도, labels: [한국], 값: [년도, 미세먼지 값]을  과 

블록을 이용해 다음과 같이 조립합니다.

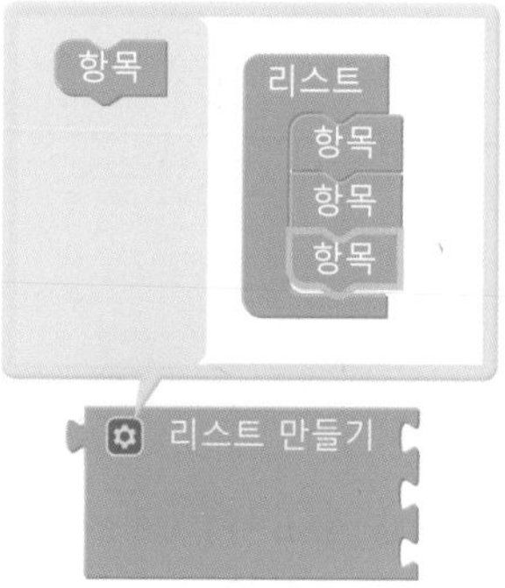

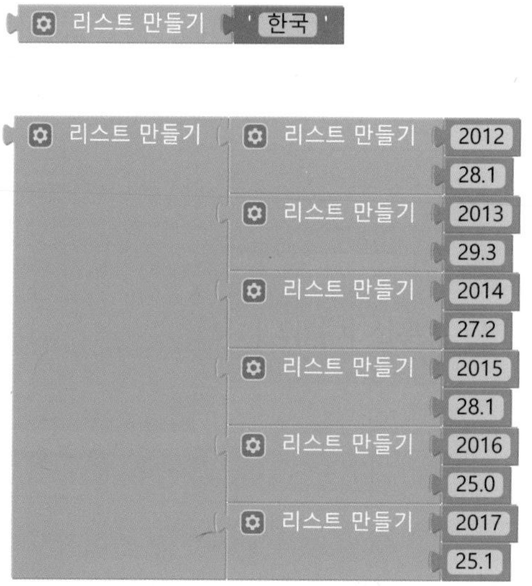

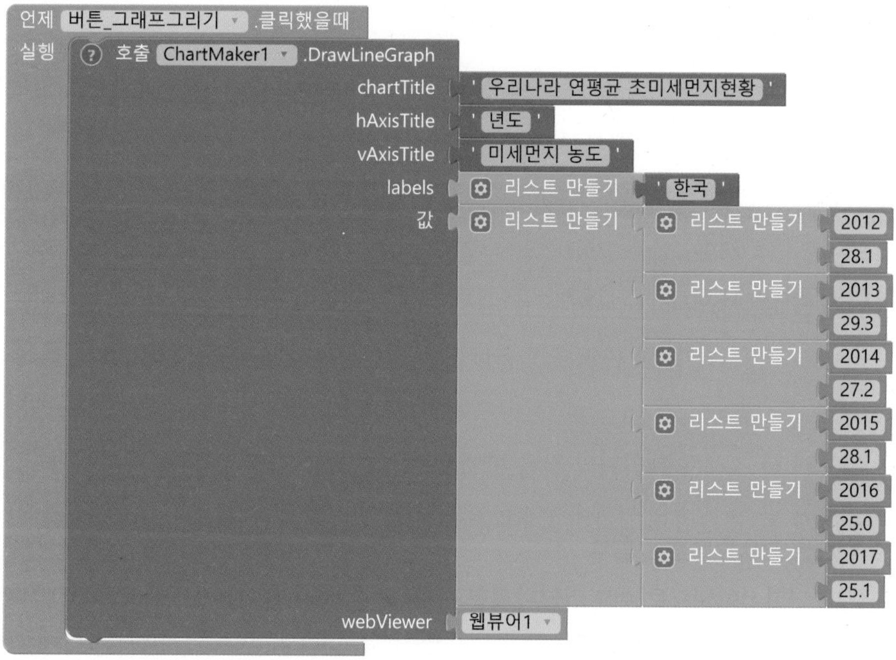

[실행화면]

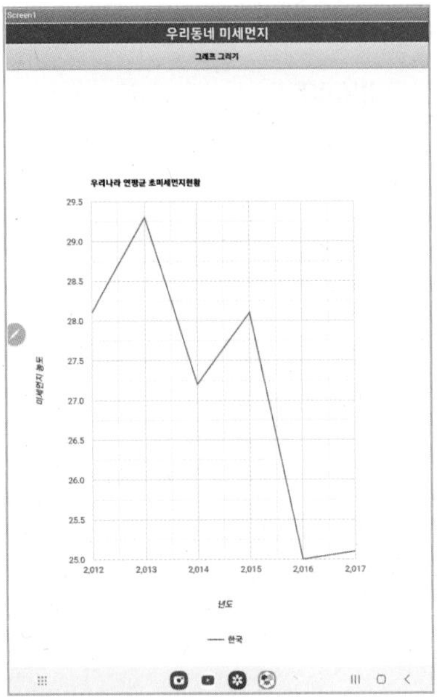

2. 레이블 2개 라인 그래프 그려보기

위 데이터에 OECD 평균값을 추가해 연도별로 한국 vs OECD 평균 미세먼지 현황을 비교해 볼 수 있는 선 그래프를 그려봅니다.

년도	2012	2013	2014	2015	2016	2017
한국	28.1	29.3	27.2	28.1	25.0	25.1
OECD평균	14.6	14.3	13.5	13.5	12.5	12.5

레이블 1개 선 그래프 그리기와 같은 방법으로  블록과 

블록을 이용해 레이블이 2개, 즉 연도별 측정값이 2개인 선 그래프가 그려지게 리스트를 만듭니다.

chartTitle: '한국 vs OECD 연평균 미세먼지 현황', hAxisTitle: 년도, vAxisTitle: 미세먼지 농도, labels: [한국, OECD], 값: [년도, 한국 미세먼지 값, OECD 미세먼지 값]의 형태로 블록을 다음과 같이 완성합니다.

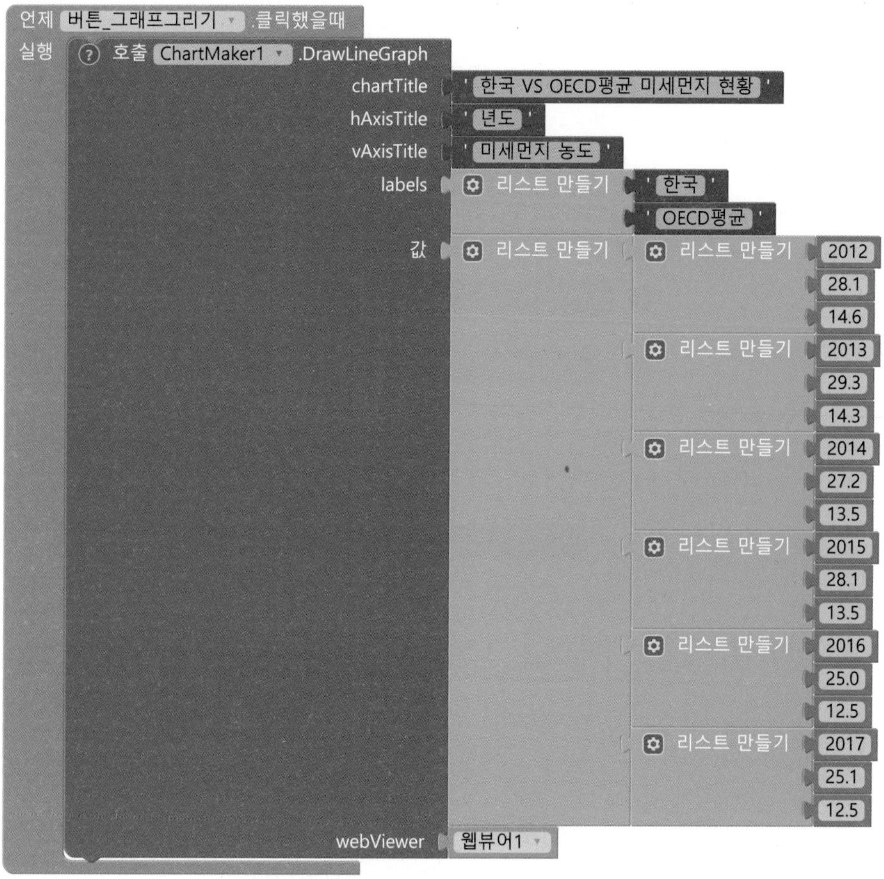
언제 버튼_그래프그리기 .클릭했을때
실행 호출 ChartMaker1 .DrawLineGraph
chartTitle '한국 VS OECD평균 미세먼지 현황'
hAxisTitle '년도'
vAxisTitle '미세먼지 농도'
labels 리스트 만들기 '한국' 'OECD평균'
값 리스트 만들기
리스트 만들기 2012 28.1 14.6
리스트 만들기 2013 29.3 14.3
리스트 만들기 2014 27.2 13.5
리스트 만들기 2015 28.1 13.5
리스트 만들기 2016 25.0 12.5
리스트 만들기 2017 25.1 12.5
webViewer 웹뷰어1

[실행화면]

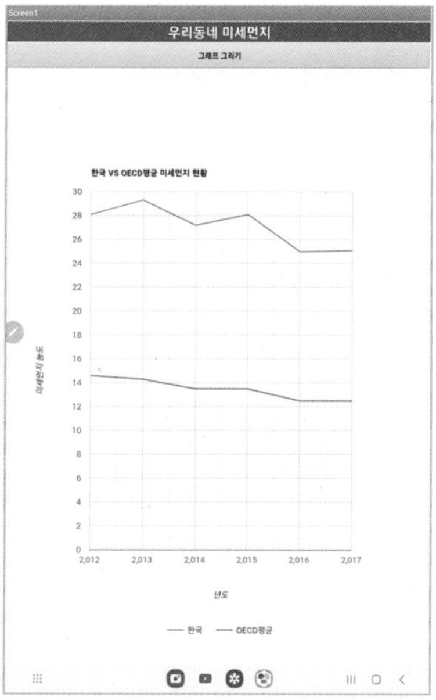
Screen1
우리동네 미세먼지
그래프 그리기
한국 VS OECD평균 미세먼지 현황
년도
한국
OECD평균

3. 우리 동네 미세먼지 데이터 그래프 그리기

구글 스프레드시트에서 가져올 데이터를 저장할 리스트 '자료'를 생성합니다.

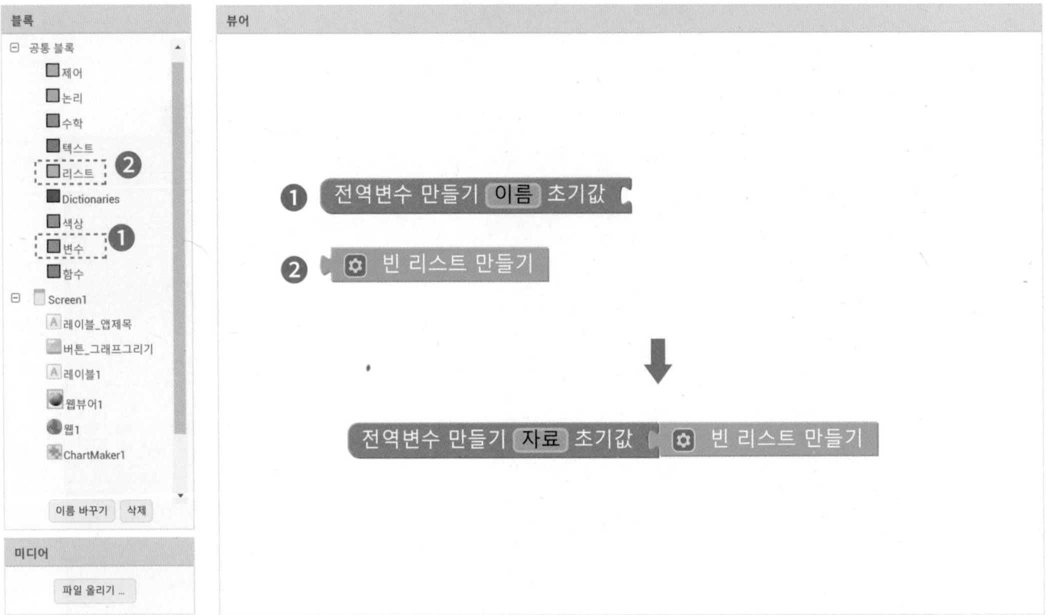

웹1 컴포넌트에서 '호출 웹1.가져오기'를 가져옵니다. 그리고 '버튼_그래프 그리기.클릭했을 때' 웹1의 속성값으로 지정한 URL에서 데이터를 가져옵니다.

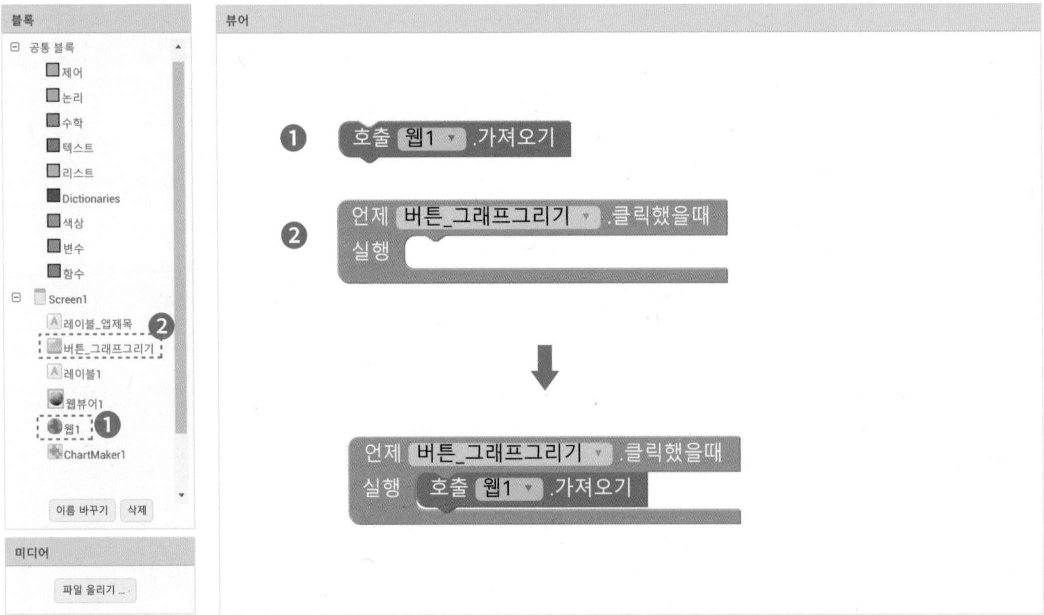

웹1 컴포넌트에서 '언제 웹1.텍스트를 받았을 때'를 가져옵니다. 구글 스프레드시트의 데이터는 '응답 콘텐츠'에 저장되어 있습니다.

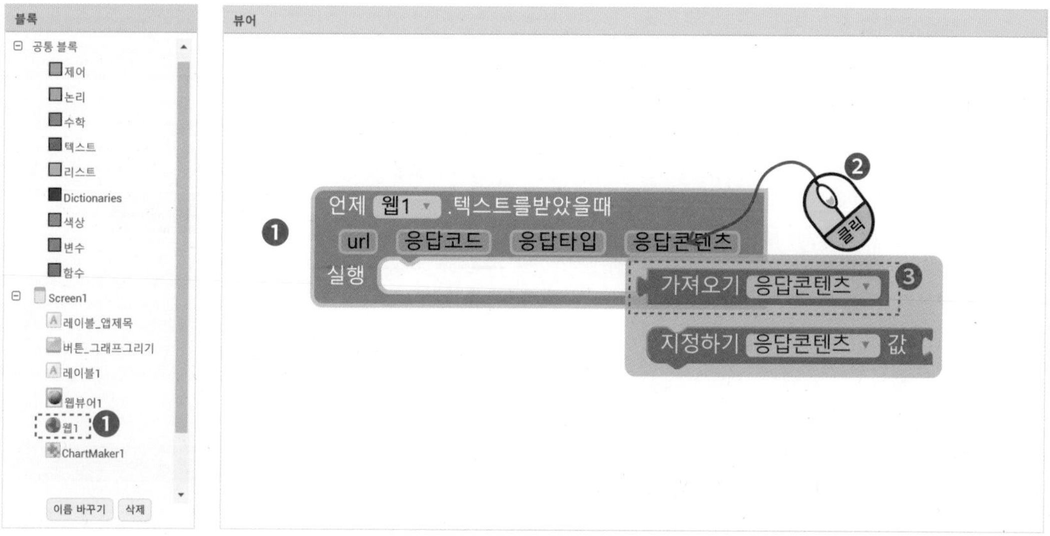

응답 콘텐츠에 저장된 엑셀 데이터를 CSV 표(쉼표로 구분해 텍스트로 저장) 리스트로 바꾸는 블록을 가져옵니다.

응답 콘텐츠를 리스트로 바꾸어 전역변수 '자료'에 저장합니다.

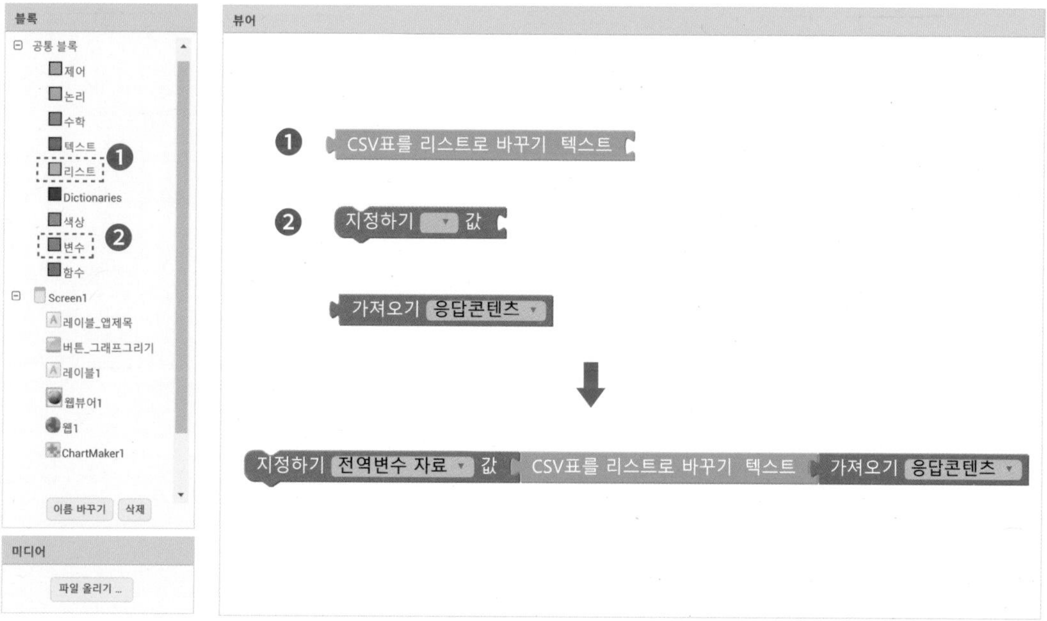

chartTitle: '11월 미세먼지', hAxisTitle: 날짜, vAxisTitle: 미세먼지 값, labels: [미세먼지 수준], 값: [날짜, 미세먼지 값]의 형태로 다음과 같이 블록을 완성합니다. labels와 값은 반드시 리스트의 형태여야 합니다.

호출 ChartMaker1 .DrawLineGraph
chartTitle '11월 미세먼지'
hAxisTitle '날짜'
vAxisTitle '미세먼지값'
labels 리스트 만들기 '미세먼지수준'
값 가져오기 전역변수 자료
webViewer 웹뷰어1

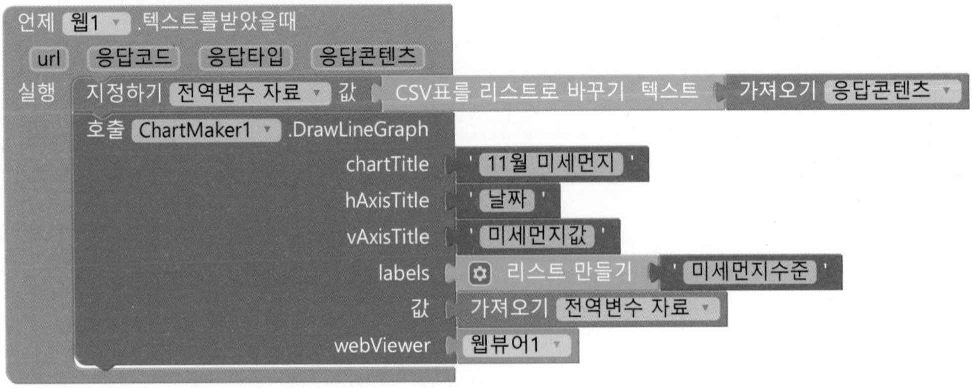
언제 웹1 .텍스트를받았을때
url 응답코드 응답타입 응답콘텐츠
실행 지정하기 전역변수 자료 값 CSV표를 리스트로 바꾸기 텍스트 가져오기 응답콘텐츠
호출 ChartMaker1 .DrawLineGraph
chartTitle '11월 미세먼지'
hAxisTitle '날짜'
vAxisTitle '미세먼지값'
labels 리스트 만들기 '미세먼지수준'
값 가져오기 전역변수 자료
webViewer 웹뷰어1

07 완성코드

모든 코드들을 완성하여 아래의 블록과 비교해봅니다.

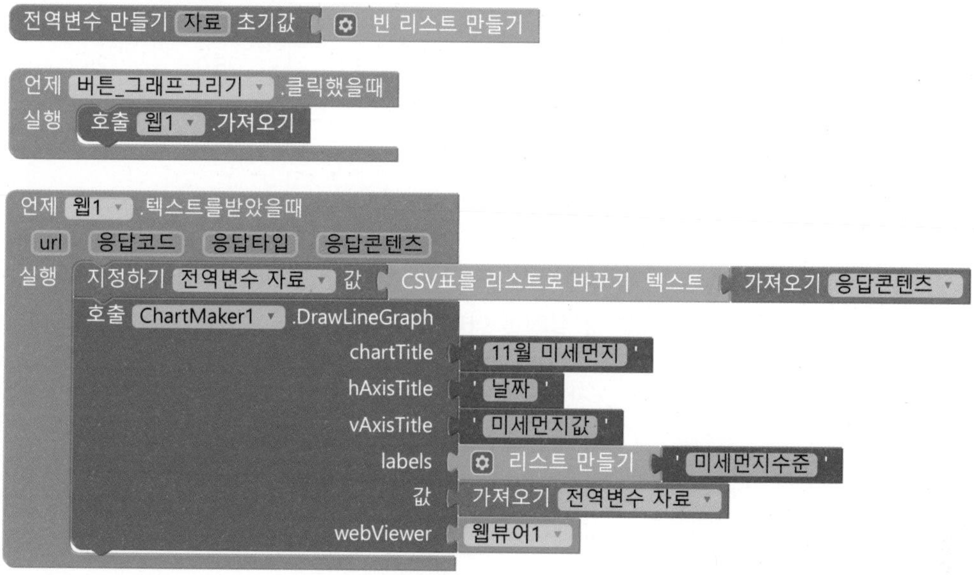

08 실행화면

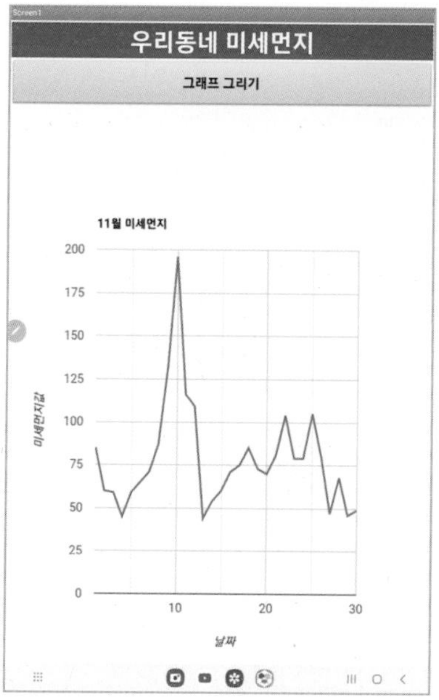

09 응용 연습하기

문제 1. 다음 자료로 파이 그래프를 그려봅니다.

년도	2012	2013	2014	2015	2016	2017
한국	28.1	29.3	27.2	28.1	25.0	25.1

풀이 1.

ChartMaker 컴포넌트의 블록에서 '호출 ChartMaker1.DrawPieChart' 블록을 가져옵니다. 파이 차트 블록에 필요한 값 설정을 아래와 같이 합니다.

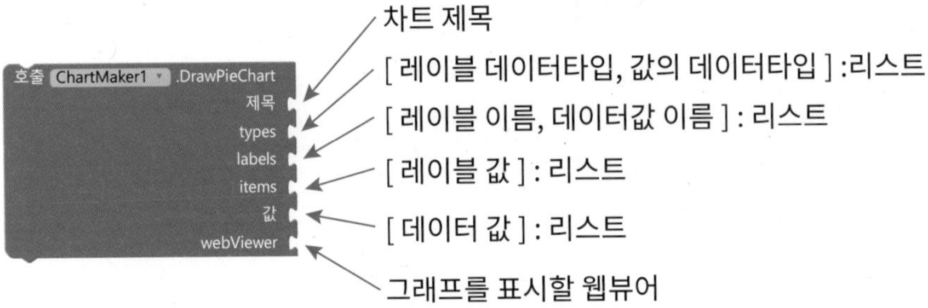

호출 ChartMaker1 .DrawPieChart
제목
types
labels
items
값
webViewer
차트 제목
[레이블 데이터타입, 값의 데이터타입] :리스트
[레이블 이름, 데이터값 이름] : 리스트
[레이블 값] : 리스트
[데이터 값] : 리스트
그래프를 표시할 웹뷰어

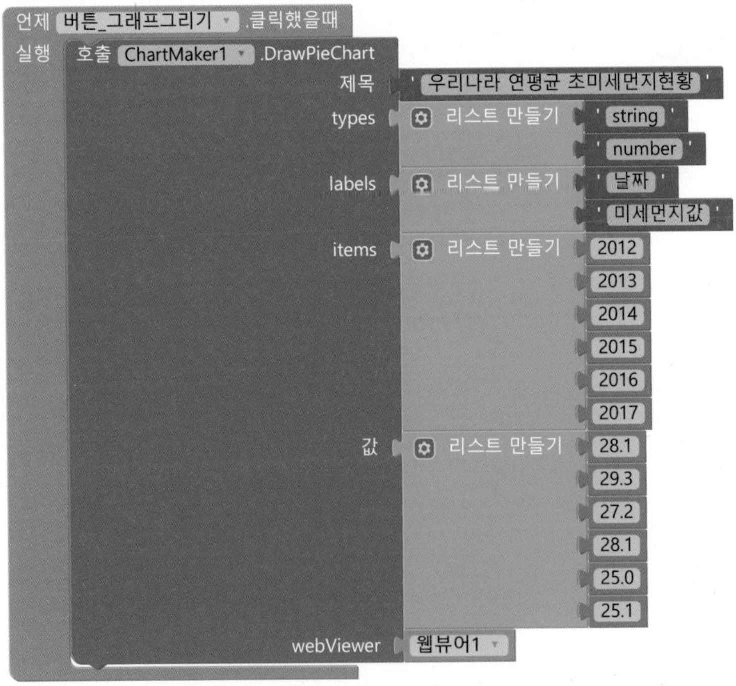

언제 버튼_그래프그리기 .클릭했을때
실행 호출 ChartMaker1 .DrawPieChart
제목 우리나라 연평균 초미세먼지현황
types 리스트 만들기 string number
labels 리스트 만들기 날짜 미세먼지값
items 리스트 만들기 2012 2013 2014 2015 2016 2017
값 리스트 만들기 28.1 29.3 27.2 28.1 25.0 25.1
webViewer 웹뷰어1

[실행화면]

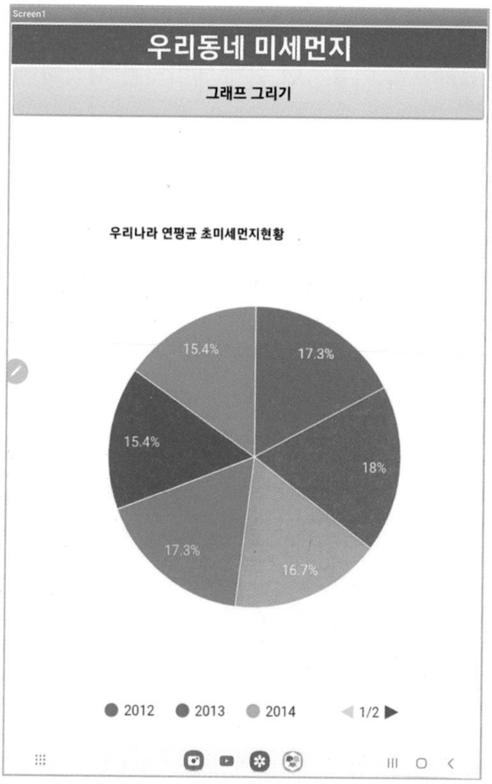
Screen1
우리동네 미세먼지
그래프 그리기
우리나라 연평균 초미세먼지현황
15.4%
17.3%
15.4%
18%
17.3%
16.7%
2012
2013
2014
1/2

10 아이디어 더하기

다양한 데이터로 다양한 그래프를 이용하여 쉽게 데이터를 시각화해봅니다.

예)

1. 관심있는 데이터에대한 관련 정보제공하는 사이트를 찾아 데이터를 다운로드 받습니다.
2. 필요한 부분의 데이터 또는 용도에 맞도록 변경하기 위해 데이터에 전처리를 해줍니다.
3. 정리된 데이터를 이용하여 다양한 그래프를 그려본 후 정보 전달이 가장 좋게 시각화된 그래프를 선택합니다.

idea 정리표

생각모으기	구체적인 내용
우리가 주변에서 흔히 접하는 데이터 정보 중 그래프로 그렸을 때 효과인것에는 어떤 것들이 있나요?	
나에게 필요한 데이터 정보는 어떤것들이 있나요?	
생각한 데이터를 이용하여 나에게 필요한 서비스에 대한 아이디어를 정리해봅니다.	
자신의 아이디어를 구현하기 위해 추가적으로 필요한 컴포넌트들은 어떤 것이 있을지 생각해봅니다.	

MEMO

08
설문결과보기 앱

학습목표

설문지는 사람들의 의견을 모아 볼 수 있는 아주 손쉬운 도구입니다. 의견이나 정보의 구체적이고 의미 있는 데이터만 모으려면 질문도 적절하게 잘 작성해야 합니다. 사람들의 생각을 수집하는 것은 데이터를 모으는 아주 기초적인 단계이며 질문 작성법, 데이터 전처리, 데이터 분석 능력은 빅데이터 시대에 아주 중요한 역량이라고 할 수 있습니다. 설문지에 응답한 데이터를 모으는 도구로 구글 스프레드시트를 사용해서 데이터를 살펴보고 특정 데이터를 시각화하는 앱을 만들어봅니다.

01 프로젝트 미리보기

구글 스프레드시트를 이용해서 설문지를 작성합니다. 작성한 설문지에 응답자가 응답하면 구글 스프레드시트에 응답 데이터가 저장됩니다. 저장된 데이터를 이용해 응답자의 이름, 전화번호, 성별을 파악하고 수업 내용이나 특정 서비스에 대한 만족도 점수를 받아 그래프를 그려봅니다.

02 주요 컴포넌트 살펴보기

▶ **목록 뷰**

다양한 항목을 목록 형식으로 나타냅니다. 텍스트만 표현할 수도 있고, 텍스트에 자세한 설명을 추가하거나 이미지를 목록에 나타낼 수도 있습니다. 목록 요소의 설정은 디자이너나 블록에서 할 수 있습니다.

▶ **웹**

웹페이지에서 데이터를 요청해서 응답을 받고 싶을 때는 연결에 있는 'web' 컴포넌트가 필요합니다.

03 미리 준비하기

▶ 구글 스프레드시트 파일 생성과 설문지 만들기

크롬 창의 오른쪽 상단 구글 앱에서 스프레드시트를 선택합니다. '+'를 눌러 새 스프레드시트를 생성합니다.

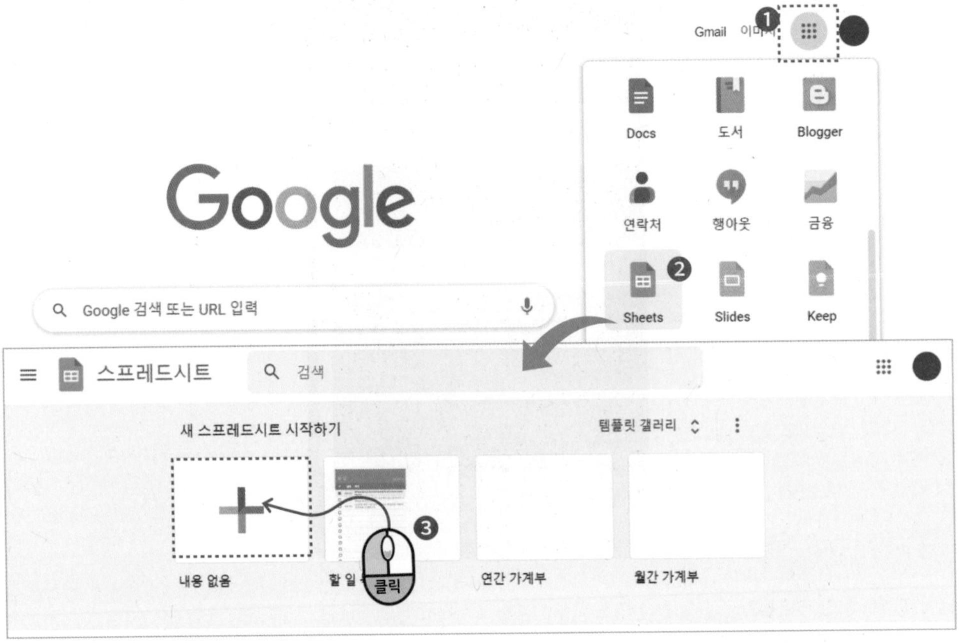

제목 없는 스프레드시트가 생성되면 파일 제목을 '설문조사결과'로 변경하고 '도구'→'새 양식 만들기'를 클릭해 설문지를 작성합니다.

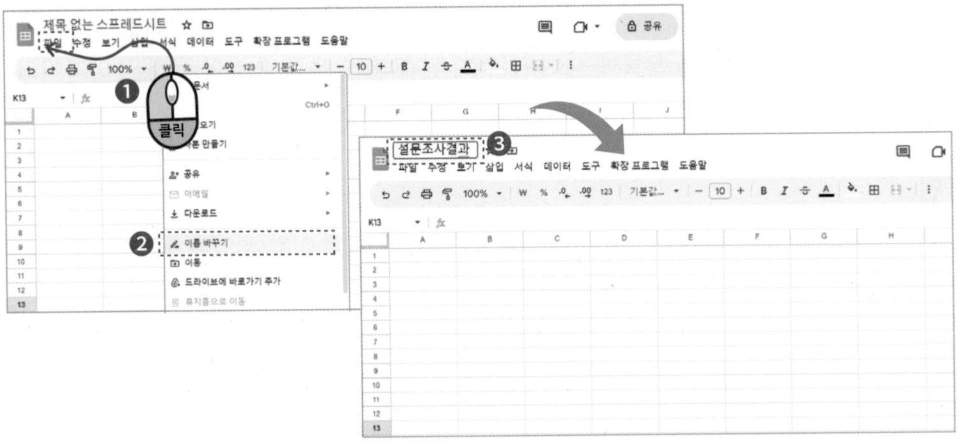

'새 양식 만들기'를 클릭하면 설문지를 작성할 수 있는 페이지가 나옵니다.

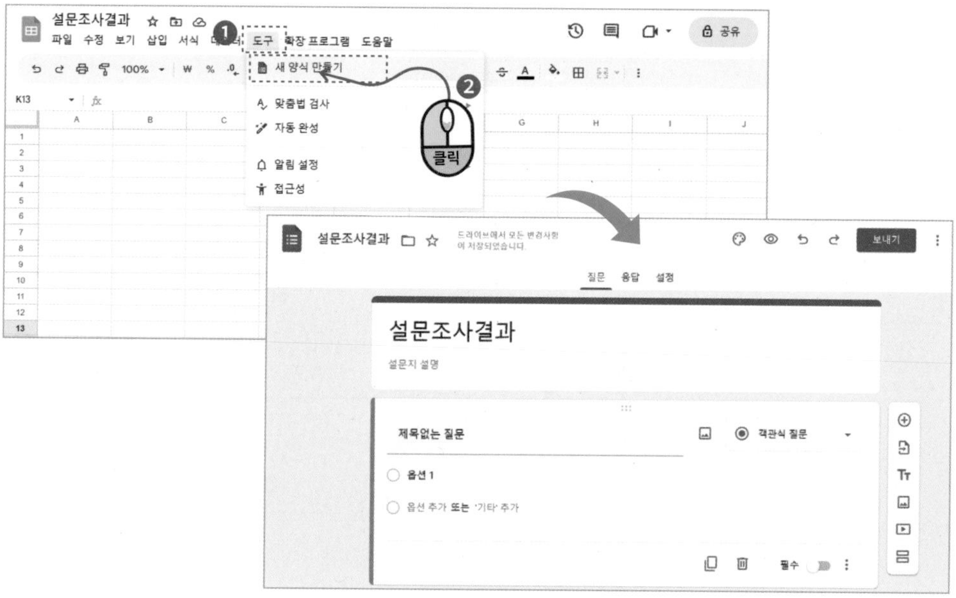

이름과 전화번호는 단답형 질문형태로 설정하고, '+'를 눌러 다음 질문을 생성합니다.

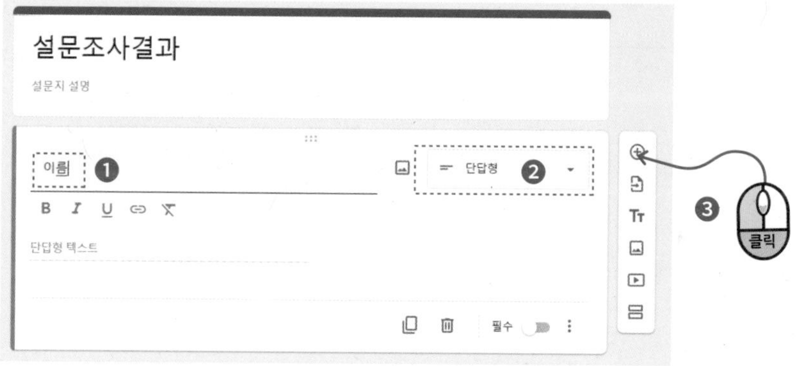

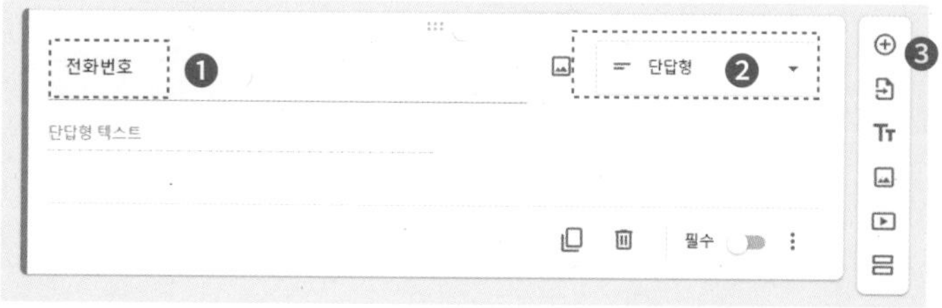

성별과 연령은 객관식 질문형태로 설정합니다. 성별의 객관식 보기는 남/여, 연령은 10~20대/30~40대/50대 이상으로 응답 선택지를 설정합니다.

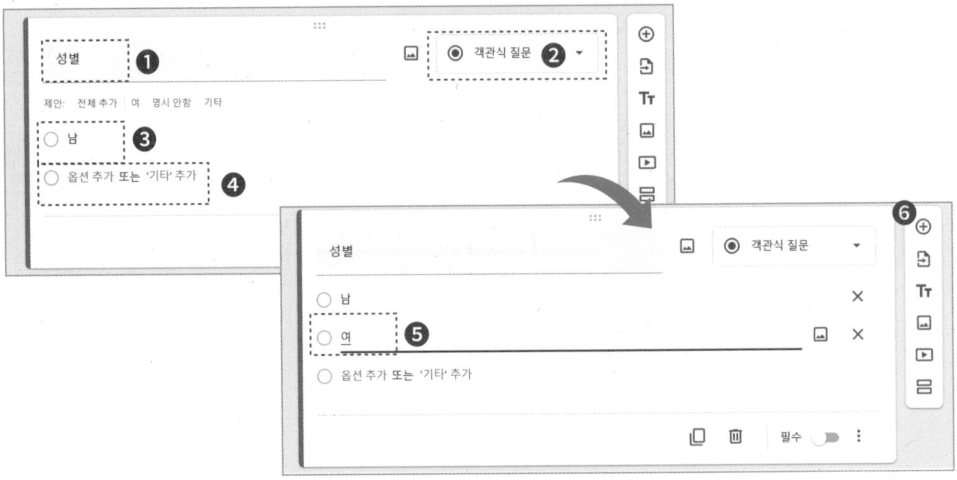

서비스 만족도 문항은 선형배율 형태로 1점~5점의 값을 응답받도록 설정하고 설문지 작성을 완료합니다.

작성된 설문지 우측 상단에 있는 ❶ '보내기' 버튼을 누르고 ❷공유할 수 있는 링크를 생성해서 ❸단축 URL로 만들어 ❹복사해 배포합니다.

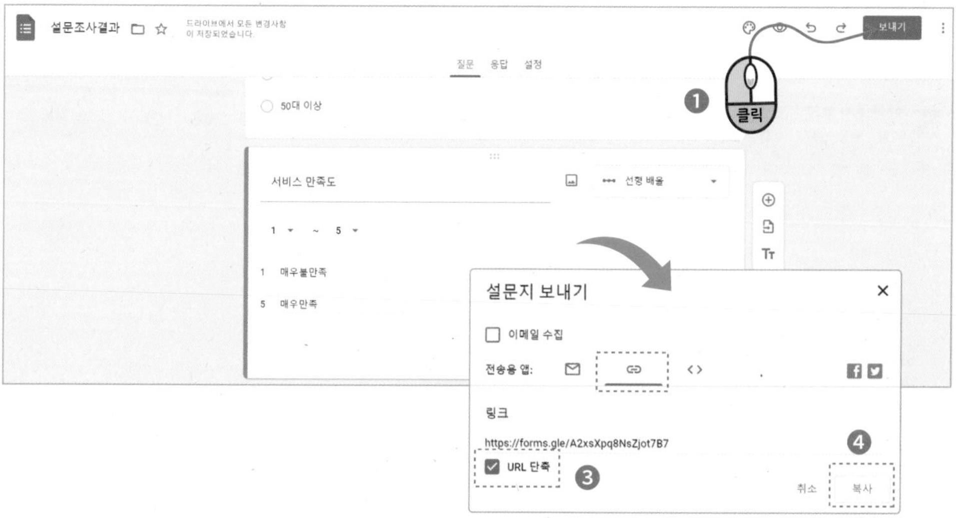

설문지 작성을 종료하고 구글 스프레드시트로 돌아오면 아래와 같이 '설문지 응답시트1'이 생성되고 질문항목 열이 생성됩니다.

▶ 데이터 입력 확인과 만족도 결과 데이터 만들기

설문지 링크를 배포해 응답을 받습니다. 응답자에게서 설문지 응답이 제출되면 아래와 같이 구글 스프레드시트의 행에 응답자의 답변이 저장됩니다. 아래의 데이터는 예시 데이터이므로 직접 응답자에게서 응답받은 데이터를 사용하길 바랍니다.

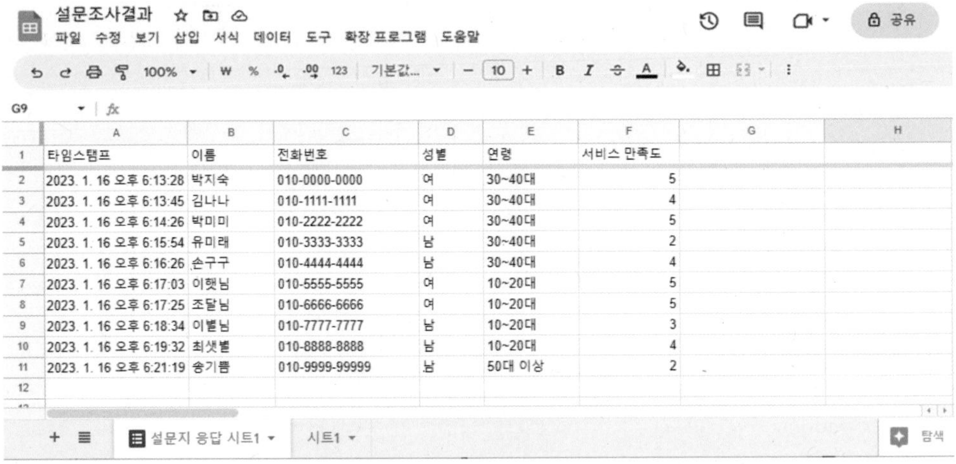

	A	B	C	D	E	F	G	H
1	타임스탬프	이름	전화번호	성별	연령	서비스 만족도		
2	2023. 1. 16 오후 6:13:28	박지숙	010-0000-0000	여	30~40대	5		
3	2023. 1. 16 오후 6:13:45	김나나	010-1111-1111	여	30~40대	4		
4	2023. 1. 16 오후 6:14:26	박미미	010-2222-2222	여	30~40대	5		
5	2023. 1. 16 오후 6:15:54	유미래	010-3333-3333	남	30~40대	2		
6	2023. 1. 16 오후 6:16:26	손구구	010-4444-4444	남	30~40대	4		
7	2023. 1. 16 오후 6:17:03	이햇님	010-5555-5555	여	10~20대	5		
8	2023. 1. 16 오후 6:17:25	조달님	010-6666-6666	여	10~20대	5		
9	2023. 1. 16 오후 6:18:34	이별님	010-7777-7777	남	10~20대	3		
10	2023. 1. 16 오후 6:19:32	최샛별	010-8888-8888	남	10~20대	4		
11	2023. 1. 16 오후 6:21:19	송기쁨	010-9999-99999	남	50대 이상	2		
12								

서비스 만족도 파이 그래프를 그리기 위해 데이터 전처리를 합니다. 서비스 만족도 조사결과에서 각 점수에 해당하는 데이터의 비율을 계산하기 위해 특정 열에서 데이터의 개수를 세는 엑셀 함수 countif를 사용합니다.

```
=countif (F:F ,5 )
```

서비스 만족도가 저장된 F열 전체에서 값이 5인 자룟값을 찾아 숫자를 세는 코드입니다. 4, 3, 2, 1일 때의 값을 G열에 저장해 사용합니다.

다른 셀도 함수를 작성해서 만족도 5점~1점까지 응답한 개수를 G열에 저장합니다.

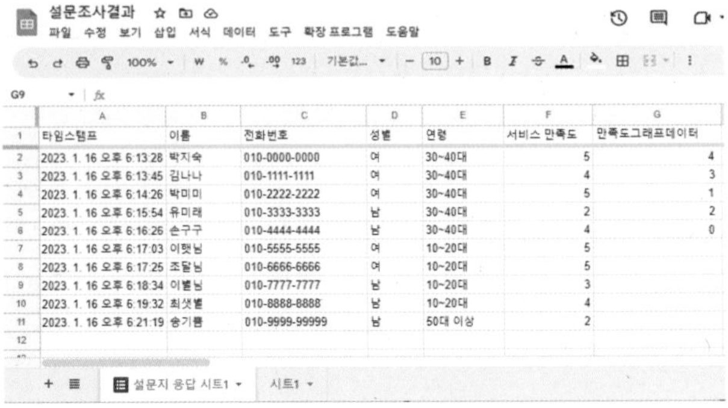

	A	B	C	D	E	F	G
1	타임스탬프	이름	전화번호	성별	연령	서비스 만족도	만족도그래프데이터
2	2023. 1. 16 오후 6:13:28	박지숙	010-0000-0000	여	30~40대	5	4
3	2023. 1. 16 오후 6:13:45	김나나	010-1111-1111	여	30~40대	4	3
4	2023. 1. 16 오후 6:14:26	박미미	010-2222-2222	여	30~40대	5	1
5	2023. 1. 16 오후 6:15:54	유미래	010-3333-3333	남	30~40대	2	2
6	2023. 1. 16 오후 6:16:26	손구구	010-4444-4444	남	30~40대	4	0
7	2023. 1. 16 오후 6:17:03	이햇님	010-5555-5555	여	10~20대	5	
8	2023. 1. 16 오후 6:17:25	조달님	010-6666-6666	여	10~20대	5	
9	2023. 1. 16 오후 6:18:34	이별님	010-7777-7777	남	10~20대	3	
10	2023. 1. 16 오후 6:19:32	최샛별	010-8888-8888	남	10~20대	4	
11	2023. 1. 16 오후 6:21:19	송기쁨	010-9999-99999	남	50대 이상	2	
12							

G2셀 : =countif (F:F ,5)
G3셀 : =countif (F:F ,4)
G4셀 : =countif (F:F ,3)
G5셀 : =countif (F:F ,2)
G6셀 : =countif (F:F ,1)

데이터 입력이 끝난 구글 스프레드시트를 오른쪽 상단 ❶공유 버튼을 누르고 ❷링크가 있는 모든 사용자가 사용할 수 있게 ❸링크 복사를 합니다.

https://docs.google.com/spreadsheets/d/***************************/edit?usp=sharing

복사한 링크를 메모장에 붙여넣고 마지막 부분을 다음과 같이 수정합니다.

edit?usp=sharing ⇨ export?format=csv

https://docs.google.com/spreadsheets/d/***********************/export?format=csv

이 URL은 웹 컴포넌트에 설정해 구글 스프레드시트의 데이터를 받아올 때 사용되므로 메모장 등에 잘 저장합니다.

주의 가려진 부분은 각자 복사한 링크마다 다르므로 자신의 구글 스프레드시트의 링크를 복사해야 합니다.

04 앱 디자인하기

1. survey_score 프로젝트 생성하기

메뉴에서 '프로젝트'를 클릭하고 목록에서 '새 프로젝트 시작하기'를 선택하고 프로젝트 이름을 'survey_score' 입력합니다.

2. Screen1 컴포넌트 추가

앱 구성에 필요한 컴포넌트를 추가해 앱을 디자인합니다. 구글 스프레드시트에서 응답자의 정보를 볼 스크린과 서비스 만족도를 그래프로 나타낼 스크린을 만듭니다.

사용자 인터페이스에서 레이블1, 레이아웃의 수평 정렬1, 사용자 인터페이스에서 버튼1, 버튼2를 가져다 수평 배치1 안에 넣습니다. 수평 배치1 아래에 사용자 인터페이스에서 레이블2, 레이블3, 레이블4를 추가합니다. 목록 뷰1을 맨 아래에 추가하고, 연결에서 웹1을 보이지 않는 컴포넌트로 추가합니다.

앱 화면 디자인과 코딩하기 편하게 컴포넌트 이름을 다음과 같이 변경합니다.

변경 전	변경 후	변경 전	변경 후
레이블1	레이블_안내	레이블2	레이블_응답자
버튼1	버튼_응답자보기	레이블3	레이블_공간
버튼2	버튼_만족도	레이블4	레이블_목록뷰제목

컴포넌트의 속성값을 다음과 같이 설정하고 아래의 그림과 같이 디자인합니다.

레이블_목록뷰제목	목록뷰1	Screen1
텍스트 – 설문 응답자 LIST 텍스트정렬 – 가운데 텍스트색상 – 흰색	배경색 – 노랑 텍스트색상 – 검정 텍스트크기 - 22	수평정렬 – 가운데 수직정렬 – 위 배경색 – 검정 제목 – 설문지 결과보기 앱

레이블_안내
배경색 - 파랑
글꼴굵게 – 체크
글꼴크기- 20
높이 – 자동
너비 – 부모요소에 맞추기
텍스트 – 응답자 정보
텍스트정렬 – 가운데
텍스트색상 – 흰색

수평배치1
수평정렬 – 가운데
수직정렬 – 가운데
배경색 - 기본값
높이 – 15퍼센트
너비 – 부모요소에 맞추기

버튼_응답자보기
배경색 – 밝은 회색
글꼴굵게 – 체크
글꼴크기- 20
높이 – 자동
너비 – 120픽셀
모양 - 둥근모서리
텍스트 – 응답자 보기
텍스트정렬 – 가운데
텍스트색상 – 기본값

버튼_만족도
배경색 – 주황
글꼴굵게 - 체크
글꼴크기- 20
높이 – 자동
너비 – 120픽셀
모양 - 둥근모서리
텍스트 – 만족도
텍스트정렬 – 가운데
텍스트색상 – 기본값

레이블_응답자
글꼴굵게 – 체크
글꼴크기- 20
높이 – 자동
너비 – 자동
텍스트 – 응답자 정보
텍스트정렬 – 가운데
텍스트색상 – 주황

레이블_공간
높이 – 10픽셀
너비 – 자동

3. Screen2 추가하기

두 번째 스크린을 추가합니다. 이름 변경 없이 Screen2로 추가합니다.

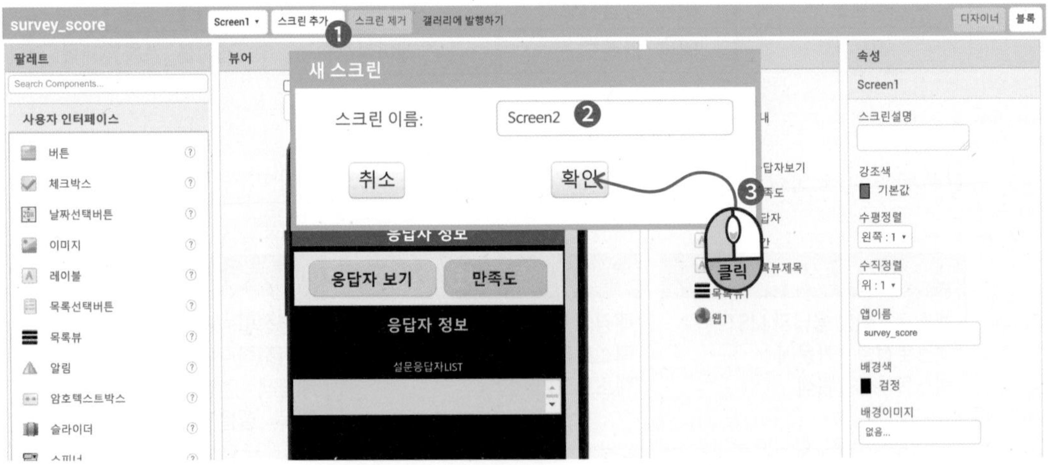

4. Screen2 그래프 확장기능 추가하기

앱 인벤터 확장기능에 대한 정보와 내려받을 수 있는 링크를 제공하는 사이트에 접속합니다. (https://puravidaapps.com/extensions.php)

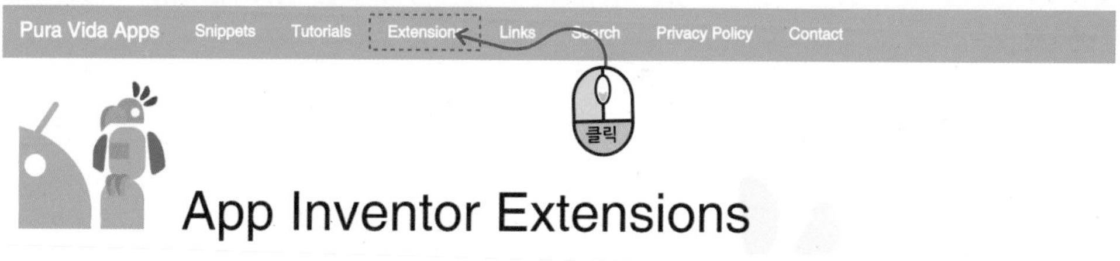

그래프를 그릴 수 있는 ChartMaker Extension을 클릭합니다.

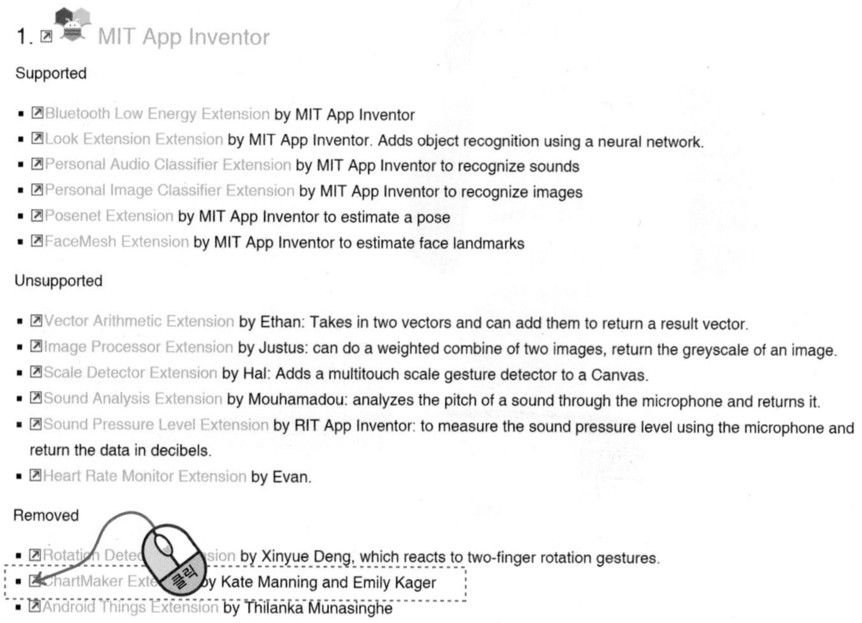

1. MIT App Inventor

Supported

- Bluetooth Low Energy Extension by MIT App Inventor
- Look Extension Extension by MIT App Inventor. Adds object recognition using a neural network.
- Personal Audio Classifier Extension by MIT App Inventor to recognize sounds
- Personal Image Classifier Extension by MIT App Inventor to recognize images
- Posenet Extension by MIT App Inventor to estimate a pose
- FaceMesh Extension by MIT App Inventor to estimate face landmarks

Unsupported

- Vector Arithmetic Extension by Ethan: Takes in two vectors and can add them to return a result vector.
- Image Processor Extension by Justus: can do a weighted combine of two images, return the greyscale of an image.
- Scale Detector Extension by Hal: Adds a multitouch scale gesture detector to a Canvas.
- Sound Analysis Extension by Mouhamadou: analyzes the pitch of a sound through the microphone and returns it.
- Sound Pressure Level Extension by RIT App Inventor: to measure the sound pressure level using the microphone and return the data in decibels.
- Heart Rate Monitor Extension by Evan.

Removed

- Rotation Detection Extension by Xinyue Deng, which reacts to two-finger rotation gestures.
- ChartMaker Extension by Kate Manning and Emily Kager
- Android Things Extension by Thilanka Munasinghe

연결된 github 사이트에서 페이지를 클릭하고 ChartMaker.aix를 클릭해 확장기능을 내려받습니다. (https://github.com/MillsCS215AppInventorProj/chartmaker)

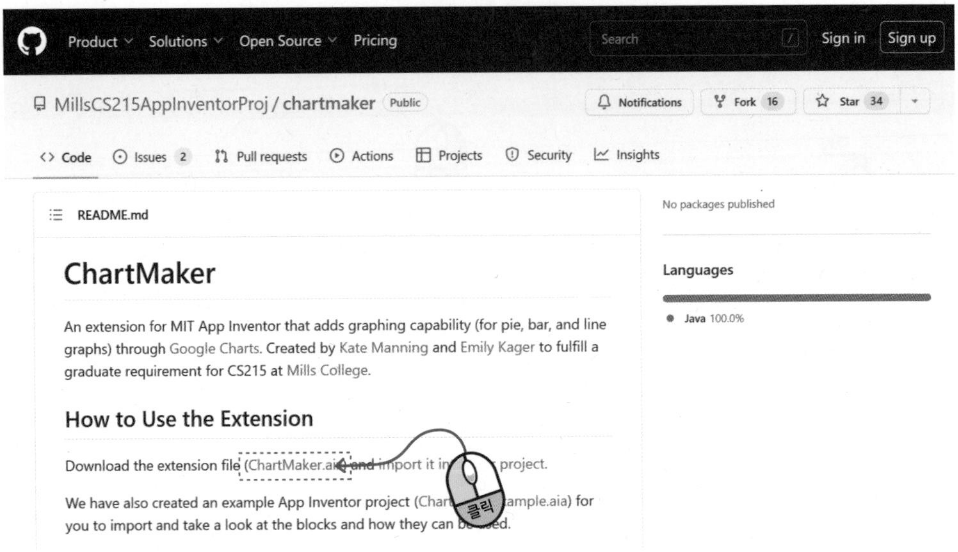

'edu.mills.appinventor.ChartMaker.aix' 파일을 내려받았는지 확인합니다. 팔레트에서 '확장기능 추가하기'를 이용해 내려받은 확장기능을 다음과 같이 추가합니다.

사용자 인터페이스에서 레이블1, 레이아웃에서 수평 배치1, 사용자 인터페이스에서 버튼1을 가져와 수평 배치1에 끌어다 넣습니다. 수평 배치1 아래 사용자 인터페이스에서 웹 뷰어1을 가져옵니다. 확장기능에 추가한 CartMaker1을 보이지 않는 컴포넌트로 추가합니다.

앱 화면 디자인과 코딩하기 편하게 컴포넌트 이름을 다음과 같이 변경합니다.

변경 전	변경 후	변경 전	변경 후
레이블1	레이블_안내	버튼1	버튼_홈

스크린의 배경색을 검정으로 설정합니다. 다른 컴포넌트의 속성값을 다음과 같이 설정하고 아래 그림과 같이 디자인합니다.

레이블_안내
배경색 - 노랑 글꼴굵게 – 체크 글꼴크기- 25 높이 – 자동 너비 – 부모요소에 맞추기 텍스트 – 서비스 만족도 텍스트정렬 – 가운데 텍스트색상 – 흰색

버튼_홈
배경색 – 밝은 회색 글꼴굵게 – 체크 글꼴크기 – 20 높이 – 자동 너비 – 자동 텍스트 – HOME 텍스트색상 - 기본값

05 디자인 완성하기

다음과 같이 앱 디자인을 완성합니다.

[Screen1]

[Screen2]

06 앱 코딩하기

1. Screen1 앱 코딩

1) 구글 스프레드시트와 연동해 응답자 이름 정보 가져오기

구글 스프레드시트와 연결해 설문지 응답 데이터를 받아오기 위해 전역변수 리스트 '전체 리스트', '이름', '전화번호', '성별', '연령', '만족도'를 생성합니다.

전역변수 만들기 전체리스트 초기값 빈 리스트 만들기
전역변수 만들기 이름 초기값 빈 리스트 만들기
전역변수 만들기 전화번호 초기값 빈 리스트 만들기
전역변수 만들기 성별 초기값 빈 리스트 만들기
전역변수 만들기 연령 초기값 빈 리스트 만들기
전역변수 만들기 만족도 초기값 빈 리스트 만들기

'응답자 보기' 버튼을 클릭했을 때 구글 스프레드시트에 연결해 목록 뷰에 응답자 이름을 출력하기 위한 코드를 작성합니다. 목록 뷰 보이기 여부를 '참'으로 설정해 보이게 하고 목록 뷰 요소값으로 응답자의 이름을 출력합니다.

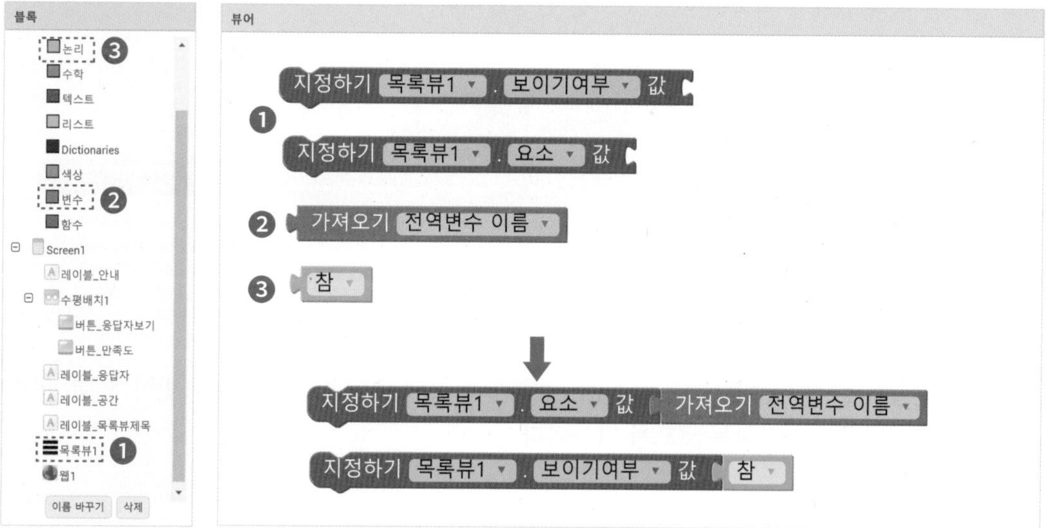
블록
논리 3
수학
텍스트
리스트
Dictionaries
색상
변수 2
함수
Screen1
레이블_안내
수평배치1
버튼_응답자보기
버튼_만족도
레이블_응답자
레이블_공간
레이블_목록뷰제목
목록뷰1 1
웹1
이름 바꾸기
삭제
뷰어
1
지정하기 목록뷰1 . 보이기여부 값
지정하기 목록뷰1 . 요소 값
2 가져오기 전역변수 이름
3 참
지정하기 목록뷰1 . 요소 값 가져오기 전역변수 이름
지정하기 목록뷰1 . 보이기여부 값 참

수정해서 준비해둔 구글 스프레드시트의 URL을 '지정하기 웹1.URL 값'으로 설정합니다.

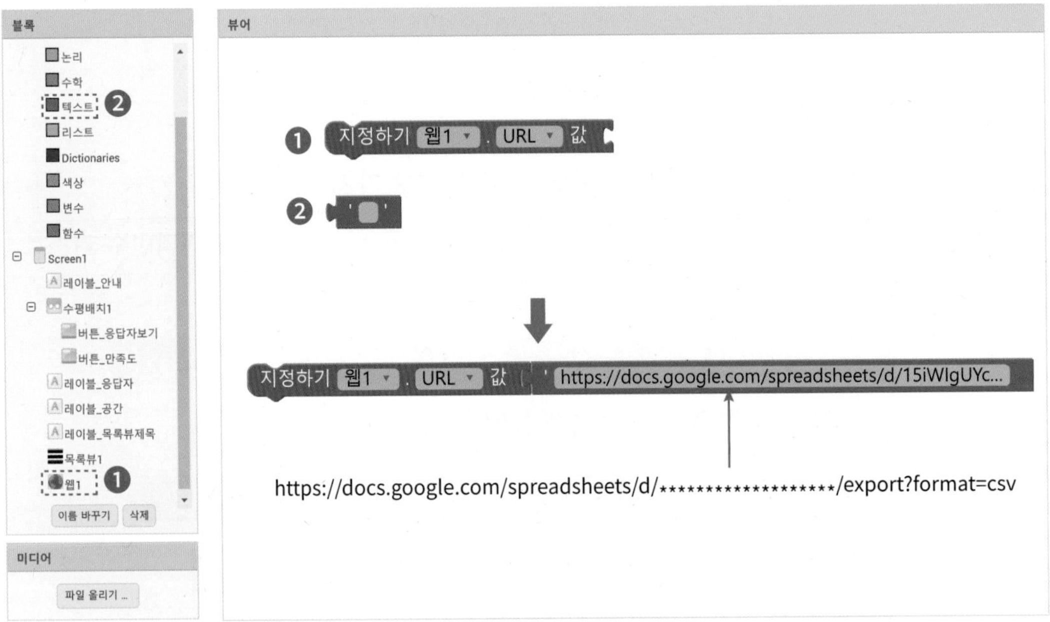
블록
논리
수학
텍스트
리스트
Dictionaries
색상
변수
함수
Screen1
레이블_안내
수평배치1
버튼_응답자보기
버튼_만족도
레이블_응답자
레이블_공간
레이블_목록뷰제목
목록뷰1
웹1
이름 바꾸기
삭제
미디어
파일 올리기 ...
뷰어
지정하기 웹1 . URL 값
지정하기 웹1 . URL 값 ' https://docs.google.com/spreadsheets/d/15iWIgUYc... '
https://docs.google.com/spreadsheets/d/*******************/export?format=csv

연결된 웹에서 값을 가져오기 위해 '호출 웹1.가져오기'를 준비합니다.

호출 웹1 .가져오기

'응답자 보기' 버튼을 눌렀을 때 목록 뷰가 보이고 구글 스프레드시트에 연결해 응답자 이름을 목록 뷰에 출력하게 하는 코드를 완성합니다.

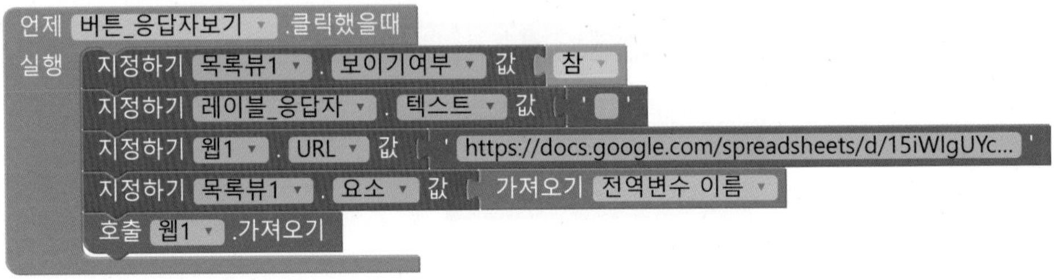
언제 버튼_응답자보기 .클릭했을때
실행 지정하기 목록뷰1 . 보이기여부 값 참
지정하기 레이블_응답자 . 텍스트 값 ' '
지정하기 웹1 . URL 값 ' https://docs.google.com/spreadsheets/d/15iWIgUYc... '
지정하기 목록뷰1 . 요소 값 가져오기 전역변수 이름
호출 웹1 .가져오기

'응답자 보기' 버튼을 눌러 웹 URL 호출한 후 응답 콘텐츠로 텍스트를 받아 '이름' 변수에 응답자 이름을 저장하는 코드를 만듭니다.

언제 웹1 .텍스트를받았을때
url 응답코드 응답타입 응답콘텐츠
실행

설문 전체 응답 데이터를 '전체 리스트'에 저장하고 그중에서 응답자의 이름을 추출해 '이름' 리스트에 저장하기 위해 두 리스트를 초기화합니다.

지정하기 전역변수 전체리스트 값 빈 리스트 만들기
지정하기 전역변수 이름 값 빈 리스트 만들기

'언제 웹1.텍스트를 받았을 때'의 '응답 콘텐츠' 변수에 저장된 전체 텍스트 정보를 리스트 블록에있는 
CSV표를 리스트로 바꾸기 텍스트
를 이용해 '전체 리스트'에 저장합니다.

지정하기 전역변수 전체리스트 값 CSV표를 리스트로 바꾸기 텍스트 가져오기 응답콘텐츠

설문지 작성이 완료되면 아래와 같이 데이터가 입력됩니다. 즉 '전체 리스트'가 됩니다. 이중에서 '이름'이 들어있는 B열인 두 번째 항목만 가져옵니다.

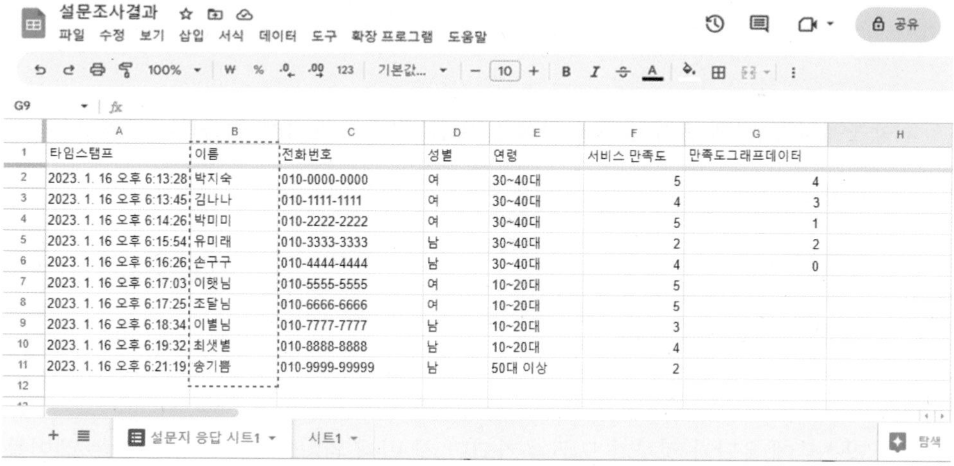
설문조사결과
파일 수정 보기 삽입 서식 데이터 도구 확장 프로그램 도움말
공유
설문지 응답 시트1
시트1
탐색

	A	B	C	D	E	F	G
1	타임스탬프	이름	전화번호	성별	연령	서비스 만족도	만족도그래프데이터
2	2023. 1. 16 오후 6:13:28	박지숙	010-0000-0000	여	30~40대	5	4
3	2023. 1. 16 오후 6:13:45	김나나	010-1111-1111	여	30~40대	4	3
4	2023. 1. 16 오후 6:14:26	박미미	010-2222-2222	여	30~40대	5	1
5	2023. 1. 16 오후 6:15:54	유미래	010-3333-3333	남	30~40대	2	2
6	2023. 1. 16 오후 6:16:26	손구구	010-4444-4444	남	30~40대	4	0
7	2023. 1. 16 오후 6:17:03	이햇님	010-5555-5555	여	10~20대	5	
8	2023. 1. 16 오후 6:17:25	조달님	010-6666-6666	여	10~20대	5	
9	2023. 1. 16 오후 6:18:34	이별님	010-7777-7777	남	10~20대	3	
10	2023. 1. 16 오후 6:19:32	최샛별	010-8888-8888	남	10~20대	4	
11	2023. 1. 16 오후 6:21:19	송기쁨	010-9999-99999	남	50대 이상	2	

각 행에서 특정 열의 항목은 제어 블록에 있는 ❶블록과 리스트 블록의 ❷블록을 이용하면 특정 위치의 값을 가져올 수 있습니다.

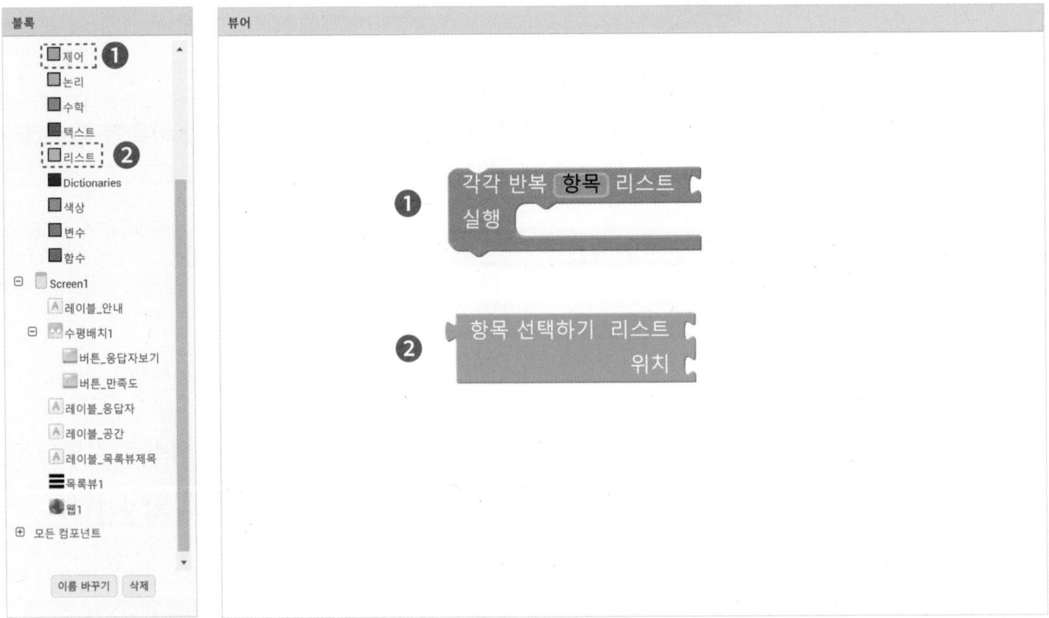

블록
제어
논리
수학
텍스트
리스트
Dictionaries
색상
변수
함수
Screen1
레이블_안내
수평배치1
버튼_응답자보기
버튼_만족도
레이블_응답자
레이블_공간
레이블_목록뷰제목
목록뷰1
웹1
모든 컴포넌트
이름 바꾸기
삭제
뷰어
각각 반복 항목 리스트
실행
항목 선택하기 리스트
위치

전체 리스트의 각 항목을 체크합니다.

각각 반복 항목 리스트 가져오기 전역변수 전체리스트
실행

각 항목에서 두 번째 위치의 값을 선택해 '이름' 리스트에 항목(이름)을 추가합니다.

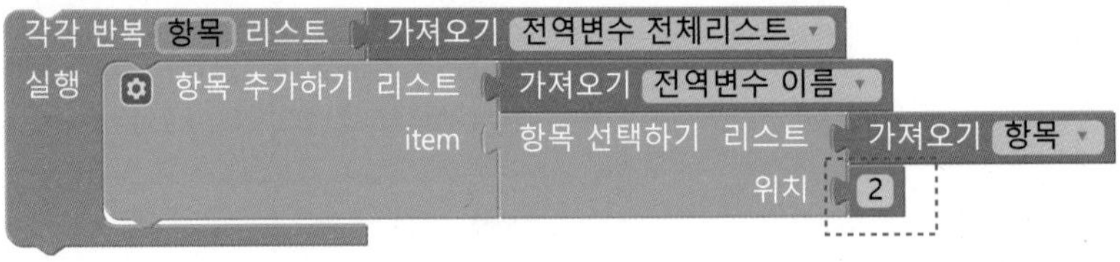

각각 반복 항목 리스트 가져오기 전역변수 전체리스트
실행 항목 추가하기 리스트 가져오기 전역변수 이름
item 항목 선택하기 리스트 가져오기 항목
위치 2

이름 리스트에 응답자 정보가 모두 추가되면 첫 번째 위치의 값은 이름이라는 레이블이므로 삭제합니다.

항목 삭제하기 리스트 가져오기 전역변수 이름
위치 1

응답 데이터에서 이름을 추출하는 코드를 아래 그림과 같이 완성합니다.

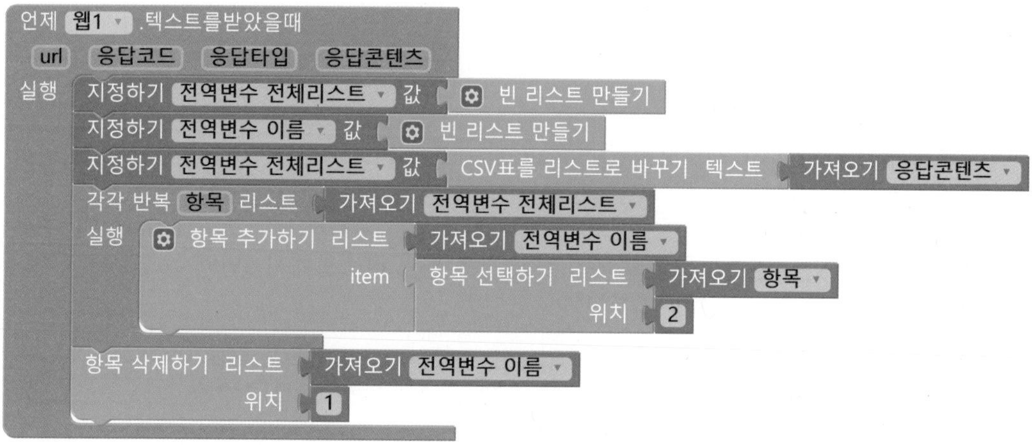
언제 웹1 .텍스트를받았을때
url 응답코드 응답타입 응답콘텐츠
실행 지정하기 전역변수 전체리스트 값 빈 리스트 만들기
지정하기 전역변수 이름 값 빈 리스트 만들기
지정하기 전역변수 전체리스트 값 CSV표를 리스트로 바꾸기 텍스트 가져오기 응답콘텐츠
각각 반복 항목 리스트 가져오기 전역변수 전체리스트
실행 항목 추가하기 리스트 가져오기 전역변수 이름
item 항목 선택하기 리스트 가져오기 항목
위치 2
항목 삭제하기 리스트 가져오기 전역변수 이름
위치 1

2) 목록뷰에서 선택된 응답자의 나머지 정보 가져오기

목록뷰에서 응답자가 선택되면 그 응답자에 대한 나머지 정보를 화면에 출력해봅니다.

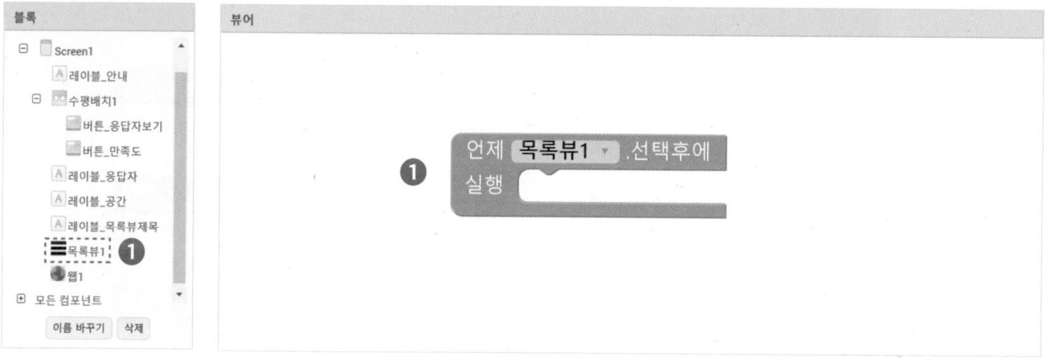
블록
Screen1
레이블_안내
수평배치1
버튼_응답자보기
버튼_만족도
레이블_응답자
레이블_공간
레이블_목록뷰제목
목록뷰1
1
웹1
모든 컴포넌트
이름 바꾸기
삭제
뷰어
1
언제 목록뷰1 .선택후에
실행

출력할 '레이블_응답자'의 텍스트값을 초기화합니다 정보들을 저장하기 위해 '전화번호', '성별', '만족도'리스트도 빈 리스트로 초기화 합니다.

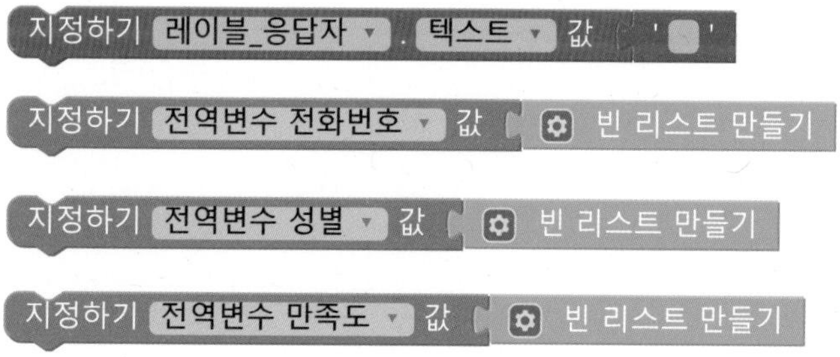
지정하기 레이블_응답자 . 텍스트 값 ' '
지정하기 전역변수 전화번호 값 빈 리스트 만들기
지정하기 전역변수 성별 값 빈 리스트 만들기
지정하기 전역변수 만족도 값 빈 리스트 만들기

각 행 C열에 있는 전화번호를 가져오기 위해 각 항목의 리스트에서 3번째 위칫값을 가져와 '전화번호' 리스트에 저장합니다.

각 행 D열에 있는 성별을 가져오기 위해 각 항목의 리스트에서 4번째 위칫값을 가져와 '성별' 리스트에 저장합니다.

각 행 E열에 있는 연령을 가져오기 위해 각 항목의 리스트에서 5번째 위칫값을 가져와 '연령' 리스트에 저장합니다.

각 행 F열에 있는 만족도를 가져오기 위해 각 항목의 리스트에서 6번째 위칫값을 가져와 '만족도' 리스트에 저장합니다.

	A	B	C	D	E	F	G	H
1	타임스탬프	이름	전화번호	성별	연령	서비스 만족도	만족도그래프데이터	
2	2023. 1. 16 오후 6:13:28	박지숙	010-0000-0000	여	30~40대	5	4	
3	2023. 1. 16 오후 6:13:45	김나나	010-1111-1111	여	30~40대	4	3	
4	2023. 1. 16 오후 6:14:26	박미미	010-2222-2222	여	30~40대	5	1	
5	2023. 1. 16 오후 6:15:54	유미래	010-3333-3333	남	30~40대	2	2	
6	2023. 1. 16 오후 6:16:26	손구구	010-4444-4444	남	30~40대	4	0	
7	2023. 1. 16 오후 6:17:03	이햇님	010-5555-5555	여	10~20대	5		
8	2023. 1. 16 오후 6:17:25	조달님	010-6666-6666	여	10~20대	5		
9	2023. 1. 16 오후 6:18:34	이별님	010-7777-7777	남	10~20대	3		
10	2023. 1. 16 오후 6:19:32	최샛별	010-8888-8888	남	10~20대	4		
11	2023. 1. 16 오후 6:21:19	송기쁨	010-9999-99999	남	50대 이상	2		

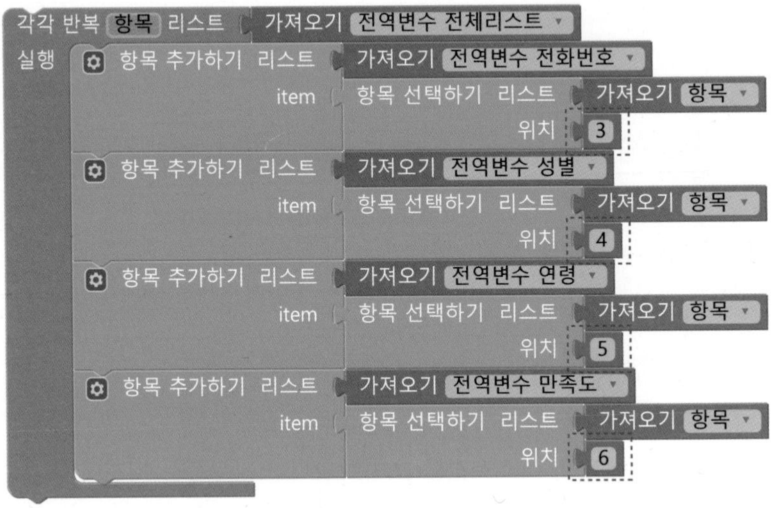
각각 반복 항목 리스트 가져오기 전역변수 전체리스트
실행 항목 추가하기 리스트 가져오기 전역변수 전화번호
item 항목 선택하기 리스트 가져오기 항목
위치 3
항목 추가하기 리스트 가져오기 전역변수 성별
item 항목 선택하기 리스트 가져오기 항목
위치 4
항목 추가하기 리스트 가져오기 전역변수 연령
item 항목 선택하기 리스트 가져오기 항목
위치 5
항목 추가하기 리스트 가져오기 전역변수 만족도
item 항목 선택하기 리스트 가져오기 항목
위치 6

공통블록 함수의 함수 생성 블록 ❶을 이용해 저장된 모든 리스트의 첫 번째 항목은 레이블이므로 삭제하는 '첫 번째 항목 삭제' 함수를 생성합니다.

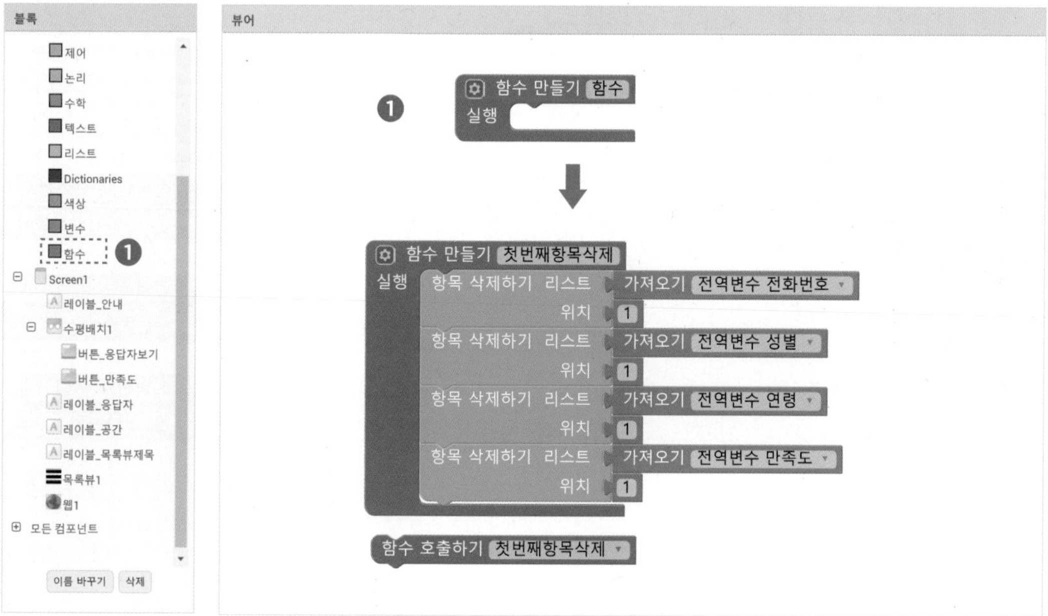

목록 뷰에서 선택한 응답자의 정보를 출력하도록 각 리스트에서 선택한 항목의 위칫값을 나타내는 ❶블록과 텍스트의 ❷블록을 이용해 '레이블_응답자'.텍스트값으로 지정합니다.

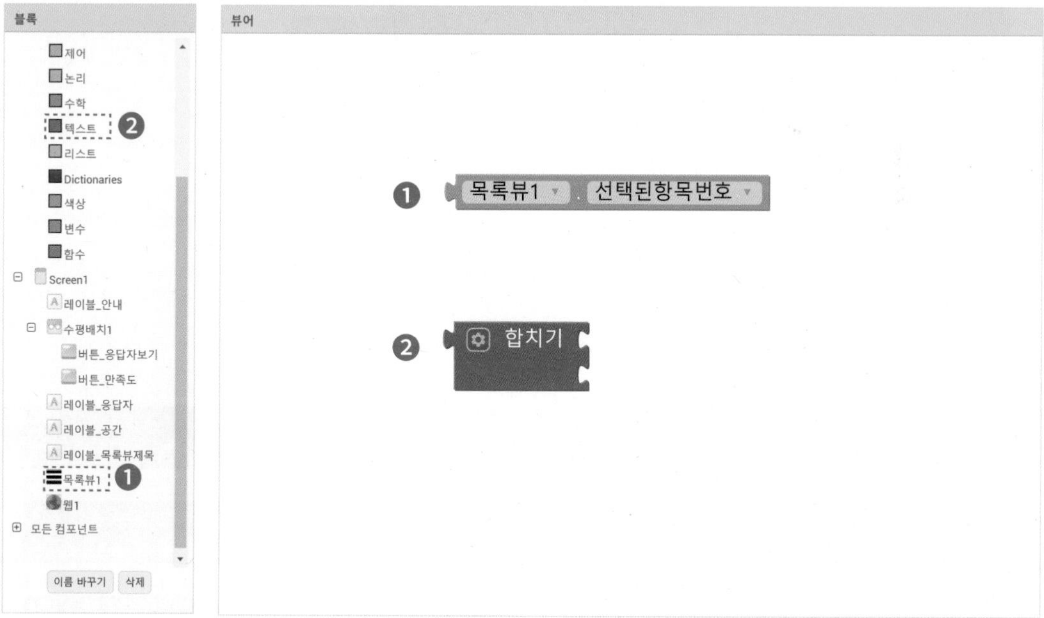

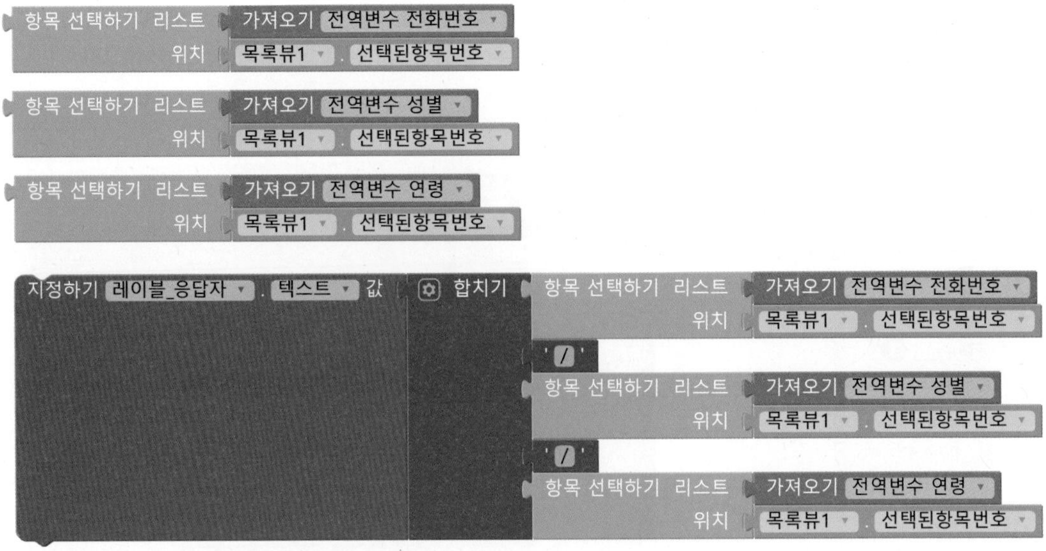

준비한 모든 블록을 조립해서 아래 그림과 같이 완성합니다.

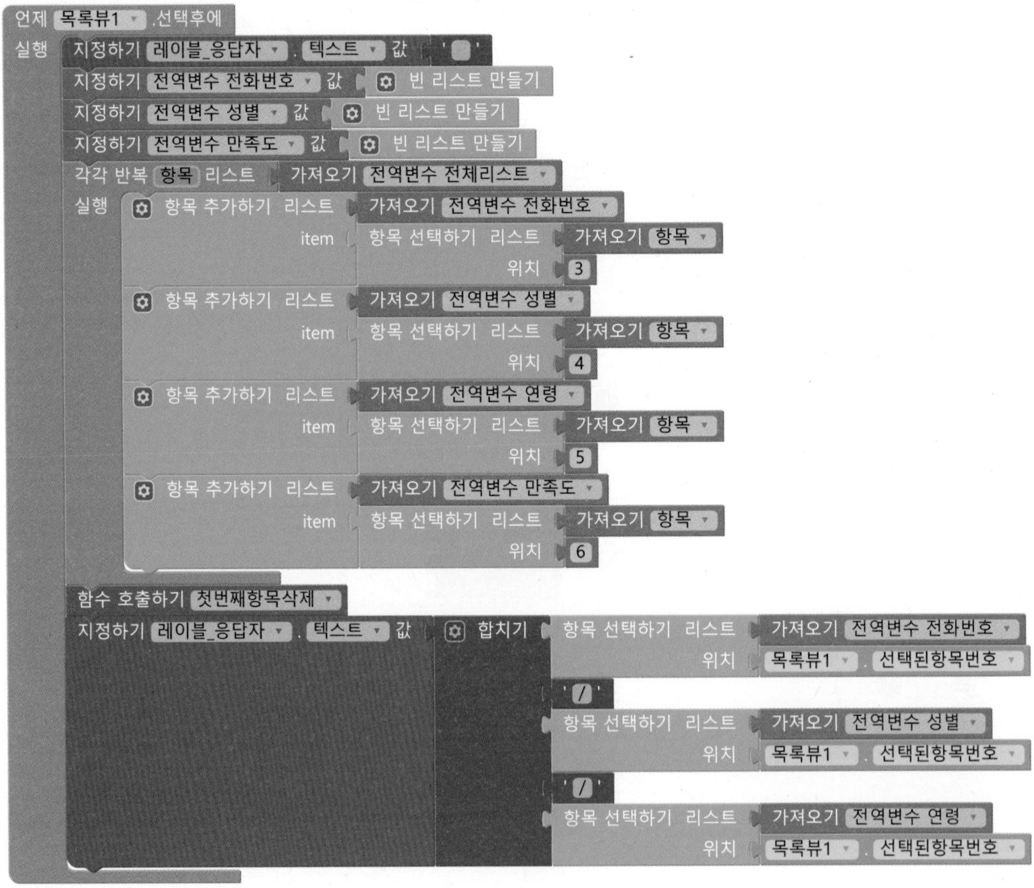

3) 만족도 점수

'만족도 결과' 버튼을 누르면 서비스에 대한 만족도 점수 척도 1~5를 선택한 사람의 수, G열의 값을 Screen2의 시작값으로 전달하며 Screen2를 시작합니다.

G열은 임의로 엑셀 함수를 이용해 계산된 값을 입력한 값으로 척도 1~5 값 즉, 1행~5행을 제외한 6행부터 응답자 수까지 행은 빈 데이터로 채워진 리스트 형태가 됩니다.

	A	B	C	D	E	F	G	H
1	타임스탬프	이름	전화번호	성별	연령	서비스 만족도	만족도그래프데이터	
2	2023. 1. 16 오후 6:13:28	박지숙	010-0000-0000	여	30~40대	5	4	
3	2023. 1. 16 오후 6:13:45	김나나	010-1111-1111	여	30~40대	4	3	
4	2023. 1. 16 오후 6:14:26	박미미	010-2222-2222	여	30~40대	5	1	
5	2023. 1. 16 오후 6:15:54	유미래	010-3333-3333	남	30~40대	2	2	
6	2023. 1. 16 오후 6:16:26	손구구	010-4444-4444	남	30~40대	4	0	
7	2023. 1. 16 오후 6:17:03	이햇님	010-5555-5555	여	10~20대	5		
8	2023. 1. 16 오후 6:17:25	조달님	010-6666-6666	여	10~20대	5		
9	2023. 1. 16 오후 6:18:34	이별님	010-7777-7777	남	10~20대	3		
10	2023. 1. 16 오후 6:19:32	최샛별	010-8888-8888	남	10~20대	4		
11	2023. 1. 16 오후 6:21:19	송기쁨	010-9999-99999	남	50대 이상	2		

G열을 저장할 리스트를 생성합니다. 이 리스트는 응답자 수까지 만들어지며 5보다 큰 행부터는 빈 값을 포함하는 리스트입니다.

전역변수 만들기 만족도_결과 초기값
빈 리스트 만들기

각 항목의 리스트에서 7번째 위치에 있는 값을 가져와 만족도에서 각 척도에 해당하는 인원 수의 자룟값을 저장합니다. 첫 번째 자룟값은 레이블 '만족도 그래프 데이터'이므로 지웁니다.

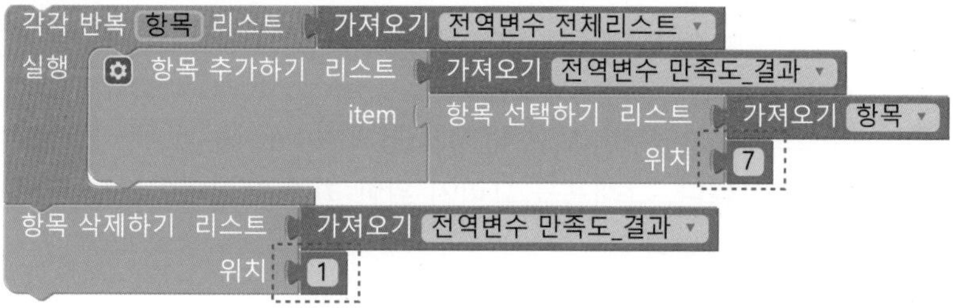
각각 반복 항목 리스트
가져오기 전역변수 전체리스트
실행
항목 추가하기 리스트
가져오기 전역변수 만족도_결과
item
항목 선택하기 리스트
가져오기 항목
위치
7
항목 삭제하기 리스트
가져오기 전역변수 만족도_결과
위치
1

이 리스트를 Screen2의 시작 값으로 전달하며 Screen2를 시작합니다.

시작 값을 전달하며 다른 스크린 열기 스크린 이름
Screen2
시작 값
가져오기 전역변수 만족도_결과

준비한 블록을 조립하여 '만족도' 버튼을 눌렀을 때의 블록을 아래와 같이 완성합니다.

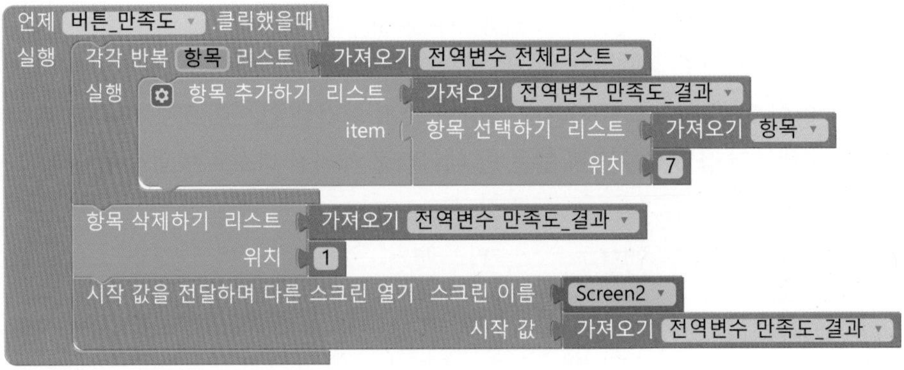

언제 버튼_만족도 .클릭했을때
실행 각각 반복 항목 리스트 가져오기 전역변수 전체리스트
실행 항목 추가하기 리스트 가져오기 전역변수 만족도_결과
item 항목 선택하기 리스트 가져오기 항목
위치 7
항목 삭제하기 리스트 가져오기 전역변수 만족도_결과
위치 1
시작 값을 전달하며 다른 스크린 열기 스크린 이름 Screen2
시작 값 가져오기 전역변수 만족도_결과

2. Screen2 앱 코딩

Screen2가 시작되면 Screen1에서 전달받은 만족도 응답 결과로 PieChart를 그립니다. PieChart를 그리기 위해 ChartMaker 확장기능을 사용합니다.

Screen1에서 전달된 만족도 결과를 저장할 리스트 '만족도_결과'를 생성하고 제어 블록의

시작 값 가져오기 를 이용해 리스트에 저장합니다.

전역변수 만들기 만족도_결과 초기값 빈 리스트 만들기
지정하기 전역변수 만족도_결과 값 시작 값 가져오기

'만족도_결과' 리스트에는 6행부터 마지막 행(응답자 수)까지는 모두 리스트값이 빈 값이므로 1~5번째의 값만 가져옵니다. 그래프를 그리기 위한 최종 데이터이므로 '만족도_그래프'라는 리스트를 생성하고 저장합니다.

전역변수 만들기 만족도_그래프값 초기값 빈 리스트 만들기

리스트의 ❷블록과 ❸블록을 이용해 시작 값으로 전달받은 '만족도_결과' 리스트의 1~5(인덱스)까지 위치에 있는 값 을 가져옵니다.

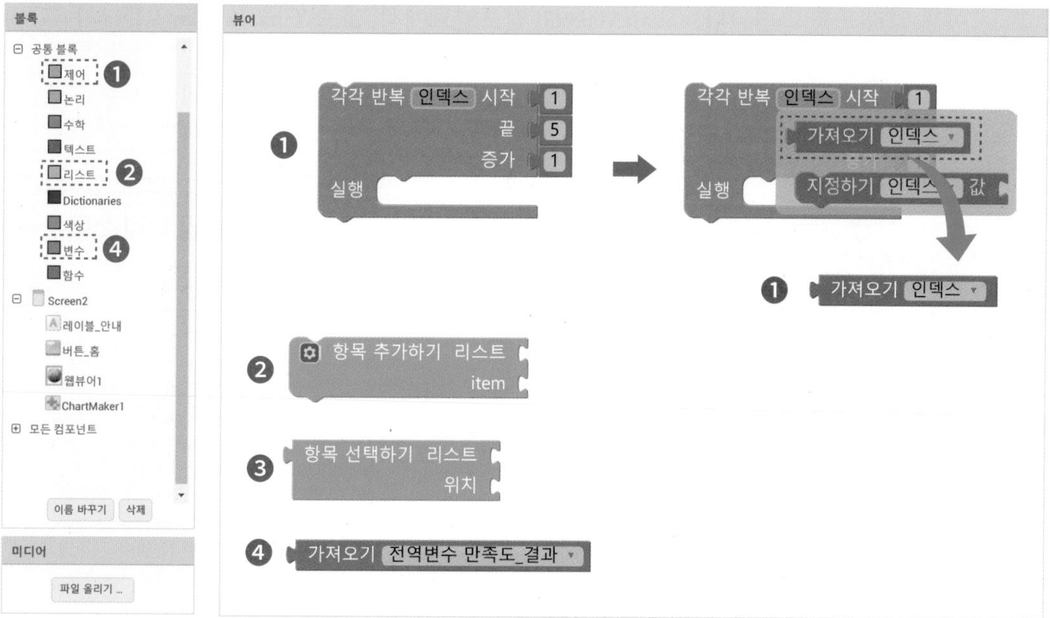
블록
공통 블록
제어
논리
수학
텍스트
리스트
Dictionaries
색상
변수
함수
Screen2
레이블_안내
버튼_홈
웹뷰어1
ChartMaker1
모든 컴포넌트
이름 바꾸기
삭제
미디어
파일 올리기 ...
뷰어
각각 반복 인덱스 시작 1
끝 5
증가 1
실행
가져오기 인덱스
지정하기 인덱스 값
항목 추가하기 리스트
item
항목 선택하기 리스트
위치
가져오기 전역변수 만족도_결과

5점~1점까지의 선택자 수로 생성된 '만족도_그래프값' 리스트에 항목을 하나씩 추가합니다.

항목 선택하기 리스트 가져오기 전역변수 만족도_결과
위치 가져오기 인덱스

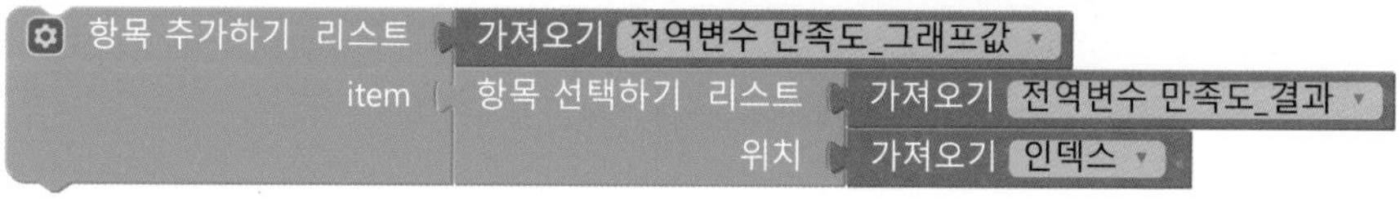
항목 추가하기 리스트 가져오기 전역변수 만족도_그래프값
item 항목 선택하기 리스트 가져오기 전역변수 만족도_결과
위치 가져오기 인덱스

'언제 Screen2.초기화되었을 때' 블록을 이용해 준비한 블록을 아래 그림과 같이 조립합니다.

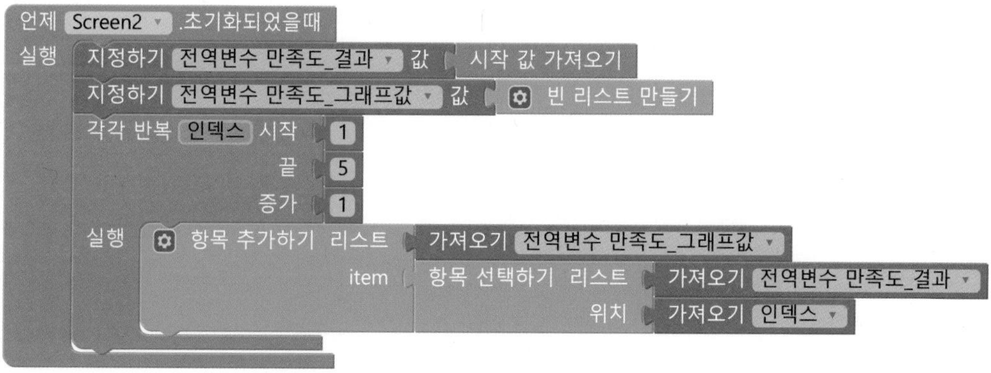
언제 Screen2 .초기화되었을때
실행 지정하기 전역변수 만족도_결과 값 시작 값 가져오기
지정하기 전역변수 만족도_그래프값 값 빈 리스트 만들기
각각 반복 인덱스 시작 1
끝 5
증가 1
실행 항목 추가하기 리스트 가져오기 전역변수 만족도_그래프값
item 항목 선택하기 리스트 가져오기 전역변수 만족도_결과
위치 가져오기 인덱스

이제 그래프를 그립니다. ChartMaker1 컴포넌트에서 '호출 ChartMAker1.DrawPieGraph'를 가져옵니다.

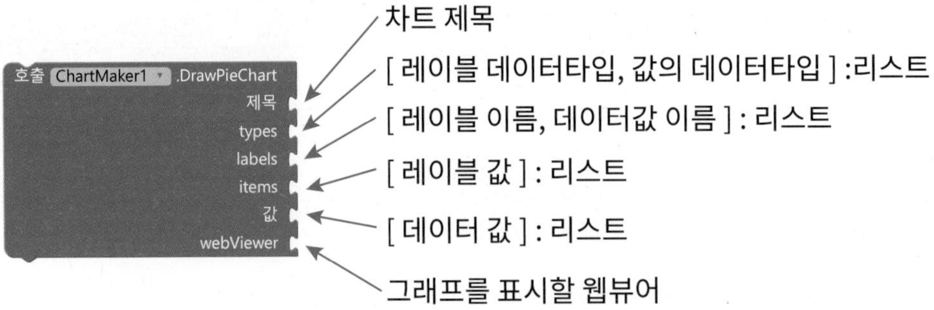
호출 ChartMaker1 .DrawPieChart
제목
types
labels
items
값
webViewer
차트 제목
[레이블 데이터타입, 값의 데이터타입] :리스트
[레이블 이름, 데이터값 이름] : 리스트
[레이블 값] : 리스트
[데이터 값] : 리스트
그래프를 표시할 웹뷰어

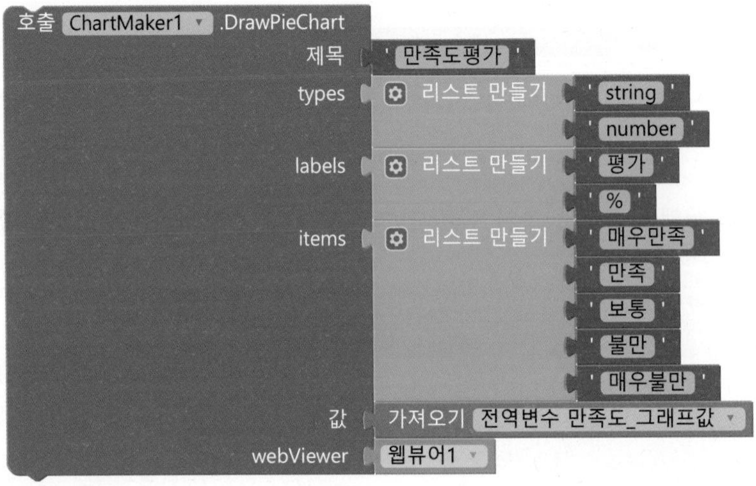
호출 ChartMaker1 .DrawPieChart
제목 만족도평가
types 리스트 만들기 string number
labels 리스트 만들기 평가 %
items 리스트 만들기 매우만족 만족 보통 불만 매우불만
값 가져오기 전역변수 만족도_그래프값
webViewer 웹뷰어1

PieChart를 그리는 블록을 추가해 아래와 같이 '초기화되었을 때' 기능을 완성합니다.

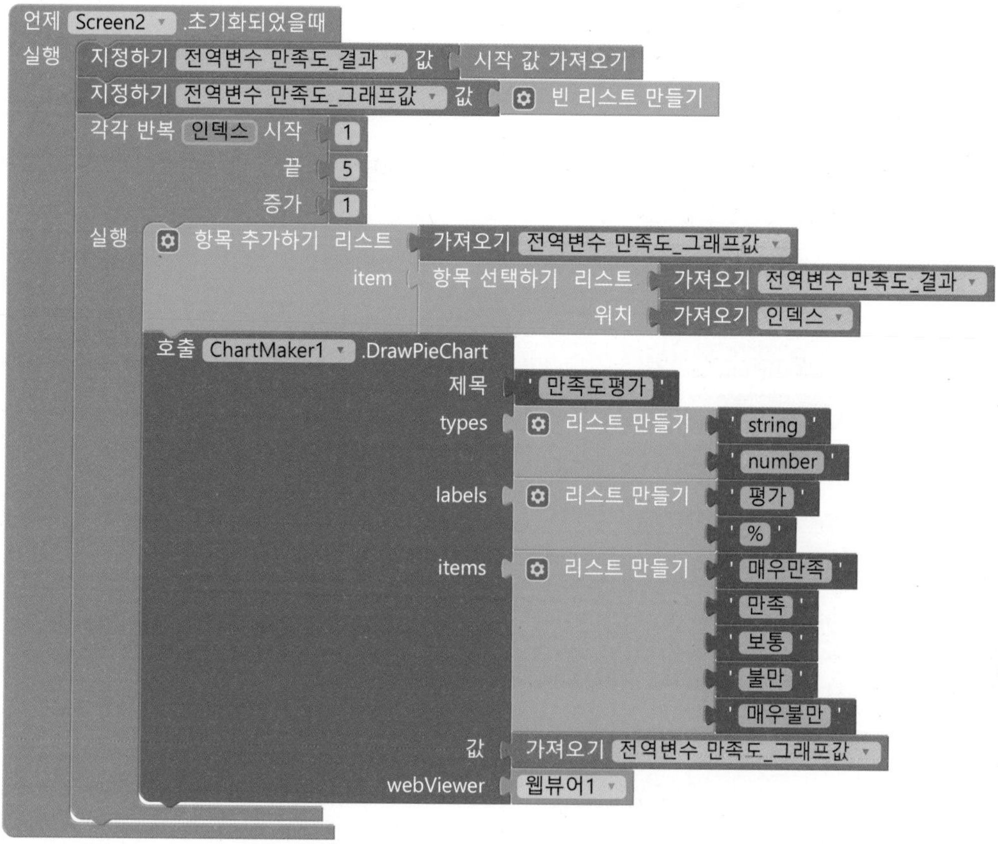
언제 Screen2 .초기화되었을때
실행 지정하기 전역변수 만족도_결과 값 시작 값 가져오기
지정하기 전역변수 만족도_그래프값 값 빈 리스트 만들기
각각 반복 인덱스 시작 1
끝 5
증가 1
실행 항목 추가하기 리스트 가져오기 전역변수 만족도_그래프값
item 항목 선택하기 리스트 가져오기 전역변수 만족도_결과
위치 가져오기 인덱스
호출 ChartMaker1 .DrawPieChart
제목 만족도평가
types 리스트 만들기 string
number
labels 리스트 만들기 평가
%
items 리스트 만들기 매우만족
만족
보통
불만
매우불만
값 가져오기 전역변수 만족도_그래프값
webViewer 웹뷰어1

HOME 버튼을 눌러 Screen1으로 돌아가는 블록을 추가합니다.

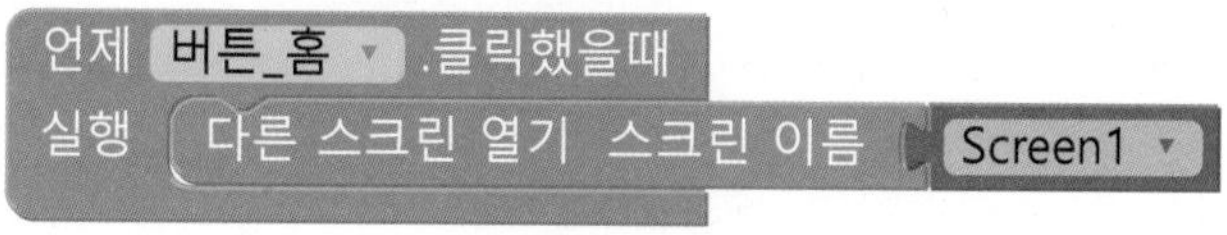
언제 버튼_홈 .클릭했을때
실행 다른 스크린 열기 스크린 이름 Screen1

07 완성코드

스크린 별로 모든 코드들을 완성하여 아래의 블록과 비교해봅니다.

[Screen1]

전역변수 만들기 전체리스트 초기값 빈 리스트 만들기
전역변수 만들기 이름 초기값 빈 리스트 만들기
전역변수 만들기 전화번호 초기값 빈 리스트 만들기
전역변수 만들기 성별 초기값 빈 리스트 만들기
전역변수 만들기 연령 초기값 빈 리스트 만들기
전역변수 만들기 만족도 초기값 빈 리스트 만들기
언제 버튼_응답자보기 .클릭했을때
실행 지정하기 목록뷰1 . 보이기여부 값 참
지정하기 레이블_응답자 . 텍스트 값 ' '
지정하기 웹1 . URL 값 ' https://docs.google.com/spreadsheets/d/15iWIgUYc... '
지정하기 목록뷰1 . 요소 값 가져오기 전역변수 이름
호출 웹1 .가져오기
언제 웹1 .텍스트를받았을때
url 응답코드 응답타입 응답콘텐츠
실행 지정하기 전역변수 전체리스트 값 빈 리스트 만들기
지정하기 전역변수 이름 값 빈 리스트 만들기
지정하기 전역변수 전체리스트 값 CSV표를 리스트로 바꾸기 텍스트 가져오기 응답콘텐츠
각각 반복 항목 리스트 가져오기 전역변수 전체리스트
실행 항목 추가하기 리스트 가져오기 전역변수 이름
item 항목 선택하기 리스트 가져오기 항목
위치 2
항목 삭제하기 리스트 가져오기 전역변수 이름
위치 1

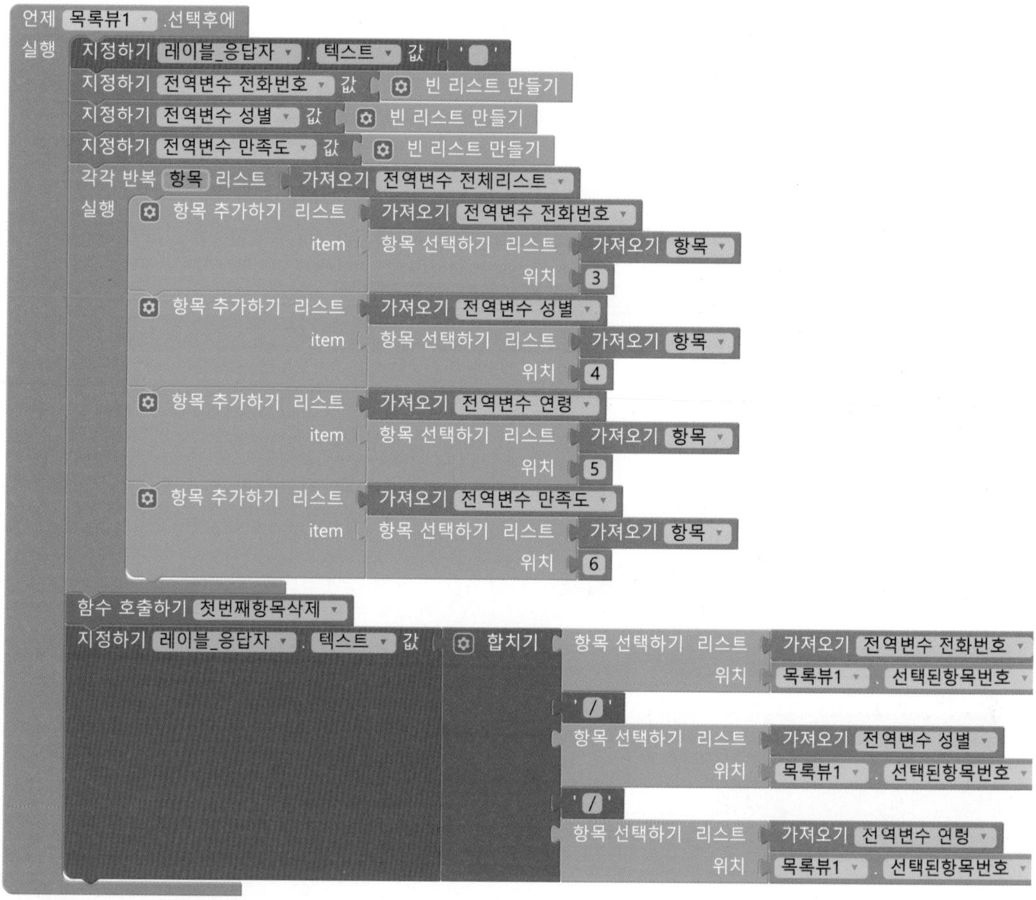
언제 목록뷰1 .선택후에
실행 지정하기 레이블_응답자 . 텍스트 값 ' '
지정하기 전역변수 전화번호 값 빈 리스트 만들기
지정하기 전역변수 성별 값 빈 리스트 만들기
지정하기 전역변수 만족도 값 빈 리스트 만들기
각각 반복 항목 리스트 가져오기 전역변수 전체리스트
실행 항목 추가하기 리스트 가져오기 전역변수 전화번호
item 항목 선택하기 리스트 가져오기 항목
위치 3
항목 추가하기 리스트 가져오기 전역변수 성별
item 항목 선택하기 리스트 가져오기 항목
위치 4
항목 추가하기 리스트 가져오기 전역변수 연령
item 항목 선택하기 리스트 가져오기 항목
위치 5
항목 추가하기 리스트 가져오기 전역변수 만족도
item 항목 선택하기 리스트 가져오기 항목
위치 6
함수 호출하기 첫번째항목삭제
지정하기 레이블_응답자 . 텍스트 값 합치기 항목 선택하기 리스트 가져오기 전역변수 전화번호
위치 목록뷰1 . 선택된항목번호
' / '
항목 선택하기 리스트 가져오기 전역변수 성별
위치 목록뷰1 . 선택된항목번호
' / '
항목 선택하기 리스트 가져오기 전역변수 연령
위치 목록뷰1 . 선택된항목번호

함수 만들기 첫번째항목삭제
실행 항목 삭제하기 리스트 가져오기 전역변수 전화번호
위치 1
항목 삭제하기 리스트 가져오기 전역변수 성별
위치 1
항목 삭제하기 리스트 가져오기 전역변수 연령
위치 1
항목 삭제하기 리스트 가져오기 전역변수 만족도
위치 1

전역변수 만들기 만족도_결과 초기값 빈 리스트 만들기

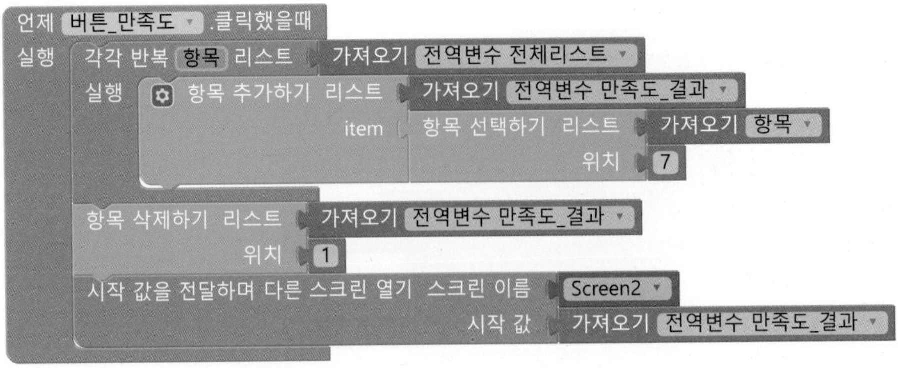
언제 버튼_만족도 .클릭했을때
실행 각각 반복 항목 리스트 가져오기 전역변수 전체리스트
실행 항목 추가하기 리스트 가져오기 전역변수 만족도_결과
item 항목 선택하기 리스트 가져오기 항목
위치 7
항목 삭제하기 리스트 가져오기 전역변수 만족도_결과
위치 1
시작 값을 전달하며 다른 스크린 열기 스크린 이름 Screen2
시작 값 가져오기 전역변수 만족도_결과

[Screen2]

언제 버튼_홈 .클릭했을때
실행 다른 스크린 열기 스크린 이름 Screen1

전역변수 만들기 만족도_결과 초기값 빈 리스트 만들기

전역변수 만들기 만족도_그래프값 초기값 빈 리스트 만들기

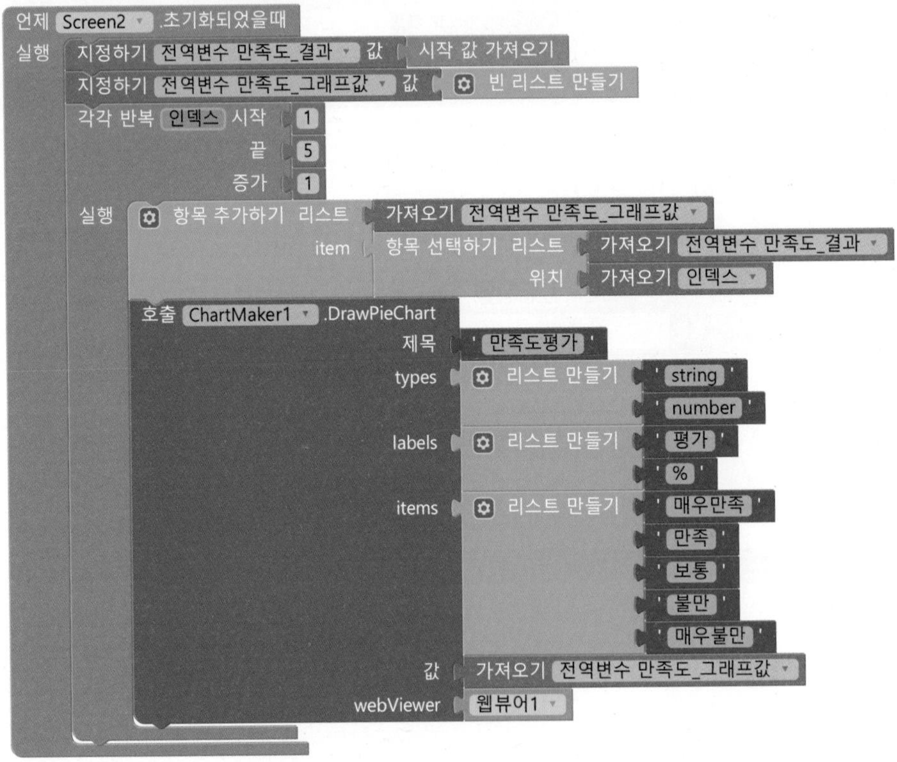
언제 Screen2 .초기화되었을때
실행 지정하기 전역변수 만족도_결과 값 시작 값 가져오기
지정하기 전역변수 만족도_그래프값 값 빈 리스트 만들기
각각 반복 인덱스 시작 1
끝 5
증가 1
실행 항목 추가하기 리스트 가져오기 전역변수 만족도_그래프값
item 항목 선택하기 리스트 가져오기 전역변수 만족도_결과
위치 가져오기 인덱스
호출 ChartMaker1 .DrawPieChart
제목 만족도평가
types 리스트 만들기 string
number
labels 리스트 만들기 평가
%
items 리스트 만들기 매우만족
만족
보통
불만
매우불만
값 가져오기 전역변수 만족도_그래프값
webViewer 웹뷰어1

08 실행화면

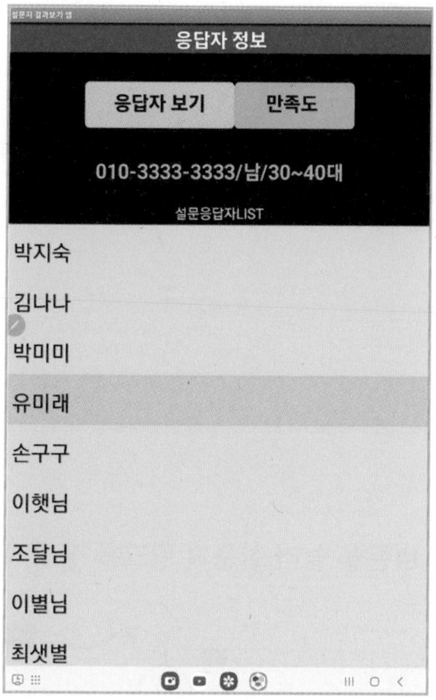

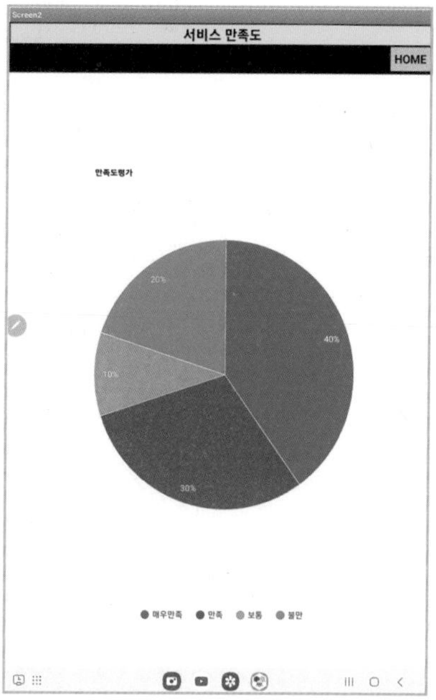

09 응용 연습하기

문제 1. 우리 반 대표를 뽑는 투표를 설문지로 실시한 후 결과를 확인할 수 있는 앱을 만들어 봅니다.

풀이 1.

[미리 준비하기]

설문지를 만들어 링크를 배포하고 데이터를 가져오기 위한 URL 편집 과정은 모두 앞서 만든 앱의 과정과 같습니다. 사용한 데이터는 예시 데이터이므로 직접 응답자들로부터 응답받은 데이터를 사용하길 바랍니다.

구글 스프레드시트 '우리 반 대표 투표하기'를 생성하고 도구에서 '새 양식 만들기'를 이용해 투표설문지를 작성하고 링크를 배포합니다.

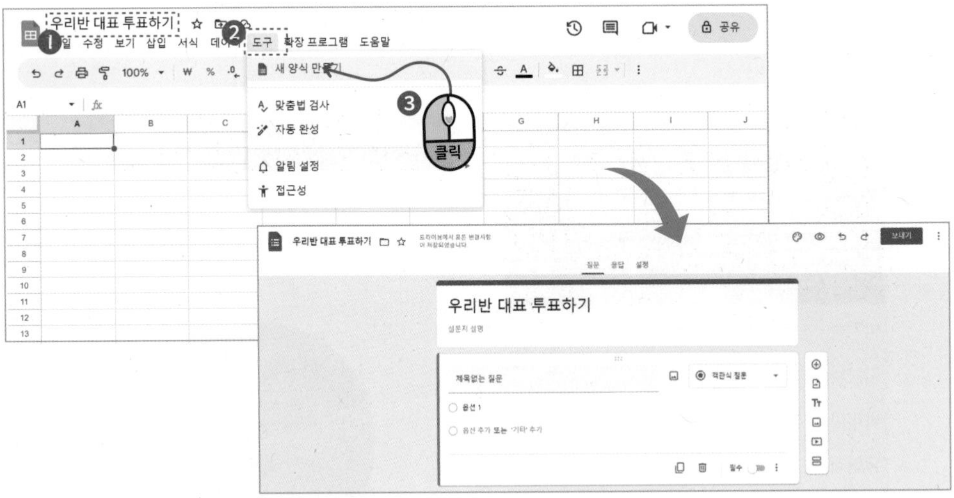

양식이 만들어지면 오른쪽 상단의 '보내기' 버튼을 눌러 설문지 링크를 생성, 복사합니다.

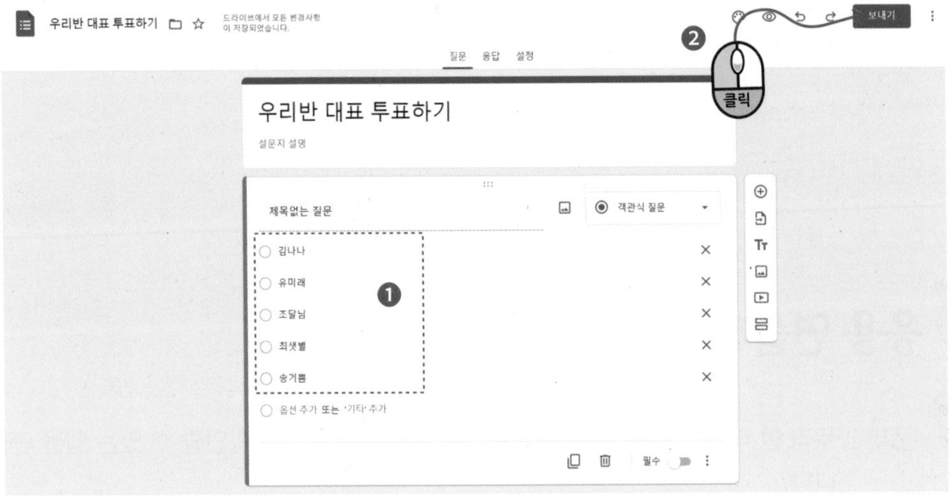

앱 인벤터에서 웹 뷰어로 구글 설문지를 연결할 때는 단축링크를 사용하지 않고 아래와 같이 전체 링크를 복사합니다. 복사한 링크를 메모장에 붙여넣습니다. 아래의 링크는 예시 링크이므로 반드시 본인이 만든 구글 설문지 링크를 사용하길 바랍니다.

https://docs.google.com/forms/d/e/****************************/**********/viewform?usp=sf_link

복사한 링크를 확인하고 배포하여 응답자로부터 응답을 받습니다. 응답할 사람들에게 배포할 때는 단축키를 사용해도 좋습니다.

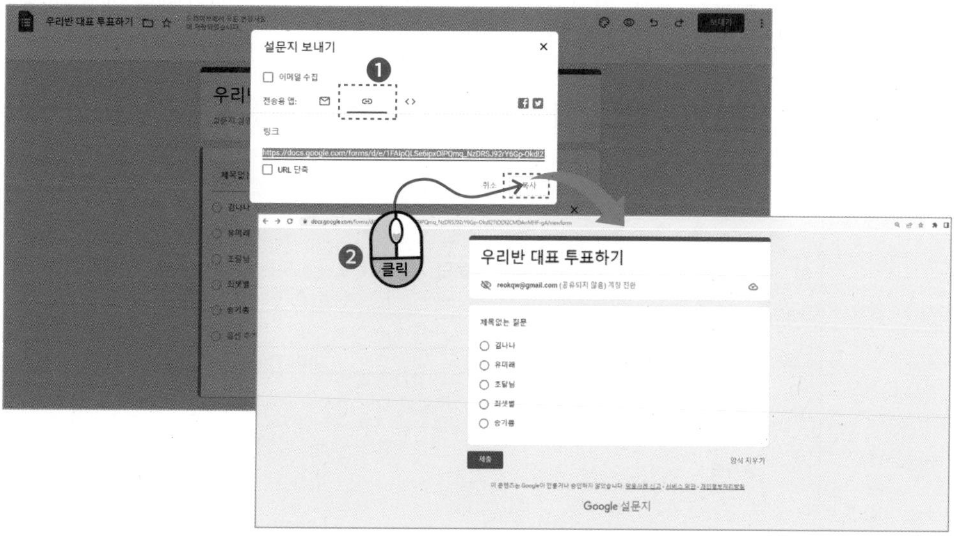

실시간으로 선택한 후보자의 이름이 B열에 입력되는 것을 확인할 수 있습니다.

	A	B	C
1	타임스탬프	우리반 대표 후보입니다. 투표해주세요	
2	2023. 2. 5 오전 3:03:41	김나나	
3	2023. 2. 5 오전 3:03:45	유미래	
4	2023. 2. 5 오전 3:03:48	유미래	
5	2023. 2. 5 오전 3:03:52	조달님	
6	2023. 2. 5 오전 3:03:55	조달님	

구글 스프레드시트에서 앱 인벤터를 넘겨줄 때 첫 번째 시트의 결과를 넘겨줄 수 있습니다. 따라서 설문 응답 시트와 새 시트의 순서를 바꾸어 첫 번째 시트에서 투표 결과를 집계합니다.

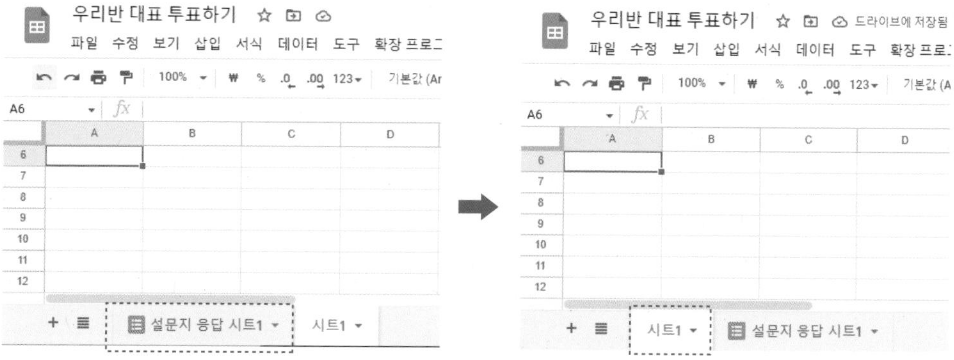

1행에는 대표 후보와 투표 결과 레이블을 만듭니다. A열에는 설문지에 배포한 후보자 이름을 순서대로 작성합니다.

설문지 응답 시트1에서 B열 전체 중 "김나나"의 데이터 개수를 세어 B2에 입력하는 함수를 작성합니다.

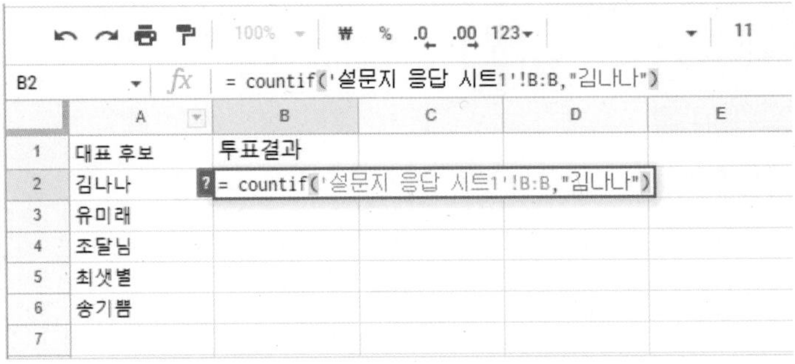

다른 후보자에 대한 데이터도 같은 함수를 적용하여 투표 결과를 집계합니다.

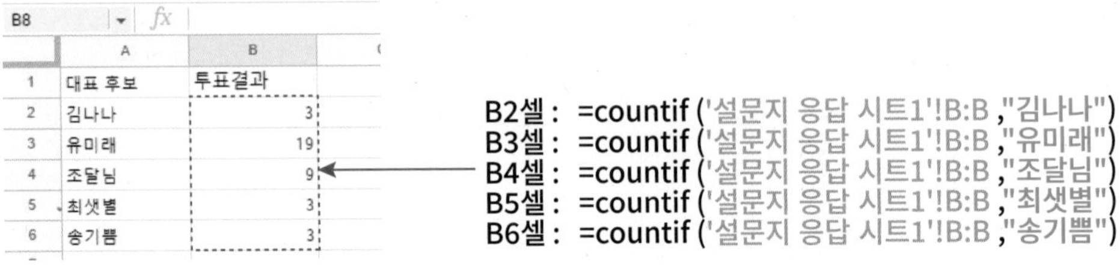

오른쪽 상단의 '공유' 버튼을 눌러 링크를 복사하고 edit?usp=sharing ⇨ export?format=csv로 수정해 메모장 등에 설문지 링크와 응답 결과 시트 링크를 복사합니다.

아래의 링크는 예시 링크이므로 반드시 본인이 만든 구글 스프레드시트 링크를 사용하길 바랍니다.

https://docs.google.com/spreadsheets/d/****************************/edit?usp=sharing

https://docs.google.com/spreadsheets/d/****************************/export?format=csv

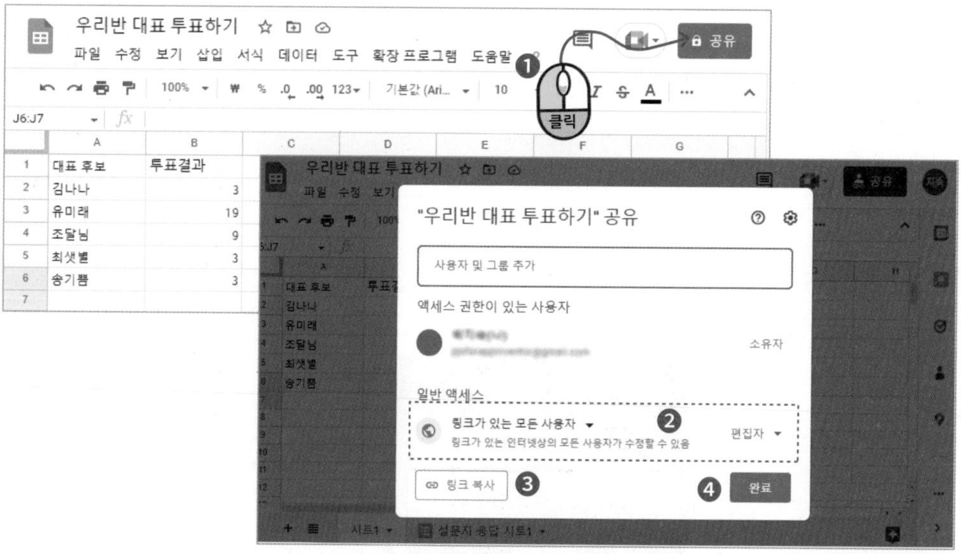
우리반 대표 투표하기
파일 수정 보기 삽입 서식 데이터 도구 확장 프로그램 도움말
공유
클릭
대표 후보
투표결과
김나나 3
유미래 19
조달님 9
최샛별 3
송기쁨 3
"우리반 대표 투표하기" 공유
사용자 및 그룹 추가
액세스 권한이 있는 사용자
소유자
일반 액세스
링크가 있는 모든 사용자
링크가 있는 인터넷상의 모든 사용자가 수정할 수 있음
편집자
링크 복사
완료

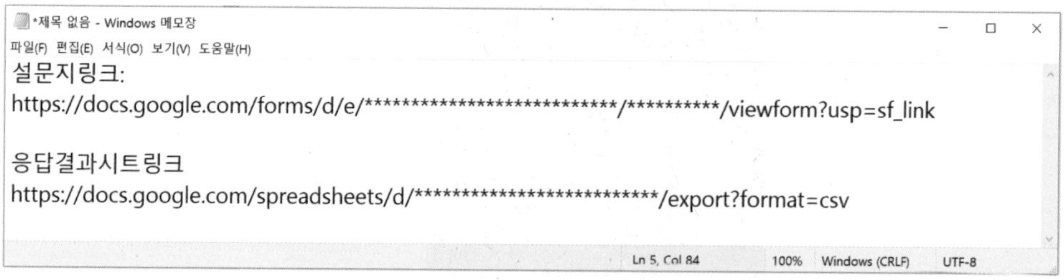
*제목 없음 - Windows 메모장
파일(F) 편집(E) 서식(O) 보기(V) 도움말(H)
설문지링크:
https://docs.google.com/forms/d/e/***************************/**********/viewform?usp=sf_link
응답결과시트링크
https://docs.google.com/spreadsheets/d/**************************/export?format=csv
Ln 5, Col 84
100%
Windows (CRLF)
UTF-8

[앱 디자인 하기]

'survey_vote'라는 새 프로젝트를 생성합니다. 아래 그림을 참고해 컴포넌트를 추가하고 속성값을 지정합니다.

웹 뷰어1, 웹1, charMaker1을 확장기능에서 import 하여 보이지 않는 컴포넌트로 추가합니다.

레이블_안내
배경색 - 파랑
글꼴굵게 – 체크
글꼴크기- 20
높이 – 자동
너비 – 부모요소에 맞추기
텍스트 – 투표 결과 보기
텍스트정렬 – 가운데
텍스트색상 – 흰색

수평배치1
수평정렬 – 가운데
수직정렬 – 가운데
배경색 - 기본값
높이 – 15퍼센트
너비 – 부모요소에 맞추기

버튼_투표하기
배경색 – 주황색
글꼴굵게 – 체크
글꼴크기- 20
높이 – 자동
너비 – 120픽셀
모양 - 둥근모서리
텍스트 – 투표하기
텍스트정렬 – 가운데
텍스트색상 – 기본값

버튼_투표업데이트
배경색 – 밝은 회색
글꼴굵게 - 체크
글꼴크기- 20
높이 – 자동
너비 – 120픽셀
모양 - 둥근모서리
텍스트 – 업데이트
텍스트정렬 – 가운데
텍스트색상 – 기본값

버튼_결과보기
배경색 – 빨강
글꼴굵게 – 체크
글꼴크기- 20
텍스트 – 결과보기
텍스트정렬 – 가운데
텍스트색상 – 흰색

Screen1
수평정렬 – 가운데
수직정렬 – 위
배경색 – 검정
제목 – 설문지 결과보기 앱

웹뷰어1
보이기여부 - 체크해제

[앱 코딩하기]

'버튼_투표하기'를 누르면 웹뷰어1에서 설문에 응답하기 위하여 설문지 링크로 이동하기 위한 블록입니다.

언제 버튼_투표하기 .클릭했을때
실행 지정하기 웹뷰어1 . 보이기여부 값 참
지정하기 웹뷰어1 . 홈URL 값 ' https://docs.google.com/forms/d/e/1FAIpQLSe97nNz... '
호출 웹뷰어1 .홈페이지로이동하기
설문지 링크

휴대폰 화면에 설문지가 나타납니다. 후보자를 선택하고 응답을 제출하면 구글 스프레드시트의 응답 시트에 데이터가 입력됩니다. 제출 후 '버튼_투표 업데이트'를 눌러 웹 뷰어를 다시 보이지 않게 설정하고 입력된 데이터를 가져올 수 있게 아래와 같이 코드를 만듭니다.

또한, 중간중간 응답자로부터 입력된 데이터를 반영하기 위해서는 반드시 버튼 '업데이트'를 눌러 웹에서 새 응답이 추가된 데이터를 가져와야 합니다.

언제 버튼_투표업데이트 .클릭했을때
실행 지정하기 웹뷰어1 . 보이기여부 값 거짓
지정하기 웹1 . URL 값 ' https://docs.google.com/spreadsheets/d/1sIPRg57C... '
호출 웹1 .가져오기
구글 스프레드시트 링크

구글 스프레드시트에서 응답 데이터를 받았을 때 필요한 변수를 두 개 만듭니다.

전역변수 만들기 투표결과 초기값 빈 리스트 만들기
전역변수 만들기 투표그래프 초기값 빈 리스트 만들기

'투표 결과'는 [[후보자, 투표수], [김나나, 3], [유미래, 23]…] 형태의 리스트로 저장됩니다. 각 항목의 두 번째 위치에 있는 투표수만 받아 '투표 그래프'에 입력해서 그래프 그리기에 사용합니다.

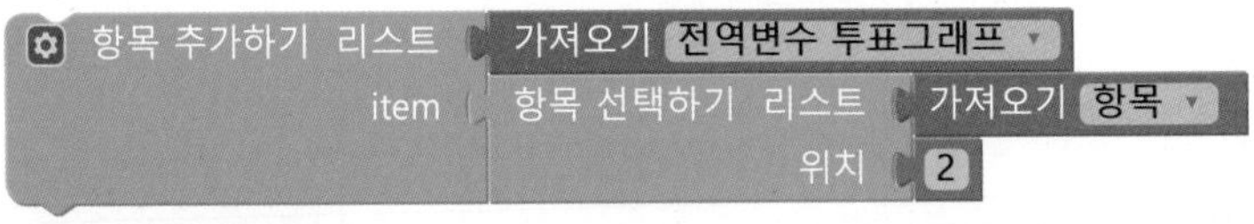

항목 추가하기 리스트
가져오기 전역변수 투표그래프
item
항목 선택하기 리스트
가져오기 항목
위치 2

투표 그래프 리스트에 첫 번째 값은 레이블값 '투표수' 이므로 삭제합니다.

항목 삭제하기 리스트
가져오기 전역변수 투표그래프
위치 1

준비된 위의 블록들을 이용하여 구글스프레드 시트에서 데이터를 가져오는 코드를 아래와 같이 만듭니다.

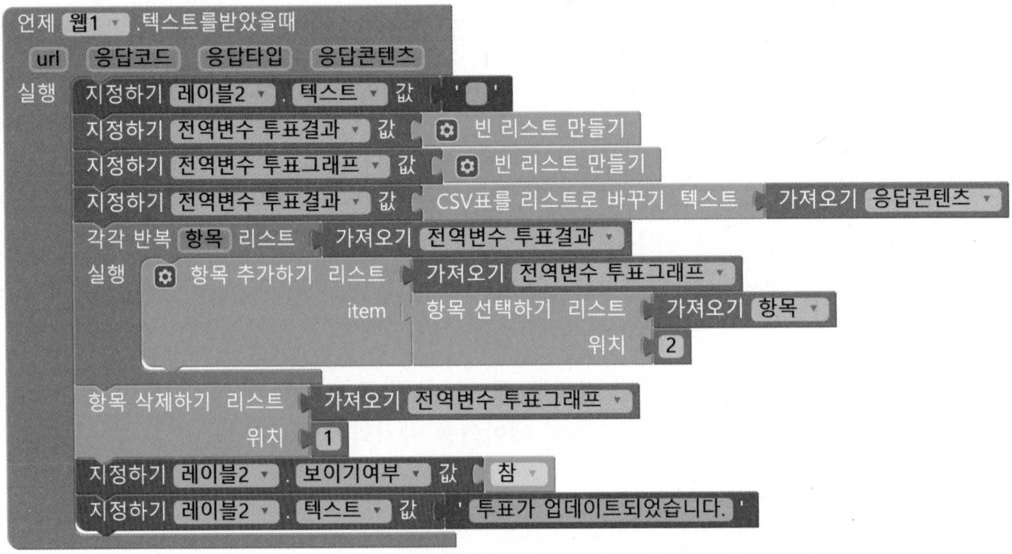

언제 웹1 .텍스트를받았을때
url 응답코드 응답타입 응답콘텐츠
실행 지정하기 레이블2 . 텍스트 값 ' '
지정하기 전역변수 투표결과 값 빈 리스트 만들기
지정하기 전역변수 투표그래프 값 빈 리스트 만들기
지정하기 전역변수 투표결과 값 CSV표를 리스트로 바꾸기 텍스트 가져오기 응답콘텐츠
각각 반복 항목 리스트 가져오기 전역변수 투표결과
실행 항목 추가하기 리스트 가져오기 전역변수 투표그래프
item 항목 선택하기 리스트 가져오기 항목
위치 2
항목 삭제하기 리스트 가져오기 전역변수 투표그래프
위치 1
지정하기 레이블2 . 보이기여부 값 참
지정하기 레이블2 . 텍스트 값 ' 투표가 업데이트되었습니다. '

결과보기' 버튼을 클릭하면 웹뷰어에 그래프를 띄울 수 있도록 보이기 여부를 참으로 설정하여 주고 파이그래프를 그리는 방법에 따라 아래와 같이 설정하여 줍니다.

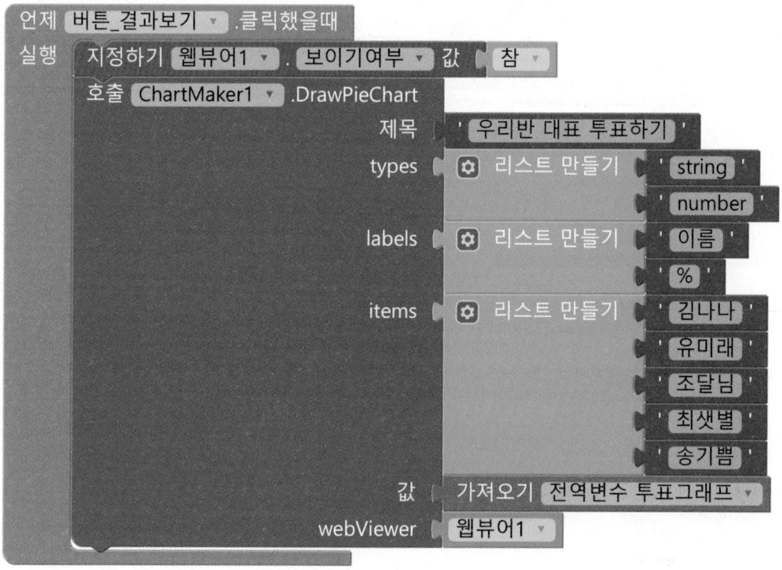

언제 버튼_결과보기 .클릭했을때
실행 지정하기 웹뷰어1 . 보이기여부 값 참
호출 ChartMaker1 .DrawPieChart
제목 ' 우리반 대표 투표하기 '
types 리스트 만들기 ' string ' ' number '
labels 리스트 만들기 ' 이름 ' ' % '
items 리스트 만들기 ' 김나나 ' ' 유미래 ' ' 조달님 ' ' 최샛별 ' ' 송기쁨 '
값 가져오기 전역변수 투표그래프
webViewer 웹뷰어1

파이 그래프가 가지는 값 속성에 대한 설명은 아래와 같습니다.

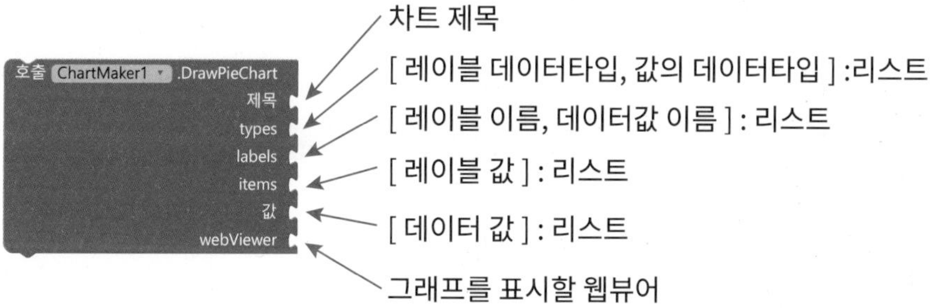

호출 ChartMaker1 .DrawPieChart
제목
types
labels
items
값
webViewer
차트 제목
[레이블 데이터타입, 값의 데이터타입] :리스트
[레이블 이름, 데이터값 이름] : 리스트
[레이블 값] : 리스트
[데이터 값] : 리스트
그래프를 표시할 웹뷰어

[완성코드]

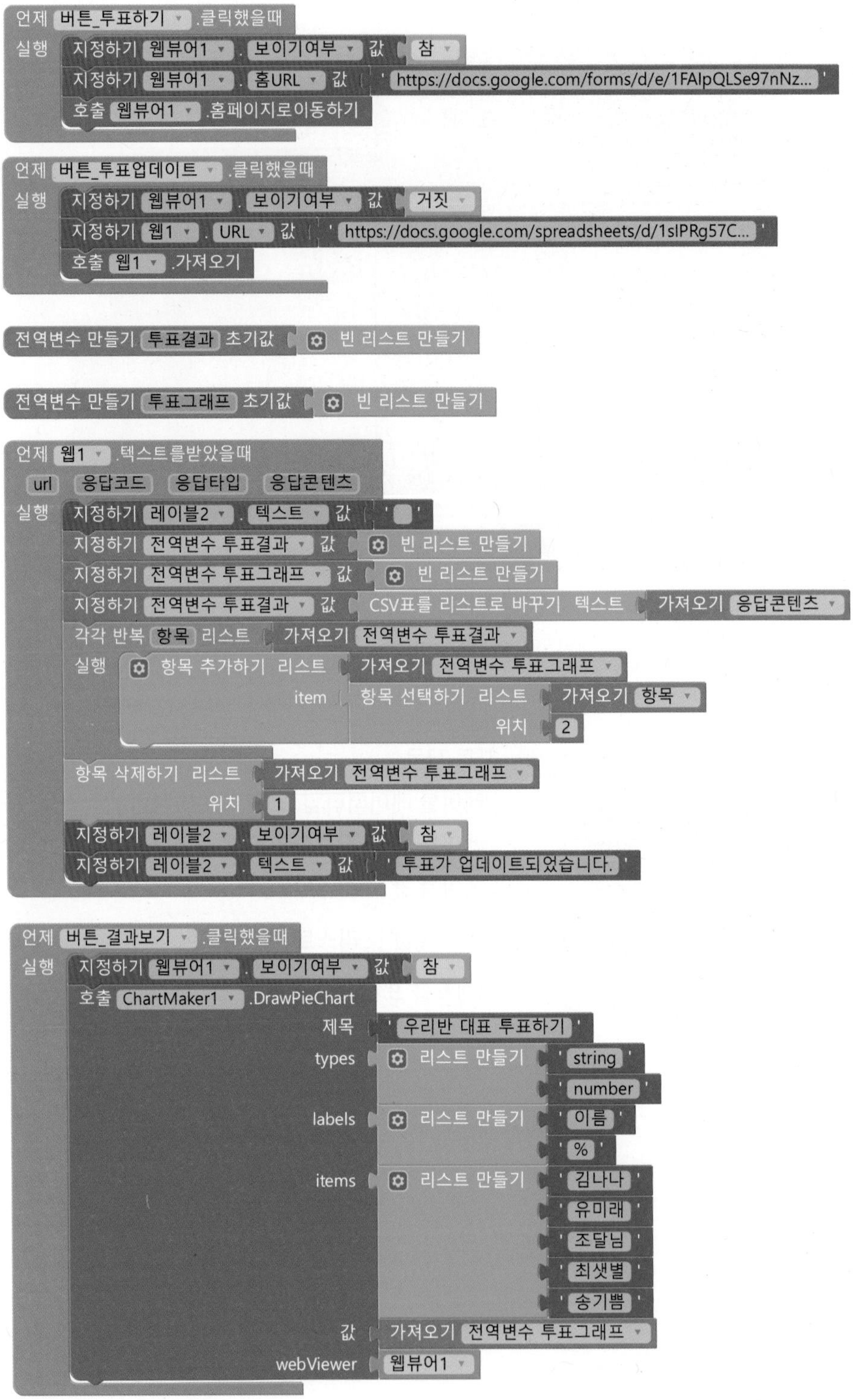
언제 버튼_투표하기 .클릭했을때
실행 지정하기 웹뷰어1 . 보이기여부 값 참
지정하기 웹뷰어1 . 홈URL 값 'https://docs.google.com/forms/d/e/1FAIpQLSe97nNz...'
호출 웹뷰어1 .홈페이지로이동하기
언제 버튼_투표업데이트 .클릭했을때
실행 지정하기 웹뷰어1 . 보이기여부 값 거짓
지정하기 웹1 . URL 값 'https://docs.google.com/spreadsheets/d/1sIPRg57C...'
호출 웹1 .가져오기
전역변수 만들기 투표결과 초기값 빈 리스트 만들기
전역변수 만들기 투표그래프 초기값 빈 리스트 만들기
언제 웹1 .텍스트를받았을때
url 응답코드 응답타입 응답콘텐츠
실행 지정하기 레이블2 . 텍스트 값 ''
지정하기 전역변수 투표결과 값 빈 리스트 만들기
지정하기 전역변수 투표그래프 값 빈 리스트 만들기
지정하기 전역변수 투표결과 값 CSV표를 리스트로 바꾸기 텍스트 가져오기 응답콘텐츠
각각 반복 항목 리스트 가져오기 전역변수 투표결과
실행 항목 추가하기 리스트 가져오기 전역변수 투표그래프
item 항목 선택하기 리스트 가져오기 항목
위치 2
항목 삭제하기 리스트 가져오기 전역변수 투표그래프
위치 1
지정하기 레이블2 . 보이기여부 값 참
지정하기 레이블2 . 텍스트 값 '투표가 업데이트되었습니다.'
언제 버튼_결과보기 .클릭했을때
실행 지정하기 웹뷰어1 . 보이기여부 값 참
호출 ChartMaker1 .DrawPieChart
제목 '우리반 대표 투표하기'
types 리스트 만들기 'string' 'number'
labels 리스트 만들기 '이름' '%'
items 리스트 만들기 '김나나' '유미래' '조달님' '최샛별' '송기쁨'
값 가져오기 전역변수 투표그래프
webViewer 웹뷰어1

[실행화면]

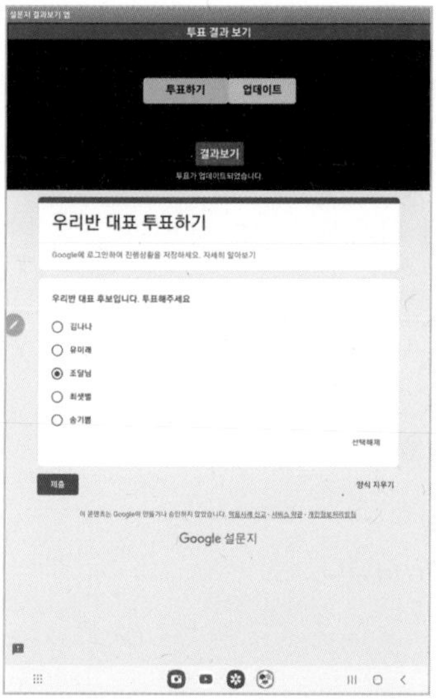
투표 결과 보기
투표하기
업데이트
결과보기
우리반 대표 투표하기
Google 설문지

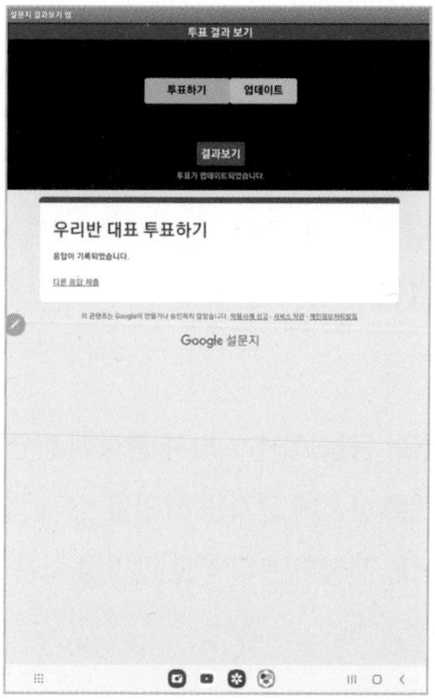
투표 결과 보기
투표하기
업데이트
결과보기
우리반 대표 투표하기
Google 설문지

투표 결과 보기
투표하기
업데이트
결과보기

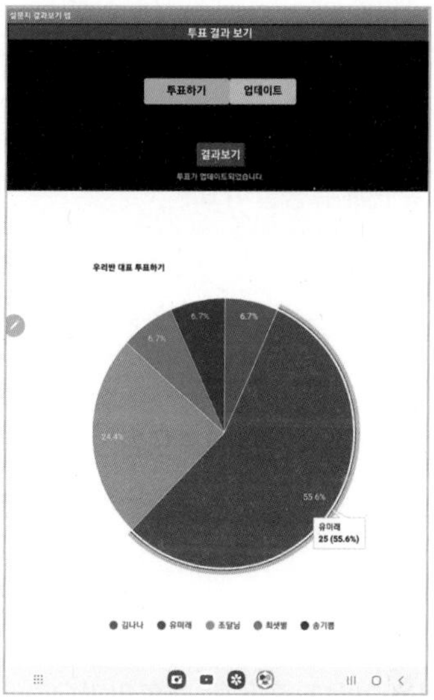
투표 결과 보기
투표하기
업데이트
결과보기

10 아이디어 더하기

정보와 아이디어를 얻을 수 있는 질문으로 어떤 의견을 모으면 유용하고 가치 있는 데이터로 활용할 수 있을지 생각해봅니다.

의견을 모을 수 있는 도구로 구글 스프레드시트를 사용했습니다. DB와 같은 역할을 하는 다른 도구는 무엇이 있는지 알아봅니다.

예)

1. 선호도나 정보 등을 조사해 의사 결정에 반영할 수 있습니다.
2. 다양한 투표를 실시해 결과를 확인할 수 있습니다.
3. 모은 데이터를 저장하는 다양한 방법을 사용할 수 있습니다.

idea 정리표

생각모으기	구체적인 내용
누구에 유용할까요?	
어떤 질문지가 필요한가요?	
결과 데이터는 어떻게 활용할 계획인가요?	
필요한 추가 기능은 무엇인가요?	

MEMO

09
날씨 알리미 앱

학습목표

매일 날씨 정보를 확인할 수 있는 앱을 제작합니다. 전 세계 날씨 정보를 검색할 수 있는 OpenWeather를 활용하면 다양한 지역의 날씨 정보를 가져올 수 있습니다.

01 프로젝트 미리보기

앱이 시작되면 스피너에서 날씨가 궁금한 지역을 선택하여 날씨정보를 알아봅니다. 스피너는 첫 번째 항목이 이미 선택된 상태이므로 선택해도 '선택한 후에' 이벤트가 생성되지 않습니다. 따라서 먼저 다른 지역을 선택 후 사용합니다. 날씨에 대한 텍스트 정보와 이미지가 출력되는 것을 확인합니다.

02 주요 컴포넌트 살펴보기

▶ **웹**

OpenWeatherMap 사이트에서 날씨 정보를 요청하기 위해서는 '연결' 팔레트에 있는 web 컴포넌트가 필요합니다.

▶ **시계**

휴대폰의 내부 시계를 사용해 시간을 제공하는 보이지 않는 구성요소입니다. 정기적으로 설정된 간격으로 타이머를 실행하고 시간 계산, 조작 및 변환을 수행할 수 있습니다.

▶ **스피너**

요소 목록이 있는 팝업 대화 상자를 표시하는 구성요소입니다. 디자이너나 블록에서 속성을 쉼표로 구분한 값을 목록이나 리스트로 설정할 수 있습니다. 스피너는 첫 번째 항목이 이미 선택된 상태이므로 선택해도 '선택한 후에' 이벤트가 생성되지 않습니다. 따라서 첫 번째 아래 항목부터 선택항목으로 만드는 것이 좋습니다.

03 미리 준비하기

▶ 1. 날씨 그림 파일 준비

https://pixabay.com/ko에 접속해 날씨와 관련된 그림을 준비합니다.

예시) 검색어 : 날씨
카테고리 :일러스트
저장하기 : weather.jpg

▶ 2. 로그인하기

날씨 정보를 요청하고 값을 얻어오기 위해 다음의 절차대로 진행하여 APIkey를 발급받고 https://openweathermap.org/에 접속합니다.

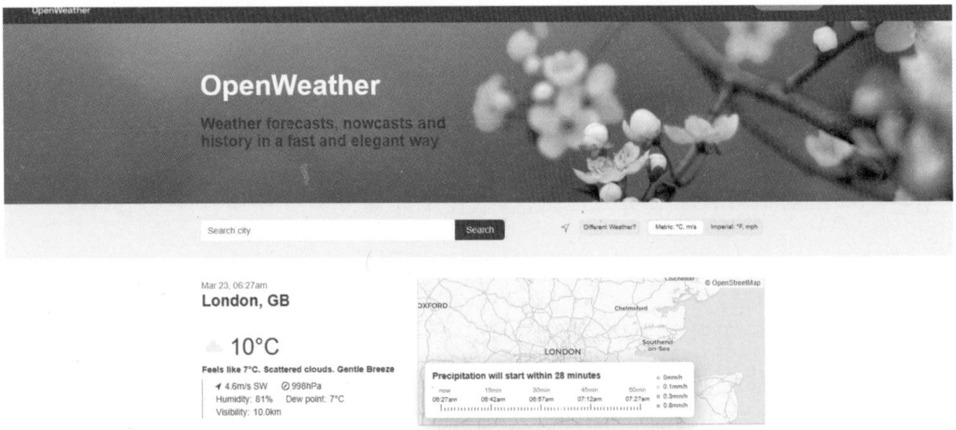

Sign In → Create an Account를 클릭하여 사용자 이름, 메일주소, 비밀번호를 설정하고 계정을 생성합니다.

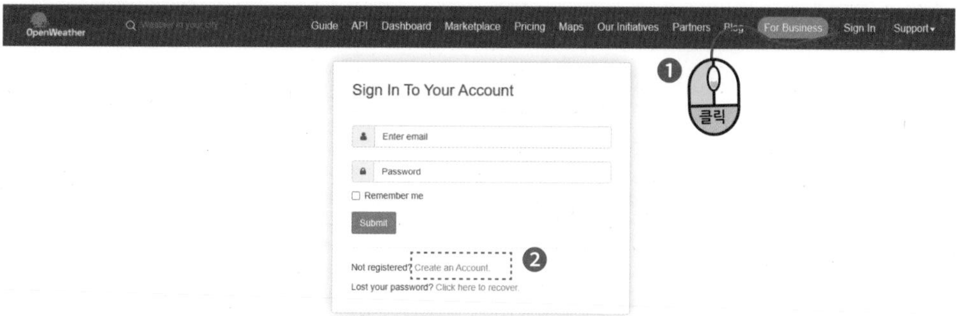

OpenWeather
Guide
API
Dashboard
Marketplace
Pricing
Maps
Our Initiatives
Partners
For Business
Sign In
Support
클릭
Sign In To Your Account
Enter email
Password
Remember me
Submit
Not registered? Create an Account.
Lost your password? Click here to recover.

Username, email, Password를 입력하고 계정을 생성합니다.

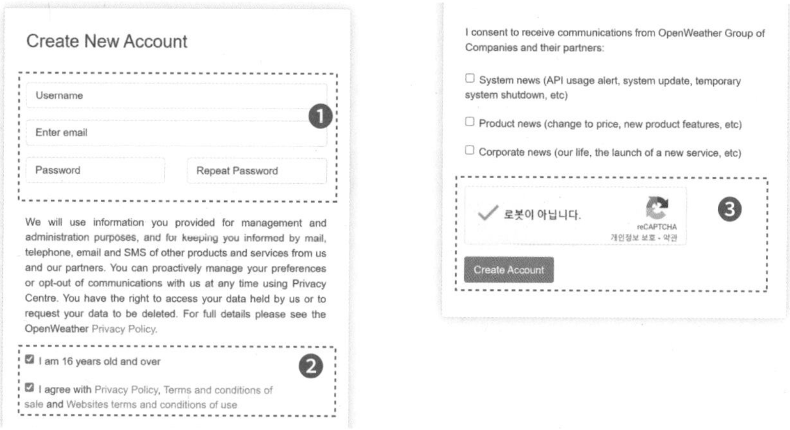

Create New Account
Username
Enter email
Password
Repeat Password
We will use information you provided for management and administration purposes, and for keeping you informed by mail, telephone, email and SMS of other products and services from us and our partners. You can proactively manage your preferences or opt-out of communications with us at any time using Privacy Centre. You have the right to access your data held by us or to request your data to be deleted. For full details please see the OpenWeather Privacy Policy.
I am 16 years old and over
I agree with Privacy Policy, Terms and conditions of sale and Websites terms and conditions of use
I consent to receive communications from OpenWeather Group of Companies and their partners:
System news (API usage alert, system update, temporary system shutdown, etc)
Product news (change to price, new product features, etc)
Corporate news (our life, the launch of a new service, etc)
로봇이 아닙니다.
reCAPTCHA
Create Account

가입을 마치고 로그인하면 메일 인증절차를 진행합니다. 아래와 같은 메시지가 나타나면 확인 메일 발송을 위해 'click here'를 누릅니다.

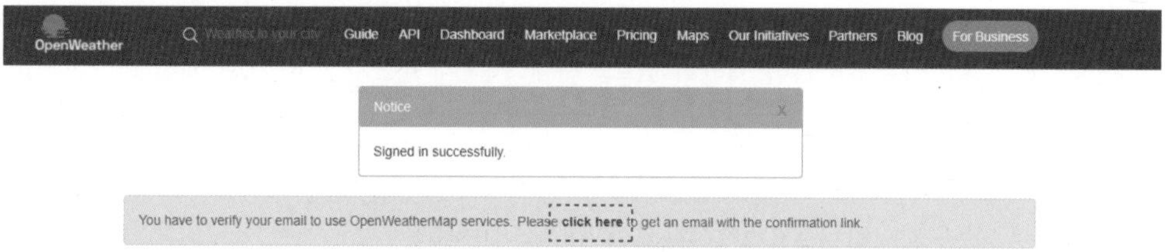

OpenWeather
Guide
API
Dashboard
Marketplace
Pricing
Maps
Our Initiatives
Partners
Blog
For Business
Notice
Signed in successfully.
You have to verify your email to use OpenWeatherMap services. Please click here to get an email with the confirmation link.

Please check your email'을 클릭하여 가입한 메일 주소로 확정 메일을 받고 'Verify your email'을 클릭하여 계정을 실증합니다.

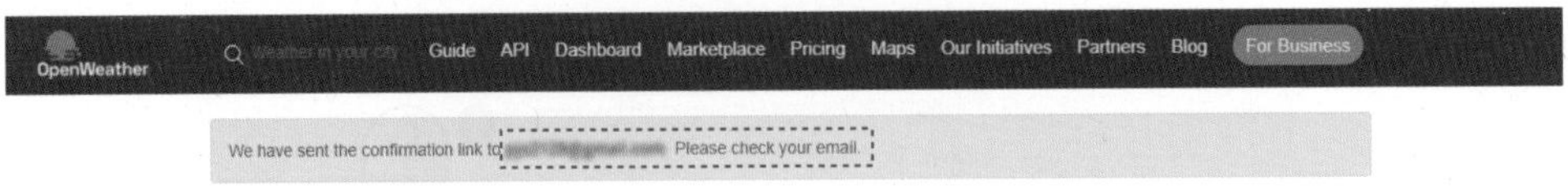

OpenWeather
Guide
API
Dashboard
Marketplace
Pricing
Maps
Our Initiatives
Partners
Blog
For Business
We have sent the confirmation link to
Please check your email.

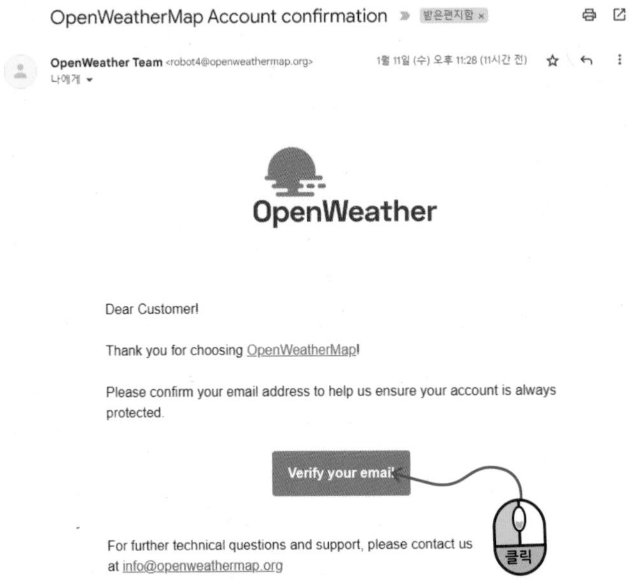

OpenWeatherMap Account confirmation
받은편지함
OpenWeather Team <robot4@openweathermap.org>
나에게
1월 11일 (수) 오후 11:28 (11시간 전)
OpenWeather
Dear Customer!
Thank you for choosing OpenWeatherMap!
Please confirm your email address to help us ensure your account is always protected.
Verify your email
For further technical questions and support, please contact us at info@openweathermap.org
클릭

3. API key 발급받기

API(Application Programming Interface)

API는 소프트웨어 애플리케이션과 다른 소프트웨어 애플리케이션 또는 시스템 간의 상호 작용을 가능하게 하는 인터페이스를 말합니다.
API를 사용하면 다른 개발자가 개발한 기능을 쉽게 호출하고 활용할 수 있으므로 개발 시간과 비용을 절약할 수 있습니다.
또한, API를 통해 다양한 시스템 간의 상호 작용이 가능해지므로, 시스템 간에 데이터를 전송하거나 연동하여 기능을 확장하는 등 다양한 용도로 활용할 수 있습니다.
API는 주로 웹 애플리케이션과 모바일 애플리케이션에서 사용됩니다. 웹 애플리케이션에서는 서버 측에서 API를 제공하고, 클라이언트 측에서 이를 호출하여 웹 페이지를 동적으로 생성합니다. 모바일 애플리케이션에서는 API를 호출하여 서버에서 데이터를 받아오거나, 서버에 데이터를 전송합니다.

OpenWeather는 API로 전 세계 날씨 데이터를 제공하는 온라인 서비스입니다. API는 여러 언어, 측정 단위 및 JSON, XML과 같은 표준 데이터 형식을 지원합니다. API 호출에는 API 키가 필요합니다.

```
http://api.openweathermap.org/data/2.5/forecast?id=도시번호&appid=APIkey
```

id: 날씨 정보를 얻고자 하는 도시명의 고유 아이디번호

appid : 가입 및 로그인 후 발급받게 되는 고유한 API키

로그인한 아이디를 클릭해서 'My API keys'에서 자신의 API를 확인하고 복사합니다.

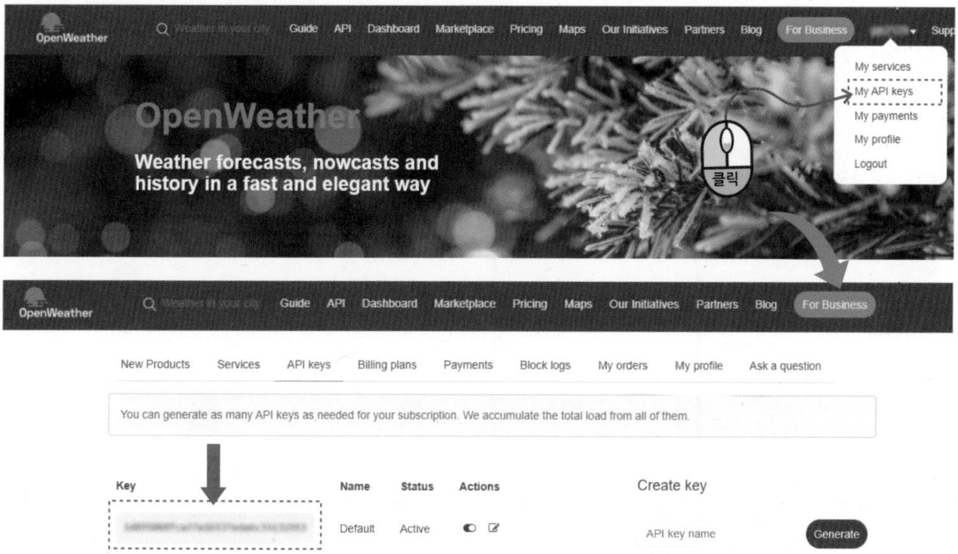

04 앱 디자인하기

1. weather_openapi 프로젝트 생성하기

메뉴에서 '프로젝트'를 클릭하고 목록에서 '새 프로젝트 시작하기'를 선택하고 프로젝트 이름으로 'weather_openapi' 로 입력합니다.

2. 컴포넌트 추가하기

앱 구성에 필요한 컴포넌트를 추가해 앱을 디자인합니다.

레이아웃에서 수직 배치1을 추가한 후 수직 배치1 안에 사용자 인터페이스에서 스피너1, 레이블1, 레이블2, 레이블3, 이미지1을 끌어다 넣습니다. 보이지 않는 컴포넌트로 센서에서 시계1과 연결에서 웹1을 추가합니다.

앱 화면 디자인과 코딩하기 편하게 컴포넌트 이름을 다음과 같이 변경합니다.

변경 전	변경 후	변경 전	변경 후
수직배치1	수직배치_날씨정보	레이블2	레이블_날짜
스피너1	스피너_지역선택	레이블3	레이블_날씨
레이블1	레이블_공간	이미지1	이미지_아이콘

준비한 날씨 그림 파일을 미디어에 추가합니다.

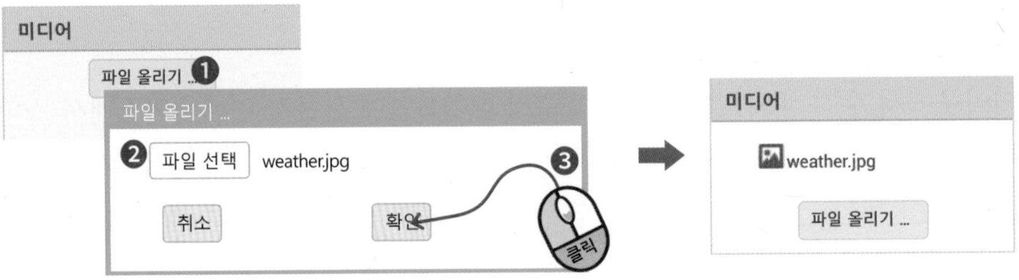

컴포넌트의 속성값을 다음과 같이 설정하고 아래의 그림과 같이 디자인합니다.

Screen1
수평정렬 – 가운데 수직정렬 – 가운데 배경이미지 – weather.jpg 테마 – 장치 기본값 제목 – OpenWeather_오늘의날

수직배치_날씨정보
수평정렬 – 가운데 수직정렬 – 가운데 배경색 – 주황 높이 – 70퍼센트 너비 – 80퍼센트

레이블_공간
높이 - 5퍼센트

레이블_날짜
글꼴 굵게 – 체크 글꼴 크기 – 20 텍스트 – 날짜 :

레이블_날씨
글꼴 굵게 – 체크 글꼴 크기 – 20 텍스트 – 날씨 :

이미지_아이콘
높이 – 100픽셀 너비 – 100픽셀 사진크기 맞추기 - 체크

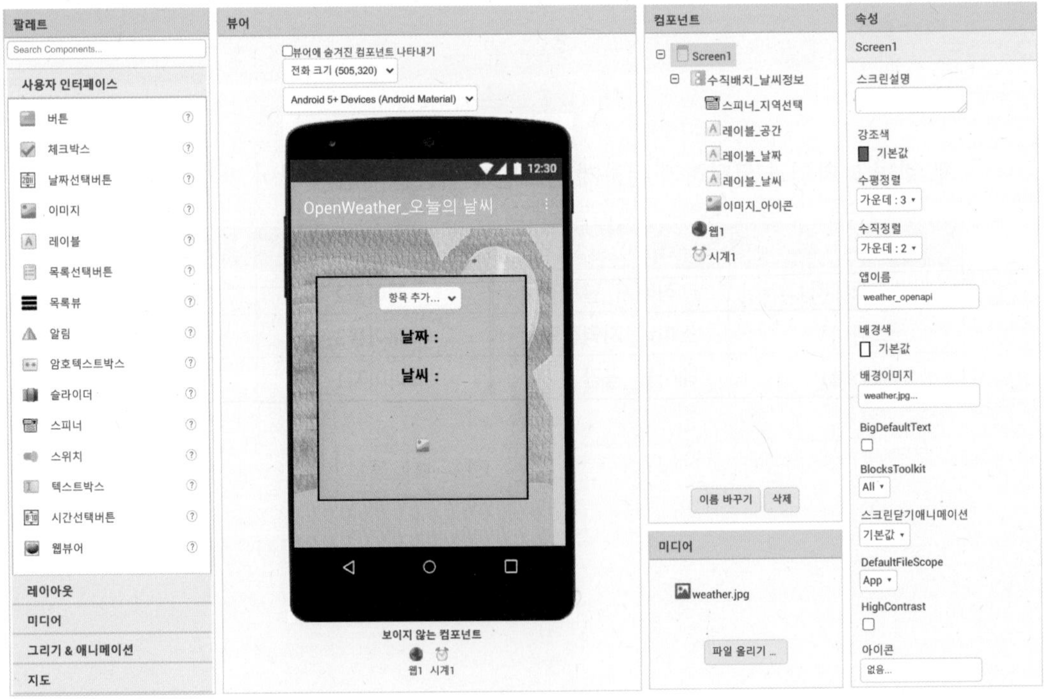

05 앱 코딩하기

1. 도시 목록 만들기

스피너에 날씨 정보를 받아오려는 도시목록 코드를 만듭니다.

스크린에서 '언제 Screen1.초기화되었을 때'와 스피너에서 '지정하기 스피너_지역선택.요소문자열 값', '지정하기 스피너_지역선택.프롬프트 값'을 가져와 아래와 같이 조립합니다.

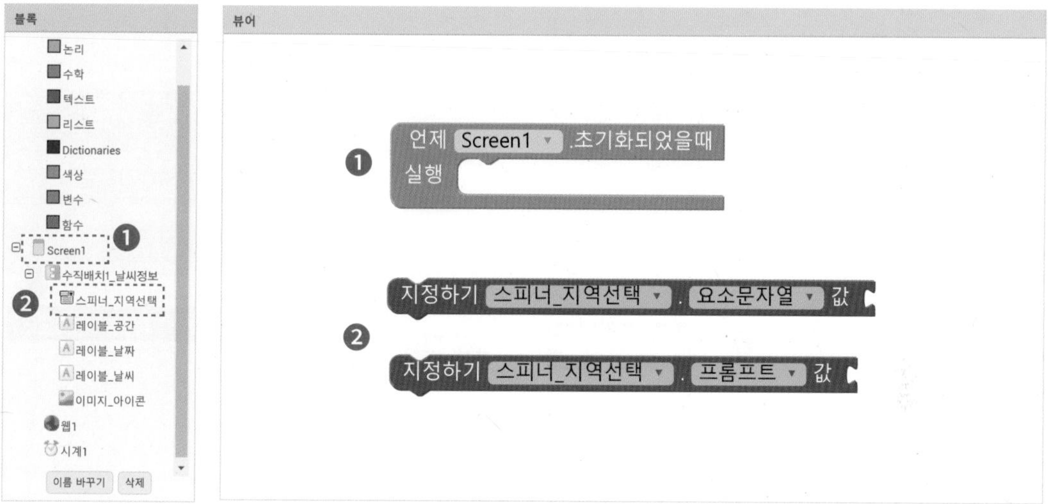

블록
논리
수학
텍스트
리스트
Dictionaries
색상
변수
함수
Screen1
수직배치1_날씨정보
스피너_지역선택
레이블_공간
레이블_날짜
레이블_날씨
이미지_아이콘
웹1
시계1
이름 바꾸기
삭제
뷰어
언제 Screen1 .초기화되었을때
실행
지정하기 스피너_지역선택 . 요소문자열 값
지정하기 스피너_지역선택 . 프롬프트 값

스피너 요소의 목록으로 값을 콤마(,)로 구분해 지정할 수 있는 블록입니다.

지정하기 스피너_지역선택 . 요소문자열 값

스피너 요소의 제목을 지정할 수 있는 블록입니다.

지정하기 스피너_지역선택 . 프롬프트 값

스피너의 제목은 '도시선택', 선택할 도시는 '서울, 부산, 제주'로 지정합니다.

언제 Screen1 .초기화되었을때
실행
지정하기 스피너_지역선택 . 프롬프트 값 ' 도시선택 '
지정하기 스피너_지역선택 . 요소문자열 값 ' 서울, 부산,제주 '

전역변수 '도시'를 만들고 초기화합니다. '도시' 변수에는 원하는 도시의 id 값을 검색해서 입력합니다.

논리 블록에서 ❷블록과 텍스트 블록에서 ❸블록을 가져와 어떤 도시가 스피너 항목에서 선택되었는지 조건문으로 판별합니다.

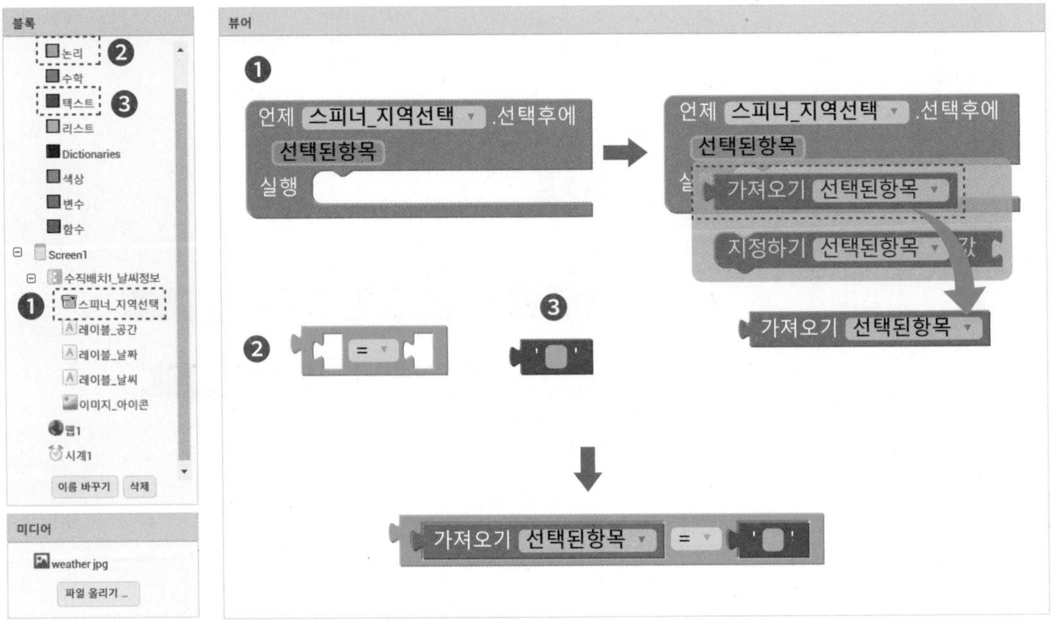

판별 후 해당 도시의 id 값을 '도시' 변수에 저장합니다.

도시 id를 검색하는 방법은 다음과 같습니다. 원하는 도시를 검색하고 검색된 도시를 선택합니다. 검색된 도시 URL에서 도시 id를 복사합니다.

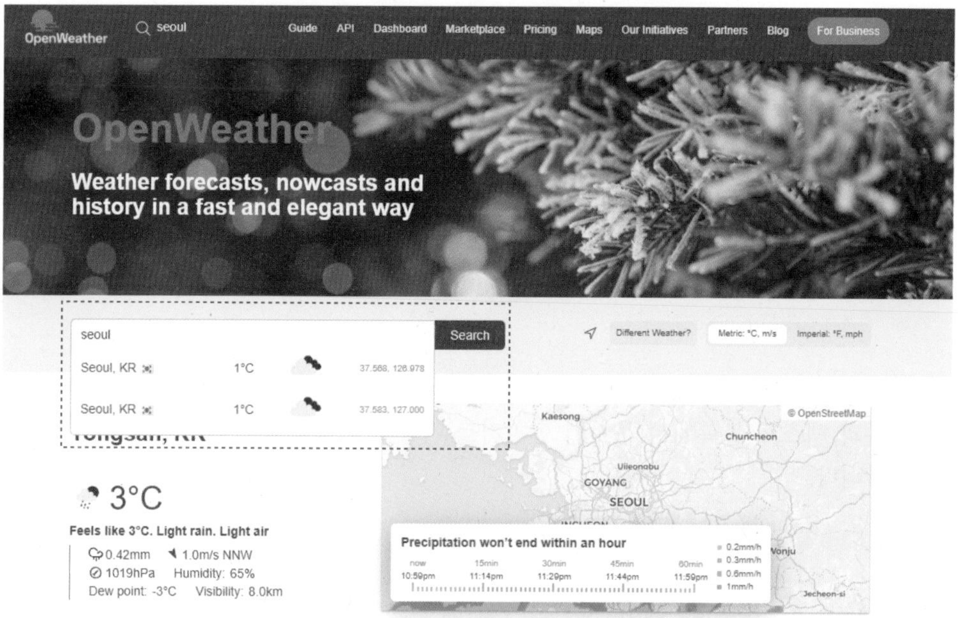

❶서울=1835848, ❷부산=1838524, ❸제주=1846266 아이디를 검색하고 코드에 입력합니다.

2. 도시의 날씨 정보 요청하기

웹 컴포넌트에서 '지정하기 웹.URL값'을 가져와 선택한 도시의 날씨 정보를 요청하는 페이지를 호출하는 코드를 아래 과정과 같이 조립합니다.

[날씨 정보 요청 URL]

❶ http://api.openweathermap.org/data/2.5/forecast? id=
❷ 도시번호
❸ &appid=
❹ 자신의 APIkey 복사해서 붙여넣기

❶블록과 텍스트 블록에서 문자열 합치기를 이용해 4개의 텍스트를 합칠 수 있게 문자열을 추가합니다.

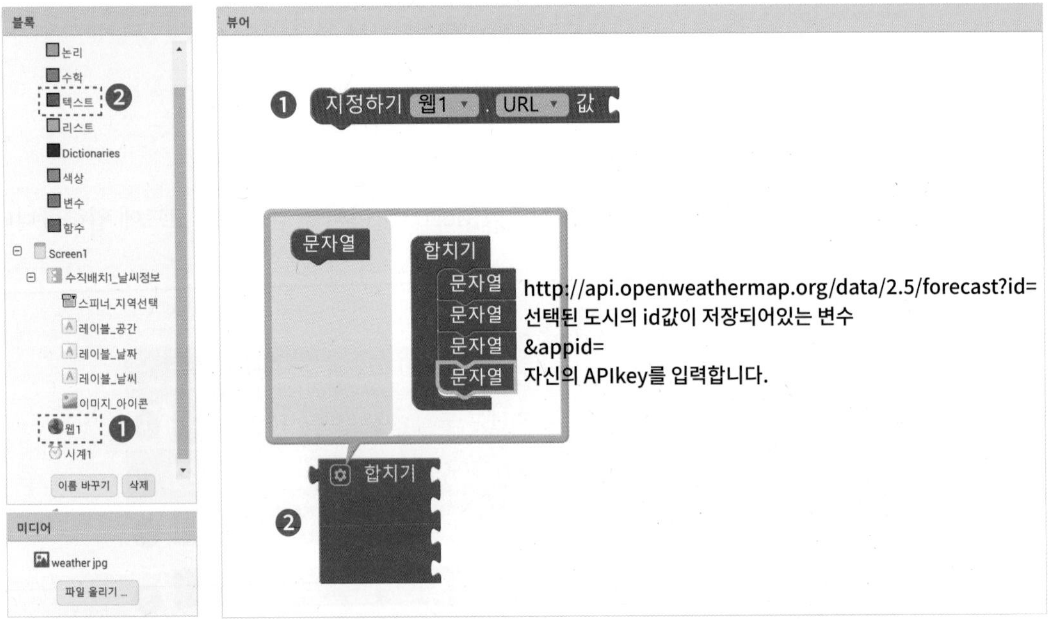
블록
논리
수학
텍스트 ❷
리스트
Dictionaries
색상
변수
함수
Screen1
수직배치1_날씨정보
스피너_지역선택
레이블_공간
레이블_날짜
레이블_날씨
이미지_아이콘
웹1 ❶
시계1
이름 바꾸기
삭제
미디어
weather.jpg
파일 올리기 ...
뷰어
❶ 지정하기 웹1 . URL 값
문자열
합치기
문자열 http://api.openweathermap.org/data/2.5/forecast?id=
문자열 선택된 도시의 id값이 저장되어있는 변수
문자열 &appid=
문자열 자신의 APIkey를 입력합니다.
❷ 합치기

지정하기 웹1 . URL 값
합치기
https://api.openweathermap.org/data/2.5/weather?...
가져오기 전역변수 도시
&appid=
자신의 APIKEy를 입력해주세요

다음과 같이 블럭을 가져옵니다.

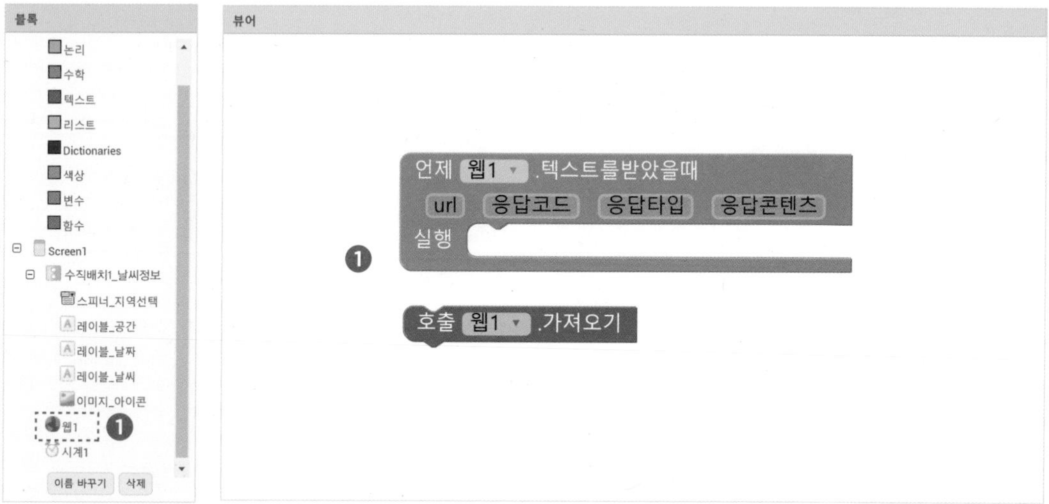
블록
논리
수학
텍스트
리스트
Dictionaries
색상
변수
함수
Screen1
수직배치1_날씨정보
스피너_지역선택
레이블_공간
레이블_날짜
레이블_날씨
이미지_아이콘
웹1
시계1
이름 바꾸기
삭제
뷰어
언제 웹1 .텍스트를받았을때
url 응답코드 응답타입 응답콘텐츠
실행
호출 웹1 .가져오기

반드시 자신의 APIkey를 입력하고 아래와 같이 블록을 완성합니다.

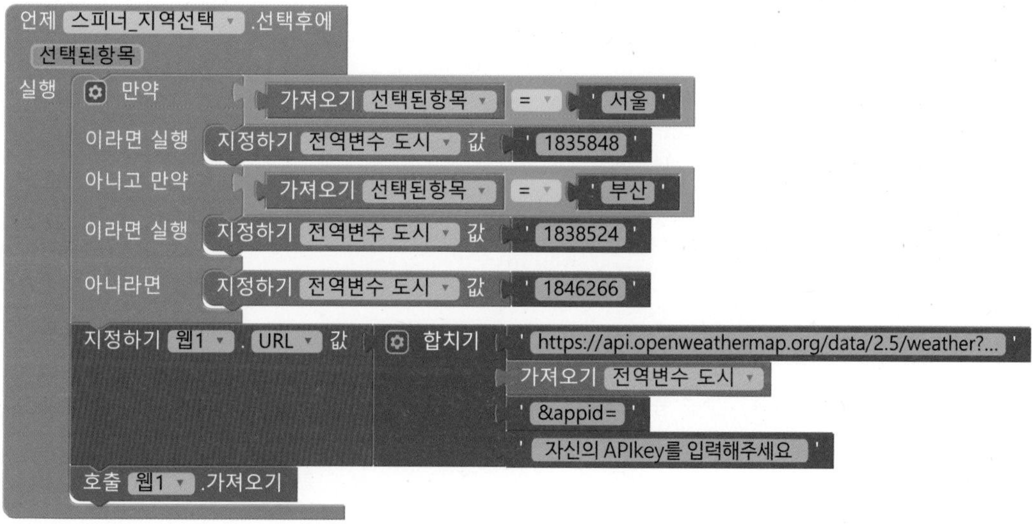
언제 스피너_지역선택 .선택후에
선택된항목
실행
만약
가져오기 선택된항목 = '서울'
이라면 실행 지정하기 전역변수 도시 값 '1835848'
아니고 만약
가져오기 선택된항목 = '부산'
이라면 실행 지정하기 전역변수 도시 값 '1838524'
아니라면 지정하기 전역변수 도시 값 '1846266'
지정하기 웹1 . URL 값 합치기
'https://api.openweathermap.org/data/2.5/weather?...'
가져오기 전역변수 도시
'&appid='
'자신의 APIkey를 입력해주세요'
호출 웹1 .가져오기

3. 날씨 정보 가져오기 및 자료형태 확인해보기

요청한 데이터를 받았을 때 받은 값을 저장해 다양한 날씨 데이터를 파싱하는데 사용할 전역 변수 '결과'를 만듭니다.

전역변수 만들기 결과 초기값

'언제 웹1.텍스트를 받았을 때'의 지역변수 '응답 콘텐츠'에서 요청한 날씨 정보를 JSON 형태로 받습니다.

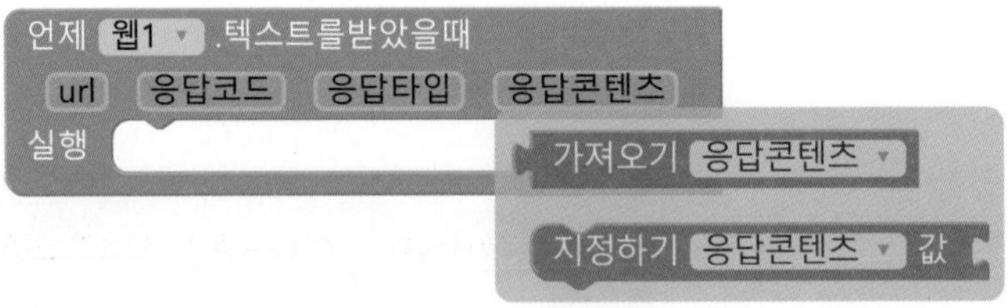
언제 웹1 .텍스트를받았을때
url
응답코드
응답타입
응답콘텐츠
실행
가져오기 응답콘텐츠
지정하기 응답콘텐츠 값

JSON 형태의 자료

JSON 형태의 자료는 다음과 같이 key와 value로 이루어진 딕셔너리 형태입니다.

{KEY1:VALUE1, KEY2:VALUE2, KEY3:VALUE3, …}

value값은 리스트의 형태이거나 딕셔너리의 형태일 수도 있습니다.

```
SON  Example of API response

{
  "coord": {"lon":경도, "lat":위도},
  "weather": [{"id":날씨 조건id, "main":"날씨", "description":"날씨 상세 정보", "icon":"날씨
   아이콘"}],
  "base": "stations",
  "main": {"temp":온도, "temp_min":최저온도, "temp_max":최고온도, "pressure":대기압, "humidity":
   습도},
  "visibility":가시성 미터,
  "wind": {"speed":풍속, "deg":풍향, "gust":돌풍},
  "rain": {"1h":1시간 동안 강수량},
  "clouds": {"all": 흐림%},
  "dt":데이터 시간(초),
  "id":도시 아이디,
  "name":"도시 이름",
  "cod":200
}
```

위 정보는 아래의 API→Current Weather Data→API doc에서 확인할 수 있습니다.

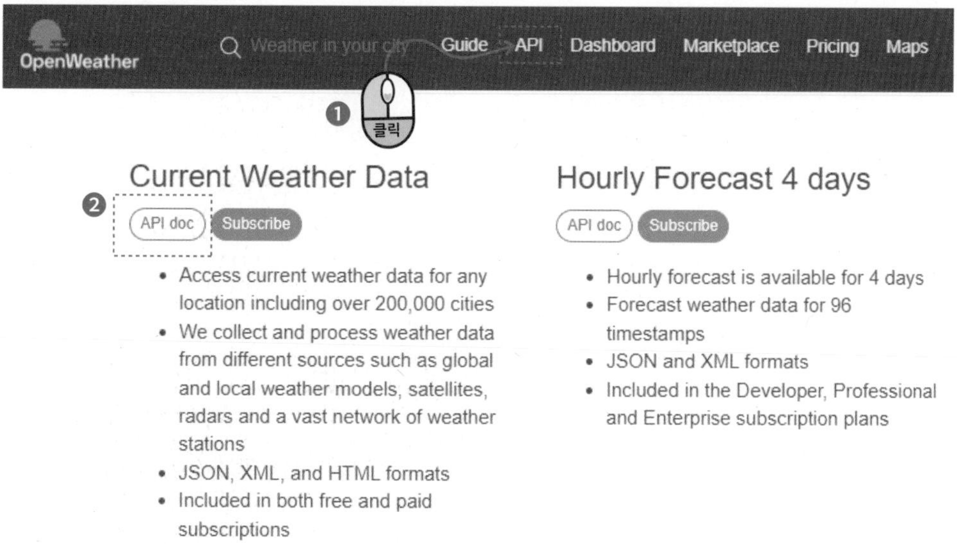

OpenWeather
Weather in your city
Guide
API
Dashboard
Marketplace
Pricing
Maps
❶ 클릭
Current Weather Data
❷
API doc
Subscribe
• Access current weather data for any location including over 200,000 cities
• We collect and process weather data from different sources such as global and local weather models, satellites, radars and a vast network of weather stations
• JSON, XML, and HTML formats
• Included in both free and paid subscriptions
Hourly Forecast 4 days
API doc
Subscribe
• Hourly forecast is available for 4 days
• Forecast weather data for 96 timestamps
• JSON and XML formats
• Included in the Developer, Professional and Enterprise subscription plans

날씨 정보를 가져오기 위해 웹1에서 JSON 텍스트를 디코딩하는 블록인 '호출 웹1.JasonText DecodeWithDictionaries'를 가져와 요청한 웹에서 전달받은 '응답 콘텐츠'와 조립해 '결과' 변수에 저장합니다.

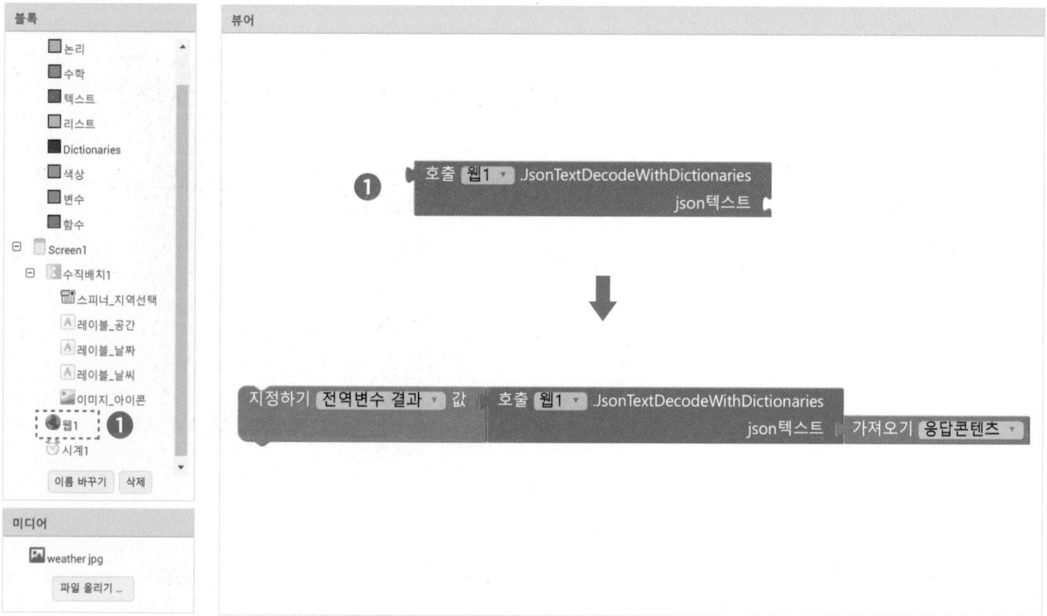

블록
논리
수학
텍스트
리스트
Dictionaries
색상
변수
함수
Screen1
수직배치1
스피너_지역선택
레이블_공간
레이블_날짜
레이블_날씨
이미지_아이콘
웹1 ❶
시계1
이름 바꾸기
삭제
미디어
weather.jpg
파일 올리기 ...
뷰어
❶
호출 웹1 .JsonTextDecodeWithDictionaries
json텍스트
지정하기 전역변수 결과 값
호출 웹1 .JsonTextDecodeWithDictionaries
json텍스트
가져오기 응답콘텐츠

인코딩

인코딩은 코드화, 암호화, 부호화라고도 불리며 사용자가 입력한 문자나 기호들을 약속된 규칙에 의해서 컴퓨터가 이용할 수 있는 신호 0과 1로 변환하는 것을 말합니다.

디코딩

디코딩은 인코딩의 반대로서 역코드화, 복호화라고도 불리며 사람이 이해할 수 있도록 바꿔주는 것을 말합니다.

위 자료는 임의의 레이블에 아래의 블록을 이용해 휴대폰에서 직접 출력할 수 있습니다. 레이블_공간의 '높이-자동'으로 잠시 변경해 확인해봅니다.

언제 웹1 .텍스트를받았을때
url 응답코드 응답타입 응답콘텐츠
실행 지정하기 전역변수 결과 값 호출 웹1 .JsonTextDecodeWithDictionaries
json텍스트 가져오기 응답콘텐츠
지정하기 레이블_공간 . 텍스트 값 가져오기 전역변수 결과

확인 결과는 다음과 같습니다.

OpenWeather_오늘의 날씨
서울 ▼
{"base":"stations","clouds":{"all":100},"cod":200,"coord":{"lat":37.5683,"lon":126.9778},"dt":1673580974,"id":1835848,"main":{"feels_like":279.36,"humidity":100,"pressure":1009,"temp":280.64,"temp_max":281.84,"temp_min":278.81},"name":"Seoul","sys":{"country":"KR","id":8105,"sunrise":1673563586,"sunset":1673598846,"type":1},"timezone":32400,"visibility":1400,"weather":[{"description":"fog","icon":"50d","id":741,"main":"Fog"}],"wind":{"deg":160,"speed":2.06}}
2023년 01월 13일 12:36:10 오후
날씨 :

key:value의 형태의 딕셔너리 자료임을 알 수 있습니다. 필요한 정보(value)를 해당 key값을 이용해 찾을 수 있습니다.

응답으로 전달되는 자료의 형태 확인을 마치면 레이블_공간의 높이를 다시 5퍼센트로 변경하고 레이블에 출력하는 코드를 삭제합니다.

4. 필요한 날씨 정보 파싱하기

응답받는 자료에서 필요한 날씨 정보만 추출해서 날씨 레이블에 나타내는 코드를 아래의 과정과 같이 조립합니다.

파싱 (parsing)

전체 자료 구문을 분석하여 문장이 이루고 있는 구성성분을 분해하여 원하는 형태로 조립하거나 필요한 부분을 가져오는 것을 파싱(parsing)이라고 합니다.

함수 블록에서 '날씨'라는 이름의 함수를 생성하고, 호출 블록이 생성되는 것을 확인합니다.

함수 만들기 날씨
실행
함수 호출하기 날씨

필요한 날씨 정보만 가져올 수 있게 '함수 호출하기 날씨' 블록을 아래의 블록에 다음과 같이 조립합니다.

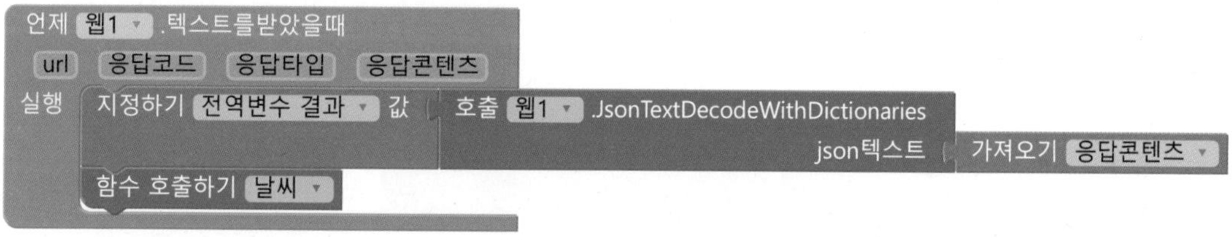
언제 웹1 .텍스트를받았을때
url 응답코드 응답타입 응답콘텐츠
실행 지정하기 전역변수 결과 값 호출 웹1 .JsonTextDecodeWithDictionaries
json텍스트 가져오기 응답콘텐츠
함수 호출하기 날씨

위에서 확인한 전체 날씨 정보를 저장할 변수 '전체 날씨 정보', 그중에서 날씨 상태만을 저장할 '날씨 상태', '날씨 아이콘' 변수를 생성합니다.

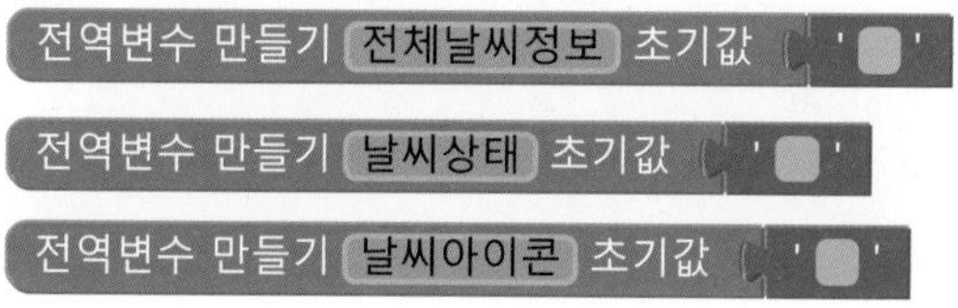
전역변수 만들기 전체날씨정보 초기값
전역변수 만들기 날씨상태 초기값
전역변수 만들기 날씨아이콘 초기값

딕셔너리 자료에서 해당 key에 해당하는 value값을 반환해주는 블록입니다.

get value for key
in dictionary
or if not found
' not found '

전체 응답 콘텐츠를 저장한 전역변수 '전체 날씨 정보'에서 key값이 'weather'인 value를 찾아 다시 '전체 날씨 정보' 변수에 넣어 사용합니다.

"weather":[{"id":날씨조건id, "main":"날씨", "description":"날씨상세정보", "icon":"날씨 아이콘"}],

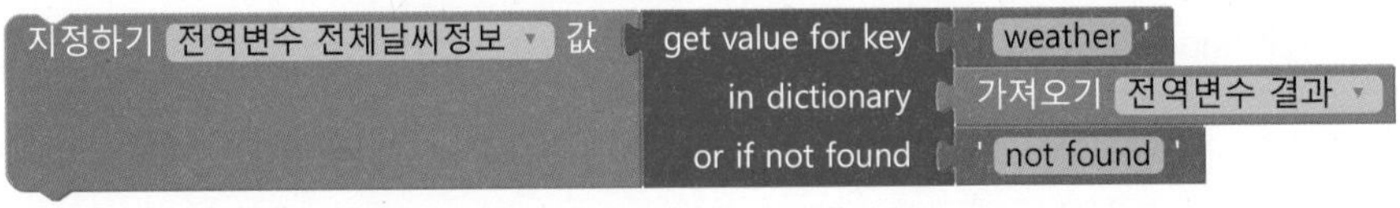
지정하기 전역변수 전체날씨정보 값
get value for key
' weather '
in dictionary
가져오기 전역변수 결과
or if not found
' not found '

weather의 value로 가져온 값의 형태가 항목이 1인 리스트이므로 다시 리스트의 첫 번째 항목을 선택해서 다시 '전체 날씨 정보'에 저장합니다.

지정하기 전역변수 전체날씨정보 값
항목 선택하기 리스트
가져오기 전역변수 전체날씨정보
위치
1

다음과 같이 필요한 날씨 정보가 담긴 딕셔너리를 가져올 수 있습니다.

{"id":날씨 조건 id, "main":"날씨", "description":"날씨 상세정보", "icon":"날씨 아이콘"}

따라서 아래와 같이 'main' key값을 이용해 날씨 정보를 가져와 '레이블_날씨. 텍스트값'에 출력하고, 'icon' key값을 이용해 날씨에 어울리는 아이콘을 가져와 '이미지_아이콘.사진값'에 출력합니다.

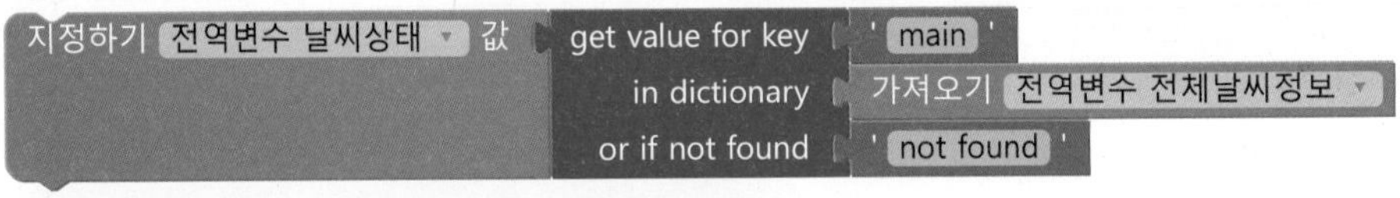
지정하기 전역변수 날씨상태 값
get value for key
' main '
in dictionary
가져오기 전역변수 전체날씨정보
or if not found
' not found '

지정하기 레이블_날씨 . 텍스트색상 값
지정하기 레이블_날씨 . 글꼴크기 값
40
지정하기 레이블_날씨 . 텍스트 값
가져오기 전역변수 날씨상태

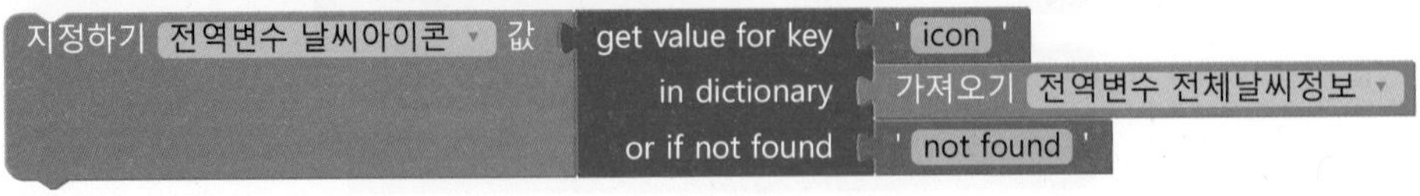
지정하기 전역변수 날씨아이콘 값
get value for key
' icon '
in dictionary
가져오기 전역변수 전체날씨정보
or if not found
' not found '

아이콘을 얻는 URL에서 '날씨 아이콘' 변수에 저장된 현재 날씨 상태를 문자열 합치기로 설정합니다.

예) URL is http://openweathermap.org/img/wn/10d@2x.png

지정하기 이미지_아이콘 . 사진 값
합치기
' http://openweathermap.org/img/wn/ '
가져오기 전역변수 날씨아이콘
' @2x.png '

❶ http://openweathermap.org/img/wn/ ❷ 날씨 아이콘 ❸ @2x.png

모든 블록을 합쳐 아래와 같이 원하는 날씨 상태와 아이콘을 가져오는 '날씨' 함수를 완성합니다.

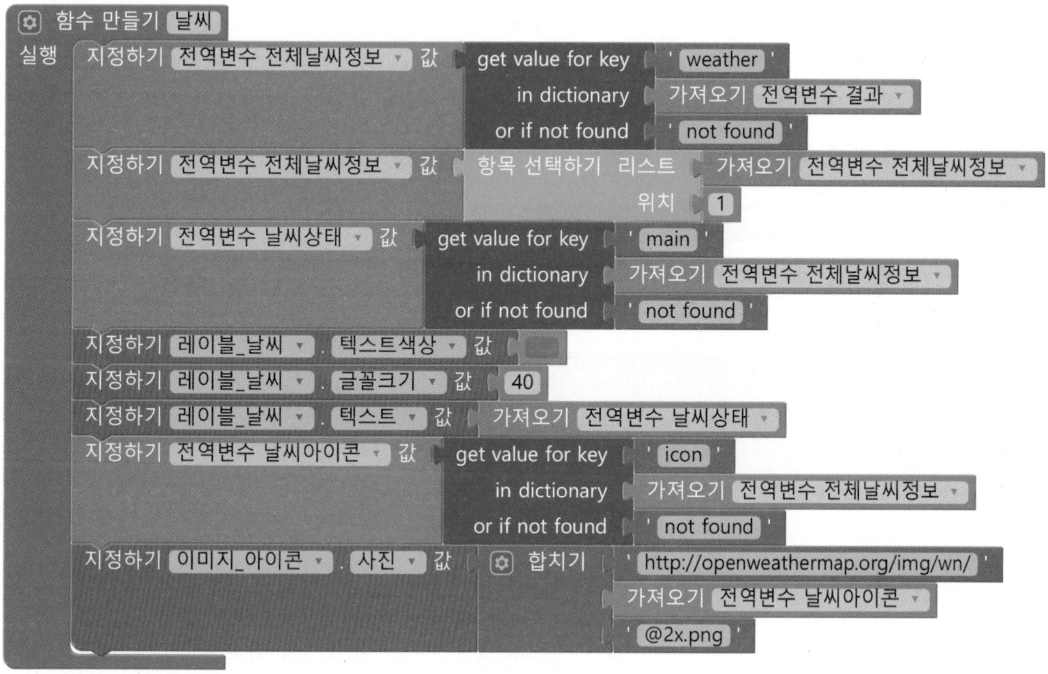

함수 만들기 날씨
실행 지정하기 전역변수 전체날씨정보 값 get value for key ' weather '
in dictionary 가져오기 전역변수 결과
or if not found ' not found '
지정하기 전역변수 전체날씨정보 값 항목 선택하기 리스트 가져오기 전역변수 전체날씨정보
위치 1
지정하기 전역변수 날씨상태 값 get value for key ' main '
in dictionary 가져오기 전역변수 전체날씨정보
or if not found ' not found '
지정하기 레이블_날씨 . 텍스트색상 값
지정하기 레이블_날씨 . 글꼴크기 값 40
지정하기 레이블_날씨 . 텍스트 값 가져오기 전역변수 날씨상태
지정하기 전역변수 날씨아이콘 값 get value for key ' icon '
in dictionary 가져오기 전역변수 전체날씨정보
or if not found ' not found '
지정하기 이미지_아이콘 . 사진 값 합치기 ' http://openweathermap.org/img/wn/ '
가져오기 전역변수 날씨아이콘
' @2x.png '

5. 현재 시간 출력하기

현재시간을 계산하고 표현하기 위해 시계 컴포넌트에서 아래의 블록을 찾아옵니다.

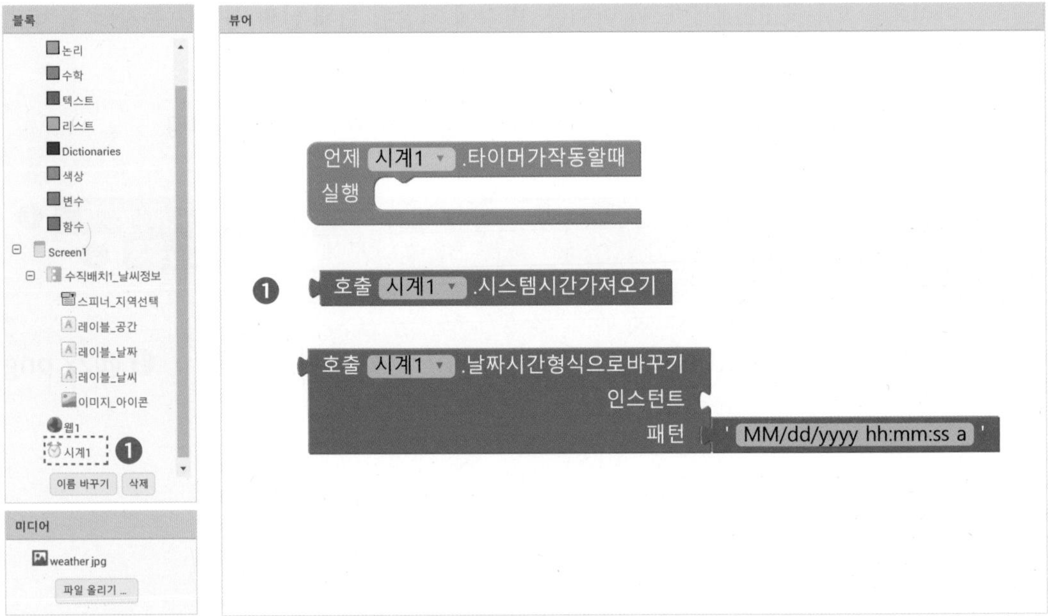
블록
논리
수학
텍스트
리스트
Dictionaries
색상
변수
함수
Screen1
수직배치1_날씨정보
스피너_지역선택
레이블_공간
레이블_날짜
레이블_날씨
이미지_아이콘
웹1
시계1
이름 바꾸기
삭제
미디어
weather.jpg
파일 올리기 ...
뷰어
언제 시계1 .타이머가작동할때
실행
호출 시계1 .시스템시간가져오기
호출 시계1 .날짜시간형식으로바꾸기
인스턴트
패턴
MM/dd/yyyy hh:mm:ss a

휴대폰 내부 센서로 측정한 현재시간 즉 시스템 시간을 가져와 저장할 '시간' 변수를 생성하고 변수에 현재 시스템 시간을 호출해서 저장합니다.

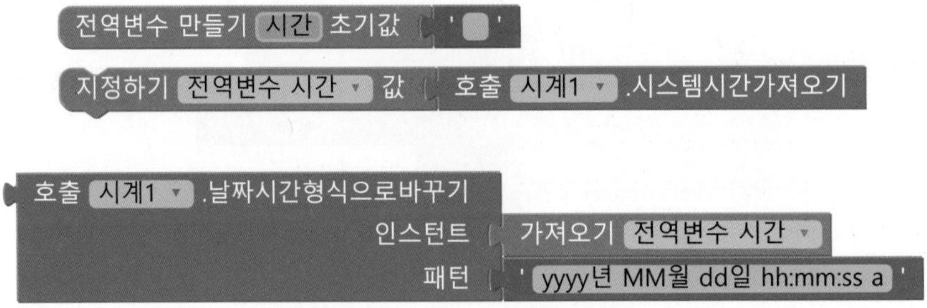
전역변수 만들기 시간 초기값
지정하기 전역변수 시간 값 호출 시계1 .시스템시간가져오기
호출 시계1 .날짜시간형식으로바꾸기
인스턴트 가져오기 전역변수 시간
패턴 yyyy년 MM월 dd일 hh:mm:ss a

인스턴스는 Year, Month, DayOfMnoth, Hour, Minute, Second로 구성됩니다. 원하는 출력 형태로 패턴을 지정합니다. 예) 2023년 01월 13일 12:30:42 오후

시계 타이머가 작동할 때 시간을 출력할 수 있도록 '레이블_날짜.텍스트값'으로 설정하고 아래와 같이 블록을 완성합니다.

언제 시계1 .타이머가작동할때
실행 지정하기 전역변수 시간 값 호출 시계1 .시스템시간가져오기
지정하기 레이블_날짜 . 텍스트 값 호출 시계1 .날짜시간형식으로바꾸기
인스턴트 가져오기 전역변수 시간
패턴 yyyy년 MM월 dd일 hh:mm:ss a

06 완성코드

모든 코드들을 완성하여 아래의 블록과 비교해봅니다.

언제 Screen1 .초기화되었을때
실행 지정하기 스피너_지역선택 . 프롬프트 값 ' 도시선택 '
지정하기 스피너_지역선택 . 요소문자열 값 ' 서울, 부산,제주 '
전역변수 만들기 도시 초기값 ' '
언제 스피너_지역선택 .선택후에
선택된항목
실행 만약 가져오기 선택된항목 = ' 서울 '
이라면 실행 지정하기 전역변수 도시 값 ' 1835848 '
아니고 만약 가져오기 선택된항목 = ' 부산 '
이라면 실행 지정하기 전역변수 도시 값 ' 1838524 '
아니라면 지정하기 전역변수 도시 값 ' 1846266 '
지정하기 웹1 . URL 값 합치기 ' https://api.openweathermap.org/data/2.5/weather?... '
가져오기 전역변수 도시
' &appid= '
' 자신의 APIkey를 입력해주세요 '
호출 웹1 .가져오기
전역변수 만들기 결과 초기값 ' '
언제 웹1 .텍스트를받았을때
url 응답코드 응답타입 응답콘텐츠
실행 지정하기 전역변수 결과 값 호출 웹1 .JsonTextDecodeWithDictionaries
json텍스트 가져오기 응답콘텐츠
함수 호출하기 날씨
전역변수 만들기 전체날씨정보 초기값 ' '
전역변수 만들기 날씨상태 초기값 ' '
전역변수 만들기 날씨아이콘 초기값 ' '

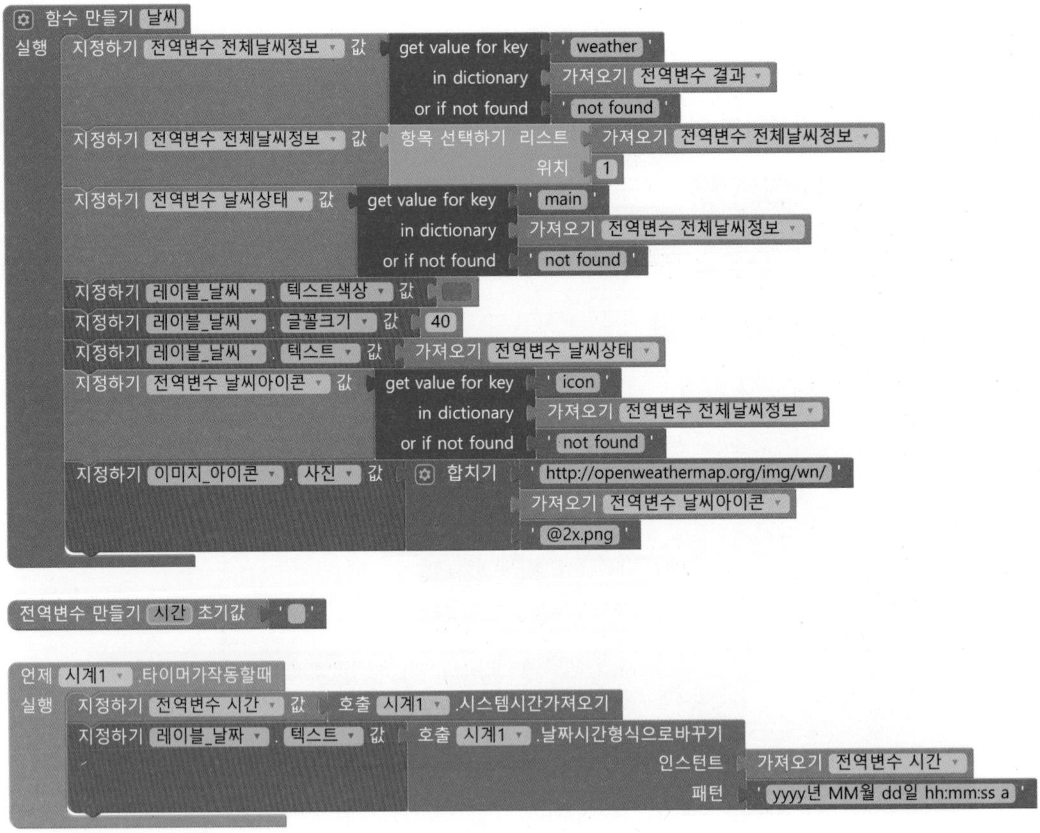
함수 만들기 날씨
실행 지정하기 전역변수 전체날씨정보 값 get value for key 'weather'
in dictionary 가져오기 전역변수 결과
or if not found 'not found'
지정하기 전역변수 전체날씨정보 값 항목 선택하기 리스트 가져오기 전역변수 전체날씨정보
위치 1
지정하기 전역변수 날씨상태 값 get value for key 'main'
in dictionary 가져오기 전역변수 전체날씨정보
or if not found 'not found'
지정하기 레이블_날씨 . 텍스트색상 값
지정하기 레이블_날씨 . 글꼴크기 값 40
지정하기 레이블_날씨 . 텍스트 값 가져오기 전역변수 날씨상태
지정하기 전역변수 날씨아이콘 값 get value for key 'icon'
in dictionary 가져오기 전역변수 전체날씨정보
or if not found 'not found'
지정하기 이미지_아이콘 . 사진 값 합치기 'http://openweathermap.org/img/wn/'
가져오기 전역변수 날씨아이콘
'@2x.png'
전역변수 만들기 시간 초기값 ''
언제 시계1 .타이머가작동할때
실행 지정하기 전역변수 시간 값 호출 시계1 .시스템시간가져오기
지정하기 레이블_날짜 . 텍스트 값 호출 시계1 .날짜시간형식으로바꾸기
인스턴트 가져오기 전역변수 시간
패턴 'yyyy년 MM월 dd일 hh:mm:ss a'

07 실행화면

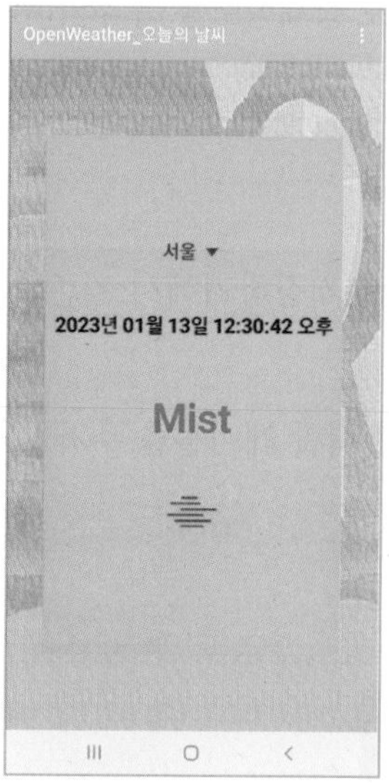

OpenWeather_오늘의 날씨
서울
2023년 01월 13일 12:30:42 오후
Mist

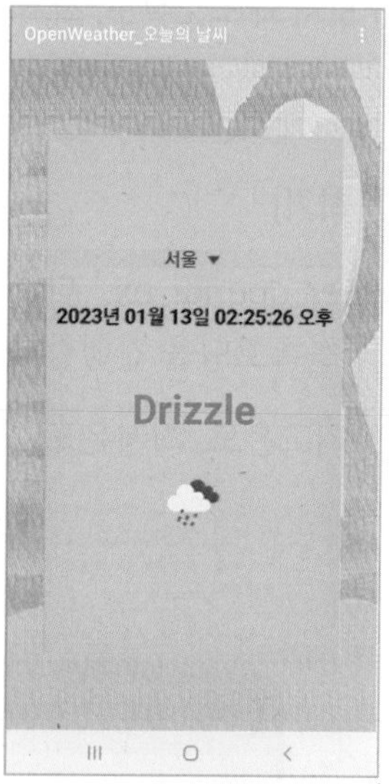

OpenWeather_오늘의 날씨
서울
2023년 01월 13일 02:25:26 오후
Drizzle

OpenWeather_오늘의 날씨
제주
2023년 01월 13일 02:25:21 오후
Rain

OpenWeather_오늘의 날씨
부산
2023년 01월 13일 02:25:14 오후
Clouds

08 응용 연습하기

문제 1. 다양한 도시 와 최고온도, 최저온도, 습도 상세정보를 더 추가하여 출력해봅니다.

풀이 1.

[앱 디자인 추가하기]

파일을 'weather_openai_ex ' 다른이름으로 저장하기해서 기존의 블록에서 추가된 기능들의 디자인과 블록코딩을 진행합니다.

디자이너에서 최고온도, 최저온도, 습도를 출력할 레이블을 추가합니다.

레이블의 컴포넌트 이름을 변경하고 속성을 아래와 같이 설정합니다.

수직패치 1_날씨정보
높이 : 90퍼센트 너비 : 80퍼센트

레이블_최고온도,최저온도,습도
글꼴 굵게 – 체크 글꼴 크기 – 20 텍스트 – 최고온도 : / 최저온도:/습도 : (각각의 레이블에 설정)

[앱 코딩 추가하기]

도시로 인천과 남양주를 추가합니다. 원하는 도시를 검색해서 추가해도 됩니다. OpenWeathermap에서 영어명으로 도시를 검색해 아래의 도시 ID를 복사합니다.

https://openweathermap.org/city/1843564 **인천** 1843564

https://openweathermap.org/city/1897122 **남양주시** 1897122

언제 Screen1 .초기화되었을때
실행 지정하기 스피너_지역선택 . 프롬프트 값 ' 도시선택 '
지정하기 스피너_지역선택 . 요소문자열 값 ' 서울,부산,제주,인천,남양주 '

검색해서 찾은 도시 id를 이용해 조건문을 추가합니다.

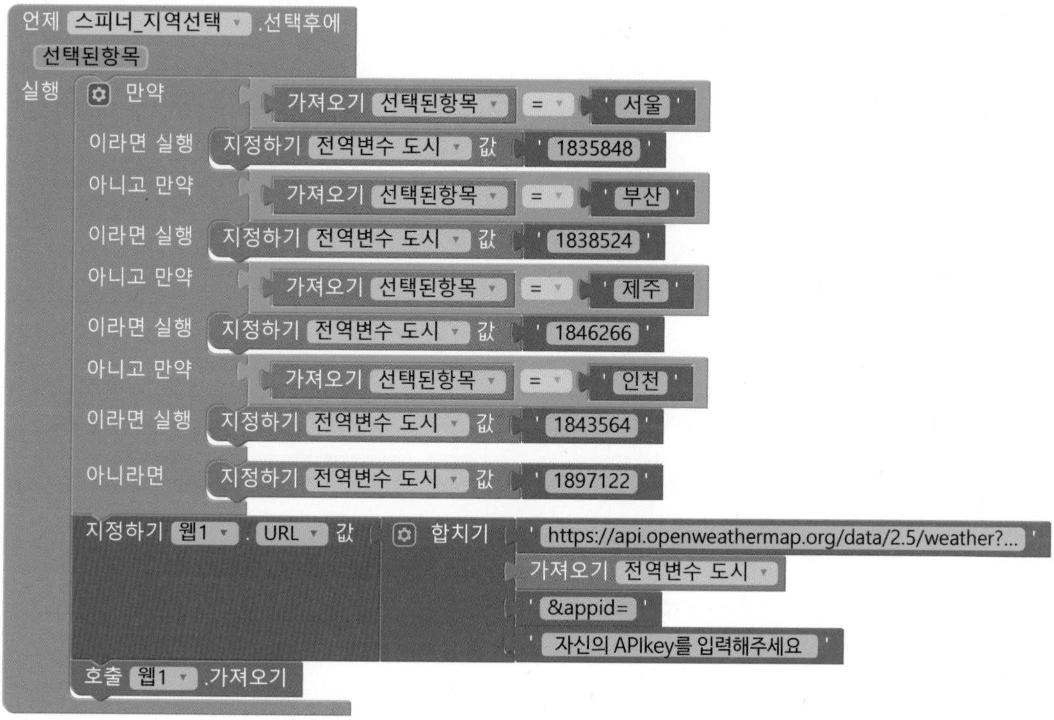
언제 스피너_지역선택 .선택후에
선택된항목
실행 만약 가져오기 선택된항목 = ' 서울 '
이라면 실행 지정하기 전역변수 도시 값 ' 1835848 '
아니고 만약 가져오기 선택된항목 = ' 부산 '
이라면 실행 지정하기 전역변수 도시 값 ' 1838524 '
아니고 만약 가져오기 선택된항목 = ' 제주 '
이라면 실행 지정하기 전역변수 도시 값 ' 1846266 '
아니고 만약 가져오기 선택된항목 = ' 인천 '
이라면 실행 지정하기 전역변수 도시 값 ' 1843564 '
아니라면 지정하기 전역변수 도시 값 ' 1897122 '
지정하기 웹1 . URL 값 합치기 ' https://api.openweathermap.org/data/2.5/weather?... '
가져오기 전역변수 도시
' &appid= '
' 자신의 APIkey를 입력해주세요 '
호출 웹1 .가져오기

응답받은 데이터에서 상세정보가 있는 key가 'main' value에서 temp_max, temp_min, humidity 값을 가져오기 위해 아래와 같이 변수와 함수를 생성합니다.

```
{
  "coord": {  "lon": 경도,  "lat": 위도  },
  "weather": [   {   "id": 날씨조건id,  "main": "날씨",  "description": "날씨상세정보",
  "icon": "날씨 아이콘"    }  ],
  "base": "stations",
  "main": {    "temp": 온도,   "temp_min": 최저온도, "temp_max": 최고온도, "pressure":
  대기압,  "humidity": 습도  },
  "visibility": 가시성미터,
  "wind": {   "speed": 풍속,    "deg": 풍향,    "gust": 돌풍  },
  "rain": {  "1h": 1시간동안 강수량  },
  "clouds": {    "all": 흐림%  },
  "dt": 데이터시간(초),
  "id": 도시아이디,
  "name": "도시이름",
  "cod": 200
}
```

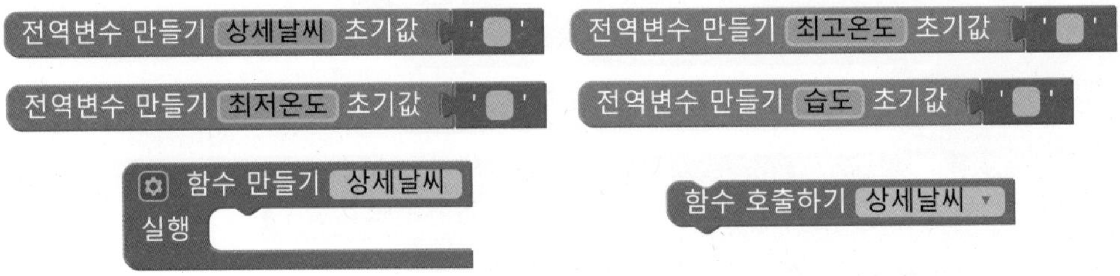
전역변수 만들기 상세날씨 초기값
전역변수 만들기 최고온도 초기값
전역변수 만들기 최저온도 초기값
전역변수 만들기 습도 초기값
함수 만들기 상세날씨
실행
함수 호출하기 상세날씨

날씨 정보 요청 후 응답받은 데이터가 저장된 전역변수 '결과'에서 key값 'main'을 찾아 해당하는 값을 가져올 수 있게 아래와 같이 블록을 만듭니다.

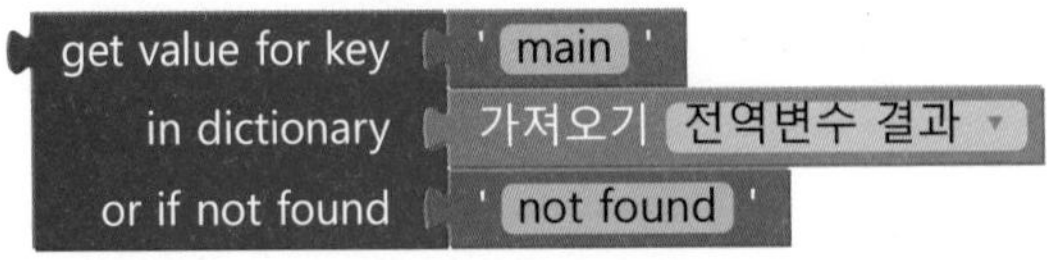
get value for key
main
in dictionary
가져오기 전역변수 결과
or if not found
not found

해당 value값을 전역변수 '상세 날씨'에 저장합니다.

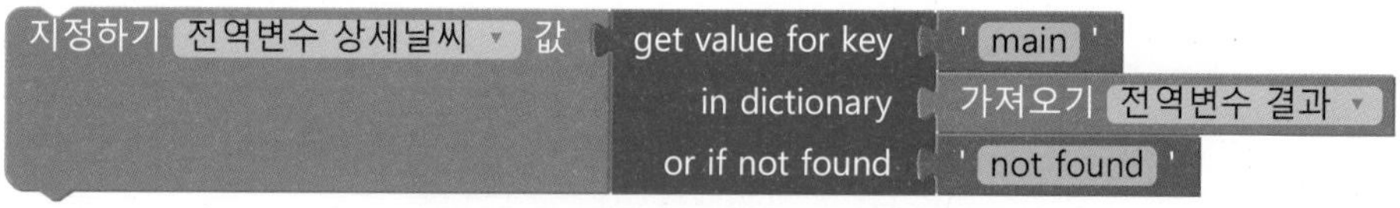
지정하기 전역변수 상세날씨 값
get value for key
'main'
in dictionary
가져오기 전역변수 결과
or if not found
'not found'

상세 날씨에 저장된 딕셔너리 형태의 자룟값에서 key가 'temp_max'인 값을 찾아 최고온도에 저장합니다.

저장한 값은 온도 단위가 kelvin이므로 '온도 값-273.15' 변환식을 이용해 섭씨로 변경하고 '레이블_최고온도'에 출력합니다.

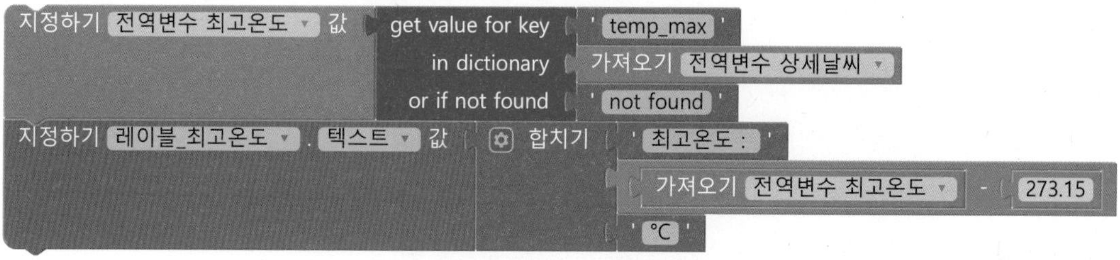
지정하기 전역변수 최고온도 값
get value for key
'temp_max'
in dictionary
가져오기 전역변수 상세날씨
or if not found
'not found'
지정하기 레이블_최고온도 . 텍스트 값
합치기
'최고온도 : '
가져오기 전역변수 최고온도 - 273.15
'℃'

같은 방법으로 'temp_min'과 'humidity'를 찾아 각 레이블에 출력합니다

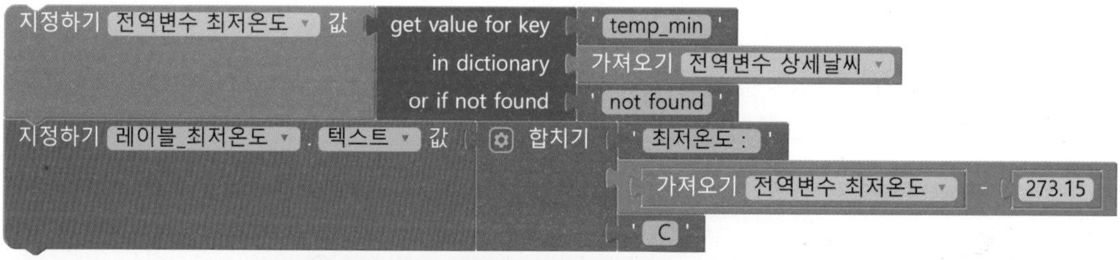
지정하기 전역변수 최저온도 값
get value for key
'temp_min'
in dictionary
가져오기 전역변수 상세날씨
or if not found
'not found'
지정하기 레이블_최저온도 . 텍스트 값
합치기
'최저온도 : '
가져오기 전역변수 최저온도 - 273.15
'C'

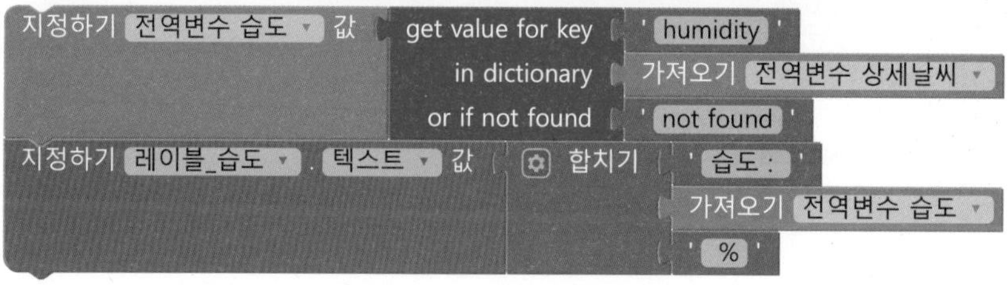
지정하기 전역변수 습도 값
get value for key
'humidity'
in dictionary
가져오기 전역변수 상세날씨
or if not found
'not found'
지정하기 레이블_습도 . 텍스트 값
합치기
'습도 : '
가져오기 전역변수 습도
'%'

아래와 같이 함수를 완성합니다.

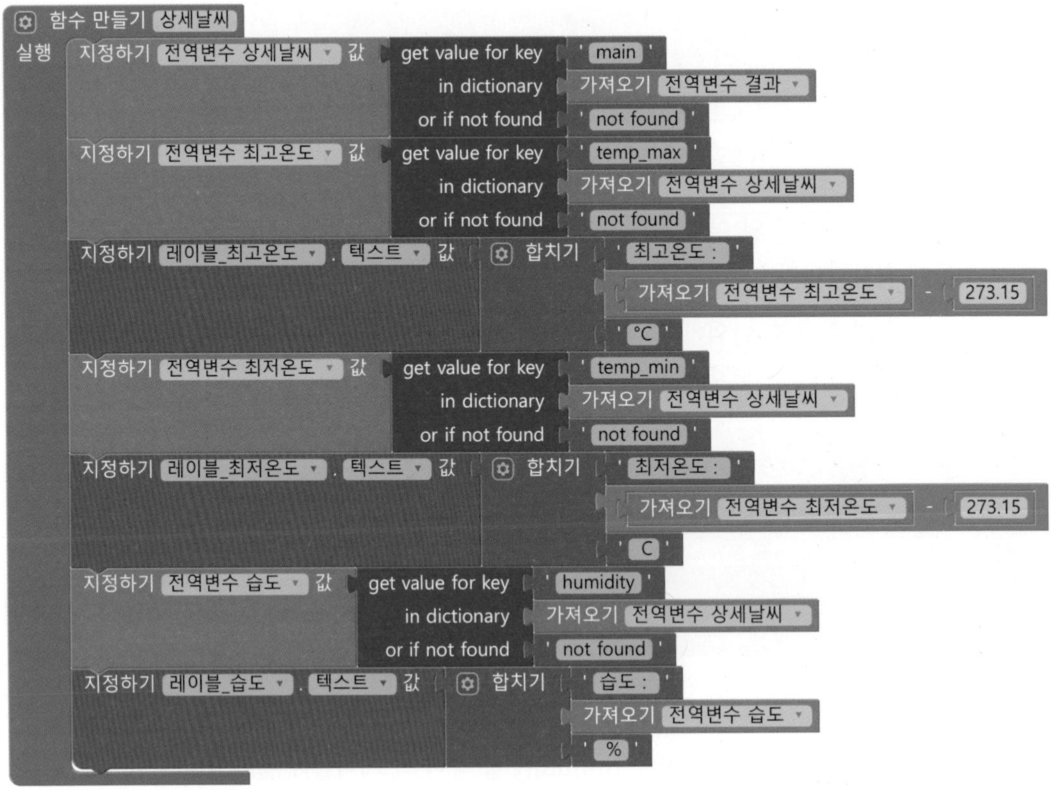

함수 만들기 상세날씨
실행 지정하기 전역변수 상세날씨 값 get value for key 'main'
in dictionary 가져오기 전역변수 결과
or if not found 'not found'
지정하기 전역변수 최고온도 값 get value for key 'temp_max'
in dictionary 가져오기 전역변수 상세날씨
or if not found 'not found'
지정하기 레이블_최고온도 . 텍스트 값 합치기 '최고온도 : '
가져오기 전역변수 최고온도 - 273.15
'°C'
지정하기 전역변수 최저온도 값 get value for key 'temp_min'
in dictionary 가져오기 전역변수 상세날씨
or if not found 'not found'
지정하기 레이블_최저온도 . 텍스트 값 합치기 '최저온도 : '
가져오기 전역변수 최저온도 - 273.15
'C'
지정하기 전역변수 습도 값 get value for key 'humidity'
in dictionary 가져오기 전역변수 상세날씨
or if not found 'not found'
지정하기 레이블_습도 . 텍스트 값 합치기 '습도 : '
가져오기 전역변수 습도
'%'

웹에서 응답을 받아 함수 내용으로 처리할 수 있게 '언제 웹1.텍스트를 받았을 때', 함수 '상세 날씨'도 함께 호출합니다.

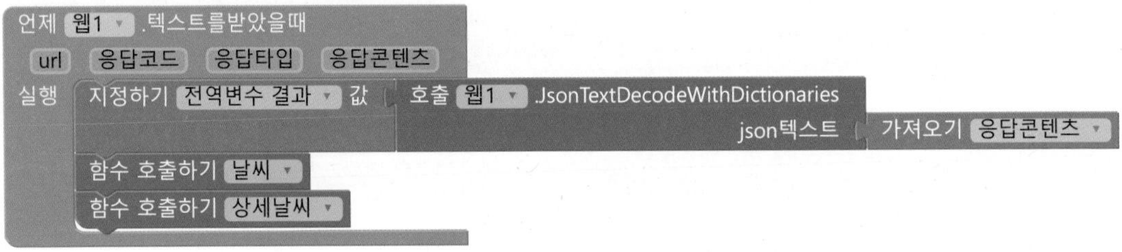

언제 웹1 .텍스트를받았을때
url 응답코드 응답타입 응답콘텐츠
실행 지정하기 전역변수 결과 값 호출 웹1 .JsonTextDecodeWithDictionaries
json텍스트 가져오기 응답콘텐츠
함수 호출하기 날씨
함수 호출하기 상세날씨

[완성 코드]

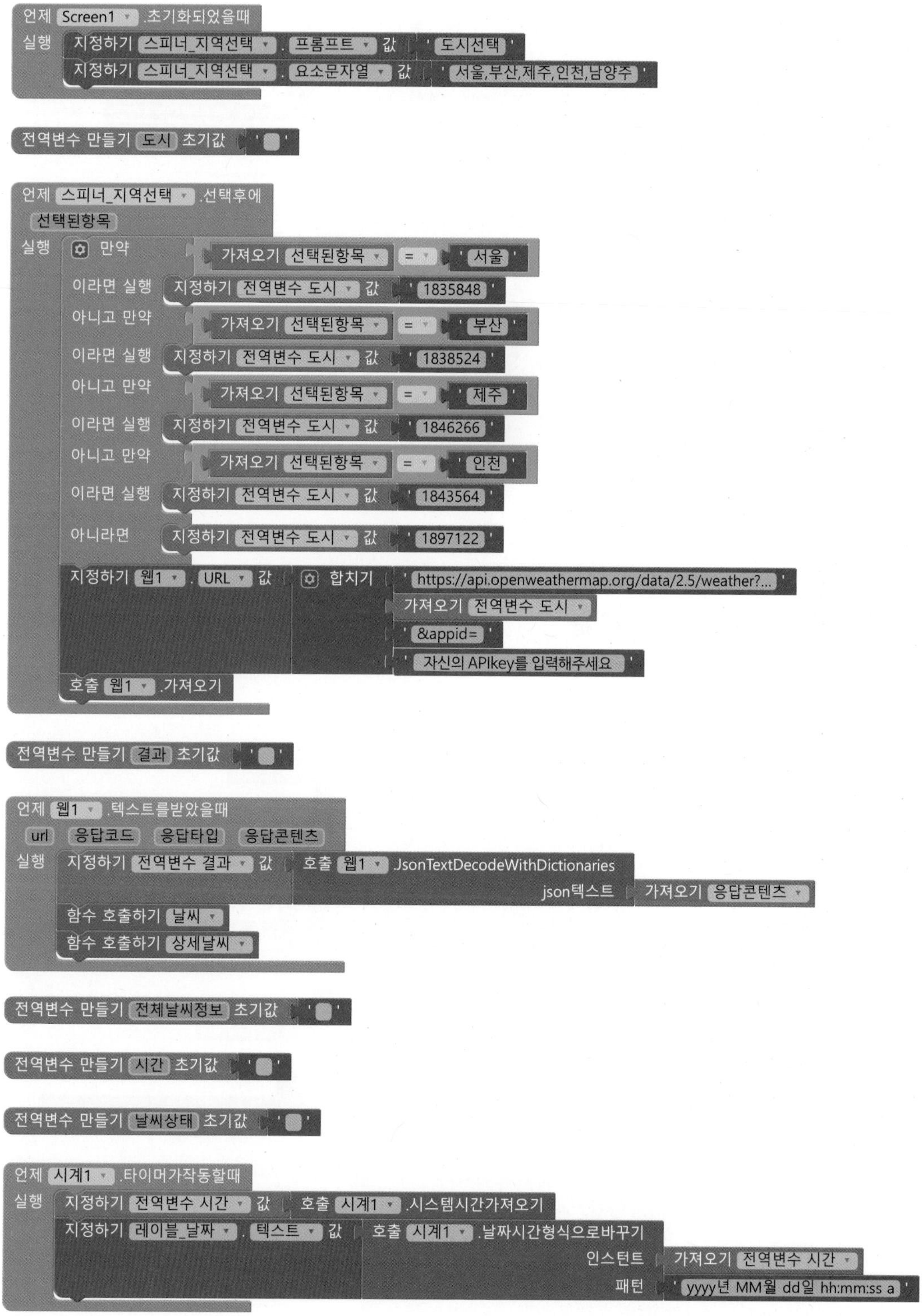

언제 Screen1 .초기화되었을때
실행 지정하기 스피너_지역선택 . 프롬프트 값 '도시선택'
지정하기 스피너_지역선택 . 요소문자열 값 '서울,부산,제주,인천,남양주'
전역변수 만들기 도시 초기값 ''
언제 스피너_지역선택 .선택후에
선택된항목
실행 만약 가져오기 선택된항목 = '서울'
이라면 실행 지정하기 전역변수 도시 값 '1835848'
아니고 만약 가져오기 선택된항목 = '부산'
이라면 실행 지정하기 전역변수 도시 값 '1838524'
아니고 만약 가져오기 선택된항목 = '제주'
이라면 실행 지정하기 전역변수 도시 값 '1846266'
아니고 만약 가져오기 선택된항목 = '인천'
이라면 실행 지정하기 전역변수 도시 값 '1843564'
아니라면 지정하기 전역변수 도시 값 '1897122'
지정하기 웹1 . URL 값 합치기 'https://api.openweathermap.org/data/2.5/weather?...'
가져오기 전역변수 도시
'&appid='
'자신의 APIkey를 입력해주세요'
호출 웹1 .가져오기
전역변수 만들기 결과 초기값 ''
언제 웹1 .텍스트를받았을때
url 응답코드 응답타입 응답콘텐츠
실행 지정하기 전역변수 결과 값 호출 웹1 .JsonTextDecodeWithDictionaries
json텍스트 가져오기 응답콘텐츠
함수 호출하기 날씨
함수 호출하기 상세날씨
전역변수 만들기 전체날씨정보 초기값 ''
전역변수 만들기 시간 초기값 ''
전역변수 만들기 날씨상태 초기값 ''
언제 시계1 .타이머가작동할때
실행 지정하기 전역변수 시간 값 호출 시계1 .시스템시간가져오기
지정하기 레이블_날짜 . 텍스트 값 호출 시계1 .날짜시간형식으로바꾸기
인스턴트 가져오기 전역변수 시간
패턴 'yyyy년 MM월 dd일 hh:mm:ss a'

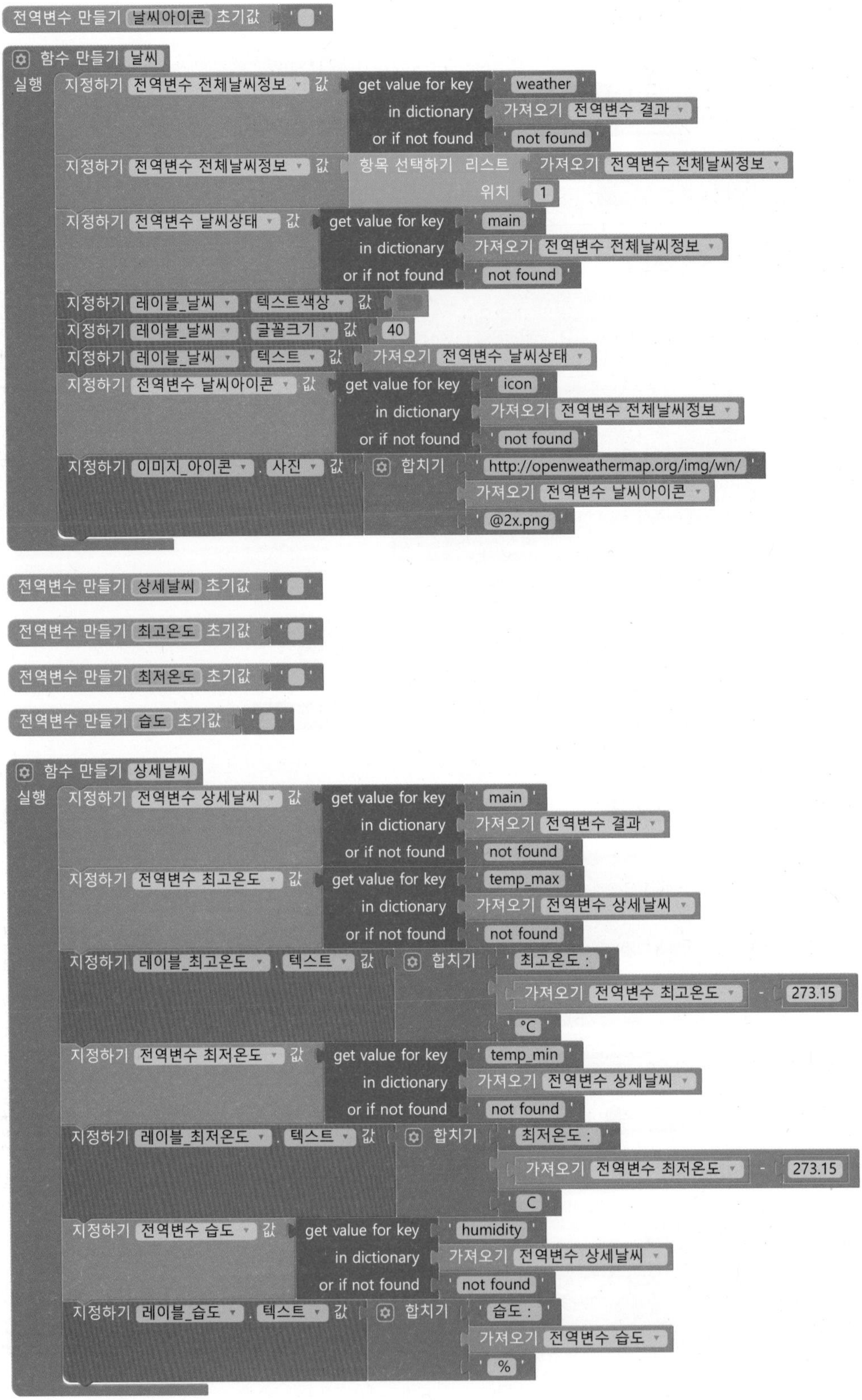
전역변수 만들기 날씨아이콘 초기값 ' '
함수 만들기 날씨
실행 지정하기 전역변수 전체날씨정보 값 get value for key 'weather' in dictionary 가져오기 전역변수 결과 or if not found 'not found'
지정하기 전역변수 전체날씨정보 값 항목 선택하기 리스트 가져오기 전역변수 전체날씨정보 위치 1
지정하기 전역변수 날씨상태 값 get value for key 'main' in dictionary 가져오기 전역변수 전체날씨정보 or if not found 'not found'
지정하기 레이블_날씨 . 텍스트색상 값
지정하기 레이블_날씨 . 글꼴크기 값 40
지정하기 레이블_날씨 . 텍스트 값 가져오기 전역변수 날씨상태
지정하기 전역변수 날씨아이콘 값 get value for key 'icon' in dictionary 가져오기 전역변수 전체날씨정보 or if not found 'not found'
지정하기 이미지_아이콘 . 사진 값 합치기 'http://openweathermap.org/img/wn/' 가져오기 전역변수 날씨아이콘 '@2x.png'
전역변수 만들기 상세날씨 초기값 ' '
전역변수 만들기 최고온도 초기값 ' '
전역변수 만들기 최저온도 초기값 ' '
전역변수 만들기 습도 초기값 ' '
함수 만들기 상세날씨
실행 지정하기 전역변수 상세날씨 값 get value for key 'main' in dictionary 가져오기 전역변수 결과 or if not found 'not found'
지정하기 전역변수 최고온도 값 get value for key 'temp_max' in dictionary 가져오기 전역변수 상세날씨 or if not found 'not found'
지정하기 레이블_최고온도 . 텍스트 값 합치기 '최고온도 : ' 가져오기 전역변수 최고온도 - 273.15 '℃'
지정하기 전역변수 최저온도 값 get value for key 'temp_min' in dictionary 가져오기 전역변수 상세날씨 or if not found 'not found'
지정하기 레이블_최저온도 . 텍스트 값 합치기 '최저온도 : ' 가져오기 전역변수 최저온도 - 273.15 'C'
지정하기 전역변수 습도 값 get value for key 'humidity' in dictionary 가져오기 전역변수 상세날씨 or if not found 'not found'
지정하기 레이블_습도 . 텍스트 값 합치기 '습도 : ' 가져오기 전역변수 습도 '%'

[실행화면]

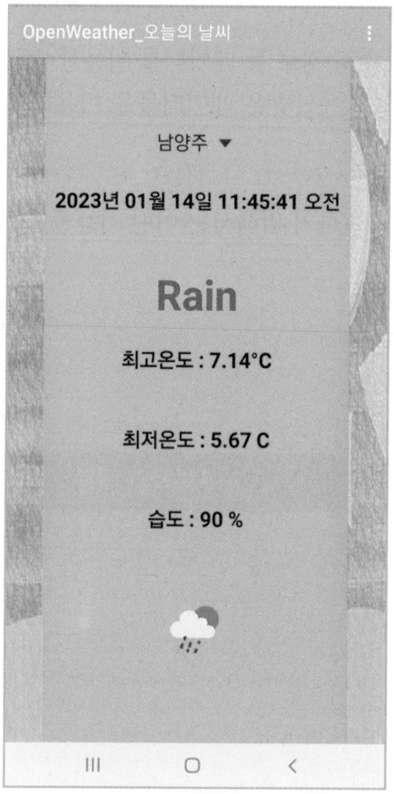
OpenWeather_오늘의 날씨
남양주
2023년 01월 14일 11:45:41 오전
Rain
최고온도 : 7.14°C
최저온도 : 5.67 C
습도 : 90 %

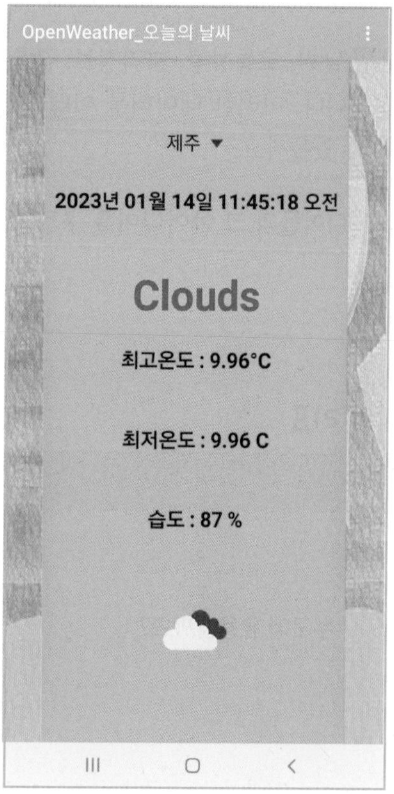
OpenWeather_오늘의 날씨
제주
2023년 01월 14일 11:45:18 오전
Clouds
최고온도 : 9.96°C
최저온도 : 9.96 C
습도 : 87 %

09 아이디어 더하기

우리는 매일 날씨, 교통상황, 지역정보, 금융정보, 쇼핑 정보 등 데이터를 이용한 많은 서비스를 사용하고 있습니다. 이러한 데이터를 어떻게 요청하고 응답받은 데이터들을 이용하여 어떤 서비스를 제공할 수 있을까요?

자신의 아이디어들과 그 아이디어를 구체적으로 구현하기 위해서는 어떤 기능들이 필요할지 정리하여봅니다.

idea 정리표

생각모으기	구체적인 내용
누구에 유용할까요?	
어떤 데이터가 필요한가요?	
어떠한 기능을 하는 앱인가요?	
필요한 컴포넌트들은 어떤 것들이 있을지 찾아봅니다.	

MEMO

10
스마트 홈 블루투스 앱

학습목표

사물인터넷은 의료, 제조업, 소매업, 농업, 에너지 분야 등에 사용되는 기술입니다. 자산과 자원을 효율적으로 관리하는데 필요한 정보를 제공하며, 여러 분야에서 발생하는 데이터 등도 쉽게 모으고 분석할 수 있습니다. 스마트 시티, 스마트 팜, 스마트 홈, 스마트 헬스케어, 스마트 팩토리 등에 사용하는 IoT 개념을 이해할 수 있는 앱을 제작해봅니다. 아두이노로 스마트 홈을 구현할 수 있는 하드웨어를 구성하고 블루투스 통신으로 아두이노 액추에이터를 제어합니다. 액추에이터란 LED, LCD, 모터 등을 신호로 움직이거나 출력할 수 있는 것을 의미합니다. 스마트 홈을 구현하는데 필요한 액추에이터를 생각해보고 회로를 구성한 후 앱으로 제어할 수 있습니다.

01 프로젝트 미리보기

'CONNECT' 버튼을 누르면 지정한 이름의 블루투스 기기로 바로 연결되고 버튼 이름이 DISCONNECT로 변경되어 연결을 끊을 때까지 사용할 수 있게 합니다. 연결 상태는 레이블에 블루투스 이름으로 나타내며 휴대폰에서 값을 전송해 아두이노 장치를 제어할 수 있게 합니다. 불을 켜고 끄거나, 서보모터의 각도를 제어하여 문을 여닫는 스마트 블라인드를 구현합니다. 버저를 이용해 간단한 음악도 연주합니다.

02 주요 컴포넌트 살펴보기

▶ BluetoothLE(확장기능)

Bluetooth LE 또는 간단히 BLE라고도 하는 Bluetooth 저에너지는 전력 소비가 적게 설계된 통신 프로토콜입니다. 그래서 Bluetooth LE는 전력 리소스가 제한된 IoT 장치와의 통신에 많이 사용되며, 앱 인벤터의 확장기능으로 추가해 사용할 수 있습니다.

03 미리 준비하기

아두이노를 이용해 스마트 홈 구현에 필요한 하드웨어를 준비합니다. 아래의 센서와 회로도로 예쁜 구조물도 함께 만들어 스마트 홈을 만든 후 앱을 제작합니다.

▶ 하드웨어 준비물

아두이노 우노, RGB 모듈, 서보모터, 수동버저(다리 두 개의 길이가 같은 버저), Bluetooth LE 모듈(HM-10)을 준비하고 아래와 같이 핀을 구성합니다.

	RGB				서보모터			수동부저		HM-10			
핀번호	R	G	B	-	주황	빨강	갈색	상관없음		RXD	TXD	GND	VCC
	9	10	11	GND	6	5V	GND	8	GND	5	4	GND	5V

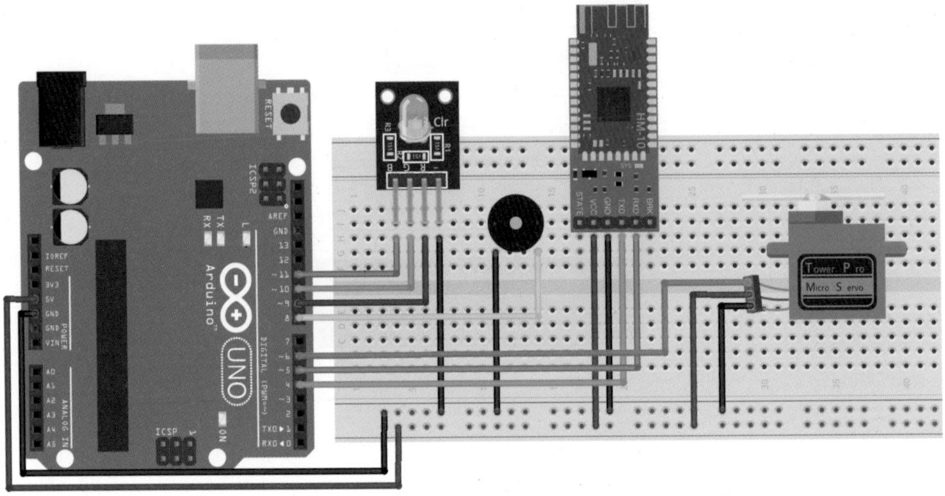

▶ 소프트웨어 준비물

컴퓨터에서 아두이노 IDE를 실행해 아래 소소를 업로드합니다. (아두이노 IDE는 https://www.arduino.cc/에서 설치 프로그램을 내려받을 수 있습니다.)

▶ 아두이노 보드 이름변경하기

아래의 소스 코드를 아두이노 보드에 업로드한 후 시리얼 창에서 이름을 아래와 같이 변경합니다.(11, 12장의 아두이노 보드 이름변경하기도 다음과 같습니다.)

```
#include <SoftwareSerial.h>

SoftwareSerial BTSerial(4, 5);

void setup() {
  Serial.begin(9600);
  BTSerial.begin(9600);
}

void loop(){
  if (BTSerial.available())
    Serial.write(BTSerial.read());
  if (Serial.available())
    BTSerial.write(Serial.read());
}
```

'툴'에서 보드: Arduino uno, 포트: comOO을 설정합니다.

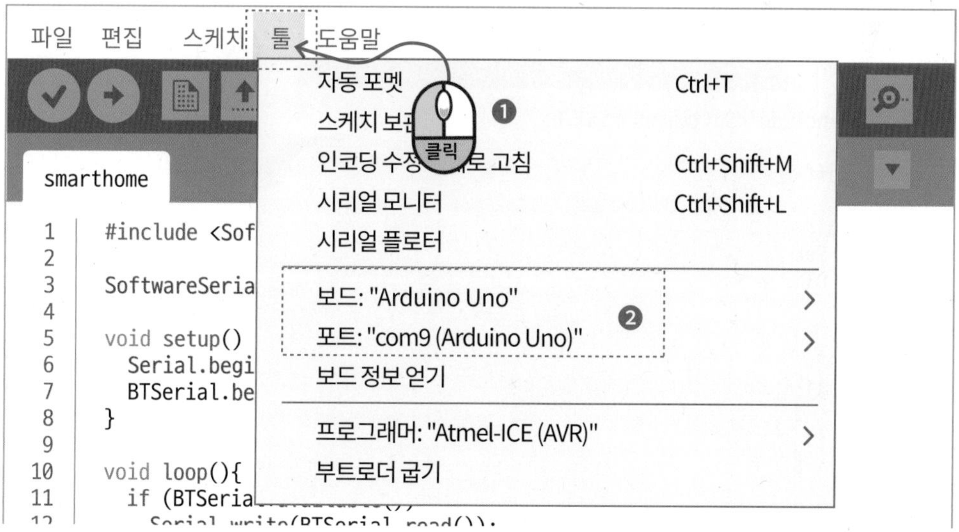

메뉴의 화살표를 눌러 소스 코드 컴파일과 업로드를 진행합니다.

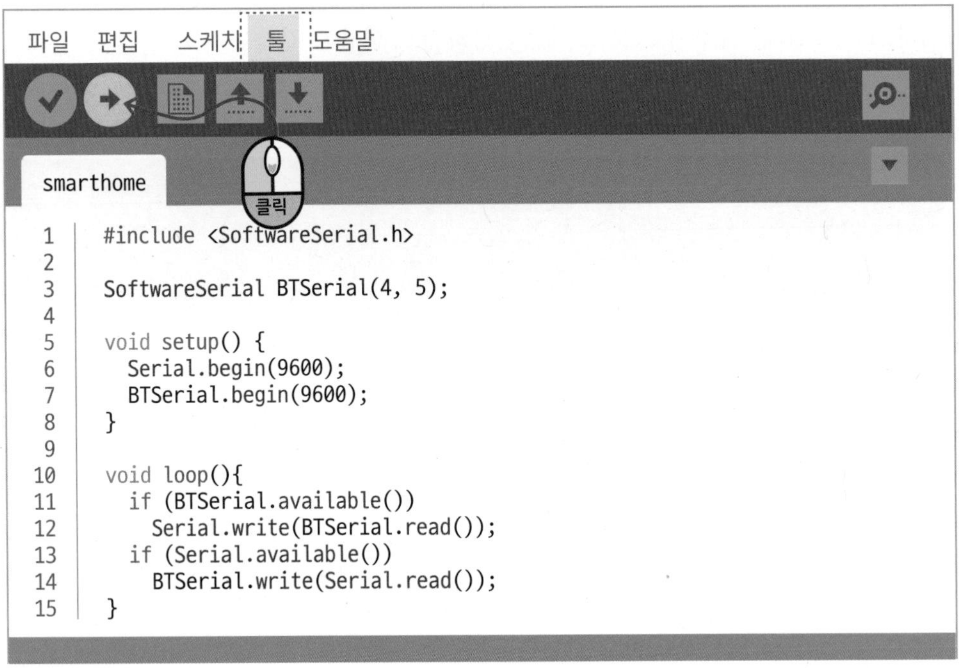

오른쪽 상단의 돋보기 모양을 클릭해 시리얼 모니터를 엽니다.

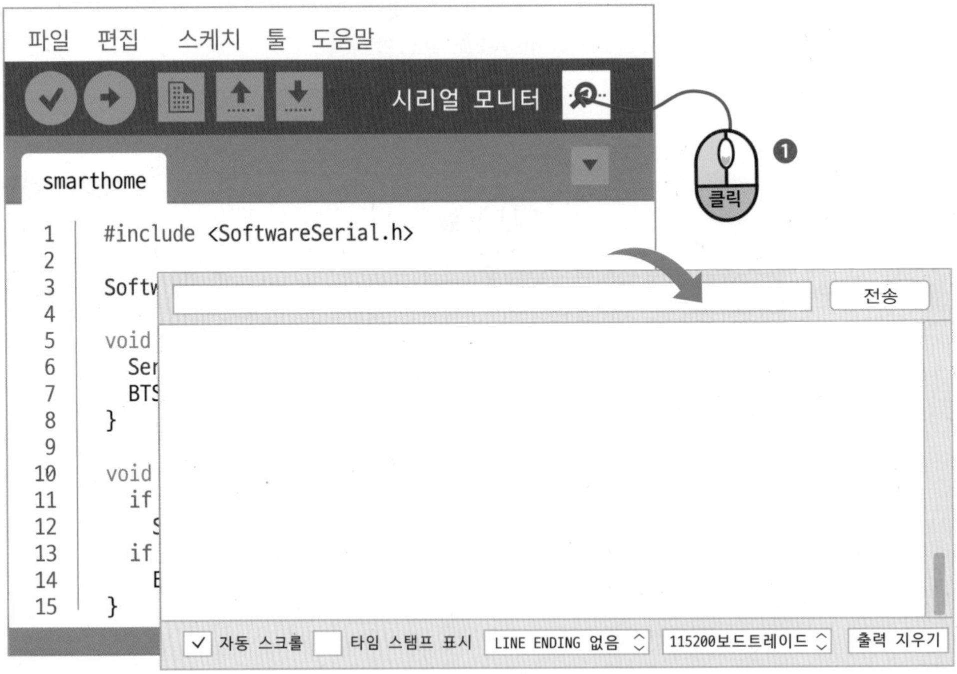

시리얼 모니터 창에 'AT+NAME 설정하고 싶은 이름'을 띄어쓰기 없이 쓰고 '전송' 버튼을 누릅니다.

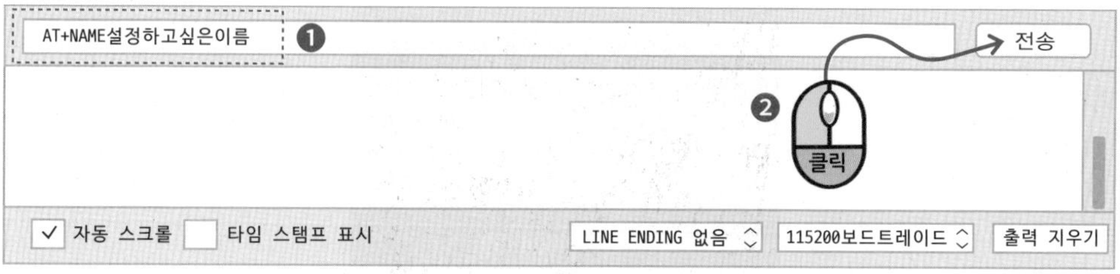

예를 들어 'AT+NAMEPJS_BLE'라고 입력하고 '전송'을 누르면 아래와 같은 메시지를 받습니다. 이름이 'PJS_BLE'로 설정되었음을 의미합니다.

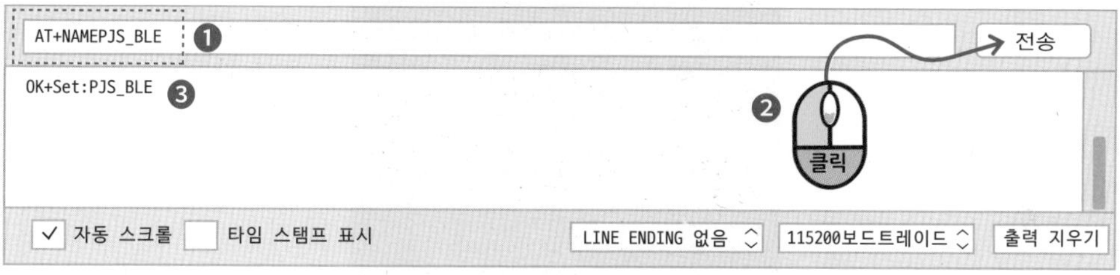

이름을 변경했으면 'AT+RESET'을 입력하고 '전송'을 누릅니다.

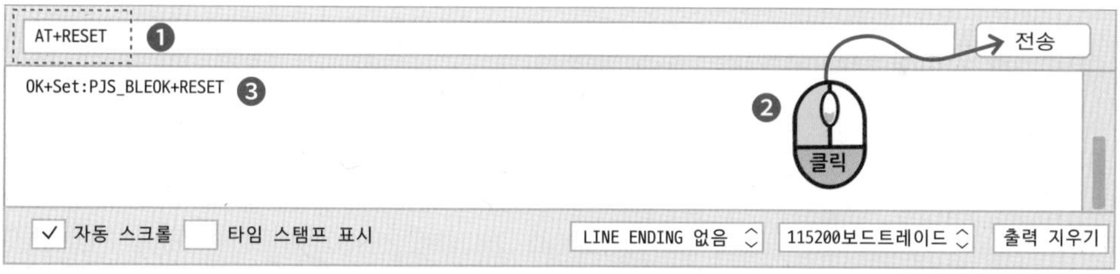

'OK+RESET' 메시지를 받으면 블루투스 이름 변경이 완료됩니다.

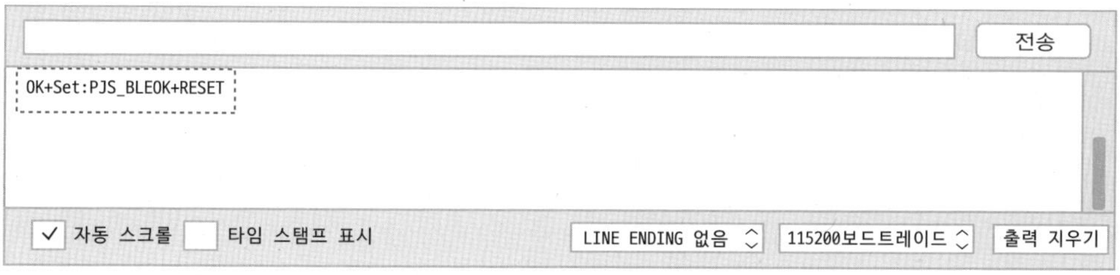

아래는 앱이 완성된 후 블루투스로 연결할 때 목록 뷰에 나타나는 그림입니다. 연결할 때 자신이 설정한 이름의 블루투스를 클릭해서 사용하므로 잘 기억해둡니다.

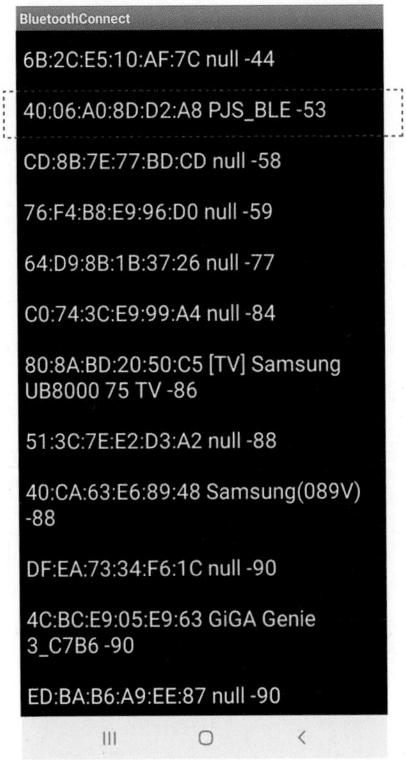

▶ 스마트홈 구현을 위한 소스코드 업로드하기

아래의 소스코드는 핸드폰에서 블루투스 통신을 이용하여 전송되는 값을 받아 LED, 서보모터, 부저를 제어하는 소스코드입니다.

파일 편집 스케치 툴 도움말

smarthome

```
// 스마트홈 구현하기
#include <SoftwareSerial.h>
#include <Servo.h>

SoftwareSerial BTSerial(4, 5);
Servo myservo;

```

```
#define NOTE_C3  131
#define NOTE_CS3 139
#define NOTE_D3  147
#define NOTE_DS3 156
#define NOTE_E3  165
#define NOTE_F3  175
#define NOTE_FS3 185
#define NOTE_G3  196
#define NOTE_GS3 208
#define NOTE_A3  220
#define NOTE_AS3 233
#define NOTE_B3  247
#define NOTE_C4  262
#define NOTE_CS4 277
#define NOTE_D4  294
#define NOTE_DS4 311
#define NOTE_E4  330
#define NOTE_F4  349
#define NOTE_FS4 370
#define NOTE_G4  392
#define NOTE_GS4 415
#define NOTE_A4  440
#define NOTE_AS4 466
#define NOTE_B4  494
#define NOTE_C5  523
#define NOTE_CS5 554
#define NOTE_D5  587
#define NOTE_DS5 622
#define NOTE_E5  659
#define NOTE_F5  698
#define NOTE_FS5 740
#define NOTE_G5  784
#define NOTE_GS5 831
#define NOTE_A5  880
#define NOTE_AS5 932
#define NOTE_B5  988

int notes1[25] = { NOTE_G4, NOTE_G4, NOTE_A4, NOTE_A4, NOTE_G4, NOTE_G4,
NOTE_E4, NOTE_G4, NOTE_G4, NOTE_E4, NOTE_E4, NOTE_D4, NOTE_G4, NOTE_G4,
NOTE_A4, NOTE_A4, NOTE_G4, NOTE_G4,NOTE_E4, NOTE_G4, NOTE_E4, NOTE_D4, NOTE_E4,NOTE_C4 };

int notes2[] = {
  NOTE_D4, 0, NOTE_F4, NOTE_D4, 0, NOTE_D4, NOTE_G4, NOTE_D4, NOTE_C4,
  NOTE_D4, 0, NOTE_A4, NOTE_D4, 0, NOTE_D4, NOTE_AS4, NOTE_A4, NOTE_F4,
  NOTE_D4, NOTE_A4, NOTE_D5, NOTE_D4, NOTE_C4, 0, NOTE_C4, NOTE_A3, NOTE_E4, NOTE_D4,  0,NOTE_D4,NOTE_D4 };
int duration[] = {
  8, 8, 6, 16, 16, 16, 8, 8, 8,
  8, 8, 6, 16, 16, 16, 8, 8, 8,
  8, 8, 8, 16, 16, 16, 16, 8, 8, 2,
  8,4,4 };

void setup() {
  Serial.begin(9600);
  BTSerial.begin(9600);
  myservo.attach(6);
  pinMode(9, OUTPUT);
  pinMode(10, OUTPUT);
  pinMode(11, OUTPUT);
```

```
}


void loop() {
  if (BTSerial.available()) {
    char data = BTSerial.read();
    if (data == '1') {
      digitalWrite(9, HIGH); digitalWrite(10, HIGH); digitalWrite(11, HIGH);
    }
    else if (data == '2') {
      digitalWrite(9, LOW); digitalWrite(10, LOW); digitalWrite(11, LOW);
    }
    else if (data == '3') {
      myservo.write(180);
    }
    else if (data == '4') {
      myservo.write(0);
    }
    else if (data == '5') {
      music_1();
    }
    else if (data == '6') {
            music_2();
    }
  }
}

void music_1() {

  for (int i = 0; i < 12; i++) {
    tone (8, notes1[ i ], 200);
    delay (300);
  }
  delay(100);

  for (int i = 12; i < 25; i++) {
    tone (8 , notes1[ i ], 200);
    delay(300);
  }
}

void music_2() {

    for (int i= 0; i < (sizeof(notes2)/sizeof(int)); i++) {

    int noteDuration = 1000 / duration[i]; //convert duration to time delay
    tone(8, notes2[i], noteDuration);

    int pauseBetweenNotes = noteDuration * 1.30;//Here 1.30 is tempo, decrease to play it faster
    delay(pauseBetweenNotes);
    noTone(8); //stop music on buzzer pin
    }
}
```

04 앱 디자인하기

1. Bluetooth_smarthome 프로젝트 생성하기

메뉴에서 '프로젝트'를 클릭하고 목록에서 '새 프로젝트 시작하기'를 선택하고 프로젝트 이름을 'Bluetooth_smarthome'으로 입력합니다.

2. Screen1 컴포넌트 추가하기

앱 구성에 필요한 컴포넌트를 추가해 앱을 디자인합니다.

사용자 인터페이스에서 레이블1, 레이아웃에서 수평 배치1을 가져옵니다. 수평 배치1 안에 사용자 인터페이스에서 버튼1을 끌어다 넣습니다. 이어 수평 배치1 아래 레이블2를 배치합니다. 그다음 수평 배치2를 추가하고 수평 배치2 안에 버튼2, 레이블3, 버튼3을 추가합니다.

앱 화면 디자인과 코딩하기 편하게 컴포넌트의 이름을 다음과 같이 변경합니다.

변경 전	변경 후	변경 전	변경 후
레이블1	레이블_앱제목	레이블2	레이블_연결상태
버튼1	버튼_Connect		

컴포넌트의 속성값을 다음과 같이 설정하고 아래 그림과 같이 디자인합니다.

레이블_앱제목	수평배치1	버튼_connect
배경색 - 파랑 글꼴굵게 – 체크 글꼴크기- 40 높이 – 자동 너비 – 부모 요소에 맞추기 텍스트 – Smart Home 텍스트정렬 – 가운데 텍스트색상 – 노랑	수평정렬 – 가운데 수직정렬 – 가운데 배경색 – 기본색 높이 – 20퍼센트 너비 – 부모요소에 맞추기	배경색 – 청록색 글꼴굵게 – 체크 글꼴크기 – 20 높이 – 자동 너비- 80퍼센트 텍스트 – CONNECT

레이블_연결상태
텍스트 – 연결상태 텍스트정렬 – 가운데

수평배치2
수평정렬 – 가운데 수직정렬 – 가운데 높이 – 15퍼센트 너비 – 부모요소에 맞추기

버튼2
배경색 – 노랑 글꼴굵게 – 체크 너비 – 100픽셀 모양 – 둥근 모서리 텍스트정렬 - 가운데

레이블3
높이 – 자동 너비 - 20픽셀 텍스트 – 공백

버튼3
배경색 – 회색 글꼴굵게 – 체크 너비- 100픽셀 모양 – 둥근 모서리 텍스트정렬 - 가운데

위와 같이 추가한 컴포넌트의 속성 설정을 마치면 수평 배치2를 클릭하고 'Ctrl+C' 한 다음 'Ctrl+V' 하여 수평 배치2를 복사해서 3개를 만듭니다.

컴포넌트 이름을 다음과 같이 변경합니다.

변경 전	변경 후	변경 전	변경 후
수평배치2	수평배치_LED	버튼5	버튼_Blinddown
버튼2	버튼_LEDon	수평배치4	수평배치_MUSIC
버튼3	버튼_LEDoff	버튼6	버튼_Music1
수평배치3	수평배치_BLIND	버튼7	버튼_Music2
버튼4	버튼_Blindup		

컴포넌트의 속성값을 다음과 같이 설정합니다.

버튼_LEDon	버튼_LEDoff	버튼_Blindup
텍스트 – LED ON	텍스트 – LED OFF	텍스트 – BLIND UP

버튼_Blinddown	버튼_Music1	버튼_Music2
텍스트 – BLIND DOWN	텍스트 – MUSIC1	텍스트 – MUSIC2

3.BluetoothLE 확장기능 추가하기

도움말→확장기능을 눌러 MITAppIventor Extensions에 접속해서 BluetoothLE 확장기능 파일인 BluetoothLE.aix를 내려받습니다.

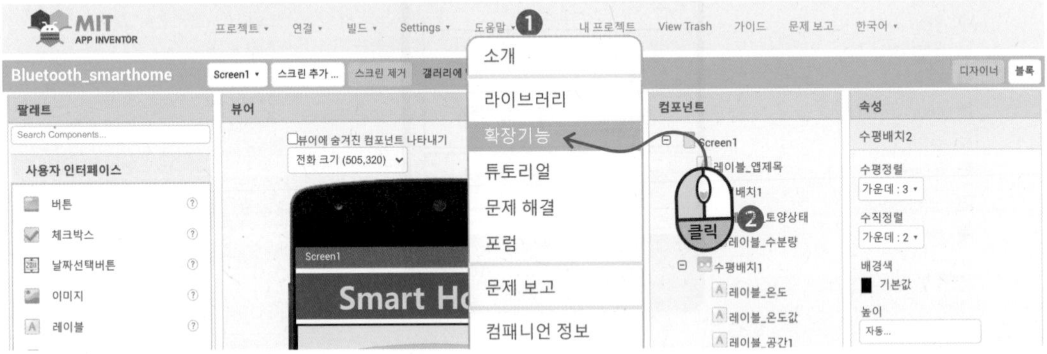

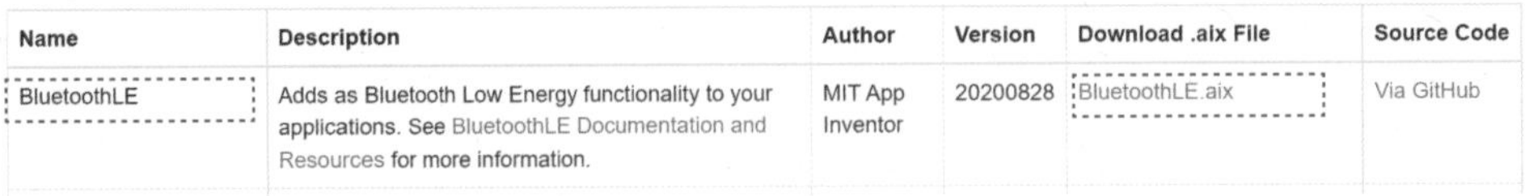

Supported:

Name	Description	Author	Version	Download .aix File	Source Code
BluetoothLE	Adds as Bluetooth Low Energy functionality to your applications. See BluetoothLE Documentation and Resources for more information.	MIT App Inventor	20200828	BluetoothLE.aix	Via GitHub

팔레트의 확장기능에서 '확장기능 추가하기'를 눌러 내려받은 BluetoothLE.aix 파일 edu.mit.appinventor.ble-20200828.aix를 불러와 import 합니다.

추가한 ble 확장기능을 보이지 않는 컴포넌트로 추가한 다음 아래 그림과 같이 앱 디자인을 완성합니다.

05 앱 코딩하기

1. 블루투스 연결하기

'CONNECT' 버튼의 텍스트로 현재 블루투스가 연결됐는지 끊겼는지 판단할 수 있는 기능을 만들기 위해 'CONNECT' 버튼의 이름을 비교하는 블록을 만듭니다.

버튼_Connect 컴포넌트에서 '언제 버튼_Connect.클릭했을 때' 그리고 '버튼_Connect.텍스트' 컴포넌트와 '지정하기 버튼_Connect.텍스트값'를 선택합니다.

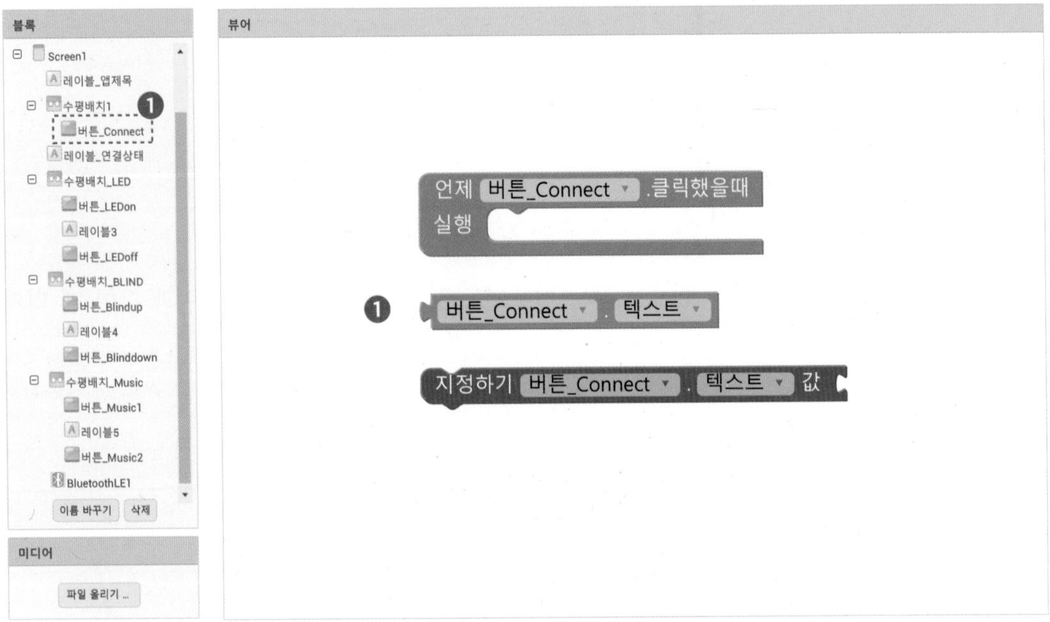

공통 논리 블록에서  와 텍스트 블록에서  을 가져옵니다.

논리 블록에서 '만약 ~이라면 실행 ~아니라면' 블록을 가져와 아래와 같이 조건식을 만듭니다.

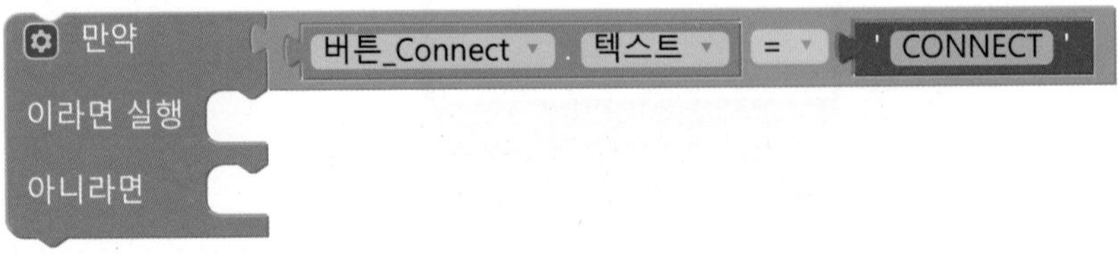

BluetoothLE1 컴포넌트에서 아두이노 블루투스 모듈의 이름으로 연결하기 위한 블록 '호출 BluetoothLE1.ConnectToDeviceWithServiceAndName'과 연결을 끊기 위해 사용하는 '호출 BluetoothLe1.연결 끊기' 블록을 가져옵니다.

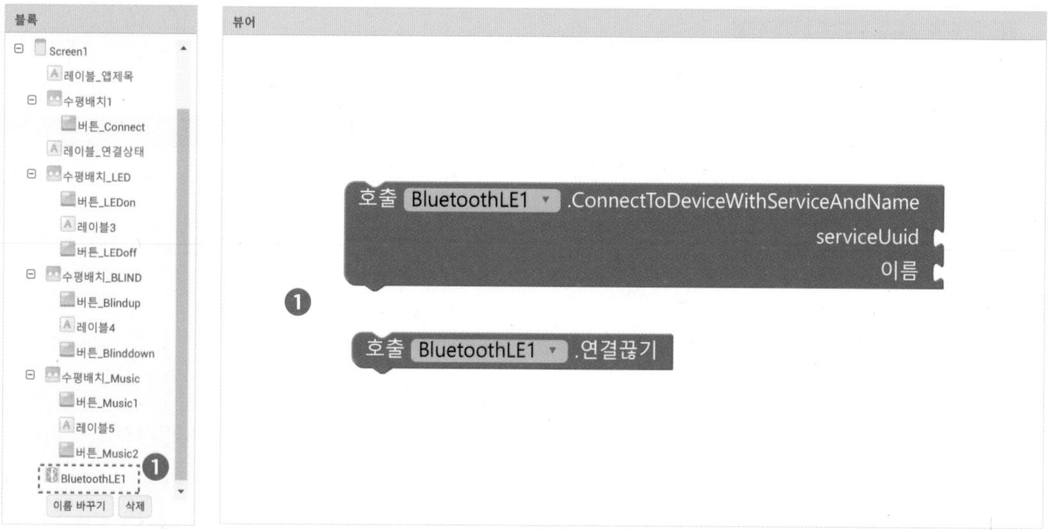

이 블록은 블루투스 이름을 알고 있을 때 그 이름으로 직접 연결을 시도합니다. 코드를 변경하지 않으면 입력된 이름의 블루투스 디바이스만 연결할 수 있습니다.

버튼의 텍스트값이 CONNECT이면 Service UUID와 이름으로 연결을 시도합니다. 텍스트값이 CONNECT가 아닐 때 즉, 연결된 상태일 때는 연결 끊기 조건문을 만듭니다.

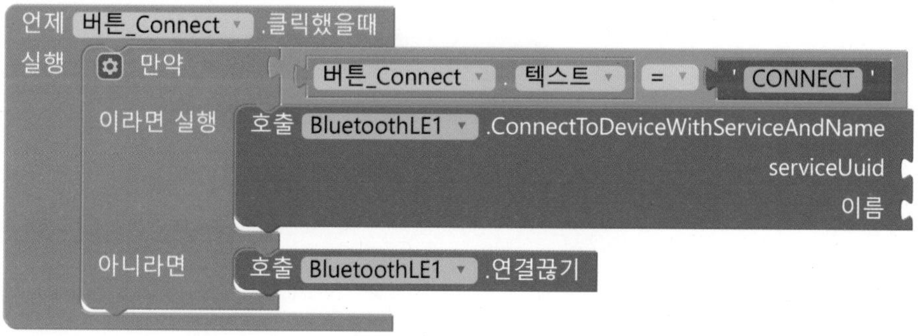

HM-10 블루투스 모듈의 Service UUID와 이름을 텍스트 박스에 입력하고 블록을 완성합니다.

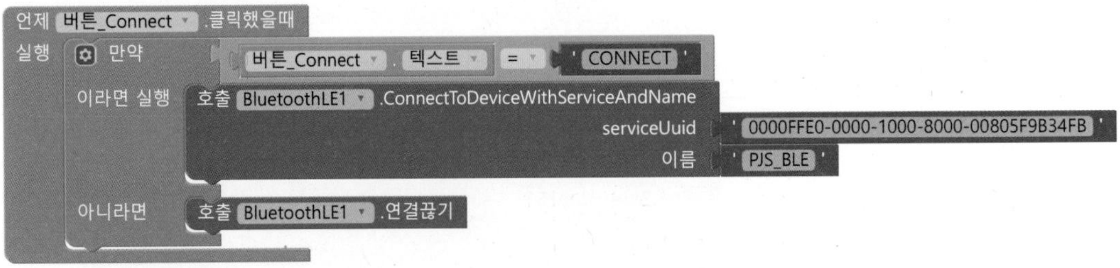

UUID란 ?

네트워크 상에서 고유성이 보장되는 id를 만들기 위한 표준 규약입니다. 범용 고유 식별자라고 불립니다. 128비트 , 32자리, 16진수로 표현됩니다. 8자리- 4자리 - 4자리 - 4자리 - 2자리 패턴이며 하이픈을 기준으로 5개그룹으로 구분됩니다. 데이터를 논리적인 단위로 구분하는 Service와 데이터 단위를 포함하고 있는 Characteristic을 이용해서 데이터를 주고받는 방법이 정의됩니다.
해당 모듈에 고유한 번호이므로 수정하지 말고 사용합니다.

다음은 연결된 경우와 연결이 끊긴 경우 텍스트 변경을 위한 블록입니다.

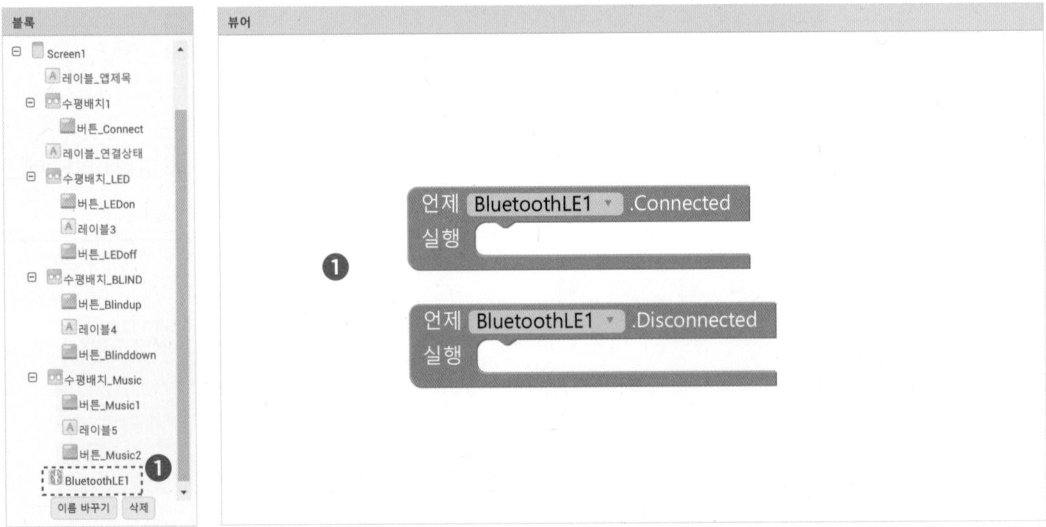

연결되었을 때는 버튼의 텍스트가 'DISCONNECT'로 변경되고, 연결이 끊겼을 때는 'CONNECT'로 변경됩니다. 연결 상태를 나타내는 레이블에도 연결 상태 값을 출력합니다.

2. 버튼으로 스마트홈 제어하기

BluetoothLE1 컴포넌트에서 '호출 BluetoothLE1.WriteStringsWithResponse'를 가져옵니다. 이 블록은 스마트폰에서 아두이노 하드웨어 스마트 홈으로 데이터를 전송합니다.

HM-10의 Service UUID

HM-10의 CharacteristicUUID

utf16의 값은 공통 논리 블록의 거짓 으로 설정하여 utf8로 인코딩할 수 있게 합니다.

UTF(Unicode Transformation Format) 란?

UTF는 유니코드 문자를 컴퓨터에서 사용 가능한 바이트 열로 인코딩하는 방식을 말합니다. UTF는 유니코드의 다양한 인코딩 방식 중 하나입니다.
유니코드는 문자와 기호를 표현하기 위해 설계된 국제 표준입니다. 그러나 컴퓨터는 문자를 처리하기 위해 비트열, 즉 0과 1의 조합으로 표현해야 합니다. 이를 위해서는 유니코드 문자를 컴퓨터에서 표현 가능한 바이트열로 변환해야 합니다. UTF는 이러한 유니코드 문자를 바이트열로 변환하는 데 사용됩니다.
UTF는 다양한 버전이 있습니다. 대표적으로 UTF-8, UTF-16, UTF-32 등이 있습니다. UTF-8은 가변 길이 문자 인코딩 방식으로, ASCII 문자를 1바이트로 인코딩하고, 다른 문자는 2~4바이트로 인코딩합니다. UTF-16은 고정 길이 문자 인코딩 방식으로, 모든 문자를 2바이트로 인코딩합니다. UTF-32는 고정 길이 문자 인코딩 방식으로, 모든 문자를 4바이트로 인코딩합니다.
UTF는 다양한 언어와 문자를 지원하므로, 국제화된 애플리케이션 개발에 매우 중요한 역할을 합니다. 또한, 인터넷에서도 많이 사용되므로, 웹 개발에도 필수적인 기술 중 하나입니다..

버튼_LEDon 컴포넌트에서 '언제 버튼_LEDon.클릭했을 때'를 가져와 '1'을 전송해 스마트 홈의 전등을 켭니다. 전등을 켜는 기능은 앞서 아두이노 소스 코드로 동작하도록 업로드가 완료된 상태여야 합니다.

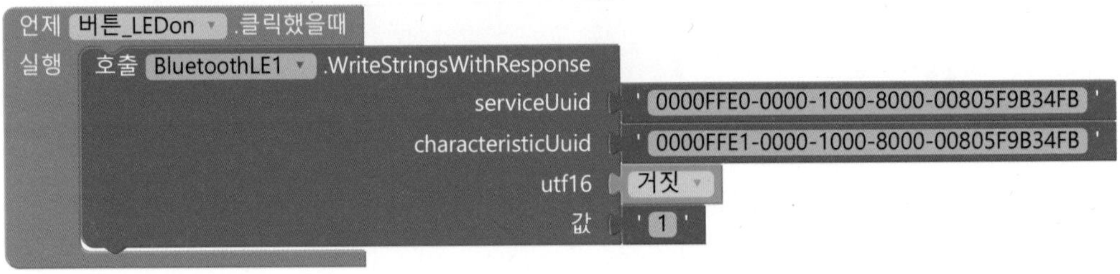
언제 버튼_LEDon .클릭했을때
실행 호출 BluetoothLE1 .WriteStringsWithResponse
serviceUuid
0000FFE0-0000-1000-8000-00805F9B34FB
characteristicUuid
0000FFE1-0000-1000-8000-00805F9B34FB
utf16
거짓
값
1

은 방법으로 '2'를 전송해 스마트 홈의 전등을 끕니다.

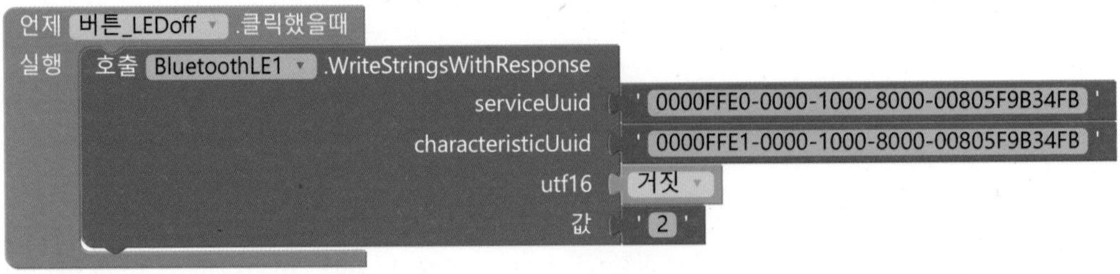
언제 버튼_LEDoff .클릭했을때
실행 호출 BluetoothLE1 .WriteStringsWithResponse
serviceUuid
0000FFE0-0000-1000-8000-00805F9B34FB
characteristicUuid
0000FFE1-0000-1000-8000-00805F9B34FB
utf16
거짓
값
2

블라인드를 올리고 내리는 기능을 완성합니다.

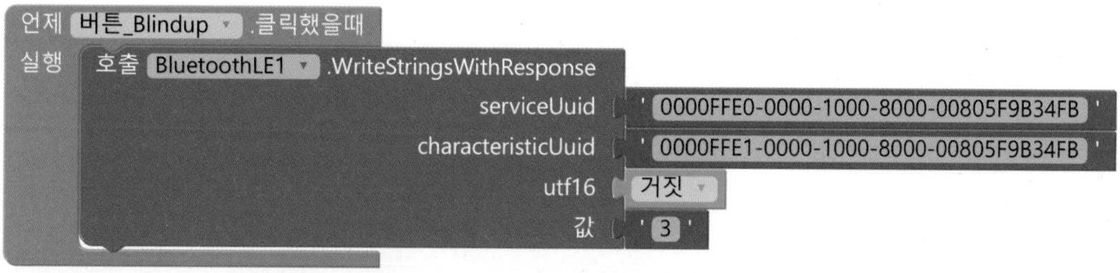
언제 버튼_Blindup .클릭했을때
실행 호출 BluetoothLE1 .WriteStringsWithResponse
serviceUuid '0000FFE0-0000-1000-8000-00805F9B34FB'
characteristicUuid '0000FFE1-0000-1000-8000-00805F9B34FB'
utf16 거짓
값 '3'

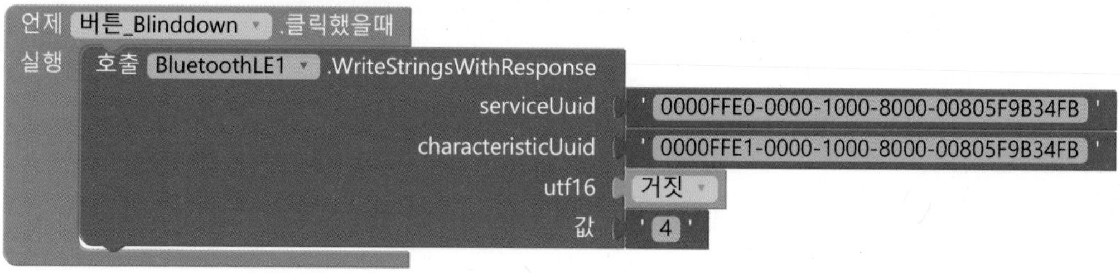
언제 버튼_Blinddown .클릭했을때
실행 호출 BluetoothLE1 .WriteStringsWithResponse
serviceUuid '0000FFE0-0000-1000-8000-00805F9B34FB'
characteristicUuid '0000FFE1-0000-1000-8000-00805F9B34FB'
utf16 거짓
값 '4'

음악을 플레이하는 기능을 완성합니다.

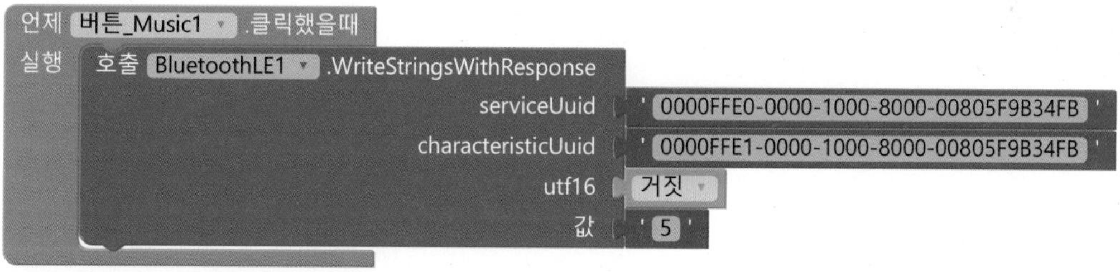
언제 버튼_Music1 .클릭했을때
실행 호출 BluetoothLE1 .WriteStringsWithResponse
serviceUuid '0000FFE0-0000-1000-8000-00805F9B34FB'
characteristicUuid '0000FFE1-0000-1000-8000-00805F9B34FB'
utf16 거짓
값 '5'

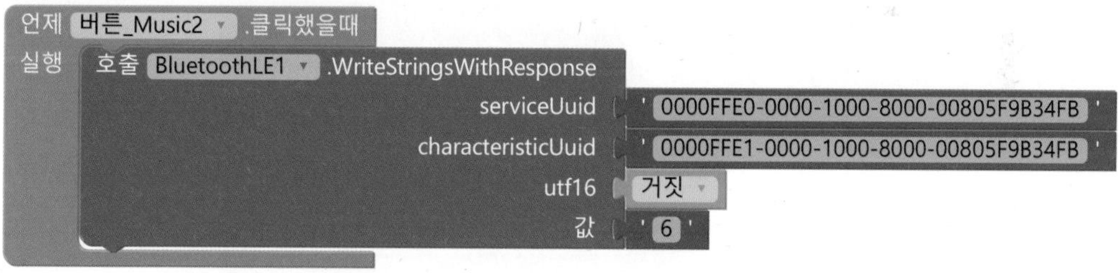
언제 버튼_Music2 .클릭했을때
실행 호출 BluetoothLE1 .WriteStringsWithResponse
serviceUuid '0000FFE0-0000-1000-8000-00805F9B34FB'
characteristicUuid '0000FFE1-0000-1000-8000-00805F9B34FB'
utf16 거짓
값 '6'

참고 : 한국형 아두이노 보드인 오렌지 블루투스 보드를 사용할 경우 UUID는 다음과 같습니다.

Service UUID : 6E400001-B5A3-F393-E0A9-E50E24DCCA9E

Characteristic UUID : 6E400002-B5A3-F393-E0A9-E50E24DCCA9E

06 완성코드

스크린 별로 모든 코드들을 완성하여 아래의 블록과 비교해봅니다.

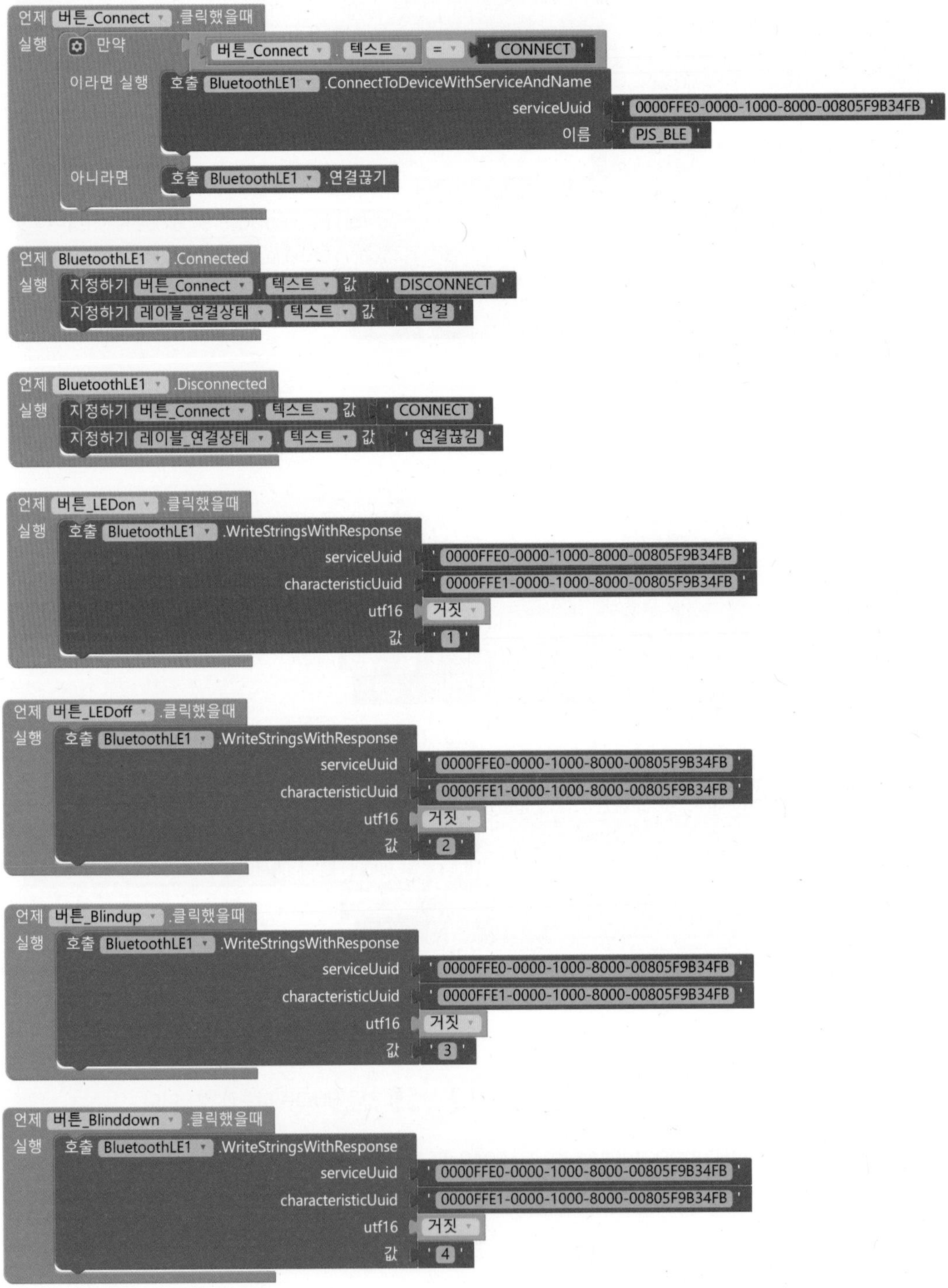
언제 버튼_Connect .클릭했을때
실행 만약 버튼_Connect . 텍스트 = 'CONNECT'
이라면 실행 호출 BluetoothLE1 .ConnectToDeviceWithServiceAndName
serviceUuid '0000FFE0-0000-1000-8000-00805F9B34FB'
이름 'PJS_BLE'
아니라면 호출 BluetoothLE1 .연결끊기
언제 BluetoothLE1 .Connected
실행 지정하기 버튼_Connect . 텍스트 값 'DISCONNECT'
지정하기 레이블_연결상태 . 텍스트 값 '연결'
언제 BluetoothLE1 .Disconnected
실행 지정하기 버튼_Connect . 텍스트 값 'CONNECT'
지정하기 레이블_연결상태 . 텍스트 값 '연결끊김'
언제 버튼_LEDon .클릭했을때
실행 호출 BluetoothLE1 .WriteStringsWithResponse
serviceUuid '0000FFE0-0000-1000-8000-00805F9B34FB'
characteristicUuid '0000FFE1-0000-1000-8000-00805F9B34FB'
utf16 거짓
값 '1'
언제 버튼_LEDoff .클릭했을때
실행 호출 BluetoothLE1 .WriteStringsWithResponse
serviceUuid '0000FFE0-0000-1000-8000-00805F9B34FB'
characteristicUuid '0000FFE1-0000-1000-8000-00805F9B34FB'
utf16 거짓
값 '2'
언제 버튼_Blindup .클릭했을때
실행 호출 BluetoothLE1 .WriteStringsWithResponse
serviceUuid '0000FFE0-0000-1000-8000-00805F9B34FB'
characteristicUuid '0000FFE1-0000-1000-8000-00805F9B34FB'
utf16 거짓
값 '3'
언제 버튼_Blinddown .클릭했을때
실행 호출 BluetoothLE1 .WriteStringsWithResponse
serviceUuid '0000FFE0-0000-1000-8000-00805F9B34FB'
characteristicUuid '0000FFE1-0000-1000-8000-00805F9B34FB'
utf16 거짓
값 '4'

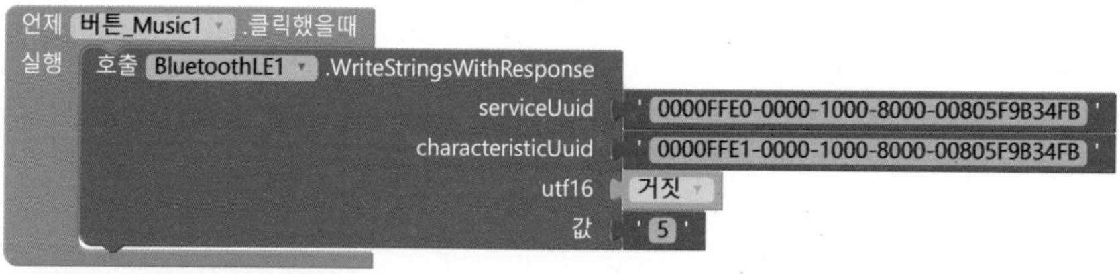
언제 버튼_Music1 .클릭했을때
실행 호출 BluetoothLE1 .WriteStringsWithResponse
serviceUuid '0000FFE0-0000-1000-8000-00805F9B34FB'
characteristicUuid '0000FFE1-0000-1000-8000-00805F9B34FB'
utf16 거짓
값 '5'

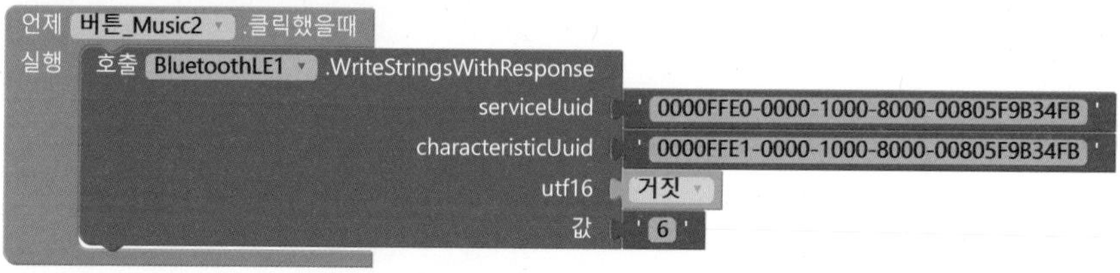
언제 버튼_Music2 .클릭했을때
실행 호출 BluetoothLE1 .WriteStringsWithResponse
serviceUuid '0000FFE0-0000-1000-8000-00805F9B34FB'
characteristicUuid '0000FFE1-0000-1000-8000-00805F9B34FB'
utf16 거짓
값 '6'

07 실행화면

Screen1
Smart Home
CONNECT
연결끊김
LED ON
LED OFF
BLIND UP
BLIND DOWN
MUSIC1
MUSIC2

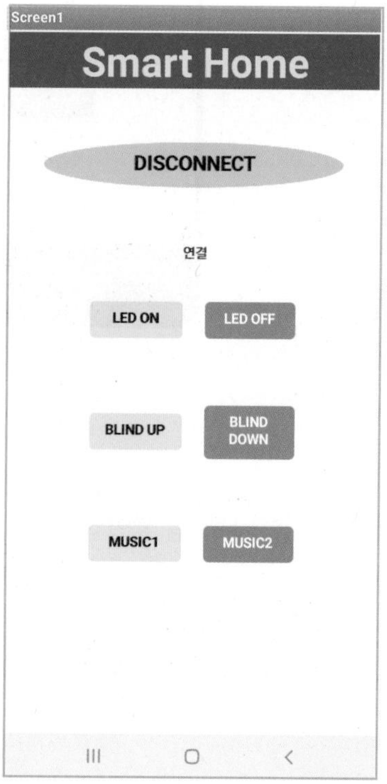
Screen1
Smart Home
DISCONNECT
연결
LED ON
LED OFF
BLIND UP
BLIND DOWN
MUSIC1
MUSIC2

08 응용 연습하기

문제 1. 블루투스로 연결된 하드웨어를 음성으로 제어하는 앱을 만들어보세요.

풀이 1.

[앱 디자인 수정하기]

버튼으로 제어하는 컴포넌트는 모두 지우고 연결상태 레이블 아래에 버튼을 하나 추가합니다.

버튼의 이름을 버튼_음성인식으로 변경하고 컴포넌트의 속성값을 다음과 같이 설정합니다.

Screen1
수평정렬 - 가운데

버튼_음성인식
높이 – 100픽셀 너비 – 100픽셀 이미지 – voice.png (원하는 관련 이미지 사용가능)

[앱 코딩 수정 하기]

1. 블루투스 연결하는 부분은 동일하게 코드를 유지합니다.

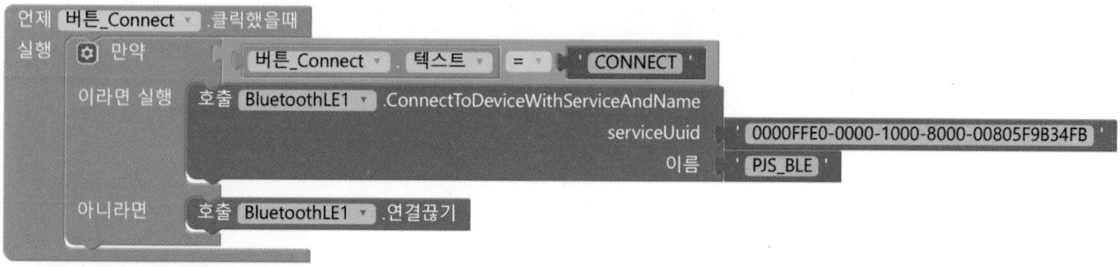
언제 버튼_Connect .클릭했을때
실행
만약
버튼_Connect . 텍스트 = ' CONNECT '
이라면 실행
호출 BluetoothLE1 .ConnectToDeviceWithServiceAndName
serviceUuid ' 0000FFE0-0000-1000-8000-00805F9B34FB '
이름 ' PJS_BLE '
아니라면
호출 BluetoothLE1 .연결끊기

언제 BluetoothLE1 .Connected
실행
지정하기 버튼_Connect . 텍스트 값 ' DISCONNECT '
지정하기 레이블_연결상태 . 텍스트 값 ' 연결 '

언제 BluetoothLE1 .Disconnected
실행
지정하기 버튼_Connect . 텍스트 값 ' CONNECT '
지정하기 레이블_연결상태 . 텍스트 값 ' 연결끊김 '

2. 음성인식 버튼을 누르면 음성인식이 시작되고 그 결과를 가져오는 블록을 만들어봅니다.

언제 버튼_음성인식 .클릭했을때
실행
호출 음성인식1 .텍스트가져오기

음성인식이 끝나면 '언제 음성인식1.텍스트가져온후에' 이벤트 블록의 지역변수 '결과'에 음성인식 결과 텍스트가 저장됩니다.

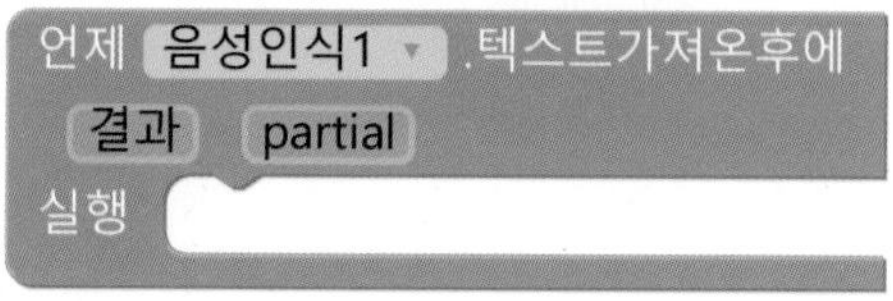
언제 음성인식1 .텍스트가져온후에
결과
partial
실행

인식 결과에 따라 전송할 데이터를 정해서 저장할 변수를 생성합니다.

전역변수 만들기 데이터 초기값

공통 논리 블록에서 조건문을 이용하여 음성인식 텍스트에 '불 켜'라는 단어가 포함되어 있으면 블루투스 통신을 통해 하드웨어로 전송할 데이터 변수에 1을 저장합니다.

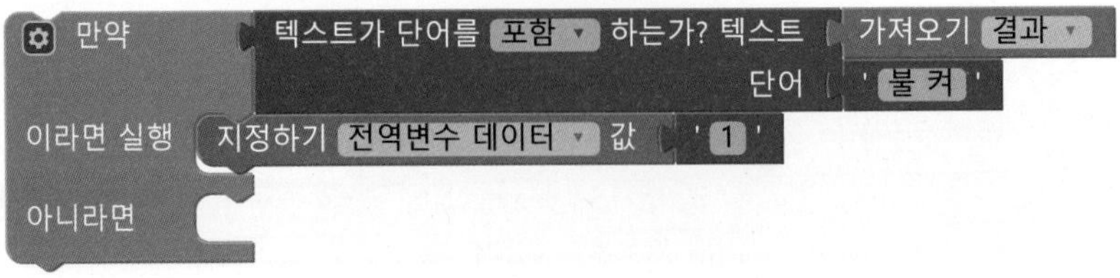

조건 불록의 설정 버튼을 눌러 조건이 총 6개가 되도록 블록을 그림과 같이 추가해줍니다.

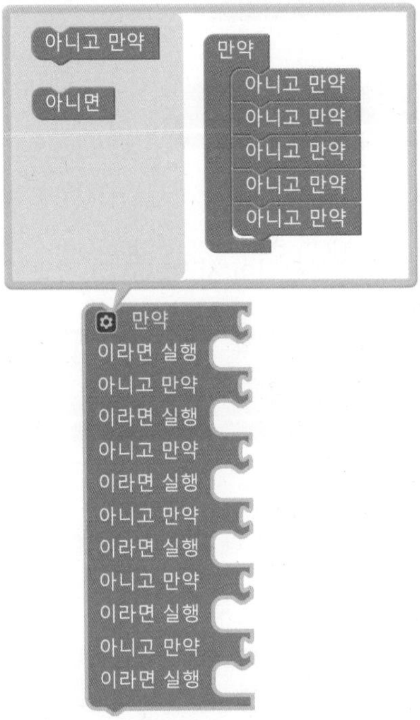

음성인식 결과의 텍스트에 띄워 쓰기도 정확하게 일치해야하므로 주의하여 음성으로 제어할 단어들을 조건으로 설정하여 아래와 같이 블록을 완성합니다.

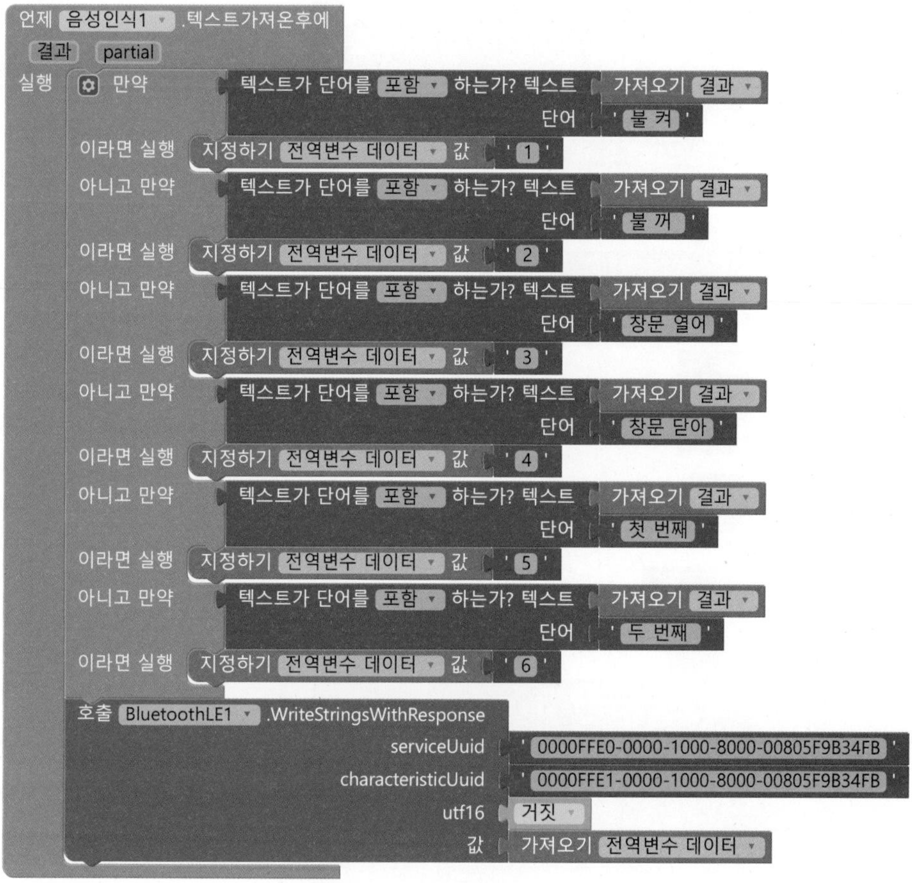

언제 음성인식1 .텍스트가져온후에
결과 partial
실행 만약 텍스트가 단어를 포함 하는가? 텍스트 가져오기 결과
단어 '불 켜'
이라면 실행 지정하기 전역변수 데이터 값 '1'
아니고 만약 텍스트가 단어를 포함 하는가? 텍스트 가져오기 결과
단어 '불 꺼'
이라면 실행 지정하기 전역변수 데이터 값 '2'
아니고 만약 텍스트가 단어를 포함 하는가? 텍스트 가져오기 결과
단어 '창문 열어'
이라면 실행 지정하기 전역변수 데이터 값 '3'
아니고 만약 텍스트가 단어를 포함 하는가? 텍스트 가져오기 결과
단어 '창문 닫아'
이라면 실행 지정하기 전역변수 데이터 값 '4'
아니고 만약 텍스트가 단어를 포함 하는가? 텍스트 가져오기 결과
단어 '첫 번째'
이라면 실행 지정하기 전역변수 데이터 값 '5'
아니고 만약 텍스트가 단어를 포함 하는가? 텍스트 가져오기 결과
단어 '두 번째'
이라면 실행 지정하기 전역변수 데이터 값 '6'
호출 BluetoothLE1 .WriteStringsWithResponse
serviceUuid '0000FFE0-0000-1000-8000-00805F9B34FB'
characteristicUuid '0000FFE1-0000-1000-8000-00805F9B34FB'
utf16 거짓
값 가져오기 전역변수 데이터

[완성코딩]

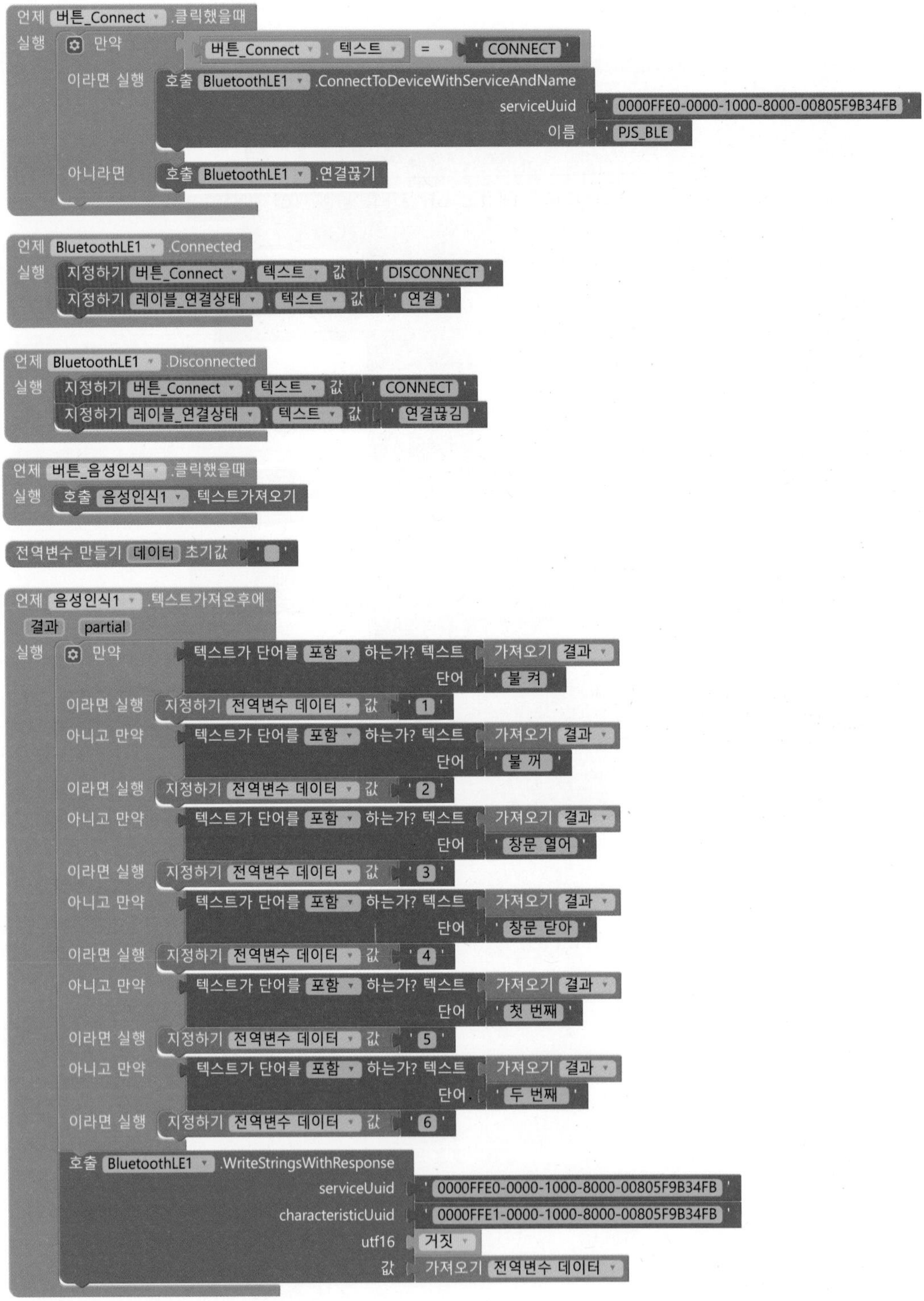
언제 버튼_Connect .클릭했을때
실행 만약 버튼_Connect . 텍스트 = ' CONNECT '
이라면 실행 호출 BluetoothLE1 .ConnectToDeviceWithServiceAndName
serviceUuid ' 0000FFE0-0000-1000-8000-00805F9B34FB '
이름 ' PJS_BLE '
아니라면 호출 BluetoothLE1 .연결끊기
언제 BluetoothLE1 .Connected
실행 지정하기 버튼_Connect . 텍스트 값 ' DISCONNECT '
지정하기 레이블_연결상태 . 텍스트 값 ' 연결 '
언제 BluetoothLE1 .Disconnected
실행 지정하기 버튼_Connect . 텍스트 값 ' CONNECT '
지정하기 레이블_연결상태 . 텍스트 값 ' 연결끊김 '
언제 버튼_음성인식 .클릭했을때
실행 호출 음성인식1 .텍스트가져오기
전역변수 만들기 데이터 초기값 ' '
언제 음성인식1 .텍스트가져온후에
결과 partial
실행 만약 텍스트가 단어를 포함 하는가? 텍스트 가져오기 결과
단어 ' 불 켜 '
이라면 실행 지정하기 전역변수 데이터 값 ' 1 '
아니고 만약 텍스트가 단어를 포함 하는가? 텍스트 가져오기 결과
단어 ' 불 꺼 '
이라면 실행 지정하기 전역변수 데이터 값 ' 2 '
아니고 만약 텍스트가 단어를 포함 하는가? 텍스트 가져오기 결과
단어 ' 창문 열어 '
이라면 실행 지정하기 전역변수 데이터 값 ' 3 '
아니고 만약 텍스트가 단어를 포함 하는가? 텍스트 가져오기 결과
단어 ' 창문 닫아 '
이라면 실행 지정하기 전역변수 데이터 값 ' 4 '
아니고 만약 텍스트가 단어를 포함 하는가? 텍스트 가져오기 결과
단어 ' 첫 번째 '
이라면 실행 지정하기 전역변수 데이터 값 ' 5 '
아니고 만약 텍스트가 단어를 포함 하는가? 텍스트 가져오기 결과
단어 ' 두 번째 '
이라면 실행 지정하기 전역변수 데이터 값 ' 6 '
호출 BluetoothLE1 .WriteStringsWithResponse
serviceUuid ' 0000FFE0-0000-1000-8000-00805F9B34FB '
characteristicUuid ' 0000FFE1-0000-1000-8000-00805F9B34FB '
utf16 거짓
값 가져오기 전역변수 데이터

09 아이디어 더하기

이번 장에서 배운 앱 개발 컴포넌트들로 만들어 보고 싶은 것들에 대한 아이디어를 나누어봅니다.

IoT의 개념을 이해하고 무선 제어를 이용할 수 있는 분야에는 어떤 것들이 있을까요? 블루투스 통신 이외는 데이터를 전송하거나 받을 수 있는 통신기술들은 어떤 것들이 있는지 알아봅니다.

그런 기술들로 앱개발이 가능한지 조사해보고 아이디어를 정리하여 봅니다.

idea 정리표

생각모으기	구체적인 내용
누구에게 유용할까요?	
어떠한 통신기술을 사용하고 싶은가요?	
어떠한 기능으로 동작하는 앱인가요?	
아이디어 구현을 위해 필요한 컴포넌트들은 무엇인가요?	

11
스마트 팜 블루투스 앱

학습목표

스마트 팜은 토양의 수분 상태, 온도, 습도를 조사하여 지속해서 식물이 잘 자랄 수 있는 환경을 관리하고 유지합니다. 애플리케이션 기능으로 수확 시기도 결정하고 토양의 영양분 등도 점검할 수 있습니다. 이러한 IoT 기술의 적용은 농업 생산의 질과 양을 모두 높일 수 있습니다.
아두이노를 이용해 스마트 팜을 만듭니다. 온습도 센서를 이용해서 온도와 습도를 측정하고 토양수분 센서를 이용해서 토양의 수분량을 측정하며 블루투스 통신으로 휴대폰으로 스마트 팜의 상태를 파악합니다.

01 프로젝트 미리보기

'장치 연결하기' 버튼을 눌러 주변의 블루투스 기기를 탐색하고 목록으로 나타냅니다. 해당 블루투스 기기를 선택하고 연결하면 아두이노에서 전송하는 센서값을 화면에 표시할 수 있고, 토양의 수분량을 점검해 수분이 적으면 빨간색으로 나타내고 진동이 울리게 합니다. 수분이 적당할 때 초록색으로 표시해서 스마트 팜의 상태를 파악하고 관리할 수 있게 합니다.

02 주요 컴포넌트 살펴보기

▶ BluetoothLE(확장기능)

Bluetooth LE 또는 간단히 BLE라고도 하는 Bluetooth 저에너지는 전력 소비가 적게 설계된 통신 프로토콜입니다. 그래서 Bluetooth LE는 전력 리소스가 제한된 IoT 장치와의 통신에 많이 사용되며, 앱 인벤터의 확장기능으로 추가해 사용할 수 있습니다.

▶ 목록 뷰

다양한 항목을 목록 형식으로 나타냅니다. 텍스트만 표현할 수도 있고, 텍스트에 자세한 설명을 추가하거나 이미지도 목록에 나타낼 수 있습니다. 목록 요소의 설정은 디자이너나 블록에서 할 수 있습니다. 이번 앱에서는 스캔한 블루투스의 목록을 선택하는 데 사용합니다.

03 미리 준비하기

아두이노를 이용한 스마트 팜 구현에 필요한 하드웨어를 준비합니다. 아래의 센서와 회로도를 이용해 스마트 팜을 만든 후 앱을 제작합니다.

▶ 하드웨어 준비물

아두이노 우노, 온습도 센서(DHT11), 토양수분 센서, BluetoothLE 모듈(HM-10)을 준비하고 아래와 같이 핀을 구성합니다.

	토양수분센서			온습도센서			HM-10			
핀번호	AO	GND	VCC	S	+	-	RXD	TXD	GND	VCC
	AO	GND	5V	3	5V	GND	5	4	GND	5V

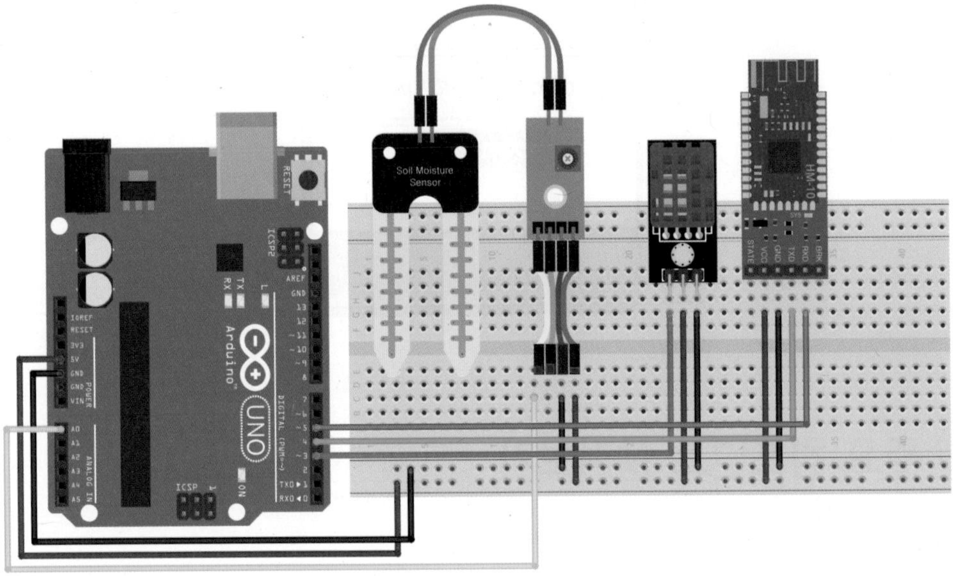

▶ 소프트웨어 준비물

컴퓨터에서 아두이노 IDE를 실행해 아래 소스를 업로드합니다. (아두이노 IDE는 https://www.arduino.cc/에서 설치 프로그램을 내려받을 수 있습니다.)

▶ 아두이노 보드 이름변경하기

10장의 아두이노 보드 이름변경하기 부분을 참조하여 이름을 변경합니다.

▶ 스마트홈 구현을 위한 소스코드 업로드하기

아래의 소스코드는 토양수분센서와 온습도 센서로 측정한 값을 블루투스 무선 통신을 이용하여 핸드폰으로 전송하는 코드입니다. 블루투스 통신으로 핸드폰에서 전송받은 데이터를 통해 스마트팜의 상태를 판단할 수 있습니다.

온습도센서를 사용하기 전에는 온습도센서 dht 라이브러리가 설치되어 있어야 합니다.

파일 편집 스케치 툴 도움말

smarthome

```
// 스마트팜 구현하기
#include <DHT.h>
#include <SoftwareSerial.h>

int soil = A0;
int DHTPIN =3;
DHT dht(DHTPIN, DHT11);
SoftwareSerial BTSerial(4, 5);

void setup() {
  Serial.begin(9600);
  BTSerial.begin(9600);
  dht.begin();
}

void loop() {
  float h = dht.readHumidity();
  float t = dht.readTemperature();
  if (isnan(h) || isnan(t)) {
    Serial.println(F("Failed to read from DHT sensor!"));
    return;
  }
  int soilHumi = analogRead(soil);


  // 블루투스 통신 : [ "온도,습도,토양수분" ] 형태로 핸드폰으로 전송
  BTSerial.print(t); // 온도
  BTSerial.print(",");
  BTSerial.print(h); // 습도
  BTSerial.print(",");
  BTSerial.print(soilHumi); // 토양수분

  delay(1000);
}
```

04 앱 디자인하기

1. Bluetooth_smartfarm 프로젝트 생성하기

메뉴에서 '프로젝트'를 클릭하고 목록에서 '새 프로젝트 시작하기'를 선택하고 프로젝트 이름으로 'Bluetooth_smartfarm'을 입력합니다.

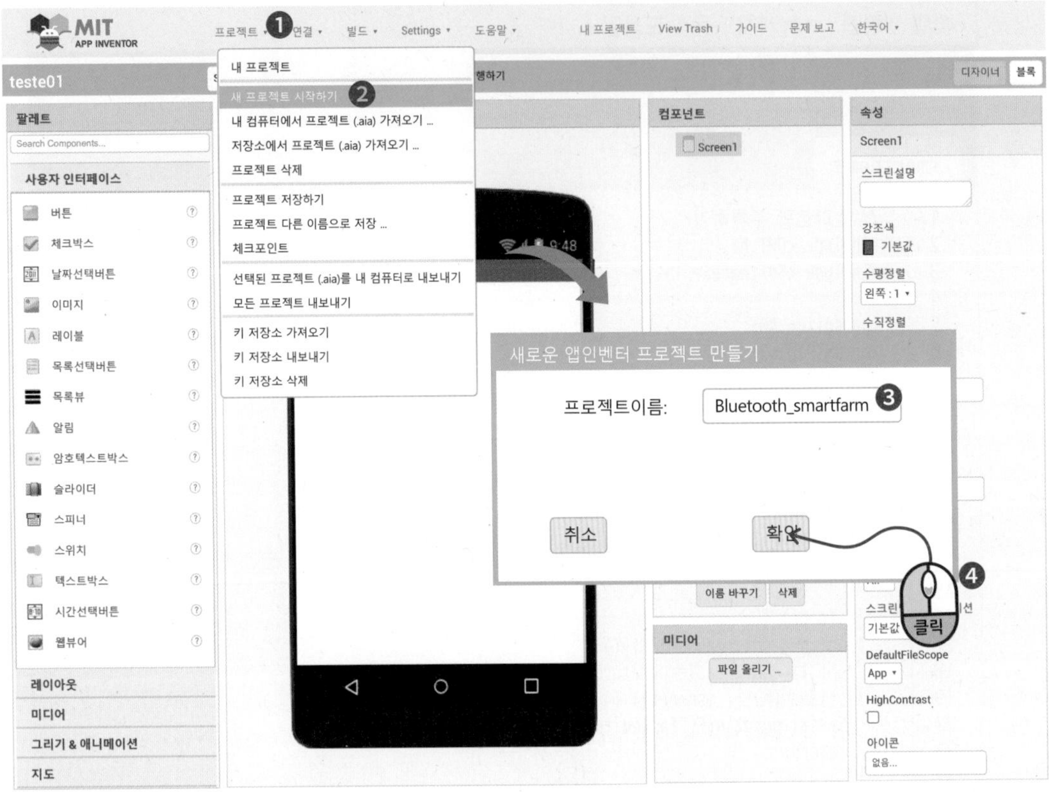

2. 스크린 추가하기

블루투스 목록을 띄우는 화면을 따로 만들기 위해 '스크린 추가'를 눌러 'BluetoothConnect'를 입력하고 '확인'을 누릅니다. BluetoothConnect 스크린이 추가된 것을 확인합니다.

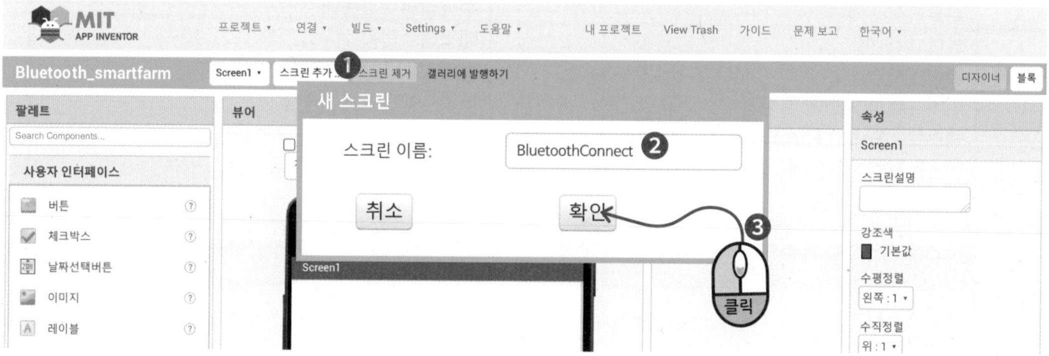

3. Screen1 컴포넌트 추가하기

앱 구성에 필요한 컴포넌트를 추가해 Screen1을 디자인합니다.

사용자 인터페이스에서 레이블1, 레이아웃에서 수직 배치1, 수직 배치 레이블2, 레이블3을 수평 배치1 안에 끌어다 놓습니다.

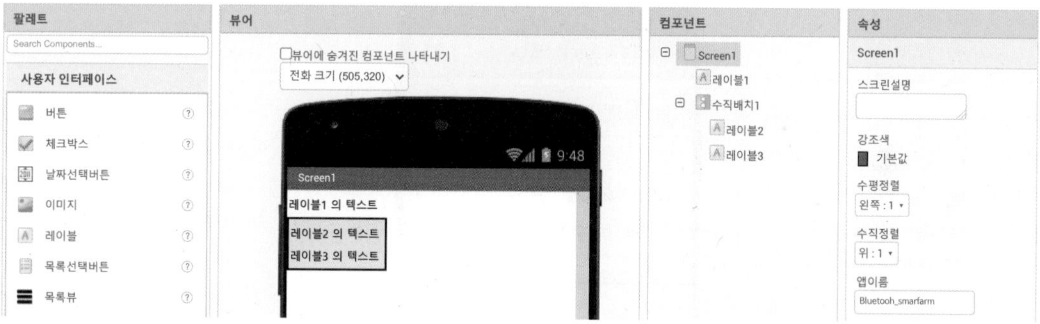

앱 화면 디자인과 코딩하기 편하게 컴포넌트 이름을 다음과 같이 변경합니다.

변경 전	변경 후	변경 전	변경 후
레이블1	레이블_앱제목	레이블3	레이블_수분량
레이블2	레이블_토양상태		

컴포넌트의 속성값을 다음과 같이 설정하고 아래의 그림과 같이 디자인합니다.

레이블_앱제목
배경색 - 노랑
글꼴굵게 – 체크
글꼴크기- 40
높이 – 자동
너비 – 부모 요소에 맞추기
텍스트 – Smart Farm
텍스트정렬 – 가운데
텍스트색상 – 파랑

수직배치1
수평정렬 – 가운데
수직정렬 – 가운데
배경색 – 없음
높이 – 40퍼센트
너비 – 부모요소에 맞추기

레이블_토양상태
배경색 – 없음
글꼴굵게 – 체크
글꼴크기 – 35
높이 – 자동
너비- 자동
텍스트 – 토양 상태
텍스트색상 – 회색

레이블_수분량
배경색 – 없음
글꼴굵게 – 체크
글꼴크기 – 30
높이 – 자동
너비- 자동
텍스트 – 수분량
텍스트색상 – 검정

수직 배치1 아래에 레이아웃에서 다시 수평 배치1을 추가하고 사용자 인터페이스에서 레이블 1, 2, 3, 4, 5를 끌어다 추가합니다. 컴포넌트의 이름을 다음과 같이 변경합니다.

변경 전	변경 후	변경 전	변경 후
레이블1	레이블_온도	레이블3	레이블_습도
레이블2	레이블_온도값	레이블4	레이블_습도값
레이블3	레이블_공간1		

컴포넌트의 속성값을 다음과 같이 설정하고 아래 그림과 같이 디자인합니다.

수평배치1	레이블_온도	레이블_온도값
수평정렬 – 가운데 수직정렬 – 가운데 높이 – 15퍼센트 너비 – 부모요소에 맞추기	글꼴굵게 – 체크 글꼴크기 – 20 높이 – 자동 너비 – 50픽셀 텍스트 – 온도 : 텍스트색상 – 회색	글꼴굵게 – 체크 글꼴크기 – 20 높이 – 자동 너비 – 85픽셀 텍스트 – 00 °C 텍스트색상 – 검정 00 °C

레이블_공간1	레이블_습도	레이블_습도값
너비 – 3퍼센트	글꼴굵게 – 체크 글꼴크기 – 20 높이 – 자동 너비 – 50픽셀 텍스트 – 습도 : 텍스트색상 - 회색	글꼴굵게 – 체크 글꼴크기 – 20 높이 – 자동 너비 – 85픽셀 텍스트 – 00 % 텍스트색상 – 검정

수평 배치1 아래에 수평 배치2를 추가하고 버튼1을 수평 배치 안에 끌어다 놓습니다. 컴포넌트 이름을 다음과 같이 변경합니다.

변경 전	변경 후
버튼1	버튼_연결

컴포넌트의 속성값을 다음과 같이 설정하고 아래 그림과 같이 디자인합니다.

수평배치2
수평정렬 – 가운데 수직정렬 – 가운데 높이 – 자동 너비 – 부모 요소에 맞추기

버튼_연결
배경색 – 검정 글꼴굵게 – 체크 글꼴크기 – 20 높이 – 자동 너비 – 자동 모양 - 둥근모서리 텍스트정렬 – 가운데 텍스트색상 - 흰색

4.BluetoothLE 확장기능 추가하기

도움말→확장기능을 눌러 MITAppIventor Extensions에 접속해서 BluetoothLE 확장기능 파일인 BluetoothLE.aix를 내려받습니다.

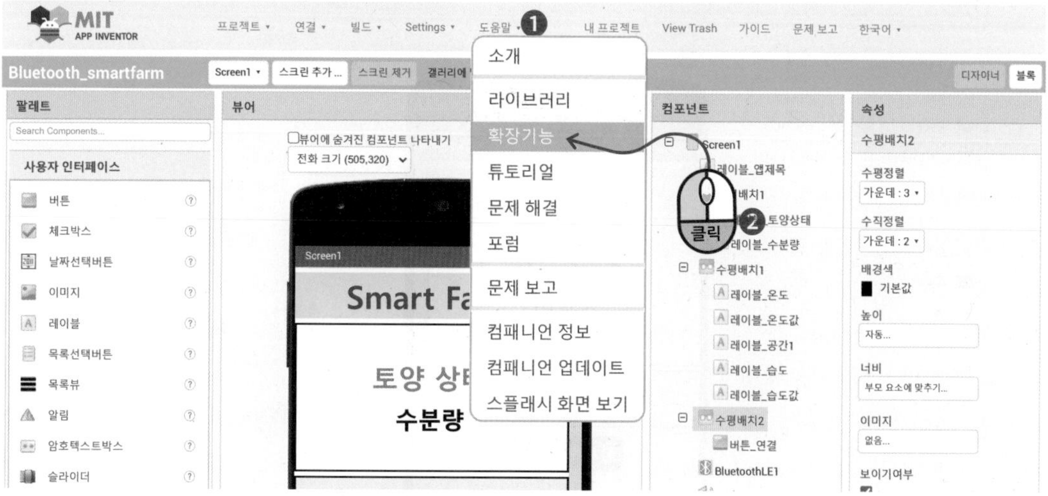

Supported:

Name	Description	Author	Version	Download .aix File	Source Code
BluetoothLE	Adds as Bluetooth Low Energy functionality to your applications. See BluetoothLE Documentation and Resources for more information.	MIT App Inventor	20200828	BluetoothLE.aix	Via GitHub

팔레트의 확장기능에서 '확장기능 추가하기'를 눌러 내려받은 BluetoothLE.aix 파일 edu.mit.appinventor.ble-20200828.aix를 불러와 import 합니다.

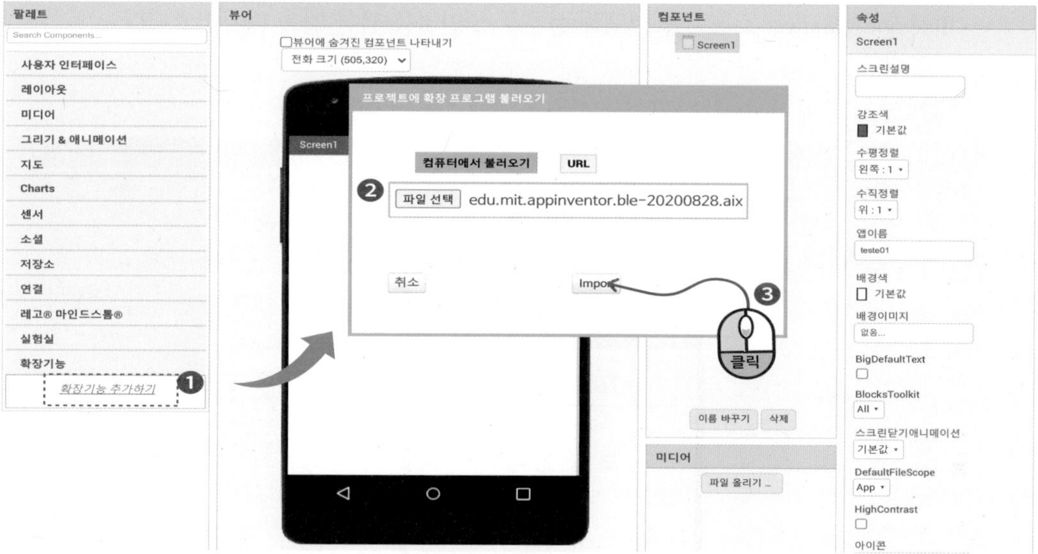

블루투스 확장기능과 센서값에 따라 경고하는 진동을 울리기 위해 미디어의 '소리' 컴포넌트를, 센서값을 주기적으로 전송받기 위해 센서의 '시계' 컴포넌트를 추가하고 아래와 같이 Screen1 앱 디자인을 완성합니다.

5. BluetoothConnect 스크린의 컴포넌트 추가하기

BluetoothConnect 스크린을 선택해 블루투스 연결을 위한 앱을 디자인합니다.

스크린 변경 후 사용자 인터페이스에서 목록 뷰1, 연결에서 블루투스 확장기능으로 추가한 BluetoothLE1을 끌어다 추가합니다.

05 디자인 완성하기

두 개의 스크린 앱 디자인을 다음과 같이 완성합니다.

[Screen1]

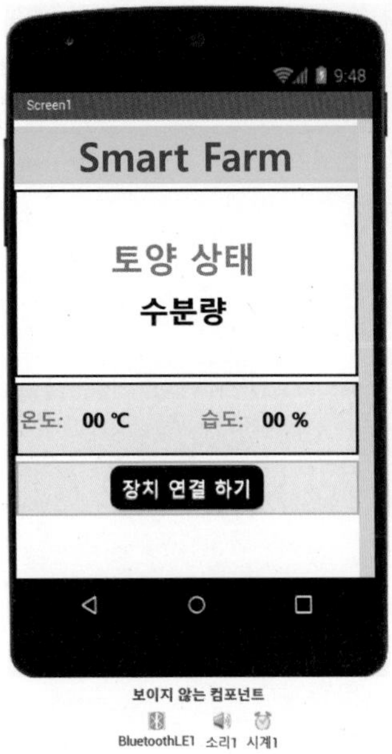

[BluetoothConnect]

06 앱 코딩하기

1. Screen1 스크린 코딩하기 - 블루투스 연결 준비

연결 버튼의 텍스트 이름으로 현재 블루투스가 연결됐는지 끊겼는지 판단할 수 있는 기능을 만들기 위해 BluetoothLE1.Connected와 BluetoothLE1.Disconnected를 가져옵니다.

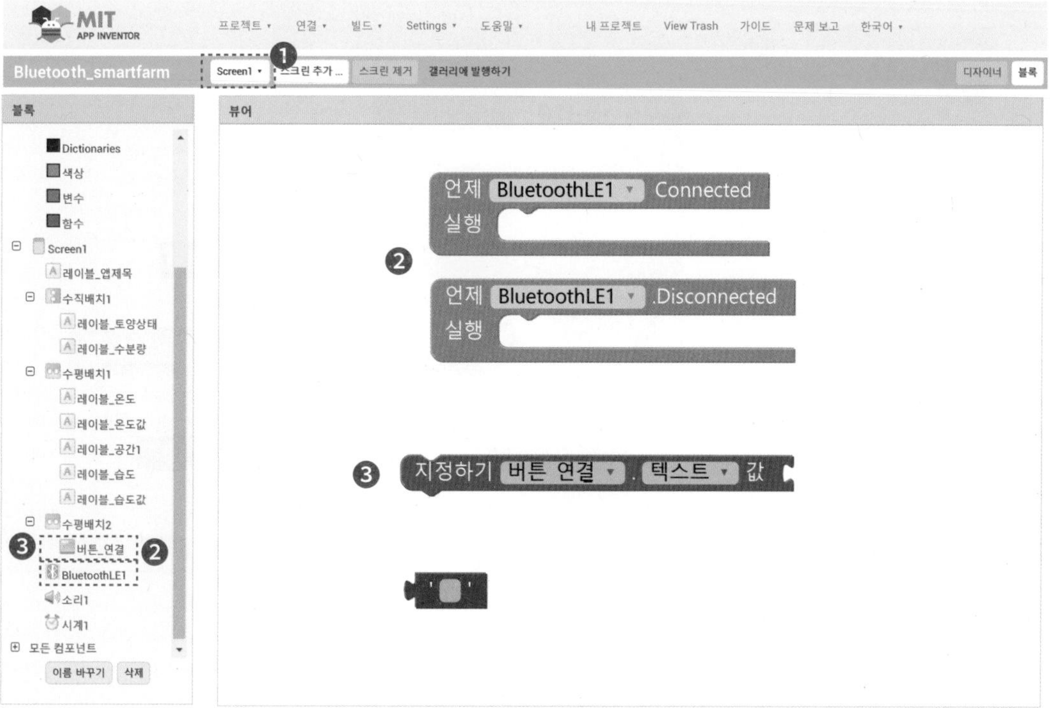

연결됐을 때는 버튼의 텍스트 '장치 연결 끊기'로 변경하고 연결이 끊겼을 때는 '장치 연결하기'로 변경합니다.

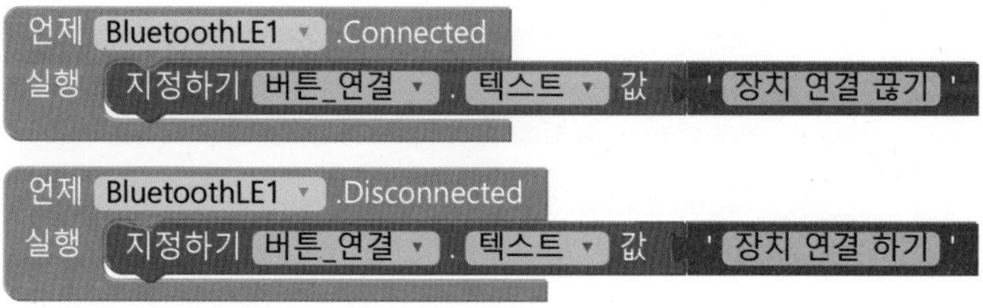

버튼의 텍스트 값을 이용해 블루투스 연결과 연결 끊기의 기능을 하도록 ‘버튼_연결’의 컴포넌트에서 ‘버튼_연결.클릭했을 때’를 가져오고 제어 블록에서 ‘다른 스크린 열기 스크린 이름 BluetoothConnect’와 ‘만약 ~이라면 실행’ 블록을 가져옵니다.

만약 ~이라면 실행’ 블록에서 톱니를 눌러 ‘아니면’ 조건을 추가합니다.

공통 블록의 논리에서 ❸블록과, 텍스트 블록에서 ❹블록를 가져옵니다.

다음은 BluetoothLE1 컴포넌트에서 ‘BluetoothLE1.연결끊기’를 가져옵니다.

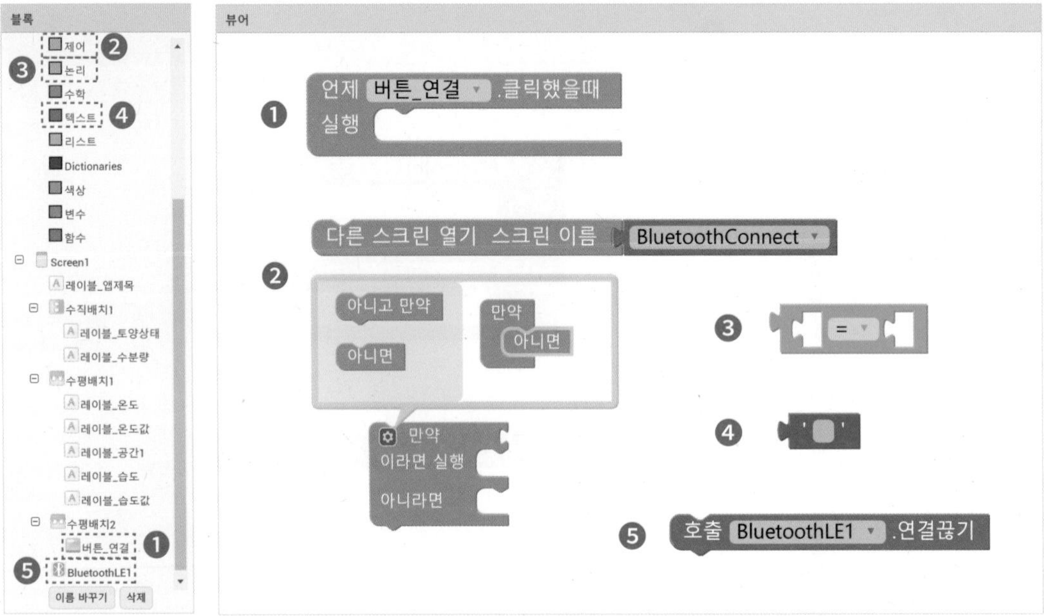

‘버튼_연결’의 버튼값이 ‘장치 연결하기’일 때 버튼이 클릭되면 BluetoothConnect 스크린이 열리고, 그렇지 않을 때 즉, 버튼의 텍스트 값이 ‘장치 연결 끊기’일 때 클릭되면 블루투스 연결을 끊을 수 있게 아래와 같이 블록을 조립합니다.

2. BluetoothConnect 스크린 코딩하기 - 블루투스 scan 및 목록 나타내기

BluetoothConnect 스크린에서 '언제 BluetoothConnect.초기화되었을 때' 블록을 가져옵니다.

BluetoothLE1 컴포넌트에서 '호출 BluetoothLE1.StartScanning' 블록을 가져와 스크린이 초기화되면 블루투스 스캐닝을 시작하도록 블록을 아래와 같이 조립합니다.

블루투스 스캐닝이 시작되어 디바이스를 찾게되면 목록뷰에 나타내는 기능을 만들기 위해 BluetoothLE1 컴포넌트에서 '언제 BluetoothLE1.DeviceFound'를 가지고옵니다.

검색된 블루투스 디바이스를 목록뷰에 표시할 수 있도록 목록뷰1 컴포넌트에서 '지정하기 목록뷰1.요소문자열 값' 블록과 BluetoothLE1컴포넌트에서 블루투스 디바이스들을 가져오는 'BluetoothLE1.DeviceList'값을 가져옵니다.

목록뷰1에 나타낼 수 있도록 아래와 같이 블록을 조립합니다.

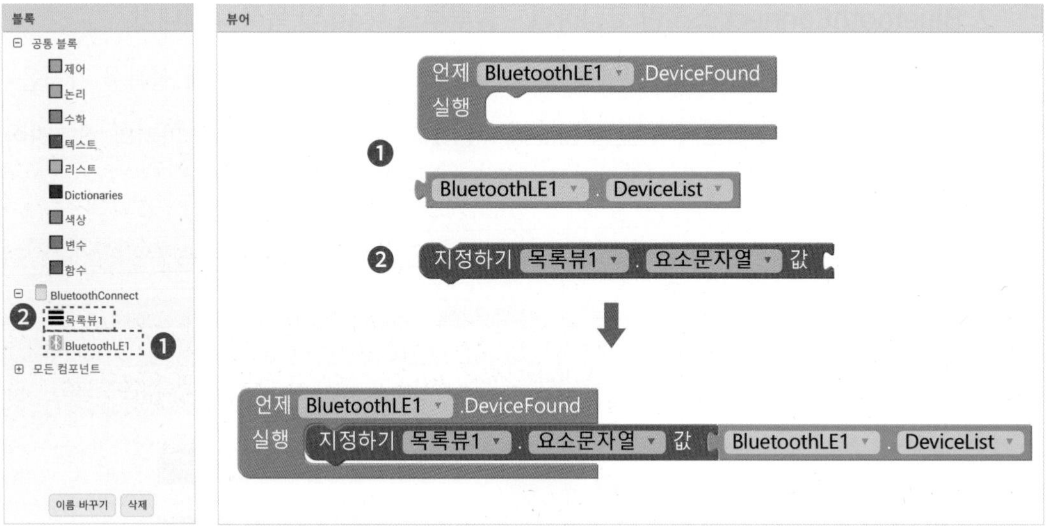

목록뷰에서 블루투스가 선택되고 난 후에 선택된 항목을 Screen1에 넘겨주기 위해 아래의 블록들을 추가합니다.

추가된 블록들을 아래와 같이 조립하여 목록뷰에서 블루투스 디바이스를 선택하고 나면 블루투스 스캐닝을 멈추고 선택된 항목을 Screen1에 반환하면서 BluetoothConnect 스크린을 닫습니다.

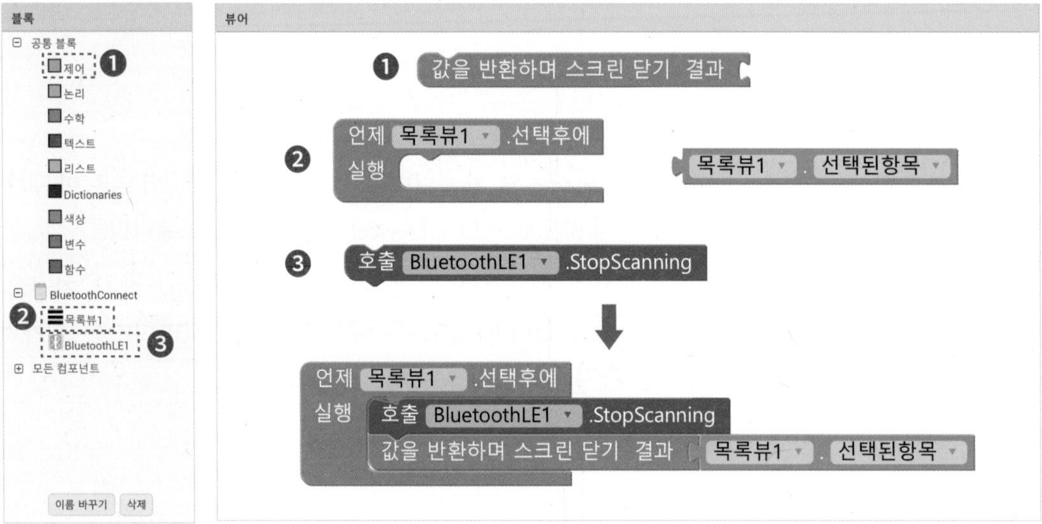

주의 BluetoothConnect 스크린에서는 블루투스 목록에서 선택하는 기능만을 사용합니다. Screen1에서는 연결된 디바이스의 주소를 이용하여 연결한 후 핸드폰에서 전달되어 오는 값을 사용합니다.

3 Screen1 스크린 코딩하기 - 블루투스 연결하기

1) 블루투스 기기 주소값을 이용하여 연결하기

다시 Screen1으로 돌아와서 나머지 기능의 블록들을 조립합니다.

Screen1에서 다른 스크린이 닫히면서 반환되어 온 값을 사용할 수 있는 'Screen1.다른스크린을닫았을때'를 가져옵니다.

다른 스크린에서 반환된 값이 저장된 변수는 '결과'변수입니다. 이 변수는 지역변수로 '언제 Screen1.다른스크린을닫았을때' 이벤트 블록 안에서만 사용 가능합니다.

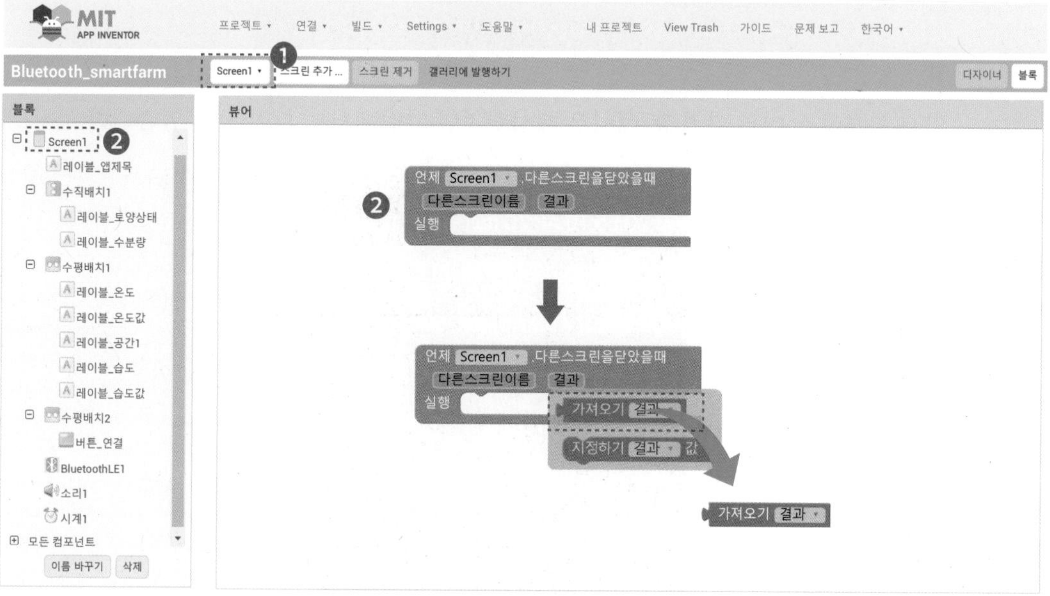

공통블록 중 제어블록의 '만약~이라면 실행'과 논리블록의 ' 아니다' 와 텍스트블록의 '비어있나요?'를 가져와 반환되어온 '결과'변수가 비어있지 않다라면의 의미가 되도록 아래와 같이 블록을 조립합니다. 즉, 다른 스크린으로부터 전달된 블루투스 디바이스의 정보값이 있다면 주소값을 찾아 연결하려 합니다.

공통블록의 논리에서 아니다, 텍스트 블록에서 비어있나요? 를 가져옵니다.

다른 스크린에서 전달되는 결과값은 선택된 블루투스의 정보로 다음과 같습니다.

[MAC 주소	블루투스이름	RSSI]
E3:53:A7:F8:12:97	myBTSerial	-58

MAC 주소란 ?

Media Access Control의 줄임말로 하드웨어에 단 하나의 고유한 주소를 부여해서 통신을 할 수 있도록 만든 하드웨어 주소입니다. MAC주소를 이용해 통신하고 싶은 장비를 식별할 수 있습니다. 첫 번째 시작 위치부터 17번째 자리까지의 값입니다.

앞서 블루투스 이름 변경 후 예시로 제시되었던 그림에서도 확인할 수 있습니다.

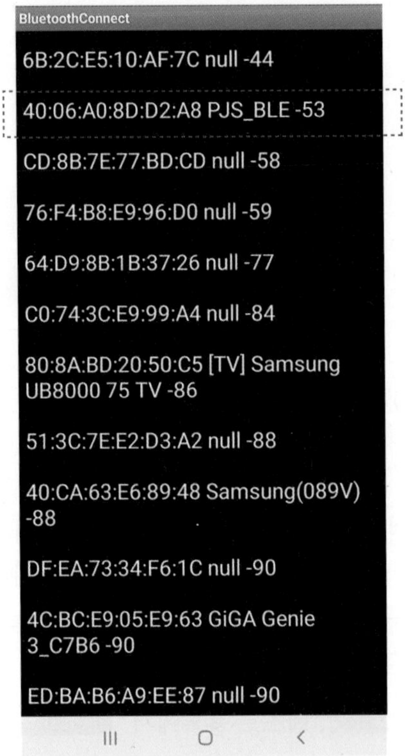

공통블록 텍스트에서 '텍스트에서 문자열 추출하기 텍스트'를 가져와 시작 위치와 문자열의 길이를 이용해 주소값을 찾아냅니다. 시작 위치와 문자열 길이는 공통블록 '수학' 블록의

0 을 이용합니다.

MAC 주소, 예를 들면 40:06:A0:8D:D2:A8는 반환된 '결과' 변수의 첫 번째 시작 위치부터 17번째 자리까지의 값입니다.

블루투스 기기의 주소값을 받아 저장할 변수를 생성합니다. 전역변수 '주소'를 만들어 초기값을 비워둡니다.

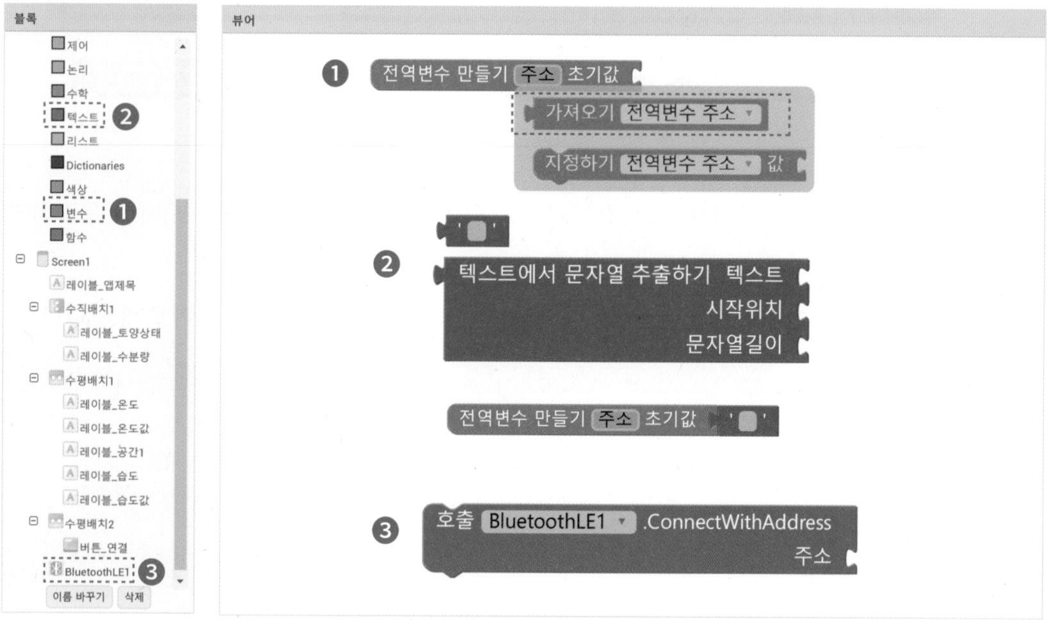

찾아낸 주소 텍스트를 변수 '주소'에 저장합니다. 저장된 변수의 주솟값을 아래의 '호출 BluetoothLE1.ConnectWithAddress'의 주소에 조립합니다.

아래와 같이 블루투스 주솟값을 이용해 연결하는 블록을 완성합니다.

2) 블루투스 장치로부터 값 받아오기

HM-10 Bluetooth 모듈의 UUID를 아래와 같이 입력합니다.

HM-10 모듈의 고유한 번호이므로 수정하지 않고 그대로 사용합니다.

전역변수 SERVICE_UUID, SEND_UUID를 생성합니다.

디자이너의 속성값에서 시계 컴포넌트는 타이머 간격 1000밀리초(1초)마다 동작하게 설정되어 있습니다.

'언제 시계1.타이머가 작동할 때' 블록을 이용해 1초마다 센서값을 받아오게 합니다.

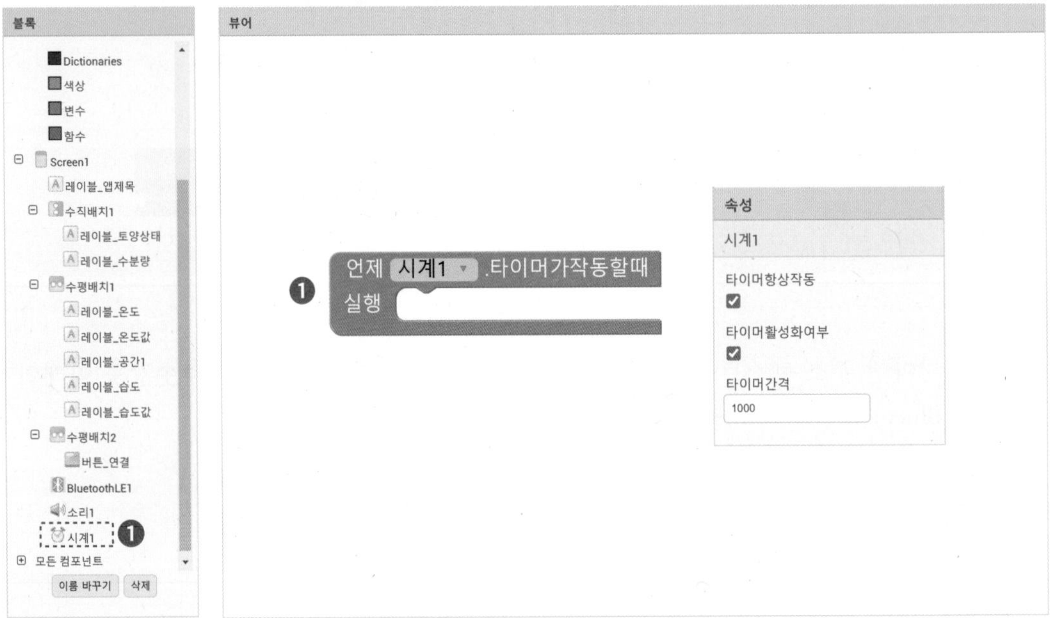

BluetoothLE1 컴포넌트에서 '호출 BluetoothLE1.RegisterForStrings' 블록을 가져와 UUID 값과 utf16의 사용 여부를 설정합니다.

RegisterForString을 이용해 센서값을 가져올 수 있게 합니다.

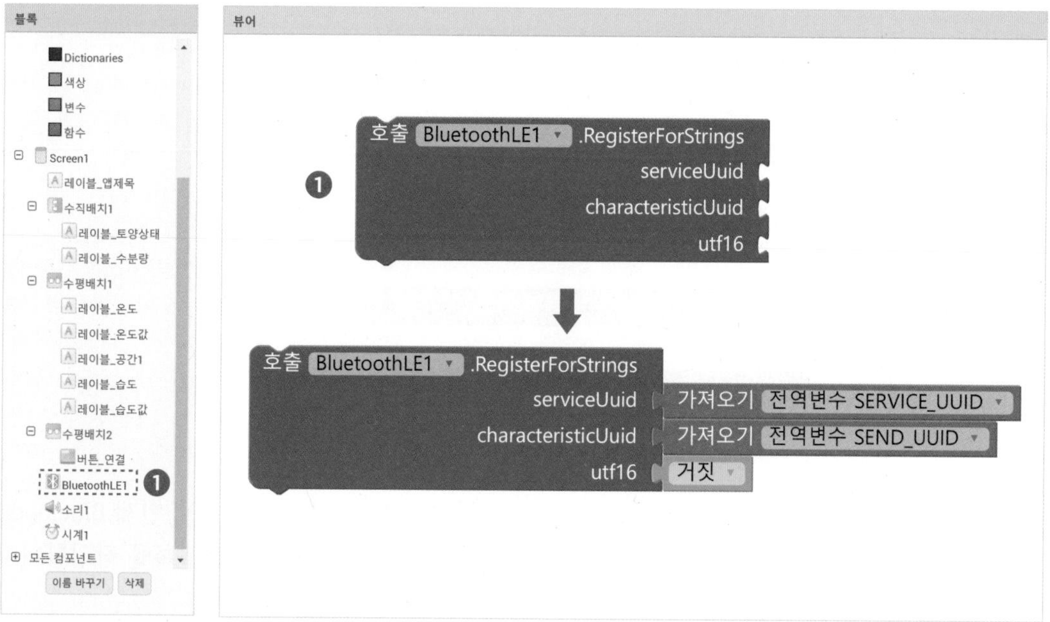

'시계1.타이머가 작동할 때' 블루투스 디바이스가 연결되어 있으면 1초 간격으로 하드웨어로부터 값을 전송받습니다.

이 블록이 설정되지 않으면 최초의 값만 한 번 수신되므로 원하는 결과를 얻을 수 없습니다.

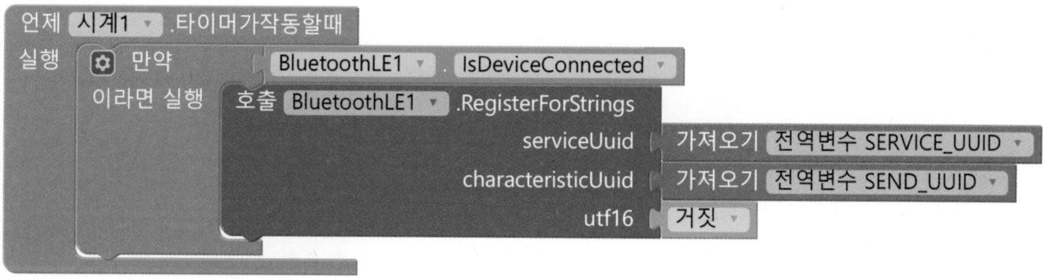

하드웨어에서 전송되는 최초의 데이터를 저장하기 위한 리스트 '데이터', 필요한 부분만 추출해 저장할 리스트 '데이터2'를 만들고 빈 리스트로 초기화합니다. 온도를 저장할 변수 '온도값', 습도를 저장할 변수 '습도값', 토양수분 센서의 값을 저장할 '토양수분값' 변수를 만듭니다.

아두이노 하드웨어의 블루투스에서 전달되는 값을 받는 이벤트 블록인 '언제 BluetoothLE1.StringReceived'를 가져옵니다. 이 이벤트가 발생할 때 실행되어야 할 블록을 작성합니다.

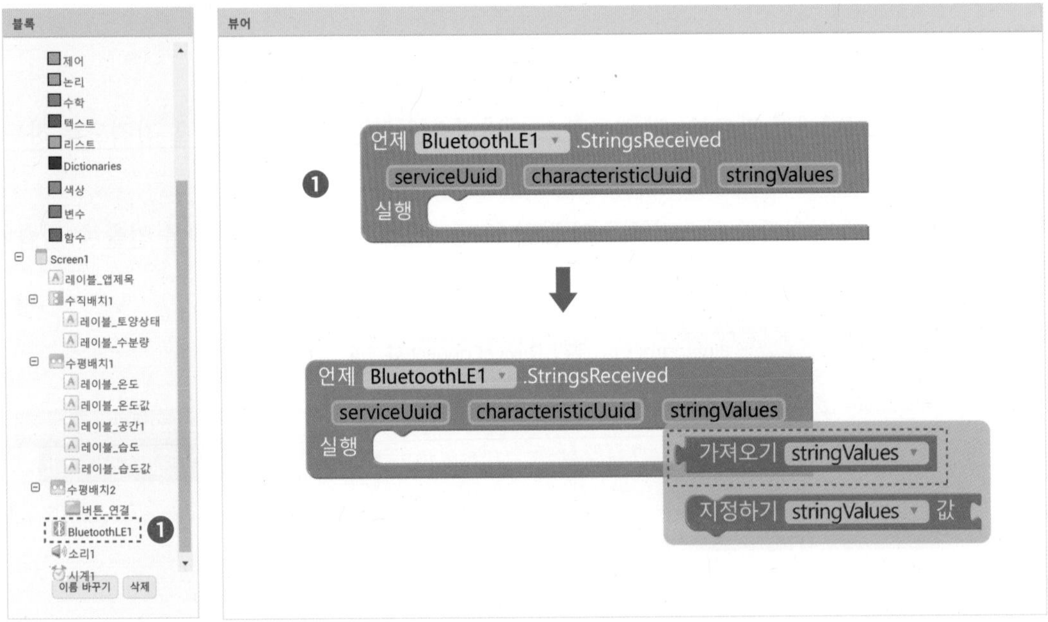

지역변수 'stringValues' 값에는 아래와 같은 형태의 데이터가 저장되어 있습니다.

stringValues	[" 온도 , 습도 , 토양수분값 "]		
구분자 ' " '			
데이터리스트(분할된 문자)	[	온도,습도,토양수분값	]
위치	1번	2번	3번
구분자 ' , '			
데이터2리스트	온도	습도	토양수분값
위치	1번	2번	3번

실제로 필요한 데이터는 큰따옴표 안의 온도, 습도, 토양수분값 수치이므로 받은 데이터를 큰따옴표 구분자로 분리해서 전역변수 '데이터' 리스트에 저장합니다. 그리고 온도, 습도, 토양수분값이 저장된 데이터 리스트의 두 번째 위치의 값을 불러와 쉼표 구분자로 분리해서 전역변수 '데이터2' 리스트에 저장합니다.

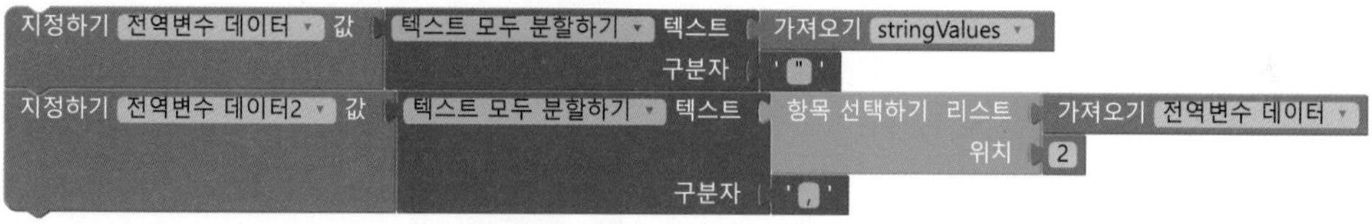

지정하기 전역변수 데이터 값 텍스트 모두 분할하기 텍스트 가져오기 stringValues
구분자 ' " '
지정하기 전역변수 데이터2 값 텍스트 모두 분할하기 텍스트 항목 선택하기 리스트 가져오기 전역변수 데이터
위치 2
구분자 ' , '

'데이터2' 리스트에는 온도, 습도, 토양수분값이 첫 번째, 두 번째, 세 번째 위치에 저장되어 있습니다.

온도를 '데이터2' 리스트의 첫 번째에서 가져와 '온도값' 변수에 저장합니다.

습도를 '데이터2' 리스트의 두 번째에서 가져와 '습도값' 변수에 저장합니다.

토양수분값을 '데이터2' 리스트의 세 번째에서 가져와 '토양수분값' 변수에 저장합니다.

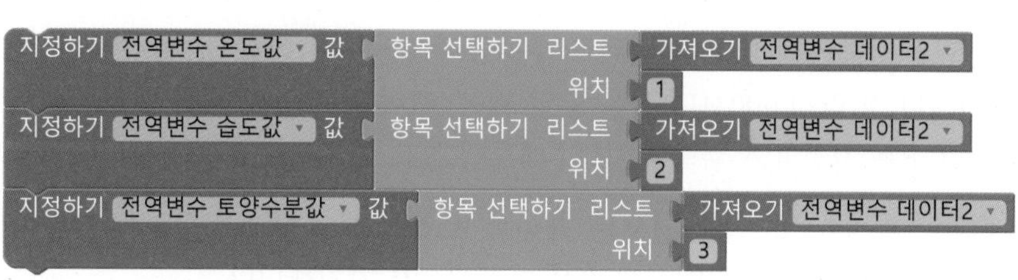

지정하기 전역변수 온도값 값 항목 선택하기 리스트 가져오기 전역변수 데이터2
위치 1
지정하기 전역변수 습도값 값 항목 선택하기 리스트 가져오기 전역변수 데이터2
위치 2
지정하기 전역변수 토양수분값 값 항목 선택하기 리스트 가져오기 전역변수 데이터2
위치 3

토양수분 센서값은 레이블_수분량의 텍스트값으로 지정합니다.

온도 센서값은 레이블_온도값의 텍스트값으로 지정합니다.

습도 센서값은 레이블_습도값의 텍스트값으로 지정합니다.

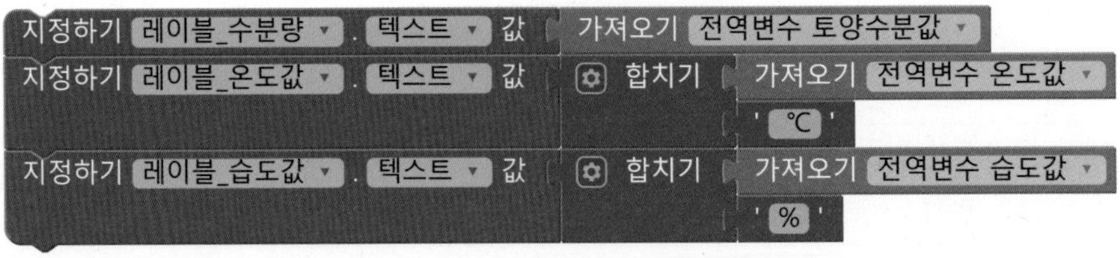

공통블록 제어에서 '만약 ~이라면 실행, 아니고 만약 ~이라면 실행, 아니라면' 블록, 수학 블록에서 비교 블록, 소리 컴포넌트에서'호출 소리1.진동하기'를 가져옵니다.

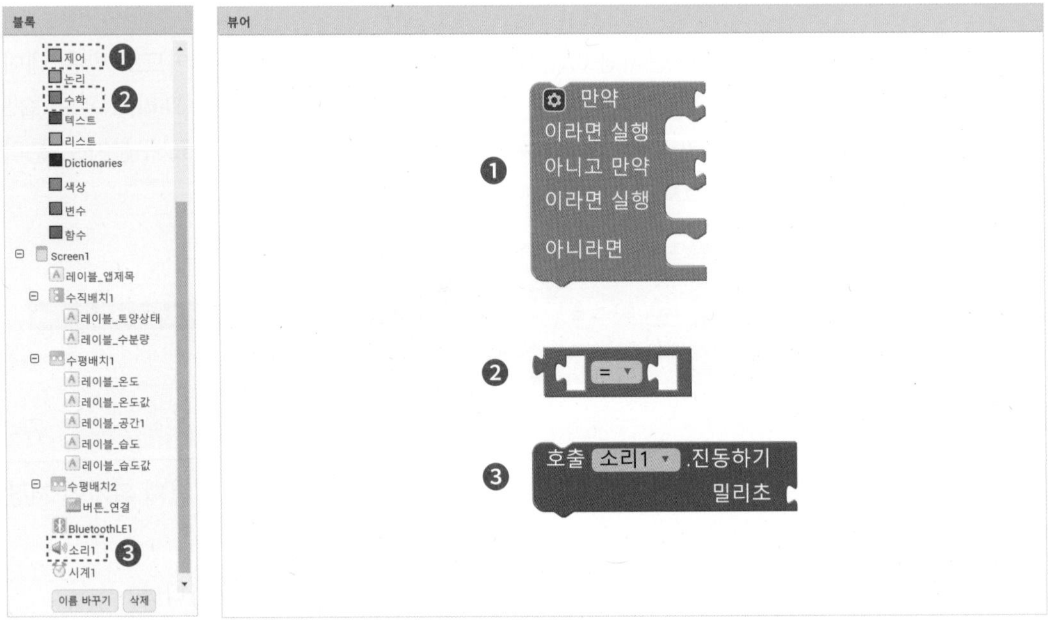

수분량에 따라 '레이블_토양상태'의 텍스트값과 수직 배치1의 배경색을 다르게 지정합니다.

토양수분 센서값은 0~1023의 범위로 수분량이 많을수록 작은 값, 수분량이 적을수록 큰 값을 가집니다. 따라서 600보다 작은 값일 때는 '레이블_토양상태'의 텍스트값으로 '수분량이 충분합니다'를 지정하고 수직 배치1의 배경색 값을 초록색으로 지정합니다.

600보다 크고 900보다 작은 경우는 '레이블_토양상태'의 텍스트값을 '수분량이 보통입니다'로 지정하고 수직 배치1의 배경색 값을 파란색으로 지정합니다.

900보다 큰 경우는 수분의 상태가 적은 경우이므로 '레이블_토양상태'의 텍스트값을 '수분량이 부족합니다'로 지정하고 수직 배치1의 배경색 값을 빨간색으로 지정합니다.

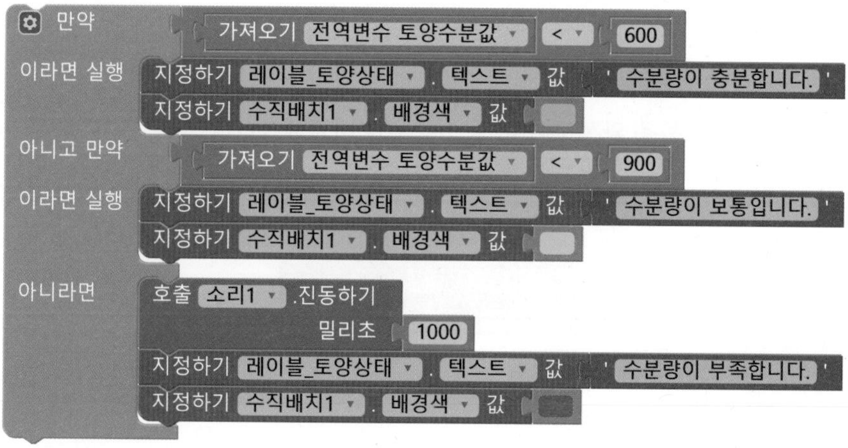

하드웨어 블루투스에서 데이터가 수신되는 이벤트가 발생할 때마다 값을 받아와 센서 데이터값을 화면에 출력하는 코드를 다음과 같이 조립하여 완성합니다.

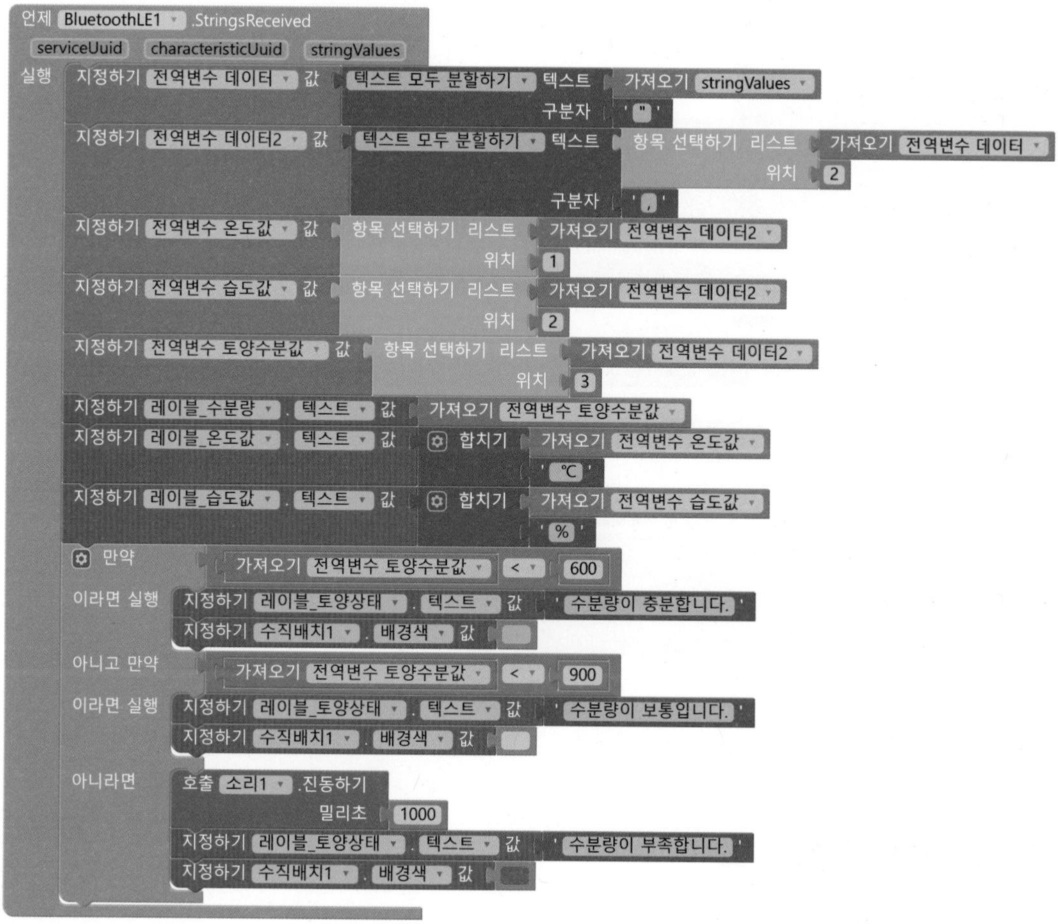

07 완성코드

스크린 별로 모든 코드들을 완성하여 아래의 블록과 비교해봅니다.

[Screen1 코드]

언제 버튼_연결 .클릭했을때
실행 만약 버튼_연결 . 텍스트 = '장치 연결 하기'
이라면 실행 다른 스크린 열기 스크린 이름 BluetoothConnect
아니라면 호출 BluetoothLE1 .연결끊기
언제 BluetoothLE1 .Connected
실행 지정하기 버튼_연결 . 텍스트 값 '장치 연결 끊기'
언제 BluetoothLE1 .Disconnected
실행 지정하기 버튼_연결 . 텍스트 값 '장치 연결 하기'
전역변수 만들기 주소 초기값 ' '
언제 Screen1 .다른스크린을닫았을때
다른스크린이름 결과
실행 만약 아니다 비어있나요? 가져오기 결과
이라면 실행 지정하기 전역변수 주소 값 텍스트에서 문자열 추출하기 텍스트 가져오기 결과
시작위치 1
문자열길이 17
호출 BluetoothLE1 .ConnectWithAddress
주소 가져오기 전역변수 주소
전역변수 만들기 SERVICE_UUID 초기값 '0000FFE0-0000-1000-8000-00805F9B34FB'
전역변수 만들기 SEND_UUID 초기값 '0000FFE1-0000-1000-8000-00805F9B34FB'
언제 시계1 .타이머가작동할때
실행 만약 BluetoothLE1 . IsDeviceConnected
이라면 실행 호출 BluetoothLE1 .RegisterForStrings
serviceUuid 가져오기 전역변수 SERVICE_UUID
characteristicUuid 가져오기 전역변수 SEND_UUID
utf16 거짓
전역변수 만들기 데이터 초기값 빈 리스트 만들기
전역변수 만들기 데이터2 초기값 빈 리스트 만들기
전역변수 만들기 온도값 초기값 ' '
전역변수 만들기 습도값 초기값 ' '

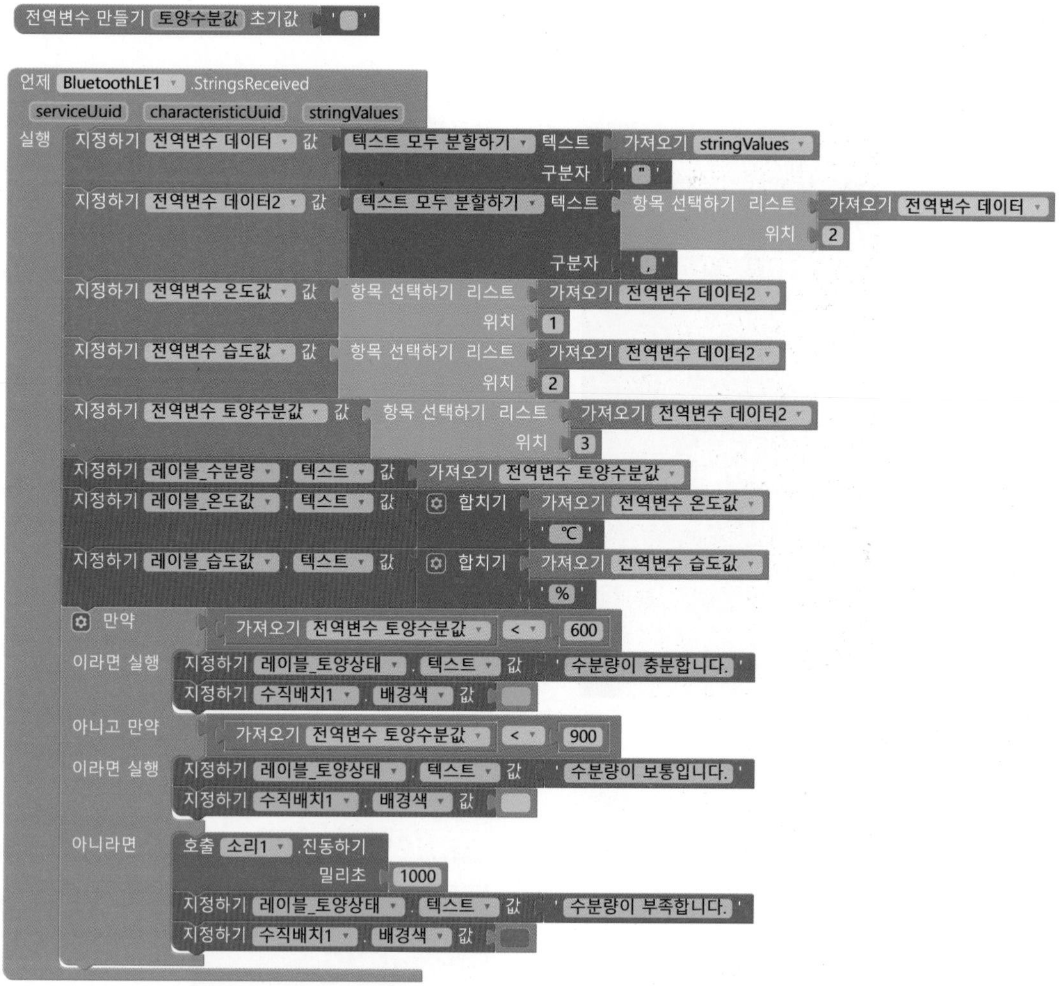
전역변수 만들기 토양수분값 초기값 ' '
언제 BluetoothLE1 .StringsReceived
serviceUuid characteristicUuid stringValues
실행 지정하기 전역변수 데이터 값 텍스트 모두 분할하기 텍스트 가져오기 stringValues
구분자 ' " '
지정하기 전역변수 데이터2 값 텍스트 모두 분할하기 텍스트 항목 선택하기 리스트 가져오기 전역변수 데이터
위치 2
구분자 ' , '
지정하기 전역변수 온도값 값 항목 선택하기 리스트 가져오기 전역변수 데이터2
위치 1
지정하기 전역변수 습도값 값 항목 선택하기 리스트 가져오기 전역변수 데이터2
위치 2
지정하기 전역변수 토양수분값 값 항목 선택하기 리스트 가져오기 전역변수 데이터2
위치 3
지정하기 레이블_수분량 . 텍스트 값 가져오기 전역변수 토양수분값
지정하기 레이블_온도값 . 텍스트 값 합치기 가져오기 전역변수 온도값
' ℃ '
지정하기 레이블_습도값 . 텍스트 값 합치기 가져오기 전역변수 습도값
' % '
만약 가져오기 전역변수 토양수분값 < 600
이라면 실행 지정하기 레이블_토양상태 . 텍스트 값 ' 수분량이 충분합니다. '
지정하기 수직배치1 . 배경색 값
아니고 만약 가져오기 전역변수 토양수분값 < 900
이라면 실행 지정하기 레이블_토양상태 . 텍스트 값 ' 수분량이 보통입니다. '
지정하기 수직배치1 . 배경색 값
아니라면 호출 소리1 .진동하기
밀리초 1000
지정하기 레이블_토양상태 . 텍스트 값 ' 수분량이 부족합니다. '
지정하기 수직배치1 . 배경색 값

[Screen2 코드]

언제 BluetoothConnect .초기화되었을때
실행 호출 BluetoothLE1 .StartScanning
언제 BluetoothLE1 .DeviceFound
실행 지정하기 목록뷰1 . 요소문자열 값 BluetoothLE1 . DeviceList
언제 목록뷰1 .선택후에
실행 호출 BluetoothLE1 .StopScanning
값을 반환하며 스크린 닫기 결과 목록뷰1 . 선택된항목

08 실행화면

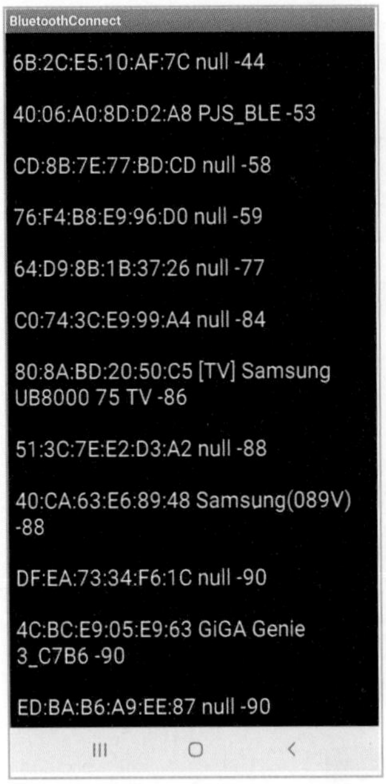
BluetoothConnect
6B:2C:E5:10:AF:7C null -44
40:06:A0:8D:D2:A8 PJS_BLE -53
CD:8B:7E:77:BD:CD null -58
76:F4:B8:E9:96:D0 null -59
64:D9:8B:1B:37:26 null -77
C0:74:3C:E9:99:A4 null -84
80:8A:BD:20:50:C5 [TV] Samsung UB8000 75 TV -86
51:3C:7E:E2:D3:A2 null -88
40:CA:63:E6:89:48 Samsung(089V) -88
DF:EA:73:34:F6:1C null -90
4C:BC:E9:05:E9:63 GiGA Genie 3_C7B6 -90
ED:BA:B6:A9:EE:87 null -90

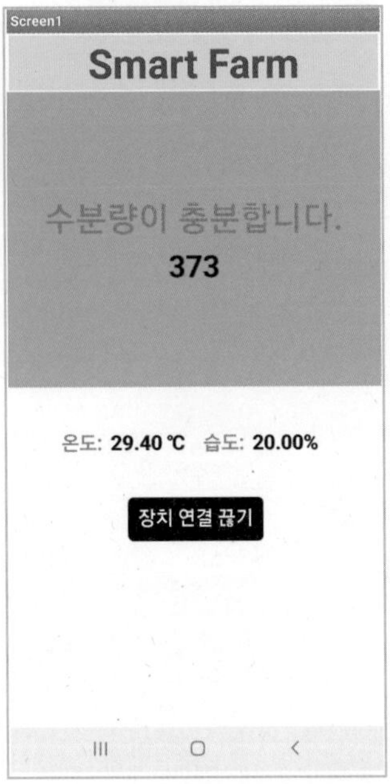
Screen1
Smart Farm
수분량이 충분합니다.
373
온도: 29.40 ℃ 습도: 20.00%
장치 연결 끊기

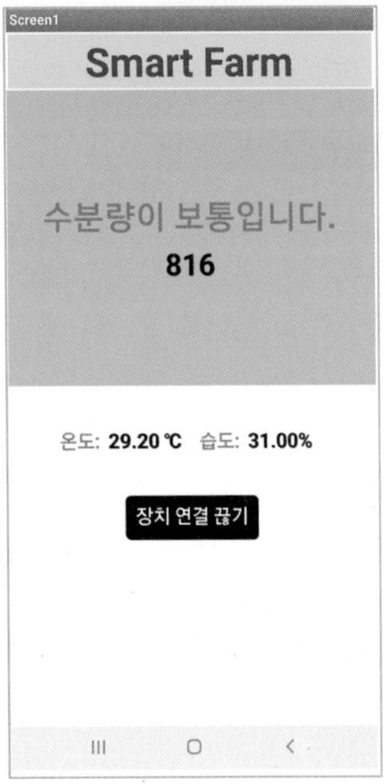
Screen1
Smart Farm
수분량이 보통입니다.
816
온도: 29.20 ℃ 습도: 31.00%
장치 연결 끊기

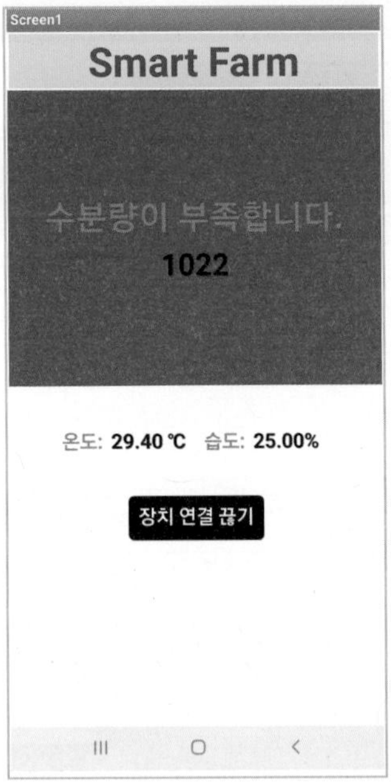
Screen1
Smart Farm
수분량이 부족합니다.
1022
온도: 29.40 ℃ 습도: 25.00%
장치 연결 끊기

09 응용 연습하기

문제 1. 스마트 팜의 토양수분 상태에 따라 음성으로 알려주는 TTS(Text to Speech) 기능을 추가합니다.

풀이 1. 텍스트를 음성으로 바꾸는 기술을 TTS라고 합니다. 앱 인벤터에서는 미디어 팔레트의 '음성변환' 컴포넌트를 사용해서 만들 수 있습니다.

[앱 디자인 추가하기]

미디어에서 '음성변환' 컴포넌트를 가져와 보이지 않는 컴포넌트로 추가합니다.

[앱 코딩 추가하기]

토양의 수분 상태를 '호출 음성변환1.말하기' 블록을 가져와 텍스트 ❷블록에 메시지를 입력하여 조립하여줍니다.

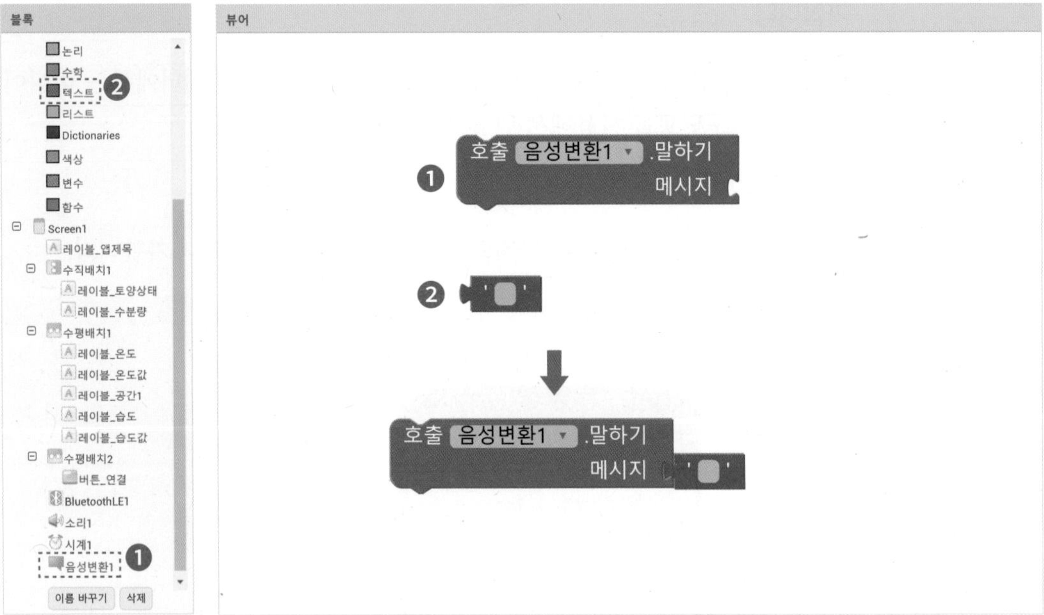

상황에 맞는 텍스트를 입력한 후 조건문에 추가해줍니다.

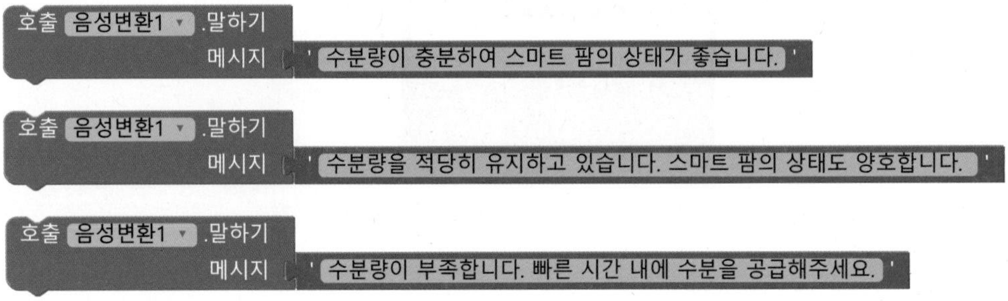

조건문에 추가한 다음 앱을 실행하여 음성안내 실행여부를 체크해봅니다.

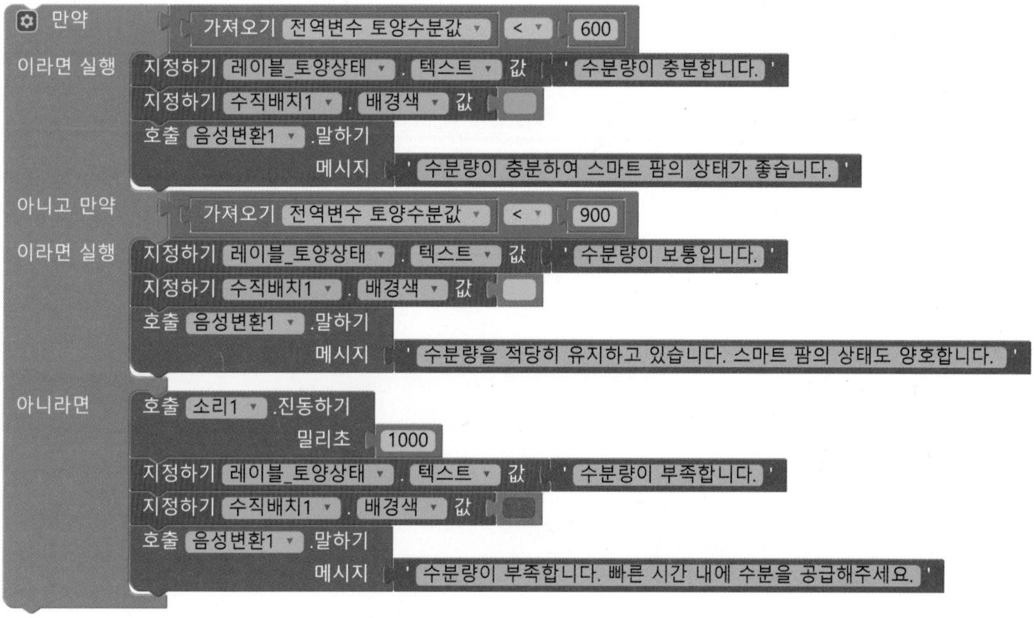
만약
가져오기 전역변수 토양수분값 < 600
이라면 실행
지정하기 레이블_토양상태 . 텍스트 값 ' 수분량이 충분합니다. '
지정하기 수직배치1 . 배경색 값
호출 음성변환1 .말하기
메시지 ' 수분량이 충분하여 스마트 팜의 상태가 좋습니다. '
아니고 만약
가져오기 전역변수 토양수분값 < 900
이라면 실행
지정하기 레이블_토양상태 . 텍스트 값 ' 수분량이 보통입니다. '
지정하기 수직배치1 . 배경색 값
호출 음성변환1 .말하기
메시지 ' 수분량을 적당히 유지하고 있습니다. 스마트 팜의 상태도 양호합니다. '
아니라면
호출 소리1 .진동하기
밀리초 1000
지정하기 레이블_토양상태 . 텍스트 값 ' 수분량이 부족합니다. '
지정하기 수직배치1 . 배경색 값
호출 음성변환1 .말하기
메시지 ' 수분량이 부족합니다. 빠른 시간 내에 수분을 공급해주세요. '

10 아이디어 더하기

IoT기술을 이용하여 적용할 수 있는 분야를 찾아봅니다. 그리고 이런 기능은 누구를 위해 사용될 수 있을까요? 해당 분야에서는 IoT기술을 적용함으로써 어떤 성능들이 개선 될 수 있나요?

생각한 내용을 앱인벤터로 구현 가능한지 조사해보고 필요한 컴포넌트는 무엇인지 알아봅니다.

idea 정리표

생각모으기	구체적인 내용
누구에게 유용한 앱인가요?	
어떠한 통신기술을 사용하고 싶은가요?	
어떠한 기능으로 동작하는 앱인가요?	
아이디어 구현을 위해 필요한 컴포넌트들은 무엇인가요 ?	

MEMO

12
PIC와 IoT 융합 인공지능 무드등 제어 앱

학습목표

앞 장에서 인공지능과 블루투스 앱을 제작해보았습니다. 이 두 가지의 기능을 결합해서 color를 인식하는 인공지능 모델로 무선으로 하드웨어를 제어하는 앱을 만들어봅니다.
앞 장에서 제작한 FACE ID 앱과 블루투스 스마트 홈 앱을 먼저 공부하고 만들어보길 권합니다.

01 프로젝트 미리보기

하드웨어(무드등)가 블루투스로 연결되면 인공지능 color 인식 모델로 분류된 색으로 RGB 등이 제어됩니다.

02 주요 컴포넌트 살펴보기

▶ BluetoothLE(확장기능)

Bluetooth LE 또는 간단히 BLE라고도 하는 Bluetooth 저에너지는 전력 소비가 적게 설계된 통신 프로토콜입니다. 그래서 Bluetooth LE는 전력 리소스가 제한된 IoT 장치와의 통신에 많이 사용되며, 앱 인벤터의 확장기능으로 추가해 사용할 수 있습니다.

▶ PIC(Personal Image Classifier) Extension

MIT 앱 인벤터가 제공하는 확장기능 중 하나로 이미지 머신러닝 처리가 가능한 분류기입니다.

03 미리 준비하기

아두이노를 이용한 인공지능 무드등 제어 구현에 필요한 하드웨어를 준비합니다. 아래의 센서와 회로도를 이용해 예쁜 구조물도 함께 만든 후 앱을 제작합니다.

▶ 하드웨어 준비물

아두이노 우노, 토양수분 센서, 온습도 센서(DHT11), BluetoothLE 모듈(HM-10)을 준비하고 아래와 같이 핀을 구성합니다.

	RGB				HM-10			
핀번호	R	G	B	-	RXD	TXD	GND	VCC
	9	10	11	GND	5	4	GND	5V

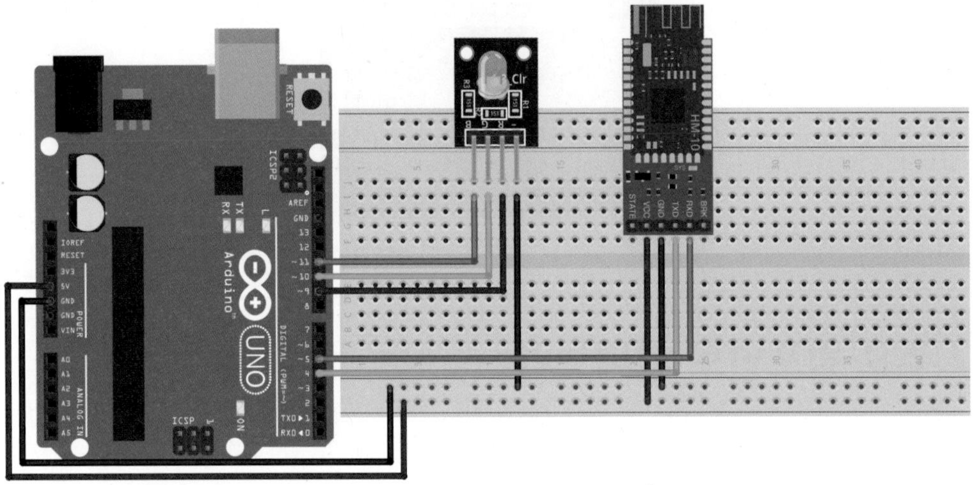

▶ 소프트웨어 준비물

컴퓨터에서 아두이노 IDE를 실행해 아래 소스를 업로드합니다. (아두이노 IDE는 https://www.arduino.cc/에서 설치 프로그램을 내려받을 수 있습니다.)

▶ 아두이노 보드 이름변경하기

10장의 아두이노 보드 이름변경하기 부분을 참조하여 이름을 변경합니다.

▶ PIC&IoT 인공지능 색깔인식 무드등 제어 소스코드 업로드하기

인공지능 색깔 인식을 통해 RGB 색을 제어하는 소스 코드입니다.

파일 편집 스케치 툴 도움말

smarthome

```
//인공지능 무드등 제어하기
#include <SoftwareSerial.h>
SoftwareSerial BTSerial(4, 5);

String data ;

void setup() {
  Serial.begin(9600);
  BTSerial.begin(9600);
}

void loop() {
  if (BTSerial.available()) {
    data = BTSerial.readString();
    if (data == "R") {
      analogWrite(9, 255);  analogWrite(10, 0);  analogWrite(11, 0);
    }
    else if (data == "G") {
      analogWrite(9, 0);  analogWrite(10, 255);  analogWrite(11, 0);
    }
    else if (data == "B") {
      analogWrite(9, 0);  analogWrite(10, 0);  analogWrite(11, 255);
    }
    else if (data == "P") {
      analogWrite(9, 255);  analogWrite(10, 0);  analogWrite(11, 255);
    }
  }
}
```

▶ Color 인식 모델 준비

1) 색상 사진 준비

색종이와 같은 색상 카드나 휴대폰에서 색상을 검색해서 이미지를 저장하고 휴대폰 사진으로 색상을 학습시킵니다.

2) PIC를 이용한 이미지 구분 모델 생성

구글에서 personal Image classifier를 검색하고 https://classifier.appinventor.mit.edu/에 접속합니다. 웹 브라우저는 크롬을 사용해야 합니다.

PIC 웹페이지에 접속한 후 이미지를 학습시키기 위해 R, G, B, P 레이블을 생성하고 'Capture' 버튼을 눌러 준비한 색상 사진을 학습시킵니다. 앞서 만든 앱을 참고하여 모델을 생성해봅니다.

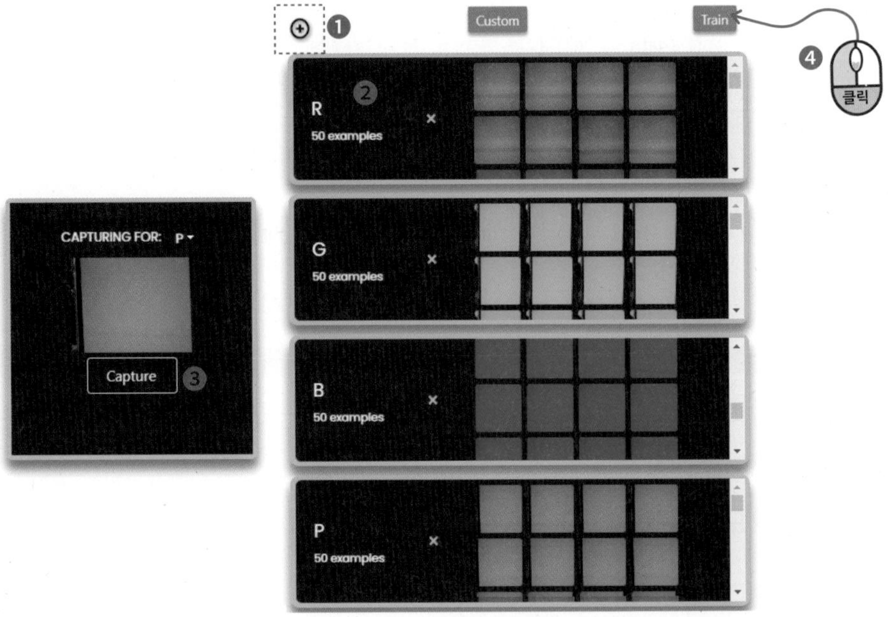

생성된 모델을 샘플 데이터를 넣어 잘 분류되는지 확인합니다.

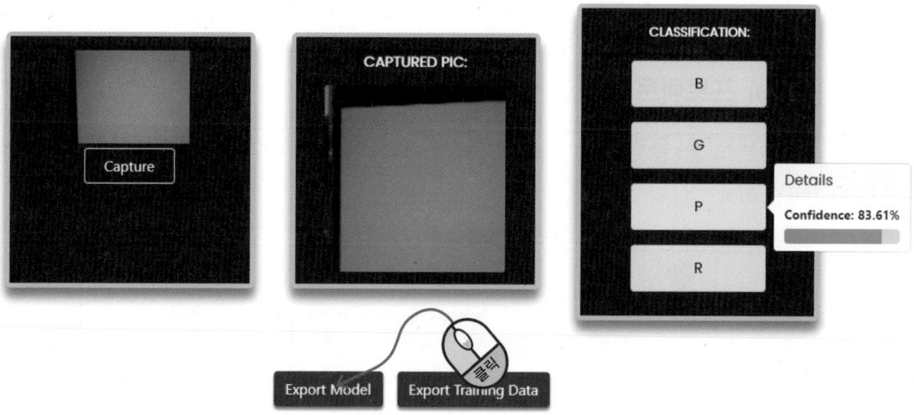

'Export Model'을 클릭하고 이미지 분류기 모델을 내려받습니다. 내려받은 model.mdl 파일은 앱을 만들 때 Personal Image Classifier extension의 model 속성값으로 설정하므로 잘 보관합니다.

04 앱 디자인하기

1. PIC_IoT_color 프로젝트 생성하기

메뉴에서 '프로젝트'를 클릭하고 목록에서 '새 프로젝트 시작하기'를 선택하고 프로젝트 이름을 ' PIC_IoT_color ' 입력합니다.

2. 확장기능 추가하기

BluetoothLE.aix 파일edu.mit.appinventor.ble-20200828.aix 와 PersonalImageClssifier.aix를 다운로드 받아 확장기능에 두 개 모두 import 시킵니다.

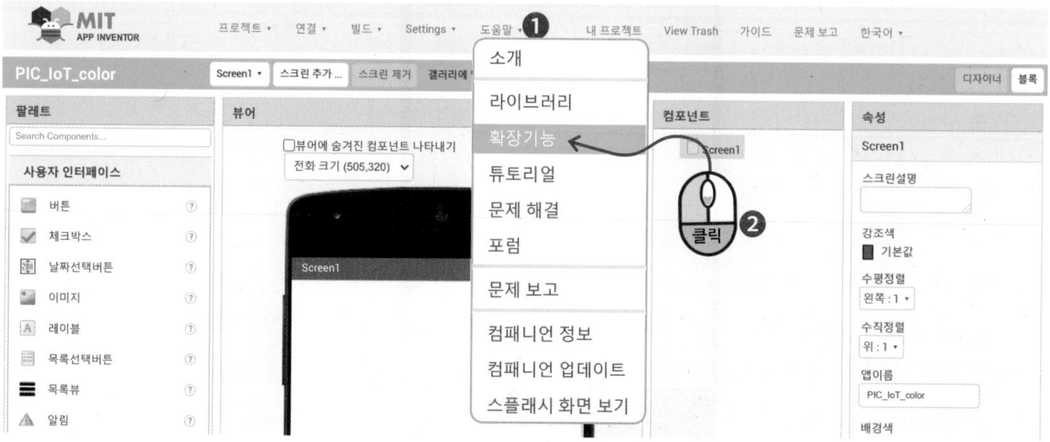

Supported:

Name	Description	Author	Version	Download .aix File	Source Code
BluetoothLE	Adds as Bluetooth Low Energy functionality to your applications. See BluetoothLE Documentation and Resources for more information.	MIT App Inventor	20200828	BluetoothLE.aix	Via GitHub
LookExtension	Adds object recognition using a neural network compiled into the extension.	MIT App Inventor	20181124	LookExtension.aix	Via GitHub
PersonalAudioClassifier	Use your own neural network classifier to recognize sounds with this extension.	MIT App Inventor	20200904	PersonalAudioClassifier.aix	Via GitHub
PersonalImageClassifier	Use your own neural network classifier to recognize images with this extension.	MIT App Inventor	20210315	PersonalImageClassifier.aix	Via GitHub
PosenetExtension	Estimate pose with this extension.	MIT App Inventor	20200226	Posenet.aix	Via GitHub
FaceMeshExtension	Estimate face landmarks with this extension.	MIT App Inventor	20210414	Facemesh.aix	Via GitHub

3. Screen1 컴포넌트 추가하기

앱구성에 필요한 컴포넌트들을 추가하여 앱을 디자인합니다. 사용자인터페이스에서 레이블1, 앱 구성에 필요한 컴포넌트를 추가해 앱을 디자인합니다.

사용자 인터페이스에서 레이블1, 레이아웃에서 수평 배치1을 추가하고 버튼1을 수평 배치1 안에 넣습니다. 레이블2를 추가한 다음 다시 수평 배치2를 추가하고 그 안에 버튼2를 넣습니다.

앱 화면 디자인과 코딩하기 편하게 컴포넌트의 이름을 다음과 같이 변경합니다.

변경 전	변경 후	변경 전	변경 후
레이블1	레이블-안내	레이블2	레이블_인식결과
버튼1	버튼_Connect	버튼2	버튼_인식

인공지능 확장 블록 PersonalImageClassifier1, BluetoothLE1, 웹 뷰어1을 보이지 않는 컴포넌트로 추가합니다. 컴포넌트의 속성값을 다음과 같이 설정합니다.

레이블_안내
배경색 - 파랑 글꼴굵게 – 체크 글꼴크기- 15 높이 – 자동 너비 – 부모 요소에 맞추기 텍스트 – 인공지능과 IoT융합_색깔인식 무드등제어앱 텍스트정렬 – 가운데 텍스트색상 – 노랑

수평배치1,2
수평정렬 – 가운데 수직정렬 – 가운데 배경색 – 없음 높이 – 30퍼센트 너비 – 부모요소에 맞추기

버튼_Connect
배경색 – 초록색
글꼴굵게 – 체크
글꼴크기 – 20
높이 – 20퍼센트
너비 - 70퍼센트
텍스트 – CONNECT
텍스트정렬 – 가운데
텍스트색상 - 흰색

레이블_인식결과
배경색 – 없음
글꼴굵게 – 체크
높이 – 자동
너비 – 부모요소에 맞추기
텍스트 – 인식결과
텍스트정렬 – 가운데
텍스트색상 - 흰색

버튼_인식
배경색 – 주황
글꼴굵게 – 체크
글꼴크기 – 30
높이 – 20퍼센트
너비 - 70퍼센트
텍스트 – COLOR 인식
텍스트정렬 – 가운데
텍스트색상 - 흰색

PersonalImageClassifier1
InputMode – Video
Model –model.mdl
WebViewer - 웹뷰어

Screen1
테마 – 장치기본값
제목 _ PIC & IoT

컴포넌트와 속성값을 확인하고 아래와 같이 앱 디자인을 완성합니다.

05 앱 코딩하기

1. 블루투스 연결하기

'CONNECT' 버튼의 텍스트로 현재 블루투스가 연결됐는지 끊겼는지 판단할 수 있는 기능을 만들기 위해 'CONNECT' 버튼의 이름을 비교하는 블록을 만듭니다.

버튼_Connect 컴포넌트에서 '언제 버튼_Connect.클릭했을 때' 그리고 '버튼_Connect.텍스트' 컴포넌트와 '지정하기 버튼_Connect.텍스트값'를 선택합니다.

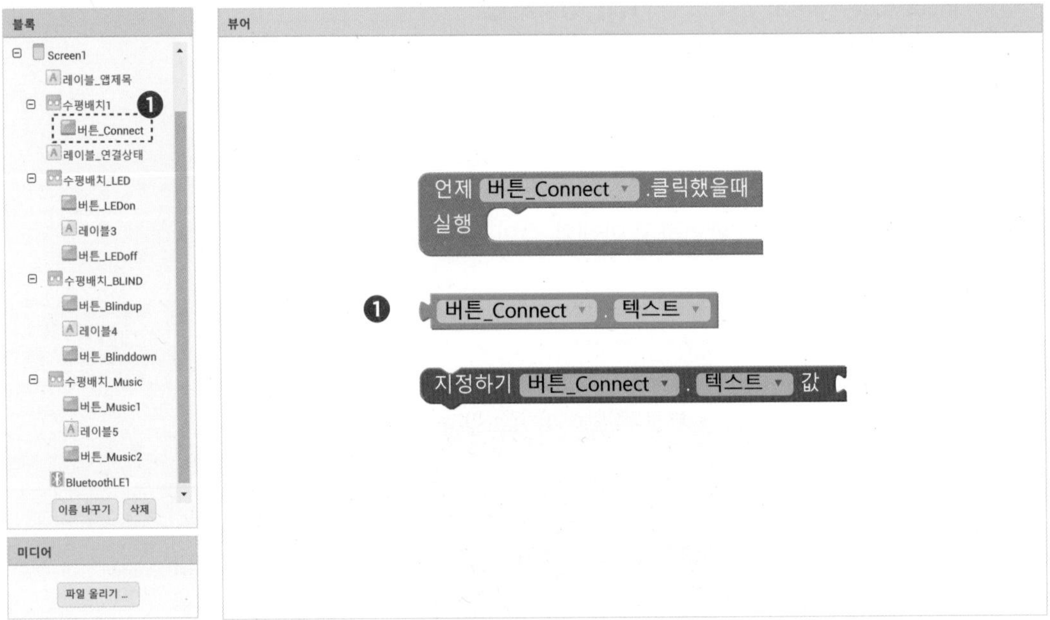

공통 논리 블록에서  와 텍스트 블록에서  을 가져옵니다.

논리 블록에서 '만약 ~이라면 실행 ~아니라면' 블록을 가져와 아래와 같이 조건식을 만듭니다.

BluetoothLE1 컴포넌트에서 아두이노 블루투스 모듈의 이름으로 연결하기 위한 블록 '호출 BluetoothLE1.ConnectToDeviceWithServiceAndName'과 연결을 끊기 위해 사용하는 '호출 BluetoothLe1.연결 끊기' 블록을 가져옵니다.

이 블록은 블루투스 이름을 알고 있을 때 그 이름으로 직접 연결을 시도합니다. 코드를 변경하지 않으면 입력된 이름의 블루투스 디바이스만 연결할 수 있습니다.

버튼의 텍스트값이 CONNECT이면 Service UUID와 이름으로 연결을 시도합니다. 텍스트값이 CONNECT가 아닐 때 즉, 연결된 상태일 때는 연결 끊기 조건문을 만듭니다.

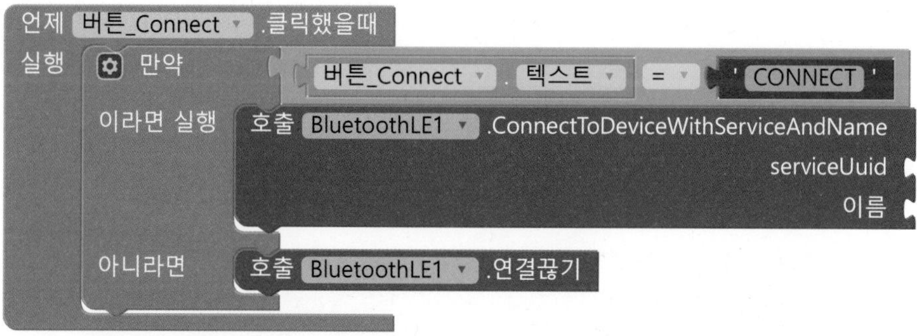

HM-10 블루투스 모듈의 Service UUID와 이름을 텍스트 박스에 입력하고 블록을 완성합니다.

' 0000FFE0-0000-1000-8000-00805F9B34FB '
' PJS_BLE '

언제 버튼_Connect .클릭했을때
실행 만약 버튼_Connect . 텍스트 = ' CONNECT '
이라면 실행 호출 BluetoothLE1 .ConnectToDeviceWithServiceAndName
serviceUuid ' 0000FFE0-0000-1000-8000-00805F9B34FB '
이름 ' PJS_BLE '
아니라면 호출 BluetoothLE1 .연결끊기

다음은 연결된 경우와 연결이 끊긴 경우 텍스트 변경을 위한 블록입니다.

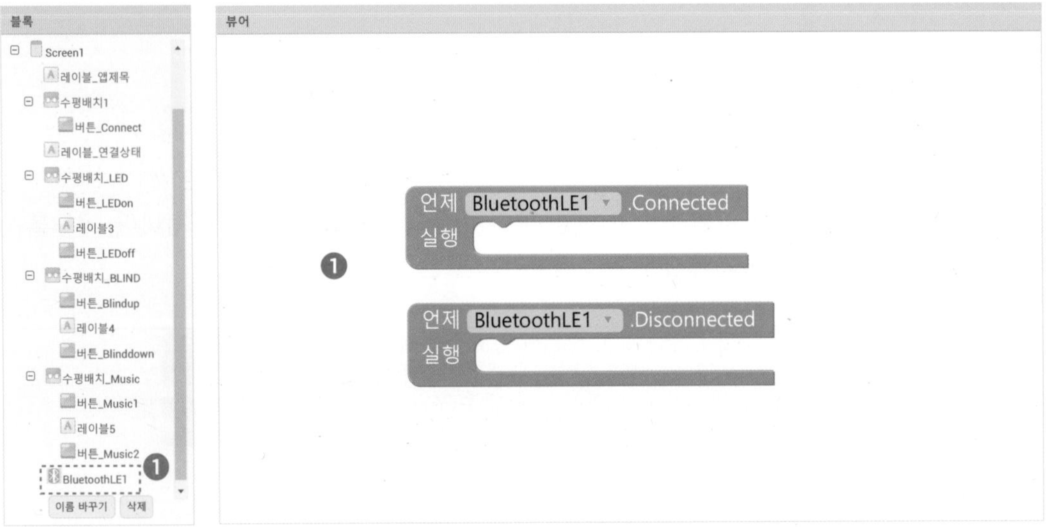
블록
뷰어
Screen1
레이블_앱제목
수평배치1
버튼_Connect
레이블_연결상태
수평배치_LED
버튼_LEDon
레이블3
버튼_LEDoff
수평배치_BLIND
버튼_Blindup
레이블4
버튼_Blinddown
수평배치_Music
버튼_Music1
레이블5
버튼_Music2
BluetoothLE1
이름 바꾸기
삭제
1
언제 BluetoothLE1 .Connected
실행
언제 BluetoothLE1 .Disconnected
실행

연결되었을 때는 버튼의 텍스트가 'DISCONNECT'로 변경되고, 연결이 끊겼을 때는 'CONNECT'로 변경됩니다. 연결 상태를 나타내는 레이블에도 연결 상태 값을 출력합니다.

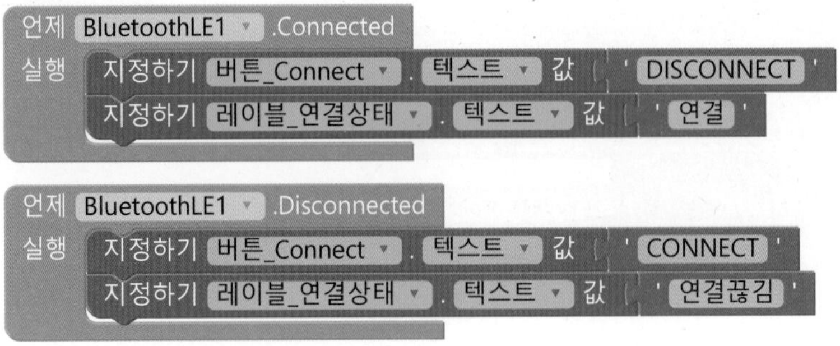
언제 BluetoothLE1 .Connected
실행 지정하기 버튼_Connect . 텍스트 값 ' DISCONNECT '
지정하기 레이블_연결상태 . 텍스트 값 ' 연결 '
언제 BluetoothLE1 .Disconnected
실행 지정하기 버튼_Connect . 텍스트 값 ' CONNECT '
지정하기 레이블_연결상태 . 텍스트 값 ' 연결끊김 '

2. color 인식하기

'COLOR인식'버튼을 누르면 PersonalImageClassifier이 이미지를 분류합니다.

언제 버튼 인식 .클릭했을때
실행 호출 PersonalImageClassifier1 .ClassifyVideoData

분류된 결과는 분류결과를 가져오는 이벤트의 '결과' 리스트에서 확인할 수 있습니다.

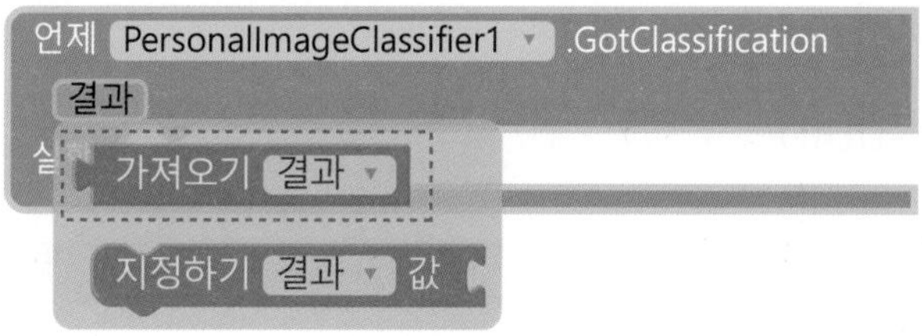

언제 PersonalImageClassifier1 .GotClassification
결과
가져오기 결과
지정하기 결과 값

'결과'리스트는 [[레이블1, 신뢰도1] ,[레이블2, 신뢰도2]...] 의 리스트 형태로 첫 번째 항목의 값을 가져옵니다. 그리고 그 항목 또한 리스트의 형태이므로 첫 번째 항목을 선택하여 레이블_인식결과에 출력합니다.

지정하기 레이블_인식결과 . 텍스트 값
항목 선택하기 리스트
항목 선택하기 리스트
가져오기 결과
위치 1
위치 1

출력된 레이블의 텍스트 값이 분류된 색상 값이므로 비교 블록을 다음과 같이 조립합니다.

레이블_인식결과 . 텍스트 = ' G '

3. 인식된 color 데이터 전송하기

다음은 인식된 color의 결과에 따라 하드웨어 전등의 색깔을 제어하기 위해 데이터를 전송할 블록을 만들어 봅니다.

BluetoothLE1 컴포넌트에서 호출 Bluetooth1.WriteStringsWithResponse' 을 가져옵니다.

이 블록은 스마트폰에서 아두이노 하드웨어 스마트홈으로 데이터를 전송합니다.

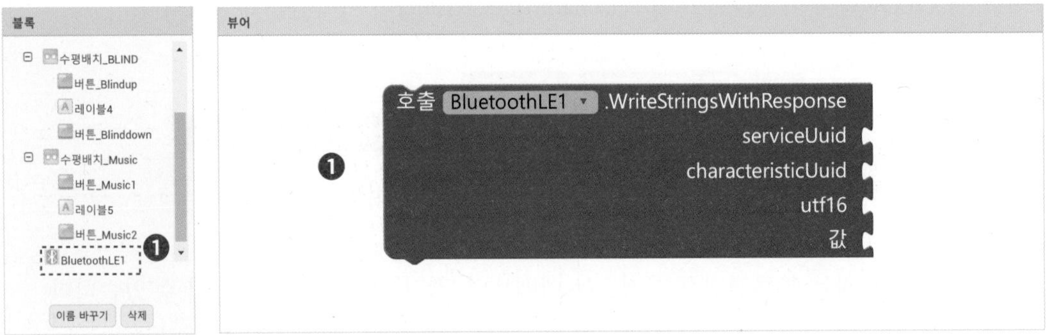

HM-10의 Service UUID

HM-10의 CharacteristicUUID

utf16의 값은 공통 논리 블록의 [거짓] 으로 설정하여 utf8로 인코딩할 수 있게 합니다.

color 이미지 분류결과가 R일때는 데이터 'R'을 전송하여 빨간색 전등을 켜도록 합니다. 'R'을 전송하는 코드는 아래와 같습니다.

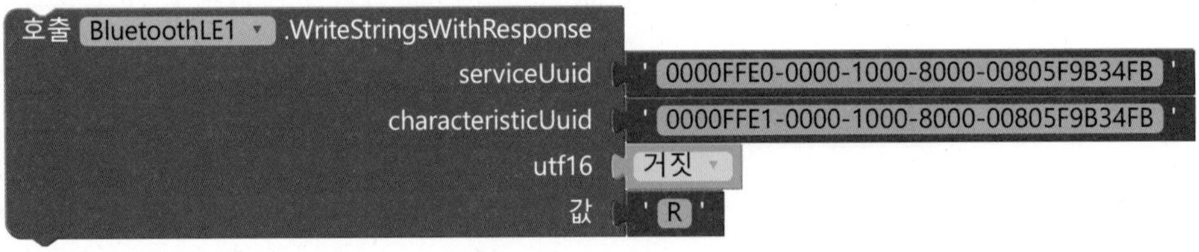

G,B,P의 경우도 같은 방법으로 블록을 조립한 후 조건문에 넣어 인식된 color 맞게 값을 전송하도록 합니다

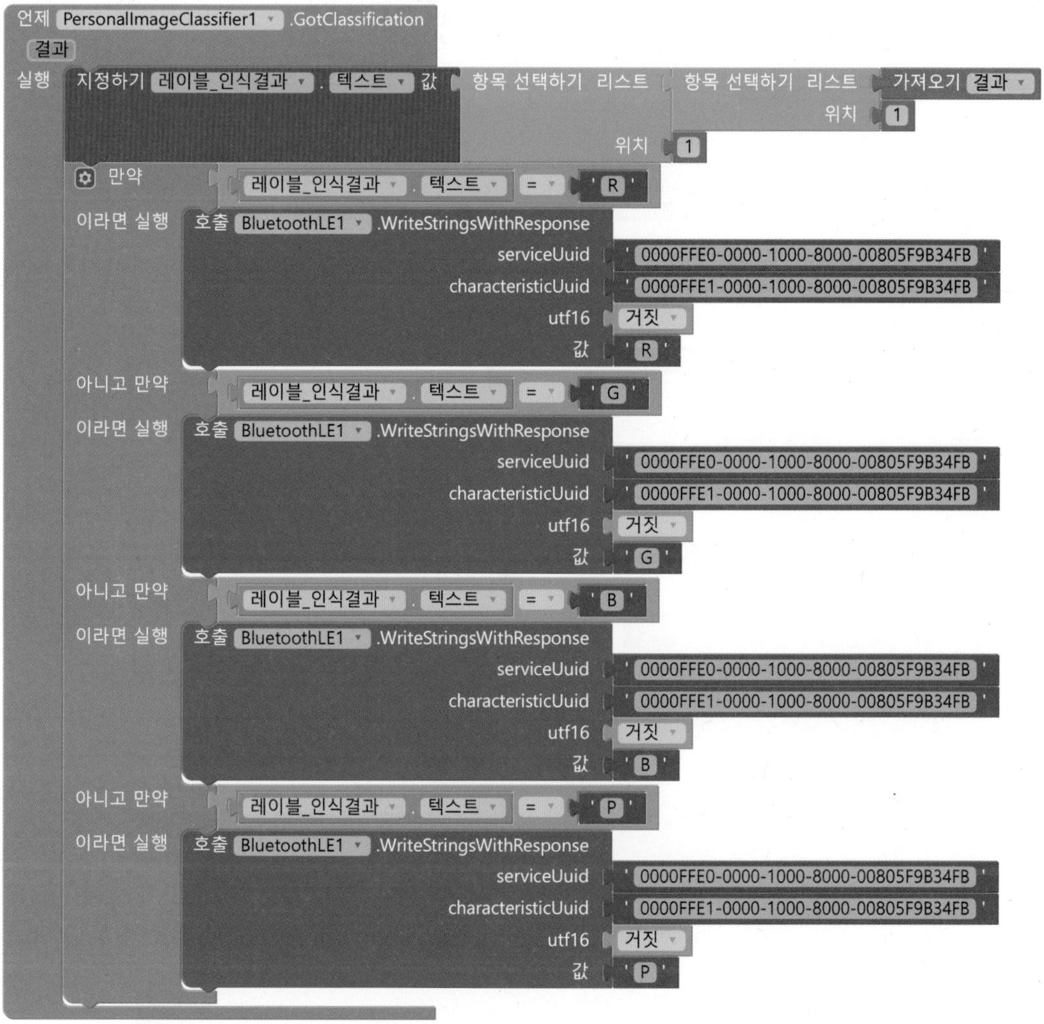
언제 PersonalImageClassifier1 .GotClassification
결과
실행 지정하기 레이블_인식결과 . 텍스트 값 항목 선택하기 리스트 항목 선택하기 리스트 가져오기 결과
위치 1
위치 1
만약 레이블_인식결과 . 텍스트 = 'R'
이라면 실행 호출 BluetoothLE1 .WriteStringsWithResponse
serviceUuid '0000FFE0-0000-1000-8000-00805F9B34FB'
characteristicUuid '0000FFE1-0000-1000-8000-00805F9B34FB'
utf16 거짓
값 'R'
아니고 만약 레이블_인식결과 . 텍스트 = 'G'
이라면 실행 호출 BluetoothLE1 .WriteStringsWithResponse
serviceUuid '0000FFE0-0000-1000-8000-00805F9B34FB'
characteristicUuid '0000FFE1-0000-1000-8000-00805F9B34FB'
utf16 거짓
값 'G'
아니고 만약 레이블_인식결과 . 텍스트 = 'B'
이라면 실행 호출 BluetoothLE1 .WriteStringsWithResponse
serviceUuid '0000FFE0-0000-1000-8000-00805F9B34FB'
characteristicUuid '0000FFE1-0000-1000-8000-00805F9B34FB'
utf16 거짓
값 'B'
아니고 만약 레이블_인식결과 . 텍스트 = 'P'
이라면 실행 호출 BluetoothLE1 .WriteStringsWithResponse
serviceUuid '0000FFE0-0000-1000-8000-00805F9B34FB'
characteristicUuid '0000FFE1-0000-1000-8000-00805F9B34FB'
utf16 거짓
값 'P'

06 완성코드

스크린 별로 모든 코드들을 완성하여 아래의 블록과 비교해봅니다.

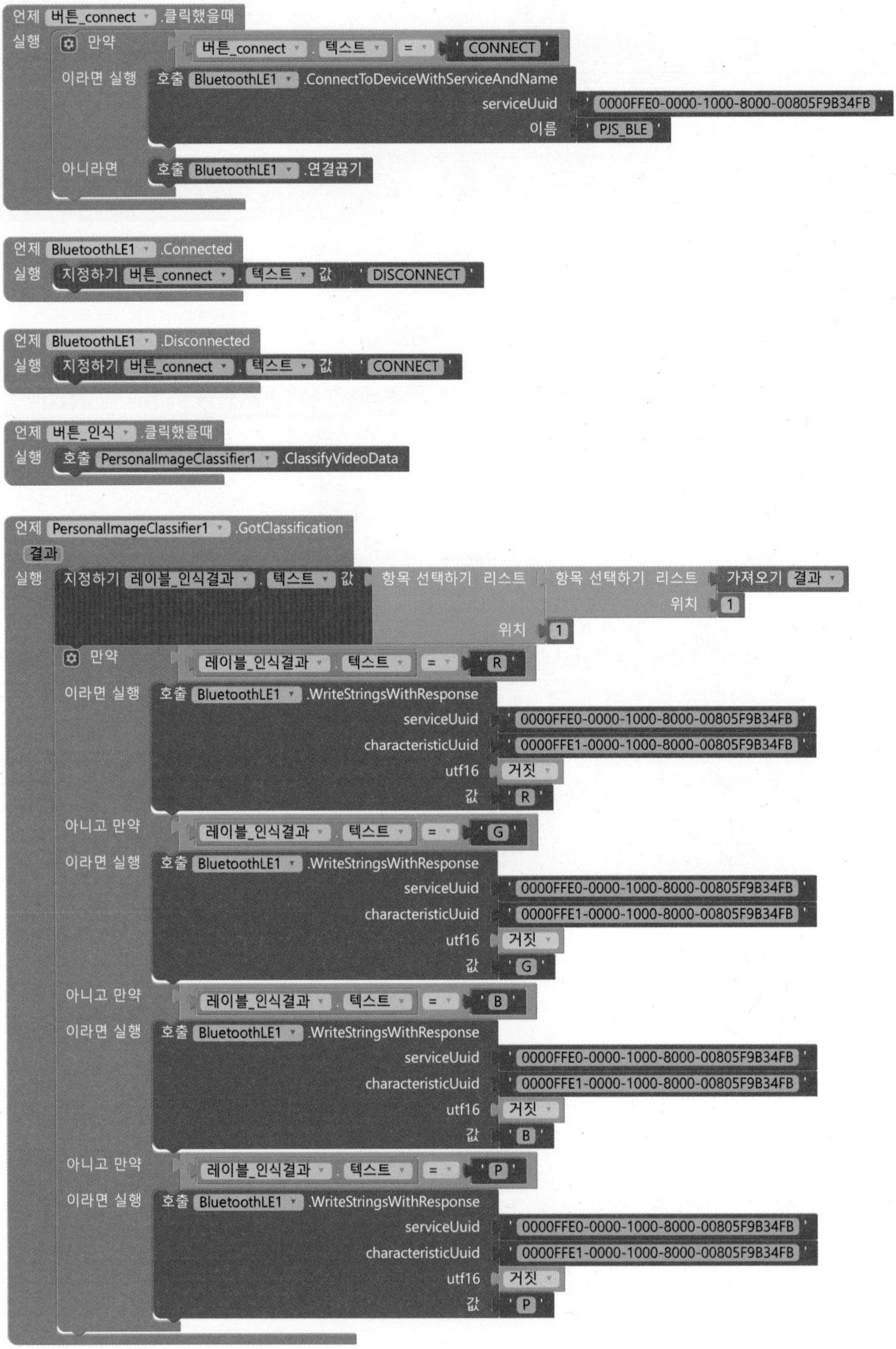
언제 버튼_connect .클릭했을때
실행 만약 버튼_connect . 텍스트 = CONNECT
이라면 실행 호출 BluetoothLE1 .ConnectToDeviceWithServiceAndName
serviceUuid 0000FFE0-0000-1000-8000-00805F9B34FB
이름 PJS_BLE
아니라면 호출 BluetoothLE1 .연결끊기
언제 BluetoothLE1 .Connected
실행 지정하기 버튼_connect . 텍스트 값 DISCONNECT
언제 BluetoothLE1 .Disconnected
실행 지정하기 버튼_connect . 텍스트 값 CONNECT
언제 버튼_인식 .클릭했을때
실행 호출 PersonalImageClassifier1 .ClassifyVideoData
언제 PersonalImageClassifier1 .GotClassification
결과
실행 지정하기 레이블_인식결과 . 텍스트 값 항목 선택하기 리스트 항목 선택하기 리스트 가져오기 결과
위치 1
위치 1
만약 레이블_인식결과 . 텍스트 = R
이라면 실행 호출 BluetoothLE1 .WriteStringsWithResponse
serviceUuid 0000FFE0-0000-1000-8000-00805F9B34FB
characteristicUuid 0000FFE1-0000-1000-8000-00805F9B34FB
utf16 거짓
값 R
아니고 만약 레이블_인식결과 . 텍스트 = G
이라면 실행 호출 BluetoothLE1 .WriteStringsWithResponse
serviceUuid 0000FFE0-0000-1000-8000-00805F9B34FB
characteristicUuid 0000FFE1-0000-1000-8000-00805F9B34FB
utf16 거짓
값 G
아니고 만약 레이블_인식결과 . 텍스트 = B
이라면 실행 호출 BluetoothLE1 .WriteStringsWithResponse
serviceUuid 0000FFE0-0000-1000-8000-00805F9B34FB
characteristicUuid 0000FFE1-0000-1000-8000-00805F9B34FB
utf16 거짓
값 B
아니고 만약 레이블_인식결과 . 텍스트 = P
이라면 실행 호출 BluetoothLE1 .WriteStringsWithResponse
serviceUuid 0000FFE0-0000-1000-8000-00805F9B34FB
characteristicUuid 0000FFE1-0000-1000-8000-00805F9B34FB
utf16 거짓
값 P

07 실행화면

인식된 color대로 하드웨어 제어가 잘 되는지 확인합니다.

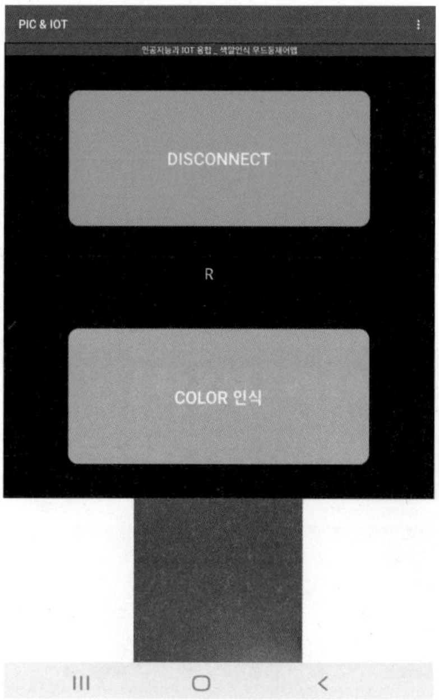

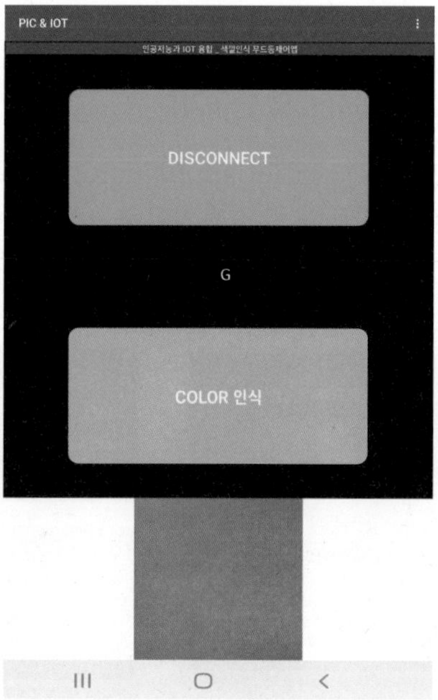

08 응용 연습하기

문제 1. 마스크 착용 여부에 따라 RGB의 색상을 변경하는 앱을 만들어보세요.

풀이 1.

[마스크 인식 모델 만들기]

https://classifier.appinventor.mit.edu/에 접속합니다. 착용 여부에 따른 레이블 'on', 'off'를 만들고 착용과 착용하지 않은 이미지 사진 데이터를 입력합니다.

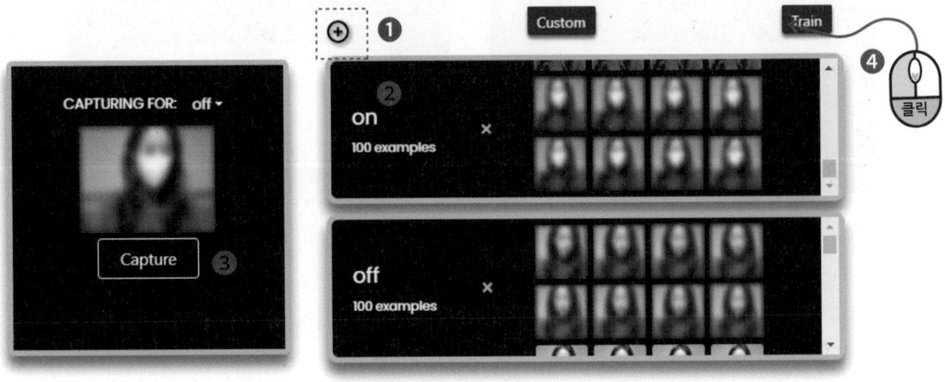

우측 상단의 'Train' 버튼으로 데이터를 학습시켜 생성된 모델을 테스트 데이터로 확인하고 'Export Model'로 생성된 모델을 내려받습니다.

[아두이노 소스코드 업로드하기]

아두이노 하드웨어는 RGB 회로를 그대로 사용합니다. 전송되는 문자열 데이터 'on', 'off'를 받으면 파란색 불과 빨간색 불을 켜기 위한 소스 코드입니다. 업로드 후 앱을 제작해 제어합니다.

파일 편집 스케치 툴 도움말

smarthome

```
//인공지능 마스크 판별기
#include <SoftwareSerial.h>
SoftwareSerial BTSerial(4, 5);
String data ;

void setup() {
  Serial.begin(9600);
  BTSerial.begin(9600);
}

void loop() {
  if (BTSerial.available()) {
    data = BTSerial.readString();

    if (data == "on") {
      analogWrite(9, 0);  analogWrite(10, 0);  analogWrite(11, 255);
    }
    else if (data == "off") {
      analogWrite(9, 255);  analogWrite(10, 0);  analogWrite(11, 0);
    }
  }
}
```

[앱 디자인 수정하기]

color 인식 앱에서 레이블의 안내 텍스트와 인식 버튼의 텍스트를 아래와 같이 변경하고 카메라 전환을 위한 버튼을 하나 추가해서 아래와 같이 앱 디자인을 완성합니다.

[앱 코딩 수정 하기]

마스크 인식 테스트이므로 인식 카메라를 전환하는 기능을 추가합니다. 인식된 결과가 'on'일 때와 'off'일 때 아두이노 하드웨어로 'on', 'off' 문자열 데이터를 보내는 코드로 수정해서 앱을 테스트합니다.

[완성 코드]

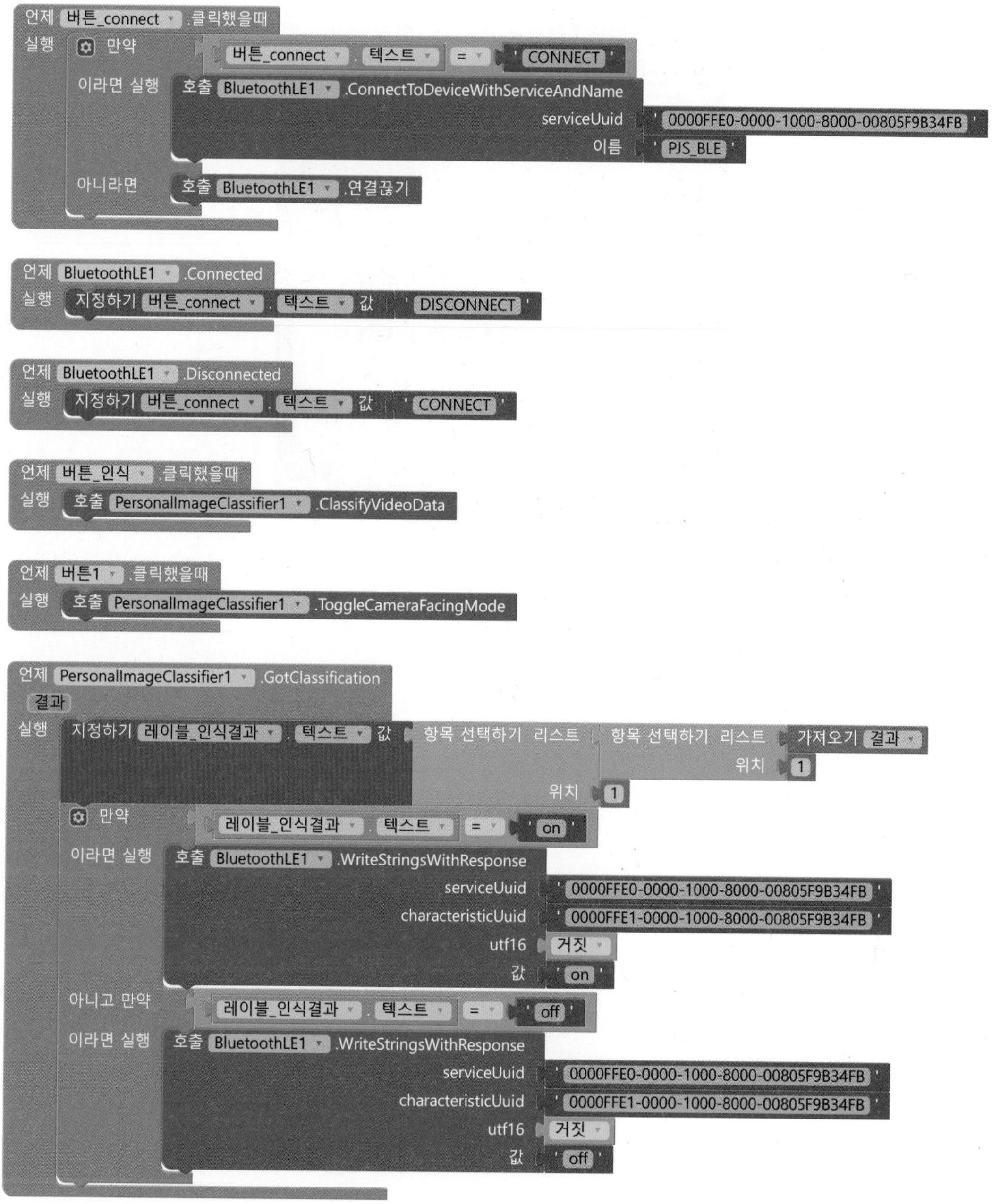

언제 버튼_connect .클릭했을때
실행 만약 버튼_connect . 텍스트 = ' CONNECT '
이라면 실행 호출 BluetoothLE1 .ConnectToDeviceWithServiceAndName
serviceUuid ' 0000FFE0-0000-1000-8000-00805F9B34FB '
이름 ' PJS_BLE '
아니라면 호출 BluetoothLE1 .연결끊기
언제 BluetoothLE1 .Connected
실행 지정하기 버튼_connect . 텍스트 값 ' DISCONNECT '
언제 BluetoothLE1 .Disconnected
실행 지정하기 버튼_connect . 텍스트 값 ' CONNECT '
언제 버튼_인식 .클릭했을때
실행 호출 PersonalImageClassifier1 .ClassifyVideoData
언제 버튼1 .클릭했을때
실행 호출 PersonalImageClassifier1 .ToggleCameraFacingMode
언제 PersonalImageClassifier1 .GotClassification
결과
실행 지정하기 레이블_인식결과 . 텍스트 값 항목 선택하기 리스트 항목 선택하기 리스트 가져오기 결과
위치 1
위치 1
만약 레이블_인식결과 . 텍스트 = ' on '
이라면 실행 호출 BluetoothLE1 .WriteStringsWithResponse
serviceUuid ' 0000FFE0-0000-1000-8000-00805F9B34FB '
characteristicUuid ' 0000FFE1-0000-1000-8000-00805F9B34FB '
utf16 거짓
값 ' on '
아니고 만약 레이블_인식결과 . 텍스트 = ' off '
이라면 실행 호출 BluetoothLE1 .WriteStringsWithResponse
serviceUuid ' 0000FFE0-0000-1000-8000-00805F9B34FB '
characteristicUuid ' 0000FFE1-0000-1000-8000-00805F9B34FB '
utf16 거짓
값 ' off '

[실행화면]

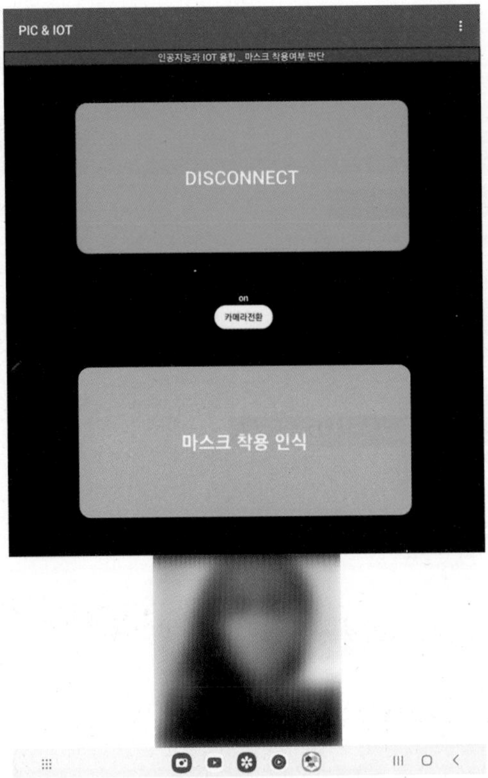

인식한 마스크 착용 여부에 따라 하드웨어 제어가 잘 되는지 확인합니다.

09 아이디어 더하기

인공지능의 이미지 분류, 음성 분류를 이용한 앱을 만들어봤습니다(목소리와 얼굴을 인식하는 핸드폰 잠금장치). 또한, 블루투스 통신을 이용해서 IoT를 구현하는 앱도 제작해봤습니다(스마트 홈과 스마트 팜). 이 두 가지 기술을 융합해서 color와 마스크 착용 여부를 인식해서 전등이나 경고등을 표현하는 앱도 제작해봤습니다.

좀 더 다양한 하드웨어를 추가해 판별 시스템으로서 더욱 멋지게 동작할 수 있게 만들어 봅니다.

학습한 데이터를 이용해 사물, 얼굴, 목소리 등을 구분하고 제공되는 분류 결과를 이용해 IoT 서비스에 접목할 수 있는 자신만의 아이디어를 적어봅시다.

idea 정리표

생각모으기	구체적인 내용
컬러 인식을 이용해서 어떤 IoT 서비스를 만들 수 있을까요?	
마스크 판별 여부에 따라 추가하고 싶은 하드웨어를 적어보세요	
인공지능과 IoT 기술을 융합한 프로젝트를 기획해봅니다.	
어떠한 데이터를 이용하려 하나요?	
적절한 하드웨어는 무엇이 있나요?	
누구에게 이로운 앱이 될까요?	

User

APP INVENTOR

User

creative concept

부록

나의 아이디어 앱으로 제작하기 위크시트

01 기존에 있는 앱 분석 워크시트

[워크시트 제목]'나의 생활에 도움되는 어플리케이션 분석(App Analytics)'

IT 기반 기술이 발달하고 있는 상황에서 IT 관련 콘텐츠 산업이 급성장하고 있습니다. 그 중 모바일 어플리케이션 산업은 다른 콘텐츠보다 산업 정책의 수립과 추진이 늦게 이루어졌음에도 불구하고 매우 빠르게 성장하고 있습니다. 또한, 스마트 기기의 보급 및 무선 통신의 보편화로 인하여 모바일 어플리케이션 콘텐츠가 빠른 속도로 다양화 및 대중화되고 있습니다. 하지만 어떤 어플리케이션을 우리 삶에서 어떻게 활용해야 하는지, 그 활용 방법은 사람마다 너무 다릅니다. 이를 잘 활용하는 사람을 디지털 리터러시가 높다고 하며, 그렇지 못한 사람은 디지털 리터러시가 낮다고 이야기합니다. 본 워크시트는 개인 입장에서 내가 사용했을 때 가장 삶의 질이 높아지는 어플리케이션 혹은 웹 플랫폼 1가지를 분석하고 관련 자료를 탐색하고 정리하는 활동입니다. 그 과정에서 기존의 앱이 어떤 목적으로 어떻게 설계되어 있는지 이해하는 것이 목적입니다. 한번 편한 마음으로 생각하며 작성해 봅시다.

Q1 어플리케이션(App) 기본자료 조사

분석할 어플리케이션

1)소개할 어플리케이션 이름:

2)마켓(체크):

Ios	Android	Web

3)어플을 사용할 때 본인이 쓰는 하드웨어:

4)어플리케이션 or 웹플랫폼 가격:

5)발매일 혹은 서비스 시작일:

6)현재 예상 유저수 혹은 누적 다운로드 수:

7)분석할 어플리케이션으로 선택한 이유:

Q2 어플리케이션(App) 인터페이스 분석

어플리케이션 실행 시 나타나는 스크린(화면) 중 해당 어플의 주요 기능을 포함한 스크린(화면) 8가지의 실행 체계를 분석하여 스케치로 나타내 봅니다. 이 활동은 앱 화면이 어떻게 구조화 되어있는지 파악할 수 있도록 도와줍니다.

화면 레이아웃 및 인터페이스 분석

① 메뉴 구성(8가지 단계로 분석)

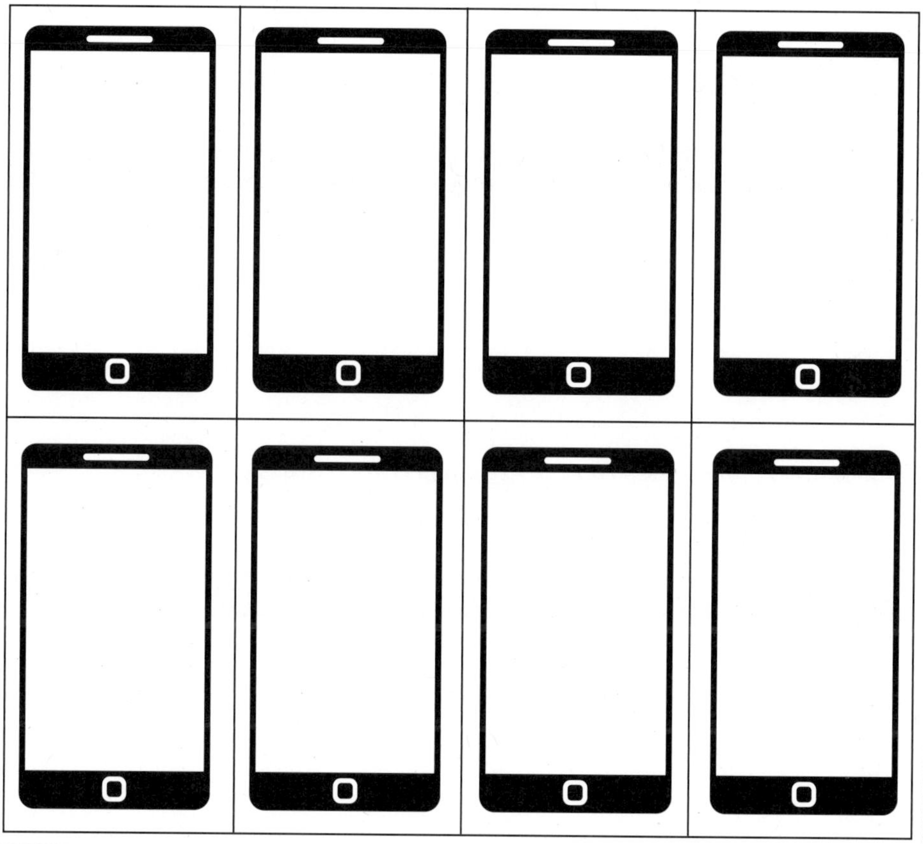

Q3 선택한 어플 및 웹플랫폼의 특징과 장점은 무엇인가?

※이유 및 근거를 작성해 주세요.
[작성 방법]주장-> 이유->이유에 대한 출처(근거)
①
②

Q4 본 어플을 제작한 회사는 어떤 목적을 가지고 만들었을까?

※어떤 회사에서 어떤 이유로 개발하게 되었는지 간단하게 생각해 보세요.

Q5 어플리케이션 및 웹플랫폼이 수익을 발생시키는 방법은?

※수익을 발색시키는 방법을 찾아 발견해 보세요.
①
②

Q6 나는 어플리케이션 및 웹플랫폼을 실제로 어떻게 활용하고 있는가?

※어떤 환경, 어떤 상황에서 어떻게 활용하는지 자유롭게 서술(3줄 이상)

Q7 추천하는 어플을 사용하며 변화 된 삶의 모습은?

※자유롭게 본인이 해당 어플을 사용하면서 편해진 삶의 모습을 생각해 보세요.

①

②

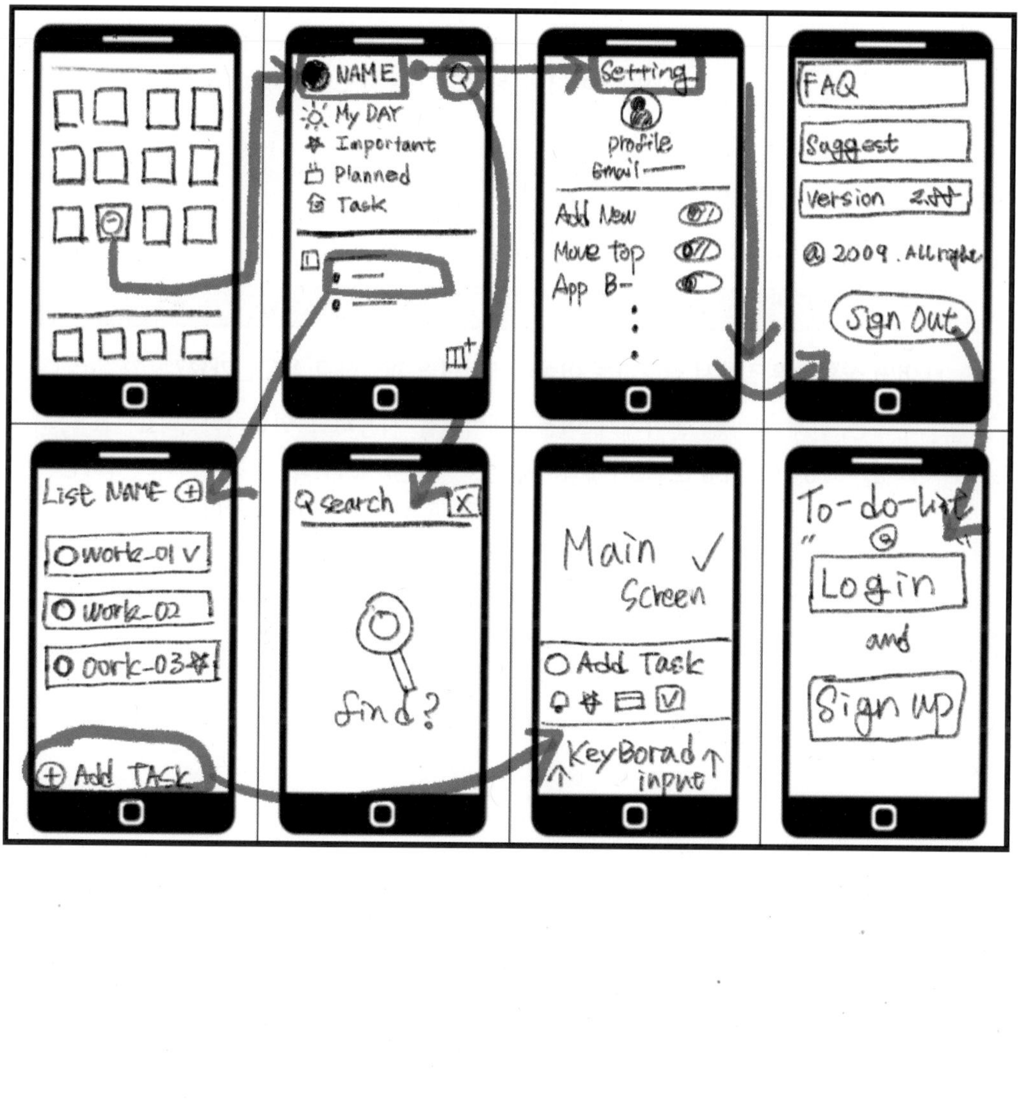

02 앱 기획 워크시트

[워크시트 제목]'앱인벤터의 기능을 활용하여 생활에 유용한 앱 개발'

앞서 실습한 앱 인벤터의 다양한 기능을 활용하여 자신의 삶에서 유용하게 활용할 수 있는 앱을 개발해 보는 것은 어떨까요? 앱 개발을 하기에 앞서 프로젝트를 위한 간단한 계획을 세우고 체계적으로 접근하는 것이 좋습니다. 실제 앱 개발에서는 화면 설계, UI 디자인, 화면 이름 설정, 화면 경로 설정, 배포, 홍보 등 더 복잡하고 구체적인 작업을 하게 됩니다. 하지만 우리는 앱 인벤터로 누구나 쉽게 개발하는 것이 목적이니, 아래 누구나 따라할 수 있는 앱 기획 워크시트를 참고하여 작성해보고 앱 개발 전에 자신의 아이디어를 정리하는 용도로 활용해 봅시다.

Q1 어플리케이션(App) 구상 및 아이디어

개발하고 싶은 어플리케이션
1) 어떤 상황과 환경에서 작동하는 어플리케이션을 개발하고 싶으신가요? 우리는 현재 다양한 분야에서 어플리케이션을 사용하고 있습니다. 의료, 교육, 쇼핑, 여행 등 다양한 분야에서 우리는 어플리케이션을 활용합니다. 이러한 어플리케이션은 우리의 삶을 더욱 편리하고 효율적으로 만들어줍니다. 그렇다면, 어떤 상황과 환경에서 작동하는 어플리케이션을 개발하고 싶으신가요? 현재 문제가 되는 상황이 있으신가요? 예를 들어, 교통체증이 심한 지역에서 교통 정보를 제공하는 어플리케이션을 개발하고 싶으신가요? 아니면, 노인들을 위한 건강 관리 어플리케이션을 만들고 싶으신가요? 또한, 야외에서 사용할 수 있는 어플리케이션을 개발하고 싶으신가요? 여러분의 생각을 자유롭게 작성해 봅시다.

2) 누구에게 도움을 줄 애플리케이션을 개발하고 싶은가요? 그 이유는 무엇인가요?

어떤 종류의 어플리케이션을 개발하고 싶은지 생각해보세요. 여러분이 개발하고자 하는 어플리케이션은 누구에게 도움이 될까요? 이 어플리케이션이 필요한 이유는 무엇일까요? 아마도 그 이유는 다양할 것입니다. 예를 들어, 일상생활에서 자주 사용하는 서비스 중 하나를 개발할 수 있습니다. 또는, 사회 문제를 해결하는데 도움이 되는 어플리케이션을 만들 수도 있습니다. 그리고, 새로운 분야에 도전하여 혁신적인 어플리케이션을 개발해볼 수도 있습니다. 따라서, 어떤 종류의 어플리케이션을 개발하고자 하는지 고민해보고, 그 이유를 자세히 적어보세요.

3) 어플리케이션에 포함할 하는 기능을 5가지만 작성해 주세요. 기능을 작성할 때, 그 기능과 기능이 필요한 이유까지 작성해주세요.

번호	기능	기능이 필요한 이유
①		
②		
③		
④		
⑤		

4) 어플리케이션의 유저 경험 예측 시나리오 작성(4단계)
※유져 경험 예측 시나리오란?

사용자가 앱을 사용할 때 필요한 절차를 의미합니다. 이는 정해진 행동수행을 이해하기 위한 것으로, 사용자 행동 패턴을 예측하여 그림으로 그려보는 것입니다. 그러므로, 사용자가 필요한 기능을 쉽게 찾을 수 있도록 하는 중요한 역할을 합니다. 나아가 개발자 입장에서는 사용자에게 제공할 반드시 필요한 기능을 제공해주는 지침 역할을 합니다. 3)번의 본인이 작성한 5가지 기능 리스트를 참고하여 작성해 보면 더욱 좋습니다.

장면1	사용자가 앱을 활용할 때 시나리오
	사용자 필수 요구사항 및 예상 행동 아이디어
	반드시 포함되어야 할 기능 아이디어
장면2	사용자가 앱을 활용할 때 시나리오
	사용자 필수 요구사항 및 예상 행동 아이디어
	반드시 포함되어야 할 기능 아이디어
장면3	사용자가 앱을 활용할 때 시나리오
	사용자 필수 요구사항 및 예상 행동 아이디어
	반드시 포함되어야 할 기능 아이디어
장면4	사용자가 앱을 활용할 때 시나리오
	사용자 필수 요구사항 및 예상 행동 아이디어
	반드시 포함되어야 할 기능 아이디어

※유저 경험 예　측 시나리오 작성 방법 예시 참고

(아침에 무엇을 먹어야 할지 알려주는 챗봇 개발)

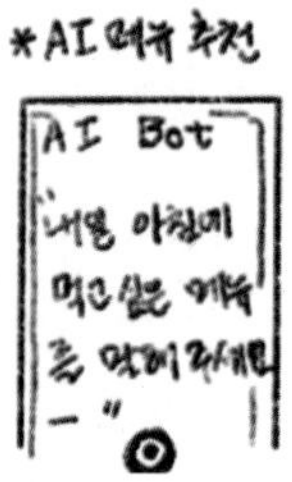	아침을 챙겨 먹기가 매우 불편하고, 메뉴를 선정하는 것도 번거롭다. 기준 영양소를 고려하여 무엇을 먹어야 할지 추천해주는 시스템이 있으면 어떨까?
	아침에 먹어야 할 메뉴가 정리되고 자동으로 추천되었으면 좋겠다
	- 영양소 분석 - 아침 메뉴 및 재료 추천
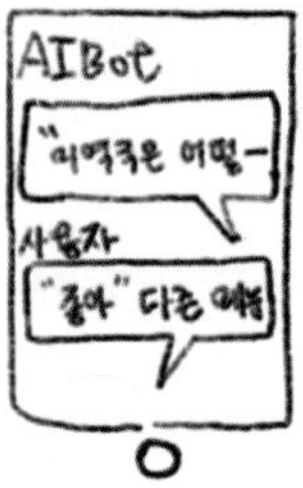	- 전날 혹은 전전날 질문하여 아침메뉴를 미리 준비할 수 있도록 제안한다. -인공지능 챗봇이 어떤 음식을 먹고 싶은지 물어본다. 사용자는 키워드를 중심으로 대답한다.
	인공지능 챗봇이 물어봇 질문에 답을 한다.
	인공지능 챗봇 질문 기능
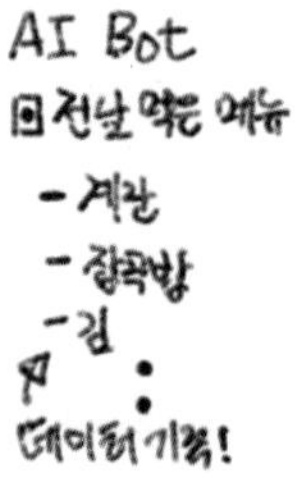	오전에 먹으면 건강에 좋은 그날 음식 3가지를 추천 받는다. 사용자는 추천받은 내용중 1가지를 선택한다.
	- 메뉴 선택을 하고 체크 후 저장을 한다. - 전날, 전주에 먹었던 메뉴를 확인한다.
	인공지능 챗봇 질문 기능
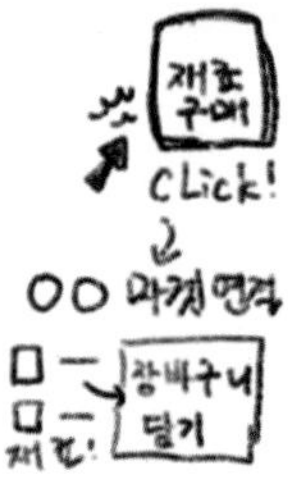	- 체크한 아침 메뉴를 만들 때 필요한 재료를 추천받는다. - 재료를 주문할 마켓 링크를 제공한다.
	원하는 재료를 체크하고, 마켓에 연결하여 재료를 주문한다.
	재료 체크 및 마켓 연결 기능

Q2 어플리케이션(App) 와이어 프레임 작성

로우 레벨 와이어 프레임 작성(8화면)

※와이어 프레임:
웹 등의 인터페이스 디자인을 만들기 전에 화면의 구성과 배치를 정의하는 작은 모형입니다. 로우 레벨 와이어프레임은 화면의 각 요소와 배치, 크기 등을 나타내는 최초의 작은 와이어프레임이며, 하이 레벨 와이어프레임은 로우 레벨 와이어프레임을 보완하고 상세한 디자인과 기능을 나타내는 와이어프레임입니다. 본 워크 시트는 '로우레벨'의 와이어 프레임 정도만 작성하기에 간단한 앱 화면이 어떻게 연계적으로 구동되는지 작성 및 표현하시면 됩니다.
앞 앱 분석 활동지에서 작성해본 화면 레이아웃 및 인터페이스 분석 샘플 자료를 참고하여 와이어 프레임을 작성해 봅니다.

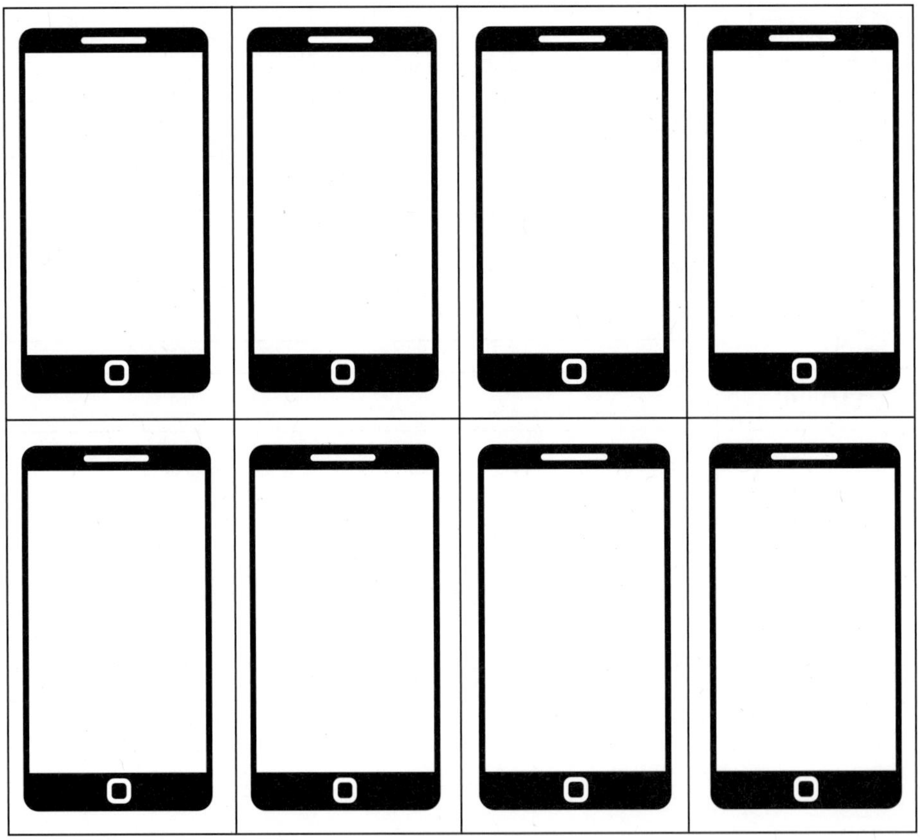

이후 실제 앱 개발에서는 상세 기능 리스트, 코딩 언어 및 모듈 및 프레임 워크 선택, 지원 플랫폼 선택(IOS 혹은 안드로이드),디자인 등의 작업을 거친 후에 실제 앱 개발에 들어갑니다. 앱 인벤

터는 간단한 코드 정도만 작성하고 그 자체가 개발 플랫폼이자 프레임워크이기 때문에 바로 '개발' 단계로 들어갈 수 있습니다. 따라서 위와 같은 앱 개발 준비 작업 정도만 고려하여 본인의 아이디어를 바로 구현할 수 있을 것입니다. 혹시 와이어프레임 설계 화면이 8개 이상이면 A4용지 혹은 B4용지를 활용하여 브레인스토밍 및 마인드맵을 스케치하듯이 설계하셔도 좋습니다. 작성된 와이어 프레임을 바탕으로 앱인벤터로 제작해 보면 뿌듯할 것입니다. 이후 나오는 다양한 실습을 연습하고 자신만의 앱 아이디어를 구현해 봅시다.